Sophia & Logos



S&L

Annegret Stopczyk-Pfundstein

# Sophias Leib

## Der Körper als Quelle der Weisheit

2003

Dieses Buch kann bestellt werden:
Bei jedem Buchhändler, der mit Libri zusammen arbeitet.
Direkt beim Libri Zentrallager: Libri.de GmbH, Friesenweg 1, 22763 Hamburg
Direkt bei Libri telefonisch: 0180-2369800
Direkt im Internet: www.Libri.de und www.amazon.de


Herstellung: Books on Demand GmbH
Printed in Germany

Erste Auflage, Carl Auer Systeme Verlag Heidelberg 1998
Überarbeitete zweite Auflage Stuttgart 2003

Umschlagabbildung: Akropolis-Kore 674, um 500 v.u.Z. Akropolis-Museum, Athen.

Dieses Buch ist nie vergriffen.

ISBN 3-8311-4316-1

Deutsche Bibliothek CIP-Aufnahme

## Widmung

Dieses Buch ist meiner Förderin und Freundin Christel Neusüß gewidmet.

Dr. Christel Neusüß, Professorin für Wirtschaftswissenschaft, half mir bis zu ihrem Tod (1988), philosophisch selbständig zu werden. Mit ihr formulierte ich die ersten Grundgedanken zu meiner Leibphilosophie. Sie umsorgte mich als ihr „Töchterchen". Ich bewunderte ihre intellektuelle Kraft und Ausstrahlung und bin dankbar für all die Gedanken, die sie sich um meine Arbeit gemacht hat. Als ich sie auf ihrem Sterbensweg begleitete, kam ich zum ersten Mal in Kontakt mit den Weisheitsmythen der Welt, mit Sophia.

*Annegret Stopczyk*

*Wenn mich Leute fragten: „Über was schreibst Du denn, wie soll es heißen, das Buch?", geriet ich ins Stottern. Ich wüßte nicht recht, irgendwas über die Geschichte des „Subjekts", der „Person", des „Individuums" in seinem Verhältnis zum Staat, zur Gesellschaft. Ein andermal sagte ich ganz schlicht: „Die Sache mit der Liebe und Arbeit interessiert mich." Es war mir peinlich, wenn ich gefragt wurde. Ich sagte, ich muß ja erst herauskriegen, worüber ich schreibe. ich weiß eigentlich nicht, was das ist, das „Subjekt", die „Person", das „Individuum".*

Christel Neusüß

Denn so wie jeweils die Mischung in den immer schwankenden Körperteilen ist, so widerfährt den Menschen die Erkenntnis. Denn die Beschaffenheit der Körperteile ist dasselbe, was sie denkt. Das Mehrere nämlich ist die Erkenntnis.

Parmenides

# Inhalt

# Einleitung

## Sophia-Logos-Unterscheidung

„Höre auf Deinen Körper!“, wurde ich ermahnt, als ich etwa 27 Jahre alt war und wusste nicht, was das bedeuten sollte. Mein Körper funktionierte wunderbar, und wenn ich einmal erkältet war, dann nahm ich eben eine Tablette. Was hatte dieser Hinweis schon für einen Sinn, denn auf die Fragen, die mich als Philosophiestudentin beschäftigten, konnte mein Körper mir keine Antwort geben. Trotzdem aber fragte ich mich, wie sollte das gehen, „auf den Körper hören?“.

Auf was kann denn mein Körper antworten? Im Tagebuch dachte ich einige Seiten darüber nach und kam zu dem Schluß, dass es wohl nur darum gehen könne, den Sinn von Krankheiten zu interpretieren. Das aber beschäftigte mich nicht sehr. Erst etwa zehn Jahre später, als in Tschernobyl der Reaktor kollabierte und unser leibhaftiges Leben durch die radioaktiven Wolken bedroht wurde, erfasste ich ahnungsweise die Wertdimension gesunden leiblichen Lebens und begann, mich auf die Suche nach dem Sinn unseres Köperseins zu konzentrieren. Was ich dabei in den ersten zehn Jahren heraus fand, beiinhaltet dieses Buch etwa zur Hälfte. Der Politisch-Philosophischen Seite wollte ich ein eignes zweites Buch widmen, wozu es aber noch nicht gekommen ist. Inzwischen sind wieder etliche Jahre mit weiteren Erkenntnissen vergangen, so daß dieses Buch nur ein Anfang ist von etwas, was sich noch entwickelt. In diesen Anfang leibphilosophischen Denkens möchte ich alle Leserinnen und Leser einbeziehen, die diese Zeilen gerade lesen. Philosophieren ist ein Weg, selber denkend die Welt zu erfahren und das ist nicht unbedingt eine leicht zu bewerkstelligende Angelegenheit. Denn wann denke ich selber und wann denke ich anderes nur nach?

Also fangen wir bei Wortklärungen an und gehen dann zu den Mythen und Philosophieergebenissen unseres westlichen Denkens weiter, um die eigene Sichtweise zu erkennen.

Das Wort Philosophie ist aus den zwei griechischen Wörtern „Philo“ (Freund, Liebhaber) und „Sophia“ (Weisheit, Kunst) gebildet und wird meistens als „Liebe zur Weisheit“ übersetzt. Aber was ist Sophia, was ist Weisheit?

Wer damit beginnt, sich für Philosophie zu interessieren und nach Möglichkeiten sucht, unsere Welt mit mehr Weisheit als bisher zu verstehen, wird auf einige Anfangsschwierigkeiten stoßen, denn Weisheit ist es meistens nicht, was die berühmteren Philosophen zu suchen scheinen.

In unserer von Informationen überfluteten westlichen Welt geht es mehr und mehr darum, sich innerhalb der unendlich vielen Informationsmöglichkeiten zu orientieren und Kriterien der Auswahl für das eigene Wissen bilden zu können. Alles zu wissen, was gewußt werden kann, ist einem einzelnen Menschen nicht möglich. Sich in einer Welt orientieren zu können, die in einer Vielfalt von Angeboten auch ideeller Konzepte existiert, hat inzwischen einen höheren Wert, als sich nur Wissen und Bildung angeeignet zu haben. Sich Orientierungswissen erwerben, das möchten meistens diejenigen, die sich philosophisch zu interessieren beginnen.

Die akademische Philosophie befriedigt diese Suchenden nach Orientierung aber kaum, denn sie bereichert als Wissenschaft nur den Informationspool, aber nicht unsere Fähigkeit, weiser zu werden, d.h. sich in der Auseinandersetzung mit den Vielfältigkeit der Welt persönliche Erkenntnisse zu entwickeln, die lebensweisend und damit orientierend sein können.

Wie ich in meinem Buch „Nein danke, ich denke selber" (1996/2000) dargelegt habe, sind wohl viele Menschen irgendwann in ihrem Leben von Philosophie abgeschreckt worden. Sie kommt ihnen lebensfremd, begriffstrunken und unbrauchbar vor. Diese Distanz zur Philosophie ist besonders in Deutschland ausgeprägt, da es bei uns im Unterschied zu anderen Ländern weder in den Schulen noch in den Universitäten eine allgemeinbildendes Fach für Philosophie oder Ethik gibt, das für alle Lernende verpflichtend wäre. Die wenigen freiwilligen Angebote von Lehrerinnen und Lehrern ändern nichts an dem Mißstand, daß es noch nicht einmal eine spezielle Ausbildung für Philosophie- oder Ethiklehrer in Deutschland gibt. Trotz dieses Fehlens von philosophischen Zugängen in unserem Bildungssystem gibt es immer mehr Menschen, die darauf hoffen, daß ihnen ein philosophisches Buch etwas Orientierung ins eigene Leben bringen könnte. Immerhin versprachen seit 2500 Jahren die großen Ethikerinnen und Ethiker immer wieder, daß Philosophieren dazu führe, das Leben besser zu verstehen und sich als Mensch formen zu können.

Daß es mit der Suche nach Weisheit soweit gekommen ist, daß laienphilosophisch interessierte Menschen von den zumeist akademischen Philosophiebüchern abgeschreckt werden, hat über die spezielle krasse Situation in Deutschland hinaus etwas damit zu tun, daß seit zweitausendfünfhundert Jahren Philosophen nicht wünschten, von den meisten Menschen verstanden zu werden. Vielmehr erstrebten sie, von den politisch Herrschenden anerkannt zu werden, da diese es mit ihren Beratern waren, die an den Universitäten Lehrstühle besetzten und Philosophen zu persönlichen Beratern beriefen.

So kann bis heute von Universitätsphilosophie nicht erwartet werden, daß sie zur individuellen Lebensorientierung beizutragen beabsichtigt, wenn auch es in Ausnahmefällen immer wieder Philosophieprofessorinnen und -Professoren gab und gibt, die über den Universitätsrahmen hinaus interessiert sind an den Fragen, die sich im gesellschaftlichen Leben und im Alltag der Menschen ergeben.

Aber die Erlangung der Weisheit war und ist bisher nicht Thema der akademischen Philosophie gewesen und vielleicht sollte es auch genügen, daß diese als Wissenschaft die Geschichte des Philosophierens aufbewahrt und ins Gedächtnis ruft. Zur Weisheit aber, einer individuellen Fähigkeit des Erkennens und Selberdenkens, kann sie vielleicht auch gar nicht führen. Warum diese Wissenschaft allerdings Philo-Sophie heißt, also Liebe zur Weisheit, ist schwer nachvollziehbar. Weise sein ist ein kreativer Akt, ist ein waches Erkennen von dem, was für einen selber und für andere wichtig sein könnte. Intuition spielt dabei eine große Rolle und die Fähigkeit, Lebenserfahrungen in verallgemeinerbare Gedanken oder Ideen umzuformen. Ich kam zu dem Schluß:

***Die Wissenschaft von der Philosophie ist etwas anderes, als Philosophie.***

Wer einen schönen Roman gelesen hat, wird sich von einem literaturwissenschaftlichen Buch über diesen Roman nicht das Erlebnis des Miterlebens durch das Lesen ersetzen lassen können. Die Dichterin oder der Dichter sind gerade deshalb KünstlerInnen der Sprache, weil sie die Fähigkeit besitzen, ihre Eindrücke sprachlich so zu verallgemeinern, daß LeserInnen durch das geschriebene Wort anknüpfen können an eigene Sehnsüchte, Erfahrungen und Visionen. Darum ist es in diesem Bereich sinnvoll, Literatur und Literaturwissenschaft zu unterscheiden. Die Literatur wird von den Kreativen geschaffen und die Literaturwissenschaft gibt der Vielfalt des Kreativen Ordnungen, die je nach wissenschaftlichem System einen Überblick zu wahren versucht. LiteraturwissenschaftlerInnen sind sozusagen die „Eunuchen“ der Literatur. Sie verdienen im Durchschnitt mehr als die Kreativen, von deren Produkten sie sich durch ihren akademischen Betrieb nähren, aber sie ehren doch zumeist die von ihnen favorisierten Dichterinnen und Dichter und würden nicht auf die Idee kommen, sich selber als Dichter und Dichterinnen zu bezeichnen.

In der Philosophie ist das anders. Dort bestimmen Philosophieprofessoren, was als Philosophie anerkannt wird und was nicht. Die kreativ Philosophierenden werden nicht von den Wissenschaft Treibenden unterschieden. Dabei gibt es durchaus kreativ Philosophierende, die nicht Philosophie studiert haben, und die trotzdem für die akademische Philosophie heute maßgeblich sind, wie zum Beispiel Nietzsche und Wittgenstein.

Darum plädiere ich dafür, die Philosophie von einer in Zukunft zu benennenden Philosophiewissenschaft zu unterscheiden, damit es für die an philosophischer Orientierung Interessierten möglich ist, sogleich in den kreativen Quellen etwas für sich zu finden und diese nicht mit einer Universitätsschrift zu verwechseln.

Die meisten kreativen Philosophinnen und Philosophen zeichnen sich dadurch aus, daß sie leichter zu lesen sind und eine allgemeinere Ansprache benutzen. Wenn sie dennoch schwerer zu lesen sind, liegt es oftmals an ihrer poetischen Sprache, mit der sie Gedanken auszudrücken versuchen, die vor ihnen niemand gedacht hat. Sich in diese kreativeren Sprachsysteme einzulesen lohnt insofern, als sich am Ende doch eine neue Weltsicht offenbart. (Zum Beispiel bei Hegel). Aber unterscheiden zu können, was ein kreativer philosophischer Sprachstil ist und was eine philosophiewissenschaftliche Abhandlung, das müßte an den Schulen gelehrt werden und würde so manche erste Abschreckung angesichts eines philosophischen Buches ersparen.

Philosophieprofessoren haben zumeist die Weisheit nicht geliebt, obwohl sie sie von ihrer Berufsbezeichnung her angeblich suchten.

Die sogenannten Philosophen der Vergangenheit haben nur so getan, als ob sie Weisheit suchen würden. Wenn sie von ihr ein Zipfelchen erspähten, begannen sie sofort, dieses mit den Stricken ihrer Methodenforderungen zu knebeln.

In meinem Buch wird es darum gehen, Weisheit suchende Philosophen und auch Philosophinnen zu entdecken. Wir werden ihren Kampf kennen lernen gegen jene, die sie seit mehr als zweitausend Jahren als Verräter der Weisheit anklagen.

Philosophie im Sinne einer Weisheitsliebe hat es bisher im Abendland nur verdeckt gegeben. Wissenschaftlich Philosophierende unterwarfen sich auf ihren Denkwegen dem beschränkenden Logos. Logos meint ein Suchen nach Wahrheit lediglich mit Begriffen, die nach einer bestimmten Logik geordnet werden. Es ist ein geregeltes und reglementiertes Denken, das auch den Namen „Vernunft" erhalten hat. Vernunftdenken ist eine Art „Mathematik mit Wörtern". Die Mathematik ist ein phantastisches Reich. Was sich mit ihr erklären läßt, hat aber leider oft wenig zu tun mit dem, was wir Menschen erleben.

In meinem Buch wird der Logos in zwei Richtungen unterschieden: Einmal den beschränkenden Logos, der mehr von der traditionellen Philosophiewissenschaft vertreten wird, und dann den befreienden Logos, der im kreativen Denkprozeß immer auch mit beteiligt ist.

Für Vernunft steht das griechische Wort „Logos" und für Weisheit das griechische Wort „Sophia". Bis etwa ins vierte Jahrhundert hinein waren Logos und Sophia als zwei verschiedene, miteinander konkurrierende Erkenntniswege den Philosophen in Europa zumindest noch bekannt. Heute weiß wohl kein Philosophieprofessor mehr etwas über die Tradition der Weisheitserkenntnis bei uns in Europa zu sagen.

Wir brauchen also nicht erst nach Indien zu reisen, um Weisheitslehren kennenzulernen, wir finden sie auch im europäischen Denken.

Typische Philosophen sind eigentlich keine Philo-sophen, sondern Philo-logen. Sie sind Freunde des Logos, des Wortes, aber nicht unbedingt Freunde der Sophia.

Es wäre eine Innovation, im Sinne einer Sophia oder Weisheit in der westlichen Welt zu philosophieren. Darum geht es in diesem Buch.

Ich möchte aufbrechen, Sophia zu suchen, und alle Leserinnen und Leser dazu einladen, sich mit mir auf Spurensuche zu begeben. Was ich in den letzten zehn Jahren gefunden habe, sind Facetten, Hinweise, kleine Knotenpunkte, Fragmente. Aber das erste, was ich gefunden habe und was mir ein zuverlässiger Schritt in eine lebensfreundlichere Richtung des Denkens schien, waren die verschiedenen Mythen um die Weisheitsgestalt der Sophia. Ihre Spuren weisen auf einen Kampf der Erkenntnisweisen in ferner Vergangenheit hin. Dieser Kampf hat etwas mit Unterschieden zwischen weiblichem und männlichem Denken zu tun, zwischen Körpernähe und Körperferne.

Wir kommen für die Entwicklung eines selbstbewußteren kreativen Philosophierens nicht darum herum, auch den Geschlechterkampf in die Analyse der Schwierigkeiten um die Sophia einzubeziehen, denn dieser fand in der Philosophiegeschichte seit 2500 Jahren unentwegt statt.

Um also Sophia in unserer Kultur zu finden, müssen wir uns auch mit der Geschlechterfrage befassen, das heißt aber nicht, daß wir sie nicht auch irgendwann wieder los lassen könnten, um uns anderen Freiheitsbedingungen der Weisheitsentwicklung zuzuwenden.

Dabei bin ich auf meinem langen Weg der Weisheitssuche dazu gekommen, nicht mehr auf ein letztes Ziel zu schauen, nicht mehr zu erwarten, irgendwann einmal alles im Leben zu begreifen. Es hat mich beruhigt, daß wir Menschen gar nicht alles begreifen können. Ich verstand: Weisheit beginnt gerade dann, wenn wir nichts begreifen, aber dennoch nicht aufgeben wollen, einen bejahenden Sinn in unserem Leben und im Leben überhaupt zu finden.

Weisheit stellt sich am ehesten dann ein, wenn wir nicht mehr alles zu wissen glauben.

Dazu gehört als Anfang aller Erkenntnissuche: Ja zum Leben zu sagen. Während ein Nein zum Leben, der Anfang des abendländischen Vernunftdenkens im Namen des männlichen beschränkenden Logos ist.

Heute ist Weisheit für beide Geschlechter gefragt, denn Vieles scheint nicht mehr so weitergehen zu können wie bisher, und noch wissen wir nicht, wohin unsere Existenzreise geht.

Ob im politischen, wirtschaftlichen, beruflichen oder auch privaten Bereich, überall kommt es durch neuartige Verstrickungen zu Problemen, die nach neuen Antworten verlangen und nicht mehr nach alten Rezepten zu lösen sind.

Als 1986 in Tschernobyl der Atomreaktor kollabierte und deutlich wurde, wie nah auch wir einer solchen Katastrophe sind, wachten manche von denen aus ihrem Schlummer auf, die der Meinung waren, daß in unserer Welt alles nur besser werden könnte. Auch mir ist es so ergangen.

„Tschernobol" bezeichnet in der slawischen Mythologie den schwarzen Gott des Bösen, den Gott, der das Unglück bringt. Sein Ort ist der Ort des Unheils für die Welt. Die kommunistisch aufgeklärten Wissenschaftler, die um ihren Atomreaktor eine neue Stadt planten, gaben ihrem Projekt den Namen „Tschernobyl". Wollten sie es mit den Ängsten vor dem Unheimlichen aufnehmen? Wollten sie beweisen, daß auch der uralte Aberglaube im Volk nur Opium des Volkes sei und ihre Wissenschaft das Glück für die Menschheit bringe? Aber diese hybride Rechnung ging nicht auf. Heute ist dieser Ort zu einem Ort des Schreckens und der Angst für die Welt geworden, ein „Ort des Tschernobol".

Für mich war der Reaktorunfall von Tschernobyl eine Mahnung an meine eigene Blindheit in jenem eingeschränkten Logos, von dem aus ich damals die Welt interpretierte. Ich begann, meine Chancen wahrzunehmen und neue Denkweisen in lebensfreundlicherer Richtung zu suchen.

Seit diesem Reaktorunfall habe ich für ein leibnäheres philosophisches Denken geforscht und den Ansatz meiner „Leibphilosophie" entwickelt.

Denn damals verstand ich in den Diskussionen zwischen Politikern, Wirtschaftsvertretern und Wissenschaftlern: Es ist ein Problem für die Herrschenden, daß wir so sehr am Leben hängen.

Unser Leben hängt vom Wohlergehen unseres Leibes ab, von der Nahrung, von der Luft, die wir atmen, von dem Wasser, das wir trinken, von dem Planeten, auf dem wir leben. Wir sind nicht die autonomen, freien Individuen der Vernunftphilosophen, sondern so leiblich wie alles, was „Natur" genannt wird.

Ich wollte eine Philosophie ausdenken, die mehr dazu imstande wäre, unseren Leib und unser Leben zu schützen, als die bisherigen Philosophien es getan haben. Weisheit als bewußtere Leiblichkeit wurde zu der ungefähren Idee, mit der ich das vorliegende Buch geschrieben habe.

Was ich fand, war so viel, daß dieses Buch nur der Anfang ist für ein weiteres Forschen in Richtung einer Leibphilosophie.

Neue Verbindungen und Abgrenzungen müssen zwischen Logos und Sophia ausgedacht werden. Wir müssen die schwierige Dialektik zwischen Mythos und Aufklärung beleben und zwischen Weisheit und Vernunft unterscheiden lernen. Wir sollten in einer sich immer mehr globalisierenden Welt lernen, mit verschiedenen Weisen des Erkennens nebeneinander zu leben.

Meine Leibphilosophie, die sich mehr und mehr in der Suche nach Sophia entwickelte, ist keine fertige Lehre. Leibphilosophie ist ein lebenslanger Forschungsweg des Philosophierens mit sich selber. Ich versuche dabei, lebensfreundlichere Denkrichtungen zu finden, zu erfahren und zu vermitteln.

Ich setze nicht voraus, daß Sie, liebe Leserinnen und Leser, Philosophie studiert haben oder vielbelesen sind. Darum schrieb ich dieses Buch immer auch im einführenden Stil, wenn ich mich auf Fachphilosophisches bezog. Auf die wissenschaftliche Philosophie möchte ich aber trotz meiner Kritik nicht verzichten, denn auch dort gibt es so manchen philosophischen Schatz zu heben. Was andere Philosophierende gedacht haben, muß nicht unbedingt das eigene Denken beschränken. Wir können das Denken anderer auch als Anregung auffassen, Eigenes zu entwickeln. Darum fordert dieses Buch sicherlich an manchen Stellen mehr Konzentration, als Sie vielleicht gerade zu geben bereit sind. Dann sollten Sie einfach an anderen Stellen weiter lesen und sich die differenzierteren Seiten für später aufheben.

Auch Worte können uns trotz aller Vorbehalte und Körperfreundlichkeit auf der Suche nach Lebensweisheit helfen. Die Sprache ist keine Feindin der Sophia. Aber schweigen zu können, sich in einen Anblick vertiefen oder das lebendige Dasein leiblich verspüren zu können, halte ich für genauso wichtige philosophische Methoden wie die begriffsbildende, um zu weitreichenden Erkenntnissen zu kommen.

Nun geht es mir nicht darum, die bisherige Logosform unseres philosophischen Denkens auf den Müllhaufen der Geschichte zu werfen, sondern neue Grenzen aufzuzeigen. Die Alternative soll nicht nur ein eingeschränkteres Selbstverständnis des Vernunftdenkens sein und von daher ein freierer, großzügigerer Logos, sondern auch ein neues, sich öffnendes Selbstverständnis von Logos und Weisheit. Die Alternative zur Vernunft heißt nicht Irrationalität und Unvernunft, sondern Weisheit.

Weisheit ist eine Erkenntnisform, die noch unentdeckt jenseits der ausgetretenen Heerstraßen der Vernunft auf uns wartet und in uns befreit werden möchte. Unsere Kapazität, als intelligente Wesen auf der Erde zu sein, hat sich noch längst nicht erschöpft.

In meiner Arbeit beziehe ich mich zwar auf die Geschichte zwischen Mann und Frau seit Tausenden von Jahren, aber ich gehe weder davon aus, daß es irgendwann in der archaischen Vergangenheit besser für die meisten Menschen gewesen wäre, noch halte ich alles für schlecht, was sich in den letzten 2500 Jahren in Europa entwickelt hat.

Es geht mir um eine neue Synthese zwischen Weiblichem und Männlichem, die in der Geschichte kein Vorbild hat. Die Geschichte der Menschen hat uns in eine Lage gebracht, die für viele Frauen und auch Männer schwer auszuhalten ist. Alte Rollenzuweisungen werden überwunden, neue Lebensformen ausprobiert. Noch ist nicht abzusehen, wie sich die Beziehungen zwischen den Geschlechtern entwickeln werden, aber von hier aus müssen wir weiterdenken. Vergangene Geschichten können uns zu neuen Ideen inspirieren und ermutigen, aber sie können uns nicht von der Aufgabe entlasten, jetzt und heute kreativer zu werden, zu experimentieren und uns etwas auszudenken, was zuvor noch nicht da war.

Ich zeige in diesem Buch viele Quellen und Bezüge auf, die von Neugierigen weiterverfolgt werden können. Besonders in den ostdeutschen Bundesländern habe ich einen großen Hunger nach neuen philosophischen Zusammenhängen und Lesequellen zum Selbststudium erlebt und hoffe, daß meine Angaben diesem Wissensdurst entgegenkommen können. Ich habe Wissensstoff zusammengebracht, wie er so noch in keinem Philosophiebuch zu finden ist. Was in den Wissenschaften getrennt diskutiert wurde, gehört hier zusammen. Ergebnisse der neueren Gehirnforschung können meine Forderung nach der Entwicklung eines „Leibsinnes" unterstützen. Ich bringe Ergebnisse aus schon bestehenden Philosophien des Leibes ein und zeige, wie ein leibbezogeneres Denken auch offener wäre, mit Bildern umzugehen anstatt nur mit Begriffen.

Warum ist das bei uns verpönt? Die Suche nach Sophia führt uns in mythologische Bereiche, die bilderstark eine leibnähere Denkweise einfordern. Weisheitsmysterien und Göttinnenkulte sind nicht irrationaler Schwachsinn, sondern eine andere Weise, unsere Welt zu erfahren. Daraus können Erkenntnisformen gezogen werden, die mit einem freieren Logos vereinbar sind. Daß Frauen schon in dieser Richtung philosophiert haben, zeige ich an den drei großen, noch immer verkannten Schriftstellerinnen Sappho, Virginia Woolf und Clarice Lispector auf.

Wissenschaft darf nicht nur den Professoren vorbehalten bleiben. Wissenschaft ist die Leidenschaft, die Wissen schafft, und ist eigentlich nicht von einem Zertifikat abhängig. Wir sind meist soweit alphabetisiert, daß wir auch selbständig nachforschen können, was uns interessiert. Vielleicht hatte Nietzsche recht, als er meinte, daß die Methoden der akademischen Wissenschaftler am Ende die Wissenschaft noch verhindern.

Und es kommt auch darauf an, freimütig Patriarchatskritik zu üben. Ob Mann oder Frau, jeder und jede kann eine patriarchats-kritische Haltung einnehmen, der oder die für den Abbau von Herrschaftsverhältnissen ist.

Noch ist ein patriarchatskritisches Philosophieren nicht selbstverständlicher Bestandteil jenes herrschaftskritischen Philosophierens, das durchaus an manchen Universitäten Tradition ist. Aber nach mehr als zwanzig Jahren angespannter Geschlechterdebatte im Westen gibt es jetzt vielleicht die Bereitschaft, angesichts sich vergrößernder gesellschaftlicher Probleme neue herrschaftskritische Linien zu ziehen.

Ich möchte mit meiner philosophischen Arbeit unsere abendländische, maskuline Denktradition in Frage stellen und gleichzeitig eine Alternative jenseits der Geschlechterdualität aufbauen, die nicht mit Vernichtung assoziiert werden kann: Weisheit.

Dafür erzähle ich jene Geschichte der Philosophie, die bisher verborgen gehalten wurde.

Warum nun heißt mein Buch „Sophias Leib“?

In den verschiedenen alten Texten zur Sophia fand ich jene Vorstellung vom „Verleiblichen“, die für meine Arbeit zum Leitfaden wurde. Im Sophia-Mythos der Gnosis ist unsere ganze physische Welt der Leib der Sophia. Dieser weibliche Weltleib wird dort nicht als leblose Materie verstanden, nicht als Gebärmaschine, die dem reinen Geist gegenübergestellt werden könnte, wie es Philosophen seit Sokrates tun. Was aber mit „Leib“ und „verleiblichen“ gemeint sein kann, wurde für mich zu einem umfangreichen Forschungsprojekt, in dem ich immer noch experimentiere. Soviel aber wird schon deutlich: „Der Leib“ ist eine sinnvolle begriffliche Möglichkeit zwischen den patriarchal verbrauchten Begriffen „Körper“, „Seele“, „Geist“, „Materie“ und „Vernunft“. Die Frage für mich ist, ob sich ein „Leibsinn“ entwickeln läßt. Ich gehe erst einmal davon aus.

Eine philosophische Konzeption des Leibes ist eine Alternative zwischen den Philosophien des Materialismus und des Idealismus, weil sie beide Traditionen in sich vereinigen kann, ohne daß die eine gänzlich der anderen unterliegt. Diese „Aufhebung“ ist sicherlich auch für viele Menschen aus den ehemaligen sozialistischen und kommunistischen Ländern interessant, denn zwischen den Ideologien von einer Gesetzmäßigkeit der Materie und der absoluten Freiheit des Geistes bewegt sich das verleiblichte Leben, bewegen wir uns.

Jetzt, für die zweite Auflage dieses Buches möchte ich jenen Lesenden einen Rat geben, die nicht den langen Atem haben, so ein dickes Buch zu Ende zu lesen. Manche von ihnen fragten mich, was sind die Kapitel, an denen Du heute noch Dich am meisten spürst?

Also lesen Sie das Kapitel über Parmenides, und das letzte große Kapitel über die drei Denkerinnen Sappho, Clarice Lispector und Virginia Woolf. In diesen Kapiteln ist am meisten von dem enthalten, was mich auch jetzt noch stark beschäftigt und was auch die Kraft hat, die Art meines philosophierenden Schreibens zu verändern.

*Stuttgart, Dezember 2002*

## DER PHILOSOPH UND DIE PHILOSOPHIN

In Zeiten des deutschen politischen Vormärz im Jahre 1842 saß ein Philosoph in seiner Gartenlaube in Bayern und schrieb Sätze zu einer neuen „Philosophie der Zukunft".

Er wußte, daß er damit fast die gesamte Philosophiegeschichte gegen sich haben würde, aber er träumte davon, mit seinen Gedanken dazu beizutragen, „den Himmel auf die Erde zu holen".

Er schrieb auf sein Blatt Papier: *Wenn die alte Philosophie zu ihrem Ausgangspunkte den Satz hatte: Ich bin ein abstraktes, ein nur denkendes Wesen, der Leib gehört nicht zu meinem Wesen; so beginnt dagegen die neue Philosophie mit dem Satze: Ich bin ein wirkliches, ein sinnliches Wesen: Der Leib gehört zu meinem Wesen; ja der Leib in seiner Totalität ist mein Ich, mein Wesen selber* (§ 36, 1983).

Als der Philosoph diesen Satz geschrieben hatte, lehnte er sich in seinem einfachen Holzstuhl zurück und stellte sich seine neue Philosophie vor. Was würde das Wichtigste sein, worum würde es gehen? Er schrieb, es müsse um die menschlichen Empfindungen gehen, um das spezifisch menschliche Naturerleben und um Liebe, Liebe und nochmals Liebe.

Unsere Empfindungsweisen seien bisher noch nicht im Zentrum bewußter philosophischer Aufmerksamkeit gewesen, und jetzt sei es höchste Zeit dafür, daß die Menschen endlich ihren Verstand und ihre Vernunft mit dem Herzen verbinden könnten. Die neue Philosophie sei das *„zu Verstand gebrachte Herz"*.

Natürlich würden ihn die Philosophieprofessoren an der Universität für so einen seltsamen, organischen Vergleich auslachen, aber das störte ihn nicht, denn er hatte sich von den Zwängen der Gelehrtenzunft befreit. Er verließ die Universität und übernahm nach seiner Lehrtätigkeit keine Professur. Es war sehr unbefriedigend für ihn, es ständig den anderen Kathederphilosophen recht zu machen und den Studenten lediglich philosophiegeschichtliche Textinterpretationen von bekannten Philosophen vorzutragen. Er wollte nicht philologieren, sondern philosophieren. Eine eigene, ganz neue Philosophie wollte er entwerfen. Und immer, wenn er darüber mit seinen Kollegen zu sprechen begann, verzogen sie ihre Mienen und verhinderten, daß er für einen freigewordenen Professorenstuhl vorgeschlagen wurde. Als er schließlich davon genug hatte, verließ er die Universität. Seinen Freunden sagte er, er habe nun den „Philosophen" ganz abgelegt und wolle nur noch „als Mensch" philosophieren.

Dieser Mensch hieß Ludwig Feuerbach.

Sofort nachdem seine ungewöhnlichen Schriften veröffentlicht wurden, nahmen politischere und handlungsorientiertere Denker seine Impulse in ihre Arbeit auf und benutzten diese für ihre revolutionären Ideen. Karl Marx kritisierte an Feuerbach, daß es nicht so sehr darauf ankomme, die Welt nur neu zu interpretieren, es käme nun endlich darauf an, die Welt zu verändern. Auch Marx beabsichtigte, den „Himmel auf die Erde zu holen", aber mit den fortgeschrittensten neuen Menschen des aufkommenden Industriezeitalters, mit den Industriearbeitern.

Straßenbarrikaden wurden gebaut, im Kommunistischen Manifest riefen Karl Marx und Friedrich Engels 1848 die Arbeiter aller Länder dazu auf, sich zusammenzuschließen, um eine neue menschliche Zukunft jenseits der abstrakten Weltvorstellungen behäbiger Spießer zu bauen und selber den Reichtum zu genießen, der durch ihrer Hände Arbeit entstand. „Der Leib", den Feuerbach noch anvisierte, wurde bei Marx zum philosophischen Hohelied der Technisierung von Händearbeit, der proletarischen Industriearbeit.

Die geschichtlichen Ereignisse überschlugen sich. 1871 gründete der neue Reichskanzler Bismarck die Deutsche Nation. Es gelang ihm, die meisten selbständigeren „politischen Umtriebe" mit seinen neuen Gesetzen zu zähmen oder zu verhindern.

Die Arbeit von Feuerbach wurde darüber vergessen. Sein Traum von einer „Philosophie des Leibes" zerrann in den politischen Kämpfen um ein einig deutsches Vaterland und der marxistischen Idee einer neuen sozialistischen Gesellschaft.

Seither verändert sich die Welt radikal, jeden Tag aufs neue. Die Geschwindigkeit der Veränderungsprozesse in unserer äußeren Erfahrungswelt beschleunigt sich stetig, während in unserer Innen-welt die Gedanken immer fragmentierter zwischen den neuen Erlebnisprodukten hin und her „zappen". Mit jedem neuen Automodell, das in der Werbung angepriesen wird, wird eine Revolution der Lebensform verkündet, um erneute „Himmel auf die Erde zu holen" und ein Schlaraffenland der Freiheit zu versprechen. Es ist keine Bedrohung mehr, etwas als „Revolution" anzupreisen. Wir sind inzwischen an „Revolutionen" gewöhnt.

Besonders die Autowerbung transportiert die antiken Ideen von männlicher Autonomie, Freiheit, Liberalismus und Mobilität und scheut den Revolutionsbegriff nicht.

Wir sind daran gewöhnt, daß sich die Welt ständig verändert, kommt es nicht endlich wieder einmal darauf an, die Welt neu zu interpretieren?

155 Jahre nach Feuerbach träumt wieder jemand von einer neuen „Philosophie der Zukunft". Viel blutiges Wasser ist inzwischen den Rhein, die Oder und die Elbe hinuntergeflossen. Inzwischen stimmen immer weniger Menschen in das Hohelied des Industriefortschrittes ein.

Diesen philosophischen Traum träumt diesmal kein Mann, wie es bisher in der Philosophiegeschichte üblich war, sondern eine Frau. Eine Frau, die nach ihrem Philosophiestudium und Lehraufträgen der Universität den Rücken kehrte, um ihre Vorstellung von einer neuen Philosophie ohne akademische Zwänge zur

Sprache zu bringen. In der Sehnsucht, die eigenen Wahrnehmungen und Erkenntnisse reflektierend auszubuchstabieren, liegt der Beginn eines philosophischen Lebenswerkes.

Die Philosophin sitzt nicht in einer bayrischen Gartenlaube, sondern in einer Wohnung über den Dächern von Berlin. Auch sie weiß, daß sie fast die gesamte Philosophiegeschichte gegen sich hat, wenn sie auf das Blatt Papier schreibt: *Die alte Philosophie ist abgestorben an dem eigenen Unvermögen, sich mit den Herzen der Menschen zu Verbinden. Die neue Philosophia sagt: Ich bin ein leiblich-körperliches Wesen und will meine Vernunft mit dem Herzen Verbinden. Ich will lebensliebend auf Erden sein und dafür denken, fühlen, erfahren und Wissen erwerben. Ich will die Weisheit im Lebensalltag der Menschen wiederentdecken, und ich will Liebesfähigkeit...*

Die Philosophin sitzt wie Feuerbach auf einem Holzstuhl und blättert in den Buchseiten des älteren Kollegen. Sie weiß wie er, daß sie eine neue Verbindung zwischen Vernunft und Herz herstellen muß und daß dieses Philosophieren nicht so sein würde, wie es in den letzten 2500 Jahren üblich war.

Sie liest Feuerbachs Ziel: *Die neue Philosophie, welche den wesentlichen und höchsten Gegenstand des Herzens, den Menschen, auch zum wesentlichen und höchsten Gegenstand des Verstandes macht, begründet daher eine Vernünftige Einheit von Kopf und Herz, von Denken und Leben* (§ 57. 1983).

Die Frau hat nicht, wie ihr entfernter Kollege in Bayern, die Berufsbezeichnung „Philosoph“ abgelegt, denn die feuerbachsche Alternative, als „Mensch“ zu sein und zu arbeiten, erzeugte in ihr ähnliche Probleme der Selbstbenennung wie die Bezeichnung „Philosoph“.

Warum nennt sie sich nun „Philosophin“, obwohl doch auch sie mit dem ganzen akademischen Betrieb der Philosophie wenig zu tun hat? Ist es Eitelkeit? Oder ist es eine tiefer gehende Bindung an die Geschichte der Philosophie, die sie dazu bringt, sich nach ihrem langen philosophischen Universitätsstudium Philosophin zu nennen?

Denn sie ist eine Frau und wird von den Philosophen seit der Antike weder „als Mensch“ voll akzeptiert, noch würde sie als Kollegin voll von ihnen anerkannt werden, denn nach den althergebrachten Vernunftdefinitionen kann eine Frau nicht Philosophin sein. Hatte Fichte nicht geschrieben, daß eine Frau sich zwar vorhandenes Wissen aneignen könne, aber selber könne sie nichts erfinden, was für eine neue Wissenschaft tauglich wäre, weil ihr das aktive Vernunftvermögen fehle? Oder Kant, der den Frauen Verstand zugestand, aber die Vernunft nur den Männern reservierte. Und Aristoteles, der die Vernunft im männlichen Samen grundgelegt sah, wie sollte er sich eine Philosophin vorstellen können? Diese Geschichten hatte sie zur Genüge in ihren Büchern bereits dokumentiert (1980/1997/2002). Von dieser Seite erwartete sie keine Unterstützung.

Mit der Bezeichnung „Mensch“ sind Frauen nach den philosophischen Definitionen zumeist nicht mitgemeint, denn sie sind, erdweit gesehen, auch heute noch nicht als gleichberechtigte und sich selbst verwirklichende Menschen gegenüber den herrschenden Männern anerkannt. Ein krasses Beispiel war die Situation der Frauen in Afghanistan unter der Macht der Taliban. Wie in der westlichen Zivilisation die Frau immer noch nicht vollständig als Mensch gesehen wird, auch darüber hatte die Philosophin schon geschrieben (1996).

Welchen Namen die philosophierende Frau auch immer sich anheften läßt, es ist ein Wort aus einer von Männern dominierten Sprach- und Geistesgeschichte, in der von Frauen nicht erwartet wird, daß sie sich auf einen Stuhl setzen, ein Blatt Papier vor sich hinlegen und schreibend einer Leserschaft zu erläutern beginnen, wie sie die Welt interpretieren.

Insofern befand sich ihr Kollege Feuerbach noch in einer behaglicheren Situation, denn zumindest „als Mensch“ konnte er sich volltönig den humanistischen Philosophen des Abendlandes anschließen und sich mit ihnen gemeinsam fühlen.

Wer war Feuerbach „als Mensch“? Verstand auch er sich nur als Mensch in einem maskulinen Sinne? Sehnte sich seine männliche Vernunft, sein „Logos“, danach, sich mit seinem Herzen zu verbinden, um einem neuen Ideal des vollkommenen Menschen zu entsprechen, in dem die Frau auch als Vollkommene gesehen wird? Sind nicht alle Menschenideale patriarchal vorgeprägt, seit es überhaupt schriftlich fixierte Ideale gibt? Brauchen wir überhaupt solche Vollkommenheitsideale, solche Wesensbestimmungen des Menschen?

Immerhin disputierte Feuerbach in neu entstandenen reinen Frauenkursen mit Frauen über seine Philosophie, etwas, was Kant oder Hegel und auch Marx empört und belustigt von sich gewiesen hätten. Er schreibt in einem Brief an Wilhelm Bolin: *Ob ich gleich stets die Geschlechtsdifferenz für eine wesentliche, aber nicht nur leibliche, sondern auch geistige gehalten und anerkannt habe, so habe ich doch nie auf eine Inferiorität des weiblichen Geschlechts geschlossen ... Die Weiber werden ebenso wie die Männer geköpft; warum sollen sie nicht auch Bürgerkronen verdienen können, warum sollen ihnen nicht die Mittel gegeben, die Bahnen geöffnet werden, solche zu verdienen?* (1975. S. 208. 210)

Die Philosophin beschließt, sich nicht zu sehr an den Dominanzansprüchen der vergangenen Patriarchen in der Philosophiegeschichte zu reiben. Sie beugt sich über ihr Papier und schreibt: *Die alte Philosophie ist eine patriarchale Selbststilisierung von Männern, die ihr Denken von ihrem leiblichen Erleben abspalten wollten, um in der kriegsbereiten Gesellschaft der Antike einsatzfähig zu sein. Sie sollten nicht bei ihren Frauen liegenbleiben, wenn die Staatsmacht sie rief, wenn die Polis zum nächsten Überfall mobilisierte. Sie setzten Denken mit Begriffe bilden gleich und huldigten dem Logos, dem Wort, dem Begriff, der Regel und dem aufgeschriebenen Gesetz. Sie huldigten nicht Sophia, der Weisheit, auch wenn sie sich Philo-Sophen nannten. Sie sind keine Philo-Sophen, sie sind Philo-*

*Logen.*

Diese Philo-Logen haben die Weisheitsliebe vorgetäuscht und glaubten damit, sie ganz auszuschalten und ersetzen zu können. Vernünftig sein heißt listig sein. Sie verwendeten eine List. Weisheitliches Wissen aus Lebenserfahrung verpönten sie als primitives, unphilosophisches oder unwissenschaftliches Erkennen.

Ein Logos, der die Sophia als seine Meisterin anerkennen würde, würde seine Vernunft in den Dienst der Liebe zum Leben stellen und sich leiblich annehmen. Erst das wäre ein Philo-Soph. Vielleicht war Feuerbach einer der wenigen Liebhaber der Sophia, die immer noch darauf wartet, befreit und erkannt zu werden, von jedem Menschen neu.

Und während die Philosophin diese Sätze in ihr Tagebuch niederschreibt, weiß sie schon, daß zahlreiche Klärungen notwendig sein würden, um diese Interpretation der Welt akzeptabel in das Reich der Begriffe zu bringen, das von einer Sprache geprägt ist, die sich jenseits einer sensiblen leiblichen Aufmerksamkeit gebildet hat. Sie würde erklären müssen, was sie mit der Unterscheidung „Logos und Sophia“ meint, jenen zwei großen Strömungen, Gedanken, Erkenntnisse und Erfahrungen zu gewinnen und weiterzugeben.

Sie würde erläutern müssen, wie sie mit diesem neuen, leiblicheren Philosophieren eine Gratwanderung zwischen Mythos und Aufklärung unternimmt und wie sie vor einer Geschichte der Vernunftentwicklung steht, die sie als einen patriarchalen Sündenfall ansieht.

Aber vielleicht sollte sie gar nicht das Wie zu erklären versuchen, sondern tun, wie sie es meint.

## Stilisierung des Mannes zum „Vernunfttier“

Viele Menschen finden es selbstverständlich, daß sie mit festen Körpern auf einer festen Erde leben. Sie finden es auch selbstverständlich, daß es hauptsächlich darauf ankommt, in diesem Leben gesund zu sein, in Frieden mit anderen zu leben und sich Schönes und Angenehmes erlauben zu können.

In dieser Hinsicht gibt es wohl kaum Meinungsverschiedenheiten zwischen uns Menschen.

Aber was ein „gesundes Leben“ ist, wie „in Frieden mit anderen“ gelebt werden kann und was als schön und angenehm gilt, darüber scheiden sich die Geister, soweit unser geschichtliches Wissen zurückreicht.

Es sind nicht die Lebensziele und Lebensträume, die uns Menschen voneinander trennen, sondern die Wege, die zu diesen Zielen hinführen sollen.

Es könnte aber ein gesünderes, friedlicheres, schöneres und angenehmeres Leben für viel mehr Menschen geben. wenn es möglich wäre, die leiblicheren Bindungsmöglichkeiten zwischen Menschen vielfältiger und differenzierter zu erfahren, als es in den letzten 3000 Jahren in allen „zivilisierteren Ländern“

gefordert und kultiviert worden ist.

Wir lernen schon früh in unserer Kindheit, daß es sehr wichtig sei, unsere Gefühle mit unserer Vernunft zu kontrollieren. Unsere körperlichen Bedürfnisse wie Essen, Trinken, Schlafen, Ausscheiden, Schmusen und Koitieren lernen wir zu verzögern und auf ein Minimum an Bemühung zu reduzieren.

Wir lernen, den Worten der berühmten Menschen in den Medien zu lauschen und die alltagsfremd redenden Männer und (wenigen) Frauen in den Staatsapparaten, Bildungsinstitutionen und Unternehmen als Fügung hinzunehmen.

Wir lernen die sogenannten „Kulturtechniken" wie Lesen, Schreiben, Rechnen und Argumentieren und werden damit in eine Richtung erzogen, die uns unsensibler macht für unsere körperlich-leiblichen Regungen.

Denn seit der griechische Philosoph Aristoteles vor etwa 2300 Jahren definierte: *Der Mensch ist ein rationales Tier* und postulierte, er unterscheide sich durch seine spekulierende und vernünftige Seele von den Pflanzen und Tieren, werden wir im Abendland durch eine desensibilisierende Erziehung von unseren körperlichen Regungen bewußtseinsmäßig abgespalten. Unser heutiges, enges Denkmuster findet seine Grundlage in der griechischen Antike.

Aristoteles unterscheidet jedes Lebewesen in Körper und Seele, aber der Mensch könne mit seiner seelischen Vernunftkraft das Körperliche an sich selber beherrschen, und das erst mache den Menschen zum Menschen. Vernunftlose Tiere hätten nur körperliche Bedürfnisse und könnten nicht selber ihr Verhalten regulieren. Daher seien sie nicht frei, nur der Mensch sei frei vermöge seiner Vernunftfähigkeit, die sich am besten im Dienste der Polis (des Staates) entfalten könne, denn Vernunft müsse herrschen.

Das „Vernunfttier" Mensch sei wegen seiner Denkfähigkeit die höchste Naturentwicklung und könne daher auch mit Recht beanspruchen, über alles andere zu herrschen und die gesamte Natur für sich zu nutzen.

Der Körper wird hierbei nicht als wesentlich menschlich angesehen, sondern als etwas, was uns mit allen anderen Lebewesen gleich macht und uns nicht von den Tieren unterscheidet. Der tierische Anteil an uns Menschen müsse durch Vernunft dienstbar gemacht werden. Das Tierische an uns ist unser Körper. Der Mensch ist ein „Vernunfttier".

Diese klassische griechische Auffassung durchzieht in verschiedenen Varianten die Konzeptionen vom richtigen „Menschsein" in unserer abendländischen christlichen Kultur bis heute.

Bei genauerem Lesen der alten Texte zu den Wesensdefinitionen des „Menschseins" läßt sich feststellen, daß mit „Mensch" nicht „alle Menschen" gemeint waren, sondern nur besonders bevorzugte und definierte „Menschen". Das für Laien Ungewohnte an philosophischen Fachtexten ist, daß viele Worte nicht so verwendet werden, wie sie in der Alltagssprache vorkommen, sondern sie sind in bestimmten Bedeutungen definiert. Diese besonderen Definitionen entschlüsseln sich aber meistens erst nach intensiverem Textstudium. So bedeutet auch das Wort „Mensch“ nicht überall das gleiche.

Es gibt in verschiedenen Kulturen die Eigendefinition „Mensch“, die immer auch ein Abgrenzungsname gegen andere Lebewesen ist oder auch solche, die zwar wie Menschen aussehen, aber als Fremde, Barbaren (Nichtgriechen), Nichteskimos oder (bei den australischen Aborigines) als „Veränderte“ im Unterschied zum „wahren Menschen“ gelten. Die anderen werden nicht als eigene Mitmenschen realisiert. Ein Gattungsempfinden, wie es Tiere wahrscheinlich haben, ist in der menschlichen Gattung nicht selbstverständlich vorhanden.

Im Griechischen bedeutet das Wort „Mensch“ (anthropos) dasselbe wie „Mann“. Diese Übereinstimmung ist keine zufällige Namensgleichheit, sondern ein antikes Selbststilisierungsprogramm. Der griechische Mann allein sei der wahre Mensch kraft seines besonderen Vernunftvermögens, das in der griechischen Polis kultiviert wird. „Mann sein“ im griechischen Sinne bedeutet „rational sein“ oder „vernünftig sein“ und deshalb „herrschend sein“. Diese „Männlichkeit“ war ein philosophisches Erziehungsprogramm im klassischen Griechenland und unterschied den freien Mann vom Sklaven, den anderen Tieren (die wörtliche Übersetzung der griechischen Bezeichnung „Sklave“ lautet „Tier mit Menschenfüßen“), den unfreien und besitzlosen Männern, den Frauen und den Kindern.

Das „Vernunfttier“ war gleichbedeutend mit „Mann“, „Grieche“ und „Mensch“ im griechischen Denken philosophisch und politisch verankert und wurde in der platonischen und aristotelischen Philosophie begrifflich ausdifferenziert.

Diese „Stilisierungen“ bilden bis heute die ideellen Grundlagen für unsere europäischen Definitionen des Menschseins. Sie bilden den sogenannten „Anthropozentrismus“ als philosophisch gegründete Ideologie.

### Wie machten das die alten Philosophen? Und warum?

Zunächst dachten sich Platon und sein Lehrer Sokrates eine „Vernunft“ aus, die angeblich völlig frei von körperlichen Bindungen existieren könne. Da sie beide an eine Reinkarnation der Seele glaubten, fiel es ihnen nicht schwer, eine Seele als körper- und materieunabhängige Gegebenheit anzunehmen, ähnlich wie in den Vorstellungen von der Seele in fast allen damaligen östlichen und westlichen Mythen und Lehren der „Seelenreinkarnation“.

Sie konstruierten nun aber sozusagen als „Zwischeninstanz“ einen „Geist der Vernunft“, durch den es den philosophierenden Männern möglich sein sollte, schon jetzt im Körper und auf Erden den Zustand der reinen Seele als möglichst reine Vernunfterkenntnis zu erreichen. Reine Vernunfterkenntnis sei allerdings nur im außerkörperlichen Zustand, also im Tode, erfahrbar und daher müsse der richtige Mann und Philosoph am lebendigen Körper lernen zu sterben, um schon zu Lebzeiten im Gefängnis seines Körpers eine Ahnung von der Vernunfterkenntnis zu erhalten, denn: *Solange wir mit dem Übel des Körpers verwachsen sind, wird uns keine Vernunfterkenntnis zuteil* (Platon Lit. 7), sagte Sokrates zu seinen Schülern, kurz bevor er im Gefängnis von Athen willig seinen Schierlingsbecher austrank.

Das körperliche Erleben galt ihm als Störung des Denkens und Erkennens.

Vor dem Hintergrund eines Reinkarnationsglaubens, in dem sowieso schon zwischen irdischem Dasein und außerkörperlichem Sein unterschieden wurde, konnte sich die Vorstellung einer jenseitigen Vernunft oder eines reinen Ideenreiches durchsetzen. Für Platon war aber noch nicht klar entschieden, welche Rolle das Wort und welche Rolle das Bild einnehmen würde. Sein Ideenreich wird im Kratylos-Dialog noch als ein Reich geometrischer Bilder vorgestellt, in Konkurrenz zur Sprache. Erst mit Aristoteles festigte sich das begriffliche Logos-Verständnis der griechischen Antike.

Der Mythos der Vernunft entstand aus dem Reinkarnationsglauben in einer kriegerischen antiken Gesellschaft, in der die Griechen ständig Kriege gegen andere Staaten, Völker und Bevölkerungen um die eigene Vorherrschaft führten.

So entstand unsere Philosophie und sogenannte „humanistische Wurzel“ in einer Kriegergesellschaft und aus einem Reinkarnationsmythos, sozusagen als „Abfallprodukt der Polispropaganda“ zur Gewinnung einer tapferen Soldatenidentität. Der Philosoph Gernot Böhme zeigt in seinem Buch „Der Typ Sokrates“ (1988) auf, wie sich die Stilisierung des Mannes zum Vernunftphilosophen vollzogen haben könnte. Auch er schätzt die Kriegergesellschaft als wesentlichen Hintergrund für die Philosophieentstehung ein.

Der griechische Mann sollte sich durch eine philosophische Schulung zum körpernegierenden „Vernunfttier“ entwickeln, um sich angstfrei und todesbereit für die Ideen der Polis in den Kampf zu begeben. Das so stilisierte athenische „Vernunfttier“ sollte der eigenen Polis zur Herrschaft über andere Stadtstaaten verhelfen.

Diese neue, staatsbürgerliche Vernunftidentität war als neu erfundene „Männlichkeit“ gegen alles gerichtet, was mit Weiblichkeit zu tun hatte. In den alten Schriften der damals entstandenen Philosophien ist die Ablösungstendenz vom Weiblichen noch deutlich erkennbar. Die männliche Vernunfterziehung richtete sich wahrscheinlich besonders gegen die Erziehung der Männer durch Frauen, seien es Mütter, Schwestern, Tanten, Großmütter oder geliebte Frauen. Die philosophische Propaganda scheint sich an Männer gerichtet zu haben, die noch zu sehr ihrer Familie, ihrer Sippe, ihrem Clan, ihren Müttern, Schwestern, Frauen und Kindern verbunden waren. Gegen diese althergebrachten Bande der

Blutsverwandtschaft hatte die neue Polisherrschaft zu bestehen. Die uralten, gentilen Gemeinschaftsformen prägten wahrscheinlich noch die Identität eines Griechen, der gerade miterlebte, daß Stadtstaatenherrscher willkürlich Sippen und Clans zusammenlegten und befahlen, aus diesem neuen, verordneten Landkreis einen männlichen „Vorsteher" zu wählen, den sogenannten „Demos". Dieser mußte dann von Zeit zu Zeit in die Polis, um mit anderen Vorstehern einen Rat zu bilden. Frauen durften nicht „Vorsteherinnen" werden und gehörten so nicht zum „Demos", das heißt zur „Vorsteherversammlung". Die Männer sollten endlich unter sich eine eigene, mutterunabhängige und vaterlandfreie Identität ausbilden, die sie dazu befähigen würde, ihr gentilgebundenes Gefühlsleben abzuspalten. Damit würden sie frei sein für die Ideen einer Staatsvernunft, die keine Sippenverbände mehr akzeptierte und keine Lebensregionen mehr als „natürlichen Lebensraum" den „Primitiven" überlassen wollte.

Künstliche, geometrisch auf Papier gezogene Landesgrenzen und Verwaltungseinheiten galten als die neue Form, über Land und Leute zu herrschen oder Politik zu machen. Die „Vorsteher" (Demos) in der Polis sollten die Herrschaftsbereiche des polisidentifizierten Mannes unter sich neu verteilen (vgl. Bornemann 1979).

Mit dieser „Herrschaft des Demos", auch „Demokratie" genannt, entstand jene maskuline Philosophie, die bis heute das westliche Denken im Alltag und in den Wissenschaften prägt. Daß dieses Vernunftdenken körper- und frauenfeindlich sein mußte, um sich als Eigenes zu behaupten, lag an ihrem Ziel, den wenigen „Politikern" (freie Polismitglieder) eine Rechtfertigung und eine Identität dafür zu geben, daß sie ohne ihre Frauen und Familien leben konnten. Die homoerotische Liebe wurde von Platon als diejenige gekennzeichnet, die am ehesten dazu befähige, Politiker zu sein, zu herrschen und zu kämpfen (vgl. Platon, Lit. 8).

Die Vernunftgöttin Athenae, die angeblich die Akropolis Athen gegründet hatte, wurde in athenischen Tragödien dafür herangezogen, noch als weibliche, archaischere, moralische Instanz Muttermord zu rechtfertigen und eine maskuline Rechtsprechung zu legitimieren, in der das Recht der Väter auf alle „freien Männer" verallgemeinert wurde.

Athene weihte die Krieger kultisch in den Waffendienst für die Polis ein. Spätere Stadtstaaten hatten nach der Verfügung des Keisthenes nur noch Vatergötter als Urahn und Gründer anzubeten, die weiblichen Urmütter aus ihrem Gedächtnis zu streichen und nur noch den Gottvaternamen zu akzeptieren. Der Gottvatername mußte in einer Polisliste aufgeschrieben werden und galt so mehr als die weiblichen Namen, die nur in der Erinnerung vorhanden waren, einem alten, mündlich überlieferten Sittengesetz verpflichtet.

Der neue Identitätskult der Vernunftwerdung war von Anfang an ein

Mannwerdungsprogramm, das sich gezielt gegen alles richtete, was Frauen bis dahin in die Welt gebracht und kultiviert hatten.

Aber warum diese „Umwertung“ stattfand, ist uns Heutigen schwer verständlich, es ist nur feststellbar, daß sie vehement von jenen ausformuliert wurde, die sich „Philosophen“ nannten.

Zur Zeit der „griechischen Aufklärung“, die noch heute von humanistisch Gebildeten als „Glanzzeit des Abendlandes“ gefeiert wird, durften athenische Ehefrauen von „freien Bürgern“ das Hausgelände (oikos) nicht verlassen. Es gab eine Straßenpolizei, die jene Frauen ins Hausgelände des Mannes zurückbrachte, die es doch wagten, sich außerhalb des Hauswesens zu bewegen (vgl. Pomeroy 1985).

Mit der Selbststilisierung des Mannes zum „Vernunfttier“ erfanden die philosophisch tätigen Männer damals etwas gänzlich Neues und Eigenes, womit sie sich nicht mehr nach den Frauen auszurichten brauchten. Eine Frauenstimme zählte in diesem Vernunftsystem nichts. Diese Loslösung aus dem weiblicheren Kult- und Sippen-bereich erklärt jene Abgrenzungsversicherungen zum Weiblichen, die in den alten Texten häufig zu finden sind. Sie werden von den späteren Philosophen nicht mehr wahrgenommen und als Peinlichkeit überlesen. Aber auch sie sind fast durchweg frauenfeindlich. Nicht, weil sie noch den öffentlichen Einfluß der Frauen zurückdrängen und bekämpfen müßten, sondern weil sie ihre Privilegien, die durch das „Vernunfttier“ historisch bereits errungen worden waren, ständig glaubten absichern zu müssen (vgl. Stopczyk 1980/ 1997). Selbstverständlich darf nach der aristotelischen Logik des Logos und seinen Adepten die Frau alles das nicht können und haben, was der Mann kann und hat. Wenn er vernünftig ist, dann ist sie logischerweise unvernünftig, denn sie wird als gegenteilige Klasse definiert. Etwa folgendermaßen nach dem „Satz vom Widerspruch“: Der Mann ist in der Logik als A gekennzeichnet. Die Frau ist alles das, was nicht A ist. A zeichnet sich durch Vernünftigkeit aus, durch Seele, durch Tapferkeit, durch Tugend, durch alles Streben nach dem Höheren und seinem Lohn, dem Besitz. Und wer logisch denken kann, wird richtig schlußfolgern, daß Nicht-A genau das Gegenteil von A ist. Nicht-A ist die Frau, das Kind, sind die Sklaven, die Pflanzen und die Tiere, die besitzlosen Männer. Da das Göttliche als reine Seele, reiner Geist oder reine Vernunft definiert wird, ist es auch ein A; und das ist logisch, weil ja vorher geklärt war, daß Vernunft männlich ist und ein Gott vernünftig.

Wer die Definitionen und Voraussetzungen der Logik festlegt, bestimmt, was als richtig und was als falsch gilt, so vermeinen jedenfalls Aristoteles und seine Epigonen bis in die moderne Wissenschaftslogik hinein. In dieser logischen „Logos-Tradition“ wird vorausgesetzt, daß beim logischen Denken der eigene Körper weggedacht werden muß. Der eigene männliche Körper gilt im höchsten

Falle als Seelenbehältnis oder, wie Platon meinte, als „Gefängnis der Seele" oder Vehikel der Vernunft. Daraus ist nun logisch zu folgern, daß der weibliche Körper nach klassischer Definition noch nicht einmal ein Behältnis oder ein Gefängnis sein kann, denn er hat ja keine Seele. Die Seele mit dem Vernunftvermögen befindet sich im Samen des Mannes, und nur weil der weibliche Körper diesen Samen austragen kann, um daraus einen neuen Mann zu gebären, der dann die klassische Menschenerziehung durch die maskulinen Schulen erhält, hat die Frau eine Daseinsberechtigung im Oikos des Mannes. Das ist Logik.

Um zum Ausgangspunkt dieses Kapitels zurückzukommen: Die meisten Menschen erfahren sich als selbstverständlich festkörperlich lebend auf der Erde, aber der eigene Körper wird nicht als Erkenntnismedium wahrgenommen. Diese Wahrnehmungsschwäche ist eine kulturell herrschende und philosophisch fundierte Festlegung und nicht selbstverständlich.

Wenn über Tausende von Jahren angeblich die Klügsten der Gesellschaft behaupten, daß wir im Leben viel besser zurechtkämen, wenn wir uns möglichst wenig um die Belange unseres Körpers kümmern, dann darf es nicht verwundern, wenn viele Menschen annehmen, daß Maschinen schließlich die weit perfekteren Körper unserer Intelligenz seien und unseren noch vom Weibe geborenen Leib ersetzen könnten. Hierbei wird die eigenleibliche menschliche Intelligenz als unterlegen gegenüber einer Maschinenmechanik eingestuft. Computer rechnen inzwischen schneller als ein menschliches Hirn, elektrische Geräte arbeiten akkurater und feiner als menschliche Hände, optische Apparate bilden die Welt der Dinge detaillierter oder zusammenhängender ab, als unsere Augen zu sehen vermögen. Große Maschinen übernehmen die schwere Handarbeit auf Feldern und im Baugewerbe.

Aber Computer können nur logisch denken, und das ist zugleich ihre große Schwäche. Das menschliche Gehirn ist dem PC überlegen, gerade weil es nicht nur logisch von A nach B denkt, sondern begleitet und beeinflußt von Emotionen, Umwelteindrücken, Erfahrungen und Trieben selbständig Informationen erschaffen kann. Diese leiblicheren Dimensionen werden aber vom Logiker alter Schule als subjektive Irrationalität abgespalten und verdammt.

Für eine perfekte Welt der „Vernunfttiere" wird der entkörperte „Restmensch" zu einem „Restrisiko", da der Körper für ihn die große Unbekannte geworden ist. Fast 2500 Jahre nach der griechischen Klassik befindet sich heute das antike Polisprogramm auf dem Höhepunkt seiner Entwicklung.

Die körperliche Intelligenz der griechisch-europäisch geprägten „Vernunfttiere" dagegen befindet sich auf dem niedrigsten Niveau der menschlichen Intelligenzgeschichte.

Diese niedrige körperliche Intelligenz drückt sich in einer zunehmend mangelnden kreativen Intelligenz der „zivilisierten Menschen" aus. Emotionale, soziale, politische, wissenschaftliche und handwerklich-technische Intelligenz verkümmern im Zeitalter der elektronischen Revolutionen zur bloßen Reproduktion von schon längst Gewesenem. Sie beharrt auf Lösungen, die den mehrdimensionaler gewordenen Problemen des Alltags- und auch Berufslebens nicht mehr gewachsen sind.

Es ist klar, daß es nicht darum geht, das Rad der Geschichte in die Zeiten vor der maskulinen Vernunftstilisierung zurückzudrehen. Ich will auch nicht archaischere, frauendominiertere Lebensformen idealisieren. Vielmehr ist es an der Zeit, die maskulin beschränkte und die weiblich noch unerforschte Intelligenz zu einem balancierten Gleichgewicht zu bringen.

Die Erfindungen der „Vernunfttiere" müssen wir nicht alle aufgeben, aber sie müßten nachhaltiger in den direkten Dienst zum Lebenserhalt alles Lebendigen eingebunden werden.

Diese Forderung formuliert auch die deutsche Philosophin Manon Andreas-Grisebach in ihrem Buch „Eine Ethik für die Natur" (1991). Durch die Spaltung des Erkennens in Vernunft und Natur, in Mensch und Tier sei auch der ökologische Bezug zur Umwelt verlorengegangen, was für uns verheerende Folgen hat. Eine Ethik, die auch Tiere und Pflanzen einschließen kann, müßte auf einer sehr viel durchlässigeren Erkenntnistheorie aufgebaut sein, die das „Mittebewußtsein" des Mannes in Frage stellt. Unsere Wahrnehmungsformen müßten sich verändern.

Entkörperlichte „Vernunfttiere" sind kaum in der Lage, Entscheidungen für ein gesünderes Leben, für Frieden und Schönheit auf der Erde zu treffen. Sie tun ihre Arbeit in einem kleinen, abgesteckten und definierten Aufgabenrahmen und haben auch mit bestem Willen oftmals nicht die kreativen Möglichkeiten, lebens- und alltagsgerecht zu urteilen und zu handeln.

Die alten, patriarchalen „reinen Vernunftbedingungen" passen nicht mehr auf eine Menschenwelt, in der wir durch die Medien von jedem konkreten Menschen auf der Erde etwas wissen können. Auch das Wissen um die .körperlichen Befindlichkeiten anderer Menschen aus allen Regionen der Erde ist uns zugänglich geworden und nur mit einer äußerst entkörperten Identität abspaltbar.

Der britische Außenminister Hurt sagte im Februar 1993 angesichts des Kriegsgeschehens auf einer Pressekonferenz: *Elend und Not habe es auf der Welt immer gegeben, vermutlich werde man das auch nie abstellen können; der Unterschied zu früheren Zeiten liege darin, daß das Fernsehen das Elend heute für alle sichtbar mache und daraus öffentlicher Druck auf die Regierungen entstehe, etwas zu tun* (FA 1993).

Man mag das hartherzig finden, kommentierte der Berichterstatter, aber es sei doch wenigstens ehrlich.

Durch die mehrere tausend Jahre währende körperverneinende Intelligenzentwicklung entstand in den Industriegesellschaften eine Lebenssituation, in der einzelne Menschen für irgendwelche Zwecke instrumentalisiert werden. Zwar können die einzelnen bindungsloser und vereinzelter leben, so, wie es möglicherweise der Traum der klassischen Griechen war, die noch viel zu sippenverhaftet existierten, aber das globale Wissen von uns modernen Menschen reichert sich tagtäglich an und berührt den „Restmenschen“ in uns oder das, was als „irrationaler Rest“ und als „Restrisiko“ direkt unter der Haut den Traum des Lebens und der Liebe träumt. Oder ist es gar „Weisheit“, die sich hier unentwickelt regt?

Ein vernunftdisziplinierter Außenminister mag seinen Einfluß dazu nutzen, die Medien auf mehr Unterhaltungsfilme zu verpflichten und Dokumentarsendungen aus aller Welt aus den Programmen zu nehmen, aber was seine Empörung über die moderne Medienzeit dennoch zeigt, ist das, was gleichzeitig im Aufbruch ist und Hoffnung für ein friedlicheres Miteinander macht. Es ist der „öffentliche Druck“, dem er sich als Regierungspolitiker ausgesetzt sieht. Anscheinend lassen sich viele Menschen doch noch durch Berichte über den körperlichen Schmerz anderer Menschen und auch Tiere zu Tränen rühren oder gar zum protestierenden Handeln bewegen. Die Identifikationsfähigkeit der isolierten FernsehzuschauerInnen ist latent vorhanden und eine ernstzunehmende politische Größe.

Sich identifizieren können entspricht nach Adorno (vgl. 1973) der Fähigkeit, selber *denken zu können*. Auch die isolierende Medientechnik kann also nicht das Selberdenken und verantwortliche Mitsein auslöschen. Im Gegenteil, vielleicht können sogar mehr Kontakte hergestellt werden als jemals in der Geschichte zuvor. Die „Restmenschen“ bleiben trotz Stillsitzens auf dem Sofa latent kreativ und empfindend intelligent, sie empfinden eine „Weisheit des Herzens“, sie bleiben eine „Gefahr“ für die erobernden „Vernunfttiere“.

Seit fast dreitausend Jahren haben sich die meisten Philosophen nicht um das gesundheitliche Wohl, den Frieden und das angenehme Leben der vielen Menschen geschert. Mit „Gesundheit“ setzten sie die Manipulationsmacht der „reinen Vernunft“ oder des Geistes über alles Körperliche gleich, mit Frieden den Sieg der eigenen Wahrheit.

Wenn in der alten, patriarchalen Philosophie die Welt mit dem Geiste oder der Vernunft erkannt werden sollte, die angeblich separat vom Körper und der Materie existieren, dann gilt in einer neuen, körperbezogeneren Philosophie, daß die Welt mit dem Körper erkannt wird, durch den wir lebendig sind.

Dieser „Körper“ existiert nicht separat von irgend etwas begrifflich Erfundenem, sondern er ist jeweils konkret „mein Leib“ und „mein Leben“. „Mein Körper bin ich“ (vgl. Moltmann-Wendel 1994).

## Körper und Leib - zwei Erkenntniswege?

Im letzten Kapitel schrieb ich das Wort „Körper“, und dabei war mir gar nicht wohl zumute, denn dieses Wort hat eigentlich weniger mit dem zu tun, worum es mir hauptsächlich geht.

Die über Jahrtausende gewordene europäische Sprache bringt mir dieses Wort wie eine Selbstverständlichkeit auf das Papier. Diejenigen, die es lesen, denken sicherlich, sie wüßten, was damit gemeint ist. Aus diesem Grunde verwendete ich bisher in diesem Buch das Wort „Körper“ in einem scheinbar selbstverständlichen, alltagssprachlichen und traditionellen Sinne. Aber in Wirklichkeit weiß ich nicht genau, was dieses Wort meint. Ich habe es nur „ungefähr“ verwendet, um ein erstes richtungweisendes Verständnis zu ermöglichen. „Ungefähr“ bedeutet auch „ohne Gefahr“, sich nicht auf einen Punkt festlegen wollen aber trotzdem einen größeren Punktebereich meinen.

Ich werde in diesem Buch öfter nur „ungefähre“ Angaben machen, weil Genauigkeiten oftmals trügerisch sind. Es steckt also eine Methode dahinter, wenn ich nicht auf den Punkt genau ein Wort definiere und mich dumm stelle. Dazu ein paar Worte, ehe ich mit dem Verständnis von „Körper“ fortfahre.

Eine „ungefähre“ Verwendungsweise von Worten statt einer streng definierten macht die Alltagssprache aus, jene Sprache, mit der wir leben, jene Sprache, in der ich mich zu philosophieren bemühe.

Traditionell logisches Denken stellt Verbindungen her zwischen zwei genau definierten Punkten oder Begriffen. Mit dieser Logik ist eine „ungefähre“ Angabe mit einer anderen ungefähren Angabe gar nicht mehr zu beschreiben. Denn es werden dabei nicht zwei exakte Punkte zueinander in Beziehung gebracht, sondern zwei verschiedene Felder oder Mengen. Unsere „Alltagslogik“ hat etwas zu tun mit diesen „ungefähren“ Angaben, weniger mit der linearen Logik des Aristoteles, die in der Wissenschaftssprache vorherrscht. Wir können uns beim Philosophieren nach den ungefähren Angaben richten, aber sobald wir einen bestimmten Punkt festmachen wollen, geraten wir begrifflich ins Schwimmen, und das gilt auch für die wissenschaftlichen Philosophen.

Ich konstruiere ein Beispiel: Es ist so, als ob jemand fragt: „Wo, bitte schön, ist die Corpusstraße?“, und die befragte Person zeigt auf die linke Straßenseite, weiß aber auch nicht genau, wo die Corpusstraße anfängt, ja, ob es sie überhaupt gibt. Aber irgendwie meint sie, müßte es dort links sein.

Wenn wir in einer fremden Stadt sind, reicht normalerweise so ein Richtungshinweis schon aus, um in die Nähe der gesuchten Straße zu gelangen und dann dort genauer zu schauen.

Ich befinde mich mit meinem philosophischen Vorhaben wie in einer fremden Stadt und habe bisher das Wort „Körper“ ungefähr als Richtungshinweis verwendet. Die Richtung stimmt, aber wenn es genauer wird, müssen wir unterscheiden.

Es gibt ein paar philosophische Definitionen darüber, was mit „Körper“

begrifflich gemeint sein soll, aber diese exakten Definitionen haben oftmals wenig mit unserer konkreten Körpererfahrung zu tun.

Wir benutzen heutzutage das Wort „Körper“ selbstverständlich für all das, was wir fühlen, sehen, riechen, schmecken und hören können. Das tun wir so, weil über zweitausend Jahre lang so geredet wurde. Es gibt noch heute Sprachen, in denen die Worte „Körper“ oder „Geist“ nicht vorkommen.

Das Wort „Körper“ wurde gleichzeitig mit dem Wort „Geist“ im griechischen Denken erfunden und gehört in die von mir kritisierte Logos-Tradition.

Wer kann sich denn selber rein als Körper erfahren? Und wer kann sich selber rein als körperloses Ich oder Vernunft oder Geist erfahren? Das sind nur sprachliche Konstruktionen darüber, wie die Welt erfahren werden soll oder wie die Wirklichkeit unserer Welt sei, aber ob wir Wirklichkeit so erfahren, das ist eine andere Frage.

Das Merkwürdige an „ungefähren“ Konstruktionen ist, daß wir Menschen sie als richtungweisend nehmen und danach leben können. Wir schlagen mit Konstruktionen über unsere Wirklichkeit bestimmte Wege ein, die Erfahrungen ermöglichen. Hätten wir einen anderen Weg eingeschlagen, hätten wir andere Erfahrungen gemacht. In verschiedenen Kulturen gibt es verschiedene Konstruktionen über die Wirklichkeit und so auch verschiedene Wirklichkeitserfahrungen. Fremdes erfahren zu können setzt voraus, die eigene Wirklichkeit als eine nur ungefähr konstruierte ansehen zu können. Das Problem ist, daß die alten Philosophen und Meister meinten, ihre Weltsicht sei die einzig wahre. Denkkonstruktionen brauchen wir, um unsere Lebenswege zu gehen, aber zu glauben, das gerade Konstruierte sei der einzige und beste Weg für alle, ist eine nur logische Verallgemeinerung, die wenig mit dem erlebten Leben zu tun hat.

Eine Philosophiedozentin, bei der ich Wissenschaftstheorie studierte, behauptete im Seminar, daß wir nicht Einstein gebraucht hätten, um zum Mond zu fliegen. Auch mit der Newtonschen Mathematik sei es möglich, auf dem Mond zu landen. Es könne mehrere mathematische Konstruktionen geben, die alle eine Mondlandung ermöglichen würden, auch wenn die mathematischen Formen untereinander nicht vergleichbar sind. Mit dieser Behauptung versuchte sie, uns Erstsemestlern das Thema Konstruktion und Wirklichkeit nahezubringen.

So ist auch die Konstruktion, daß die Welt in Geist und Körper aufgeteilt sei, nur ein Hilfsmittel, um bestimmte Ziele in der Wirklichkeit zu erreichen. Aber wenn andere Ziele erreicht werden sollen, müssen andere Wege eingeschlagen werden. Nicht jeder Weg führt nach Rom. Es gibt viele Metropolen.

Mit der Denkkonstruktion der Körper-Geist-Trennung wurde seit mehreren tausend Jahren eine Richtung zu leben eingeschlagen, die inzwischen fragwürdig geworden ist. Konkret kann sich auch ein Philosoph weder rein als Geist noch rein als Körper erfahren, denn er ist ein lebendiges Wesen und existiert wie alle gleichzeitig als physischer Leib und denkend. Selbst wenn ein Mann zu Prostituierten geht und glaubt, das könne seinem Geist -nichts anhaben, so wird er dennoch Schaden davontragen. Der Lebensphilosoph Max Scheler meinte, seinen Körper so distanziert zu erfahren, wie wenn er *ein Hündchen an der Leine führe* (1955, S. 210). Er ging mit Vorliebe zu Prostituierten. Er glaubte, er könne sich darauf trainieren, seinen „Körper“ nur beschränkt zu spüren und seinen „Geist“ als distanzierten Beobachter zu erfahren. Daß er schließlich an einem Herzinfarkt in einem Bordell starb, zeigt, daß er seinen Körper doch nicht derart kontrollieren konnte, wie er es als Philosoph behauptete. Er hatte sich eine Zweiweltentrennung zugemutet, die nicht gesund lebbar war. Damit befand er sich in der alten sokratisch-patriarchalen Denktradition.

Ich habe in meinen leibphilosophischen Seminaren immer wieder mit der Auffassung zu tun, daß alle meinen, sie wüßten, was „Körper“ und was „Geist“ sei.

Zur Irritation dieser scheinbaren Selbstverständlichkeiten habe ich eine Übung entwickelt.

Ich lege den Seminarteilnehmenden je einen fingerkuppengroßen Kieselstein auf den Tisch und fordere sie auf: „Nehmen Sie bitte diesen Stein rein als Körper wahr.“ Einige fragen: „Wie soll das gehen?“ Sie sollten sich etwas einfallen lassen. Etliche fangen an, aus der Materialkiste Lineale und Bleistifte, Papier und Tuschfarben als Hilfsmittel zu holen. Sie zeichnen um den Stein herum, zählen Pigmentpunkte oder malen die Farbe sehr genau ab. Sie arbeiten wie Naturwissenschaftlerinnen und Naturwissenschaftler es normalerweise tun. Sie vermeiden die Berührung, denn in dem Moment, wenn die Finger den Stein berühren, ereignet sich etwas im „Inneren“ der Person, was mit dem härteren „Äußeren“ des Objekts zu tun hat. Es ist eine Empfindung entstanden. Unsere Haut empfindet rauh, glatt, porös oder schwer und leicht. Was aber in der Haut macht es, daß diese Art von Wahrnehmen da ist? Ist es der Stein? Ist man es selber? Diese Empfindung ist den Objektforschenden suspekt und soll darum möglichst vermieden werden. Das Äußere soll rein als Äußeres zu erkennen sein. Es soll als „Objekt“ erkannt werden, als etwas, was jenseits von unseren inneren leiblichen Formen existiert. Hier setzt die sogenannte „Objekt-Subjekt-Trennung“ ein.

Damit glaubten die Gründerväter der „wissenschaftlichen Methode“, die Welt der Dinge ohne ihr Dazutun erkennen zu können, sowie sie wirklich ist. Was ihnen im Weg war, nannten sie „Körper“. Sie bildeten ihre Vernunft aus, um möglichst ohne körperliche Sensationen zu erkennen. Damit glaubten sie höchste objektive Erkenntnis zu erreichen. Aber je komplexer und genauer sich die naturwissenschaftliche Forschung im Laufe der Jahrhunderte entwickelte, desto mehr erkannten Wissenschaftler, daß sie selber als Erkennende und Forschende die

Untersuchungsergebnisse durch die Methode ihres Forschens beeinflussen. Was der Physiker Werner Heisenberg (1969) für die Atomphysik als „Unschärferelation“ beschrieb, erläuterte der Soziologe und Philosoph Jürgen Habermas (1968) den Geisteswissenschaftlern: Was wir als wahr herausfinden, ist abhängig vom Erkenntnisinteresse. Absolute Wahrheit gibt es nicht.

Wenn die Seminarteilnehmenden den Stein ausgemessen, gewogen und abgezeichnet haben, meinen einige, er sei nun von ihnen rein körperlich aufgefaßt worden. Aber ich widerspreche: „Was ist ein Lineal? Was ist ein Bleistift, und was ist ein gezeichnetes Bild? Anstatt den Stein mit Ihren Fingern zu berühren, haben Sie ihn mit Instrumenten berührt, um ihn so wenig wie möglich selber körperlich oder leiblich zu spüren.“

Einige widersprechen. Sie hätten den Stein nur nach meiner Aufgabenstellung erforscht, ihn nämlich rein körperlich zu nehmen.

Etwas als einen Körper nehmen heißt also, etwas nicht mit sich in Berührung zu bringen?

Sind die benutzten Meßinstrumente nicht Erfindungen der menschlichen Einbildungskraft, die den menschlichen Körper ersetzen sollen? Und was ist die Einbildungskraft? Ich behaupte nun im Seminargespräch: „Rein körperliche Erfahrungen gibt es gar nicht, sie sind eine Phantasie naturwissenschaftlicher Art. Instrumente sind konstruierte, empfindungslose Verlängerungen unseres Körpers, aber sie sind nicht unabhängig von unserem Erleben und Empfinden vorhanden und einsetzbar. Diese Instrumente sind ein Ausdruck eines bestimmten Weltbildes, sie haben Anteil daran, wie wir die Welt wahrnehmen sollen oder auch wollen. Ein Meßinstrument mißt die Lautstärke eines Schmerzensschreies so, wie es auch die eines Autogeräusches oder einer Türklingel messen würde. Die Lautfrequenz kann von etwas gemessen und mit allen Lautfrequenzen der Welt verglichen werden, aber was wissen wir von diesem Laut des Schmerzes, wenn wir seine Phonstärke kennen? Was wissen wir von all dem, das wir nach naturwissenschaftlichen Definitionen mit „Körper“ oder „Gegenstand“ benennen, wenn wir noch nicht einmal in der Lage sind, uns selber rein körperlich zu erfahren, weil immer etwas dabei ist, was unsere gesamte Person beteiligt?“

Eine Seminarteilnehmerin fragt, ob ich allen Ernstes behaupten wolle, daß es keinen Körper gäbe, keine empirischen Tatsachen, so wie die Naturwissenschaft sie untersucht? Das sei doch völlig abstrus und irrational.

Ich erkläre, daß es vielleicht solche „reinen Körper“ geben mag, so wie auch „reinen Geist“, aber das sei für uns Menschen nicht erfahrbar. Zwar reden wir ständig in diesem dualistischen Schema von Körper und Geist und teilen sogar die abendländischen Wissenschaften so ein, aber wir leben weder rein geistig noch rein körperlich, wir sind beides zusammen, gleichzeitig. Warum glauben wir, daß wir die Welt wahrer erkennen, wenn wir sie durch Apparate messen anstatt sie selber zu spüren?

Wer bewußt berührt und verspürt, erfährt die Welt und sich anders und erkennt sie auch, aber eben anders, vielleicht gesünder, friedlicher, angenehmer.

Woher kam die Idee der „zweigeteilten Welt", die dazu führte, daß wir Menschen von Philosophen als „Bürger zweier Welten" (Kant) interpretiert werden?

Die Anhänger des altpersischen Religionsstifters Zarathustra (geb. um 630 v. u. Z.) formulierten zum ersten Mal die Welt als eine, die in zwei Kraftreiche geteilt sei. Sie bestehe aus dem Reich des Lichtes und dem Reich der Finsternis. Mit Licht wurde das Geistig-Seelische gleichgesetzt, mit Finsternis Körper bzw. Materie. Beide Reiche widersprächen sich und kämpften gegeneinander. Während dieses Kampfes durchdrängen sie sich gegenseitig und bildeten die Welt.

In der persischen Mythologie über den Kampf zwischen Licht und Finsternis wird noch nicht die Finsternis als böse oder bedrohlich aufgefaßt und das Licht dagegen als gut und vertrauenerweckend. Erst in der griechischen Übernahme dieser dualistischen Weltsicht wurde das Licht zum guten Geistigen gegenüber dem bösen Materiellen hierarchisiert.

Noch Homer verfügte in seiner Ilias nicht über die Begriffe „Körper" und „Geist" oder „Vernunft" (vgl. Schmitz 1982).

Daß etwas „rein körperlich" sei, also „rein objektiv", entleert von „Seele", „Geist" oder „Vernunft" sehe ich auch als kriegerische intellektuelle Strategie, um den eigenen menschlichen Leib möglichst zum empfindungslosen Körper abzurichten. „Ein Junge weint nicht, wenn er traurig ist", er fühlt sich nach entsprechender Konditionierung auf eine maskuline Tradition verpflichtet, die seine leibliche Intelligenz verkümmern läßt.

Wenn das Wort „Körper" verwendet wird, wird immer zugleich auch das angeblich höherwertige Gegenteil, nämlich „Geist" oder „Vernunft", mitgedacht. Wer aus diesem Dualismusschema der Welterklärung und Menschendeutung heraus will, muß Worte finden, die diese Teilung nicht meinen. Es geht um eine andere Richtung im Denken.

Welches Wort könnte nun diese Richtungsänderung kennzeichnen?

Ich stellte mir verschiedene Bedingungen für dieses Wort auf: Es muß der ungefähr verstehbaren Alltagssprache entstammen. Es muß jene Sensibilisierungsmöglichkeiten eröffnen, die eher Verbindungen eingehen und Abspaltungen meiden. Es muß in Wort sein zwischen „Körper" und „Geist", jenseits dieser patriarchalen Geschichte, und es sollte auch mit fachphilosophischen Bemühungen verknüpfbar sein.

Ich gehe davon aus, daß Worte nicht nur willkürliche, rein begriffliche Setzungen sind, sondern Laute, die Gefühle, Empfindungen, Erinnerungen, Gedanken, Assoziationen, Vorstellungen, Bilder und Wissen aufnehmen und auch erzeugen können. Welches Wort könnte statt „Körper“ oder „Geist“ eine Verbindung schaffende Erkenntnisrichtung anregen?

Um nicht abgehoben von der Alltagssprache und auch der Alltagsempfindung zu philosophieren, entwickelte ich für meine leibphilosophischen Seminare verschiedene Kontemplationsmethoden, um Worte zu erforschen. So arbeitete ich auch mit den Worten „Körper“ und „Leib“.

Nach Kontemplationsübungen mit vielen verschiedenen Menschen entschied ich mich dafür, das Wort „Leib“ zu meinem Richtungshinweis zu nehmen und meine Philosophie „Leibphilosophie“ zu nennen. Zu Anfang klingt das Wort „Leib“ zwar etwas altmodisch, aber in den Übungen stellte sich heraus, daß es meinen Bedingungen am besten entsprach.

Während der Übungen kam heraus, welch weitreichende Dimension in diesem Wort verborgen ist, die jedem deutschsprachigen Erwachsenen in der Kontemplation variantenreich erfahrbar werden kann.

Dieses alte Wort transportierte auch eine andere Weltsicht, die erstaunlicherweise einigen Kontemplierenden spürbar wurde.

Eine Kontemplation ist eine alte (griechische) Übung, um sich philosophisch auf ein Thema oder eine Ansicht zu konzentrieren.

Dabei geht es nicht darum, einen inneren Dialog nach Art der platonisch-sokratischen Reflexion zu führen, sondern sich gerade jenseits der Reflexion beobachtend zu verspüren, konzentriert auf etwas Bestimmtes. Auch Übungen asiatischer Mantralehren und des Intensiv-Yoga inspirierten mich zu dieser sprachlichen Kontemplationsmethode, die wahrscheinlich in den griechischen Philosophieschulen zur täglichen Praxis gehörte.

In so einer Kontemplation konzentriert man sich auf bestimmte vorher ausgesuchte Sätze, Töne, Bilder oder Bewegungen, Kenntnisse und Empfindungen. Sie regt die mentale Konzentrationsfähigkeit an, die normalerweise in den heute bekannteren „Meditationsübungen“ passiv gehalten werden soll. Insofern ist Kontemplieren mit „innerer Beobachtung von etwas Bestimmtem“ oder „innerer Schau“ (griechisch „teoria“) oder auch „Anschauung“ gleichsetzbar. „Meditieren“ dagegen meint mehr ein Leeren von bestimmten Inhalten und Beruhigen der mentalen Aktivität.

Die Übung bestand aus verschiedenen angeleiteten Konzentrationsregelungen in Kleingruppen. Es sollte ein Satz mit dem Wort „Körper“ erfunden werden, dann sollte fünf Minuten damit kontempliert werden, das heißt, der Satz sollte gedacht und gleichzeitig sollte dabei beobachtet werden, wie sich der Satz im eigenen Körper anfühlt, auch wo und ob etwas Besonderes zu spüren sei. Nach fünf Minuten sollte derselbe Satz weiter kontempliert werden, nur daß statt des Wortes „Körper“ das Wort „Leib“ eingesetzt werden sollte. Änderungen sollten aufmerksam bemerkt werden.

Zum Beispiel wurde aus dem Satz *Ich bin in meinem Körper* der Satz *Ich bin in meinem Leib.* Oder aus *Ich halte meinen Körper gesund* wurde *Ich halte meinen Leib gesund.*

Die Veränderungen, die diese Sätze im Körper oder Leib bewirkten, sollten besonders beachtet und kontempliert werden.

Interessant sind die feinen Nuancen, die den Kontemplierenden spürbar wurden. Einige spürten den Begriff „Körper" als starkes Engegefühl und als Begrenzung. Anderen kam der Körperbegriff angenehm und vital vor, er gab ihnen Energie und Geborgenheit, das war eher bei Männern so. Das Wort „Leib" als Ersatzbegriff erzeugte eher eine plötzlich einsetzende Ausdehnungsempfindung oder auch Stimulation bestimmter Organe und manchmal auch eine beängstigende Orientierungslosigkeit.

Im zweiten Schritt sollte ein Satz mit dem Wort „Leib" erfunden und fünf Minuten kontempliert werden. Danach wurde das Wort „Leib" durch das Wort „Körper" ersetzt und der Satz weitere fünf Minuten bedacht. So konnte zum Beispiel aus dem jesuanischen Satz  Dies ist mein Leib der Satz Dies ist mein Körper werden. Oder der Satz *Unsere Leiber verschmolzen miteinander* wurde zu *Unsere Körper verschmolzen miteinander.*

Veränderungen wurden in den meisten Übungen bemerkt. Das, was verspürt wurde, sollte dann später im gegenseitigen Austausch in Worte gefaßt werden.

Das Wichtige war, sich immer auch im körperlichen Befinden dabei zu bemerken. Für manche tauchten bei einem Wort Schmerzen oder andere Besonderheiten auf, die durch das andere Wort wieder verschwanden. Fremdartige Erfahrungen erstaunten uns manchmal alle.
Aber etwa 90 Prozent der Seminarteilnehmenden bemerkten ähnliche körperliche oder leibliche Sensationen. Das heißt, die meisten erlebten die Wörter in ähnlicher Weise.

Die folgende Gegenüberstellung zeigt ausgewählte unterscheidende Merkmale zu den Worten „Leib" und „Körper", die in verschiedenen Gruppenaufzeichnungen zusammen kamen.

| Leib | Körper |
|---|---|
| undeutlich | fest |
| unbegrenzter | begrenzt |
| warm weich | härter |
| unsichtbar | sichtbar |
| innen | außen |
| Ganzheitlicher strömend | teilweiser statischer |
| Schmerz (im Bauch bei Frauen) | Schmerz( Rücken, Kehle, Beine, oft |
| Bauch (bei Männern) | in der Brust |
| rund, Kugel, Kokon | Gerade, Block, Haus |
| verschmelzend, vieldimensional | anstoßend dreidimensional physisch |
| heilig | alltäglicher |
| angenehm, heilsam | gesund, tüchtig, beweglich |
| weitend | beengend |
| beängstigend | vertraut |
| unfaßbar | meßbar |
| weiblicher | männlicher |
| symbiotischer | trennender |
| Lebewesen | toter Gegenstand, schön, häßlich |
| religiös | wissenschaftlich |
| altmodisch | zeitgemäßer |
| Seele | Verpackung |
| unteilbar | zerteilbar |
| hell | dunkel |

Den meisten Teilnehmenden wird nach den Kontemplationsübungen verständlich, warum ich die Worte „Körper“ und „Leib“ nicht gern definiere. Oft werde ich am Anfang der Seminare dazu aufgefordert, doch zunächst einmal zu definieren, was ich mit „Leib“ meine, wenn ich von „Leibphilosophie“ spreche. Wenn ich dann aber nach diesen Übungen sage, daß es mir um das gesamte bemerkbare Feld des Leiblichen geht, dann wissen die Erfahrenen, was damit gemeint ist, auch jenseits der begrifflichen Klärungen, denn es geht um bestimmte spürbare Erfahrungsvariationen.

Definitionen setzen ein Wort mit einer bestimmten Bedeutung oder auch Erfahrung gleich. Sie legen Worte fest wie einen Terminus in einer mathematischen Formel.

Es geht aber beim leibphilosophischen Erkennen weniger um das richtige oder falsche Einsetzen von definierten Begriffen, sondern um den Prozeß eines aufmerksamen Unterscheidens, Urteilens und Wahrnehmens, den ich auch ganz ungefähr „Denken“ nenne. Denken darf nicht auf ein operationales Einsetzen von definierten Begriffen in Satzzusammenhänge reduziert werden.

Wenn ich nun aus Spaß meinerseits die Seminarteilnehmerinnen und Seminarteilnehmer fragte, ob sie mir nun, bitte schön, einmal recht genau die Begriffe „Körper“ und „Leib“ definieren könnten, dann lachen die meisten belustigt auf und wissen nun selber von der Schwierigkeit und der Anstrengung, etwas in Worte zu fassen, was eigentlich vorher jenseits der Sprache bemerkbar war.

Die Sprache wird bei solchen Kontemplationsübungen als ein Medium deutlich, das nonverbale Regungen bewirkt und gleichzeitig die Schwierigkeit erzeugt, diese Regungen wiederum in Worte zu fassen. Der suchende, stotternde, tastende Formulierungsprozeß kann eine höchst beglückende kreative Bemühung sein, in der „Worte finden“ zu einer Anstrengung wird, die jenseits des üblichen routinierten Sprechens stattfindet. „Denken“ wird bemerkbar als ein eigenes inneres Tun, in dem Empfinden, Wollen, Wahrnehmen und leises Sprechen gleichzeitig beteiligt sind. Es ist als eine gleichzeitig mehrdimensionale innere Tätigkeit spürbar.

Der stockende Moment zwischen dem Eindruck, etwas sicher erkannt zu haben und nun nach den passenden Worten zu suchen, ist jene kreative, höchst eigenmächtige „Wortlosigkeit“, in der irgendeine innere Instanz scheinbar sehr sicher weiß, was das richtige Wort wäre. Denn bei dem Versuch, verschiedene Worte für das zu finden, was man ausdrücken will, entwirft diese „Instanz“ ständig, bis die richtigen Worte gefunden sind und ein starkes Zufriedenheitsgefühl eintritt. Es ist die Erfahrung, selber Wortzusammenstellungen zu kreieren. Worte und unser Körper stehen in einem spürbaren Zusammenhang.

Worte sind nicht nur nachgesprochene, gelernte Töne und Bedeutungssymbole, sondern sie „tun“ auch etwas mit uns. Sie wirken durch unsere Auffassungsgabe und Einbildungskraft direkt auch körperlich ein. Sie können den Prozeß der selbstdenkerischen Erfahrung festigen und nach außen verkörpern, was auch als befriedigender Selbstausdruck erlebt werden kann. Wer einmal ein Gedicht geschrieben hat, wird wissen, worum es hierbei geht.

Das Wort „Leib“ soll nun mein Hinweis sein für eine philosophische Richtung, die ich einschlage. Es ist in der Bezeichnung „Leibphilosophie“ enthalten, meint aber nicht, daß „Körper“ nun etwas Falsches und zu Meidendes sei, sondern nur, daß ein anderer Weg des Denkens eingeschlagen wird, weil ein anderes Ziel gesucht wird, das eher auf dem Begriffs- und Erfahrungsfeld des Leiblichen erreichbar scheint. Von da aus wird Körperliches anders erfahrbar.

Die Teilnehmenden der Kontemplationsübung sollen nun nicht ihre Körperassoziationen als negative Verformungen interpretieren, sondern es geht darum, Unterschiede zu bemerken, um sich auch wechselnd zwischen den verschiedenen Möglichkeiten der Existenzzustände erkennen zu können.

Die Methode einer wortunterscheidenden Kontemplation erhöht die Aufmerksamkeitsintensität für das, was jemand zu verspüren imstande ist. Das „aufmerksame Verspüren" kann zwar durch Worte initiiert werden, aber es passiert jenseits der Worte als Eigenerleben. Diese „eigenleibliche" Erfahrung kann, wenn sie nach außen gleichsam „übersetzt" wird, ziemlich frei in Formen gebracht werden. Es müssen nicht unbedingt Worte sein. Viele Menschen könnten leichter ein Bild dazu malen, das ihre Erfahrung am besten ausdrückt, ein Musikstück komponieren oder eine Tanzbewegung machen. Die Bemühung des „Übersetzens" ist Denken im eigentümlichsten und selbständigsten Sinne. Das Denkergebnis ist ein anderes als die zunächst gemachte Erfahrung am oder im eigenen Leibe. Nach einer Wortkontemplation sollte auch Material angeboten werden, um Bilder malen und Formen herstellen zu können. Oder es sollten Instrumente vorhanden sein, um Töne finden zu können. Der Ausdrucksbemühung sollten keine Grenzen gesetzt werden, denn jede Person kann andere Arten des Erfahrungsausdruckes favorisieren.

Das Problem ist, daß in unserer patriarchal geprägten Logos-Zivilisation der begriffliche Ausdruck als bester Ausdruck gilt und unsere Erfahrung über begrifflich gefaßte Normensysteme kontrolliert.

In der Ausdrucksbemühung nach der Kontemplationserfahrung steuert kein Normensystem oder „Über-Ich" das Ausdrucksresultat, sondern eine Art „innerer Impuls der Bejahung oder Verneinung", der direkt aus der vorher gemachten Erfahrung zu wissen scheint, was der richtige Ton, die richtige Farbe, das richtige Wort wäre.

Wenn es also um die Unterscheidungsaufmerksamkeit zwischen den Wörtern „Leib" und „Körper" geht und die daraus entstehende Ausdrucksbemühung, dann ist jene Tätigkeit damit gemeint, die ich leibnahes Philosophieren nenne.

Leibphilosophie ist so kein philosophisches Definitionssystem, sondern ein Forschungsweg zur Förderung eigenleiblicher Intelligenz.

Das, was auf diesem Weg gefunden werden kann, ist vielfältig und oftmals überraschend.

Wer sich mit dem Wort „Körper" wohl fühlt, weil er Geborgenheit und Festigkeit gewährleistet, soll ihn als positiven Begriff besetzt halten, aber er darf nicht davon ausgehen, das sei ein Wort, das für alle Methoden der Erkenntnisgewinnung effektiv ist. Es gibt viele Möglichkeiten, zu verschiedenen Erfahrungen und Ausdrücken zu kommen. Wer das Wort „Leib" nun aber als einzig wahres Heilmittel zur inneren Orientierung anpreist, liegt genauso daneben. Es geht um die Möglichkeit, selber variantenreich Erfahrungen zu machen. Aber in der jetzigen westlichen Welt, in der von einem Körper her gedacht wird, kann eine

Hinwendung zum leiblicheren Weltverständnis die Überproportion des „härteren Denkens" ausbalancieren. Es könnte aber Zeiten und Kulturen geben, denen eine objektbezogenere Denkweise eine heilsame Balance gäbe. In meiner Leibphilosophie geht es aber eindeutig um eine verleiblichendere Richtung im Denken, denn die fehlt uns im Westen.

Die meisten Menschen verwenden das Wort „Leib" kaum in ihrer Alltagssprache. Aber wenn es bewußt „aktiviert" wird, löst es Empfindungen aus, die überraschend nah sein können. Es ist ein Wort aus einer anderen Lebensform und einer anderen Erfahrungswelt als die gewohnte körperbezogene Welt.

Ein Wort ist in einer bestimmten Lebensform entstanden und entstammt einem bestimmten Interpretationszusammenhang. Sobald es in der Alltagssprache verankert ist, „transportiert" es bei Gebrauch sozusagen jene Lebensform mit, in der es hervorgebracht wurde.

Worte machen ist ein schöpferisches Tun zunächst einzelner Menschen, bis ihre Worte in die Alltagssprache übernommen werden. Nicht nur Gedankenformen werden dann in der Sprache über Jahrhunderte weitergetragen und prägen jenseits ihrer Erfinderinnen und Erfinder die Menschen. Auch einzelne Worte können Lebensformen „transportieren". Das ist mir besonders beim Wort „Leib" klargeworden.

Es ist nicht gleichgültig, welche Worte wir täglich benutzen und welche Sprachstile in der Gesellschaft üblich sind. Hängen möglicherweise sogar Krankheiten vom Gebrauch der Sprache ab? Das sind Aspekte, auf die ich während meiner Arbeit gestoßen bin.

Wem nun das Wort „Leib" unverständlich ist, der oder die möge sich einen kurzen Moment im Raum umschauen, in dem er oder sie gerade dieses Buch liest. Finden Sie ein Ding, einen Körper, und verweilen Sie mit Ihren Blicken darauf. Dann schließen Sie ganz plötzlich die Augen und erfahren genau in dem Moment den Unterschied der Wahrnehmung außen und innen.

Wie ist es, mit geschlossenen Augen zu sein, und wie ist es, mit offenen Augen zu sein?

Mit offenen Augen erfahren wir sehend die Welt der Dinge. Sie ist zu hören, zu riechen, zu schmecken, zu tasten. Wir gingen selber als Körper unter Körpern herum, wenn wir uns nur äußerlich betrachten könnten. Aber zugleich sind wir immer auch das, was wir sind, wenn wir die Augen schließen und die Hände untätig halten. Wenn wir die Welt als Welt der Dinge erfahren, dann nicht nur als dreidimensional funktionierender Körper, sondern auch aus einer Art „inneren Sicht" oder aus der „eigenleiblichen Perspektive". Frühere Philosophen haben diese Wahrnehmungsunterschiede dadurch zu erklären versucht, daß sie verschiedene Substanzen dafür zuständig erklärten, nämlich Geist (bei geschlossenen Augen und während der Kontemplation oder Meditation) und

Körper (bei offenen Augen und in der tastenden Überprüfung). In der augustinischen Zeit des frühen Mittelalters war es üblich, den „inneren Menschen“ vom „äußeren Menschen“ zu unterscheiden. Es schien plausibel zu sein, nachdem nun einmal die Welt und die Menschen in zwei Welten eingeteilt waren, die innere Seite als unsichtbare Seele zu fassen, die sogar unsterblich sei und nach dem Körpertode in den Himmel aufsteige. Dagegen wurde die äußere Seite als sterbliche körperliche Hülle mißachtet, um später durch die einsetzende wissenschaftliche Weltsicht ohne intellektuelle Skrupel zerstückelnd erforscht und benutzt zu werden.

Die Welt der angeblichen Objekte ist eine konstruierte Wahrnehmungswelt, die nur bestimmte Aspekte betont, nämlich jene, die unseren fünf äußeren Körpersinnen zugänglich sind; dem Gehörsinn, dem Geruchssinn, dem Geschmackssinn, dem Tastsinn und dem Sehsinn. Es ist durch Erziehung (kulturelles Training) möglich, unsere Lebenserfahrung nach diesen äußeren Sinnen zu orientieren und sich selber als Person dabei zu „verdinglichen“.

Diese körperstählende Lebensweise zugunsten eines möglichst empfindungsfreien Lebens und eines Verhaltens nach bestimmten definierten Idealen und Zielen macht uns aber trotzdem nicht zu reinen Körperwesen. Was allerdings erreicht werden kann, ist ein hoher Grad von eigenleiblicher Desensibilisierung.

Patriarchal erzogene und identifizierte Männer und Frauen sind meistens stolz auf ihre „Autonomie“, auf ihre Unabhängigkeit von allen äußeren Bindungen und Einflüssen. Sie meinen, nur einem inneren klaren Ziel oder Prinzip der Freiheit zu gehorchen, das schon seit der griechischen Aufklärung definiert ist und so jeder Argumentation standhalten könne.

Sie bemerken oft nicht, daß diese „Vernunftgrundlage“ ihre anderen Vermögen nur bündelt und dominiert, und sind dann sehr verwirrt, sobald sie in eine Lebenslage kommen, die von anderen Lebensidealen beherrscht wird. Allein schon so mancher Streit zwischen Frauen und Männern hat etwas zu tun mit der oft unterschiedlichen Weise, die Welt zu erfahren. Hierbei verwendet der Mann die patriarchalisierte Sprache dazu, das als richtig zu erweisen, was für ihn richtig ist. Der Frau fehlen oftmals die Worte. Ihr fehlen die Worte, weil ihre Erfahrungsweisen kaum in der maskulin geprägten Sprache Ausdruck finden. Eine Frau findet selten ihre persönlichen Erfahrungen objektiviert als große Literatur, Kunstwerk oder Religion wieder. Es gibt tatsächlich eine Art Sprachlosigkeit weiblicher Erfahrungen, und keine Frau ist deshalb „unlogisch“, sondern sie hat tatsächlich einfach keine Worte für das, was sie innerlich erleben kann (vgl. Dietze 1979).

Noch ist es für die meisten gebildeten Frauen schon ein großer persönlicher Gewinn, wenn sie innerhalb der patriarchaleren Gefüge eine einflußreichere Stellung einnehmen können. Das „System“ selber distanzierter zu sehen und gleichzeitig darin Anerkennung zu erreichen, um die Stufenleitern der Karriere hochzuklettern, ist fast eine Unmöglichkeit. Daß es trotzdem einige Frauen und Männer schaffen, später eine kritischere Sicht auf das eigene bisherige Tun einzunehmen und dann auszusteigen, um etwas Schöpferischeres zu tun oder sogar innerhalb von Institutionen zumindest kleinere befreiende Veränderungen zu schaffen, zeigt, daß die Richtung der Weltinterpretation jederzeit variabel bleibt. Es kommt auf die Erfahrungen an, denen sich Menschen aussetzen wollen und können und ob sie diese dann bewußter, auch in Sprache, mit anderen austauschen.

Der Weg, sich auf das einzulassen, was einem widerfährt, wenn man sich durch eine leiblichere Erkenntnisweise orientiert, erzeugt zumindest neue Selbsterfahrungen und vielleicht von daher eine Öffnung, durch die mehr erlaubt und toleriert werden kann, wenn es der Gesundheit, dem Frieden und dem Angenehmen möglichst aller Lebewesen dient.

## „Am Leitfaden des Leibes“

*Ich möchte dieses Kapitel Freundinnen widmen, durch die ich verschiedene leibtherapeutische Techniken kennenlernte und auch selber an ihnen ausprobieren durfte. Durch sie ist mir die Dimension der leiblichen Übungspraxis deutlich geworden: Christina Stopczyk-Eggersglüß (Atemtherapeutin und Heilpraktikerin); Gabi Seitz (Geologin und Krankengymnastin); Edith Schütte (Diplompsychologin); Dorothea von Stumpfeld (Ärztin); Inge Ruth Marcus (Heilpraktikerin klassische Homöopathie).*

Nun geht es mir darum, genauer herauszustellen, was andere Philosophierende schon zum „Leib“ gedacht haben. Denn ich bin zum Glück nicht die einzige, die das Leibliche philosophisch höher werten möchte. In gewisser Weise gibt es sogar schon eine Tradition der „Philosophie des Leibes“, die mir Mut gemacht hatte, weiter zu forschen. Es sind in der Philosophiegeschichte leider nur vereinzelt Männer, die aus vernunftkritischer Sicht die Leiblichkeit zum Kriterium ihres Philosophierens machten. Es gibt also schon verschiedene Konzeptionen zum Leibbegriff, auf die ich aufbauen kann.

Je nach Fokus der Philosophierenden erhält das Wort „Leib“ eine besondere Betonung. Zum Beispiel ist es einmal ein Weitungsempfinden oder eine Lokalisierung in einem einzelnen Organ. Manchmal wird das Wort „Leib“ auch nur logisch als Gegenbegriff zum Vernunftdenken konstruiert. Der „Leib“ wird in den leibphilosophischen Ansätzen unterschiedlich gedeutet. Aber die Bedeutungen sind miteinander verwandt und könnten zu einem einzigen Begriffsfeld zusammengestellt werden.

Die unterschiedlichen Verwendungsweisen kennzeichnen die verschiedenen Erfahrungsmöglichkeiten mit dem Wort „Leib“. Das ganze „Begriffsfeld“ geht ringsherum in andere Wortfelder über, wie z. B. „Körper“ oder „Seele“.

So kann eine „ungefähre“ Bedeutungsrichtung des Wortes „Leib“ erkennbar werden, ohne daß ich nach linearer naturwissenschaftlicher Methode genau definieren müßte, was damit gemeint ist. Denn „Leib“ ist auch ein Wort der Zukunft. Die Erfahrungen, die durch ein neues Leibverständnis gemacht werden können, sind noch anfänglich.

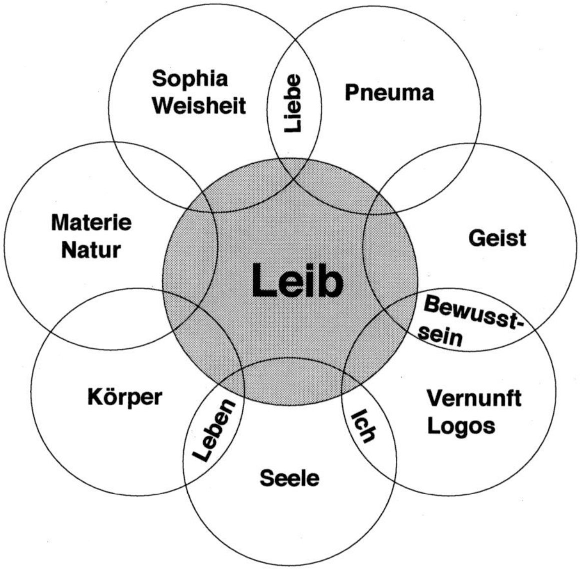


*Abb. 1: Begriffsfeld „Leib"*

Das Wort „Leib“ entstammt dem Althochdeutschen in einer Zeit, als es noch nicht üblich war, das lateinische „corpus“ (Körper) zu verwenden und als das Wort „Ich“ für eine Art innere Lenkung des Willens noch nicht in der deutschen Sprache vorherrschte.

Noch im Nibelungenlied der mittelhochdeutschen Sprache um 1200 n. Chr. wird für dieses Bedeutungsfeld das Wort „min lip.“ verwendet, wenn Kriemhild als„ schöner Körper“ beschrieben wird, aber auch, wenn Siegfried als trefflicher und angesehener Held vorgestellt wird. „Sin lip“ oder „ir lip“ ist nicht nur „sein Körper“ oder „ihr Körper“ im objektiven äußeren Sinne, sondern mit gemeint ist seine bzw. ihre gesamte edle „Persönlichkeitsausstrahlung“. „Sin lip.“ konnte aber auch „sein Leben“ meinen, das dem Betreffenden genommen wird.

Der Übersetzer tat sich schwer mit der Übertragung des Wortes „lip“ in die neuhochdeutsche Sprache. Das Wort „Leib“ verwendete er nicht dafür, statt dessen nur ein einfaches Personenwort. Wenn da steht: „er tröste minnelichen öd Ir beider lip“, dann übersetzte er: „Da tröstete er die beiden sehr liebevoll“ (S. 21).

Es hätte für uns befremdlich geklungen, wenn da stünde: „Siegfried tröstete ihre beiden Leiber“, nämlich seinen Vater und seine Mutter, die um ihn weinten, als er zu Kriemhild aufbrach. Das Gefühl der Trauer war zu ihrem gesamten

Ausdruck geworden, Trauer war ihr ganzer sie umhüllender Leib. Er tröstete sozusagen ihr nach außen gewendetes Gemüt, ihr inneres Wesen, ihren Trauerleib.

Das Wort „Leib“ oder „lip“ hatte in der alten deutschen Sprache eine schillernde, nur ungefähre Bedeutung und wird auch heute vage benutzt.

Fast alle alltagssprachlichen Wörter haben viele Bedeutungsdimensionen und sind flexibler verwendbar als logisch exakt definierte Begriffe einer wissenschaftlichen Sprache. Ein Philosophieren, das sich alltagssprachliche auszudrücken versucht, hat den Vorteil, allgemeinverständlicher zu sein als eine speziell geprägte Systemsprache, die es lediglich mit den anderen Wissenschaften aufnehmen will und weniger mit den konkreteren Lebensfragen der Menschen außerhalb des Wissenschaftsbetriebes.

Die alltagssprachliche Bedeutung eines Wortes ergibt sich aus der Kenntnis oder Erfahrung der Lebensform, in der dieses Wort gebraucht wird.

Nun leben wir heute nicht mehr in mittelalterlichen Lebensformen, aber trotzdem können die meisten Deutschsprachigen mit dem Wort „Leib“ etwas anfangen, obwohl es altmodisch klingt und kaum in unsere Zeit zu passen scheint. Dennoch kann dieses Wort eine Art von „Kenntnis“ vermitteln, in einer leiblich sensiblen Weise lebendig zu sein.

Im folgenden stelle ich einige philosophische Verwendungsweisen des Wortes „Leib“ dar, die es in verschiedenen Philosophien des Leibes gibt. Das Erfreuliche für meine Arbeit ist, daß es auch schon andere Philosophen gab, die auf diesem Wege philosophierten, so daß es mir nun darum geht, eine Tradition zu konstruieren, die jetzt - patriarchatskritisch gewendet - dazu verhelfen kann, einen leibphilosophischen Weg ausführlicher auszubauen.

## PARACELSUS

Der wandernde Arzt und Philosoph Paracelsus, der im 16. Jahrhundert zum Ärger seiner Latein sprechenden akademischen Kollegen in deutscher Sprache seine Erkenntnisse und Erfahrungen vortrug und niederschrieb, verwendete ebenfalls das Wort „li.“, allerdings in einer von ihm bestimmten Weise.

Er unterscheidet es ebenfalls vom Wort „Ding“ im Sinne von „Corpus“ oder „anatomischer Körper“ und „physischer Körper“. „Leib“ versteht Paracelsus als etwas, was die Dinge als lebendige Organe sein läßt. Das Leibliche sind ihm „Kräfte“ zwischen verschiedenen Elementen oder „Dingen“, nämlich Sulphur, Mercurius und Sal. Diese drei zusammen entwickeln verschiedene Lebenskräfte, die gemeinsam einen lebendigen Organismus bilden, einen „Leib“.

Die Unterscheidung zwischen „Ding“ und „Leib“ ist ihm sehr wichtig, und darum fordert Paracelsus seine Leserschaft immer wieder dazu auf, diesen Unterschied zu beachten, wenn sie heilende Ärzte sein wollen und nicht nur experimentierende Quacksalber. „Darum so wisset, das ein Leib ist aber drei Dinge“ (Theophrast, S. 83).

„Ein Leib“ ist Paracelsus zufolge die gesamte lebendige Form, innen und außen. Das Leibliche ist aber nicht nur etwas zum Tasten, Sehen, Riechen, Schmecken oder Hören, wie in den Reagenzgläsern der Quacksalber, sondern es ist eine magnetische „Kraft“, eine Anziehungskraft, die die Form oder Gestalt der verschiedenen zusammengesetzten Dinge oder Elemente bewahrt und hält. Das ist ein „unrichtige Ding und doch leibliche Ding“ (Kap. 1, S. 34). Der ganze Kosmos ist für Paracelsus „ein Leib“, und wir Menschen sind ein Leib innerhalb eines umfassenderen Leibes, aber dennoch selber kosmisch durchlässig. Ein „Innen“ und „Außen“ ist hiernach schwer beschreibe, weil die physische Körpergrenze der Haut nicht als eine Grenze gleich einer Körpergrenze angesehen wird.

Paracelsus kannte die modernen Begriffe der Energie oder Gravitation noch nicht, versuchte aber mit dem Begriff „Leib“ ähnliches zu fassen. Er meinte damit nicht „Seele“, nicht „Geist“ und auch nicht „Körper“ oder „Ding“, er meinte, wie er erklärte, eine Art „Äther“ oder „Magnetfeld“, das der Lichtform am nächsten käme.

In seiner Geschlechtslehre, die das Muster für seine Schöpfungslehre abgibt, stellt er im Unterschied zur Samentheorie des Aristoteles sehr deutlich klar, daß der Mensch oder seine Vernunft nicht im Samen eingeboren sei, sondern „im Lichte der Natur“ (Kap. 1,S. 253). Würden Menschen nur dem Samen entstammen, sähe einer wie der andere aus. Das Licht schaffe erst jene Anziehung zwischen Frau und Mann, die als Liebeskraft spürbar sei und neues Leben entstehen lasse.

Paracelsus ging davon aus, daß der Leib des Mannes ein anderer ist als der Leib der Frau, aber erst beide zusammen in ihrer Anziehung würden den ganzen und auch neuen Menschen bilden. Darum schlußfolgerte er: „Die Frau ist die Welt des Mannes -. Wie könnte einer Feind der Frau sein - sie sei, wie sie wolle?“ (Kap. IX, S. 29)

Da das Wort „Leib“ ein altes deutsches Wort ist, ist es nur in der deutschsprachigen Philosophie zu finden, die allerdings erst im 16. Jahrhundert ihren Anfang nahm und zunächst an dem leiblichen Wohl, an der Gesundheit und den Alltagserfahrungen der Menschen und ihren religiösen Fragen interessiert war. Zwar bezog sich Paracelsus mit großem Lob auf die im Anfang des 13. Jahrhunderts verfaßten Schriften von Hildegard von Bingen, die sich selber nicht eine Philosophin nennen lassen wollte. Aber da ihre Schriftsprache Latein war, ist der ‚Leibbegriff‘ bei ihr als Wort nicht zu finden. Trotzdem ist eine philosophierende Richtung in ihren Schriften festzustellen, die späteres, leibbezogenes, deutschsprachiges Philosophieren befruchten konnte.

Zu den Späteren gehört Jacob Böhme ebenso wie auch Franz von Baader und der Philosoph und Dichter Novalis, der eine Philosophie des Leibes noch vor Feuerbach zu umreißen versuchte und sie als „Heilkunst“ verstanden wissen wollte. Philosophieren könne auch heilsam sein, es komme nur auf die Art und Weise an.

## Novalis

Novalis, der gerühmte Dichter und Denker der deutschen Romantik, rückte in seinen philosophischen Schriften das Wort „Leib“ in die Nähe des „Geistes“, aber als körperdurchdringendes Etwas. „Leib“ ist für ihn der „philosophierende Körper“, das heißt der denkende, beobachtende, handelnde und sich gleichzeitig verspürende „Körper“. Es ist etwas, was wir Menschen uns erdichten, aber für Novalis ist das „Erdichten“ nichts Verwerfliches, es ist vielmehr das, was wir Menschen ständig tun und es mit mehr Bewußtsein tun sollten. Er meinte so etwas Ähnliches wie „Konstruieren“, aber mit Methoden, die die Grenzen der linearen Logik überschreiten. Er verwendete Analogien, wie mittelalterliche Alchimisten, oder er verglich die Welt der Dinge nach Ähnlichkeitsmustern mit gedanklichen Erfindungen, um diese verschiedenen Wirklichkeiten miteinander so zu vermischen, daß das Gedankliche sinnlicher wird und das Körperliche sensibler. Diese Tätigkeit nannte er „poetisieren“ oder auch „romantisch idealisieren“. Menschen seien poetisierende Wesen, moderner ausgedrückt: konstruierende Lebewesen.

„Leib“ sei das, was wir nicht begreifen könnten, aber dennoch ständig als geistig Tätige sind. Novalis sah das menschliche Geschlecht in einer Entwicklung hin zur feineren Lebensart. Mit „fein“ meinte „ durchwirkt“ oder sensibler, so daß wir irgendwann über mehr und feinere Sinne verfügen würden als nur über unsere fünf körperlichen Sinne der Gegenwart. *Vermehrung der Sinne und Ausbildung der Sinne gehört mit zur Hauptaufgabe der Verbesserung des Menschengeschlechts, der Graderhöhung der Menschheit ... es kommt nur vorzüglich auf Vermehrung und Bildung der Sensibilität an* (1978, B. II, S. 553), aber nicht so, daß der Körper vernachlässigt würde, denn dann entstünde noch ein krankes ätherisches Gewebe, wodurch kein Mensch gesund leben könne. Novalis prophezeite: *Wahrlich ist hier mehr als Gold und Diamant, und die Zeit ist nicht mehr fern, wo man höhere Begriffe vom organischen Körper haben wird* (1978, Bd. II, S. 553). Novalis ging davon aus, daß bewußte Poesie ein Ausweg sein könnte aus der immer lebensfeindlicher werdenden linearen Vernunftwissenschaftlichkeit, die mehr und mehr durch Technik und Natureinwirkungen wie Bergbau und anatomische Medizin das menschliche Erleben bestimme. Unter Poesie verstand er eine „Gemütserregungskunst“ (1960, Bd. III, S. 639). Wie für Goethe war ihm eine „Gemütsbildung“ wichtiges Resultat des Philosophierens. „Der Leib“ sollte entwickelt werden.

Es ging Novalis um eine Poetisierung des Lebens, der Wissenschaften, der Philosophie und der Moral - nicht um diese abzuschaffen, obwohl er sie kritisch sah, sondern damit die Forschenden sich poetischer in ihrem Gemütserleben bilden und sich so in ihrer Forschung mit der Poesie der Natur verbinden könnten. Die Poesie in der Natur sei das Lebendige und nicht die abmeßbare und abzählbare Größe. Wer das Leben erkennen wolle, müsse sich auf die poetische Stufe der Natur bringen können, um diese zu verstehen. Sich selber sah Novalis als Naturphilosophen und identifizierte Dichten und Denken als einheitlichen Prozeß, der leiblich geschieht und auch die Fähigkeit zur leiblichen Selbstwahrnehmung anregt. *Die Natur inspiriert gleichsam den echten Liebhaber; sie offenbart sich um so vollkommener durch ihn, je harmonischer seine Konstitution mit ihr ist* (1960, Bd. III, S. 256).

Novalis betrachtete die gesamte Natur wie Paracelsus als „einen Leib" und ersehnte eine zukünftige Zeit des immer leiblicher werdenden Selbstbewußtseins der Menschen.

*Wer hat des irdischen Leibes*
*Hohen Sinn erraten?*
*Wer kann sagen,*
*daß er das Blut versteht?*
*Einst ist alles Leib*
*Ein Leib.*
(1960, Bd. I, S. 167)

Novalis ging davon aus, daß das, was Menschen durch ihren poetischen Sinn erdichten, nichts Künstliches und Lebensfernes ist. Ein „genialisches Dichten", wie es ihm vorschwebte, erwecke den leiblichen Impuls zu eigenem Philosophieren. Erst in diesem leiblichen Impuls verschmelze der Erkennende mit den Kräften in der Natur, die er dann durch sich selber erkennen und benutzen könne. Er nannte das „magischen Idealismus".

Mit diesem leiblicheren, poetischen Impuls seien Menschen eher in der Lage, das Lebendige zu verstehen. Novalis' konstruierendes Philosophieren suchte keine letzten und absoluten Wahrheiten mehr, sondern nur noch die Kunst, als Mensch mit dem physisch-lebendigen Kosmos verbunden zu leben. Darin sah er die Gesundheit verankert. Er verstand sein verleiblichendes Philosophieren als „Lebenslehre", „Lebenskunst" oder „Heilkunst".

Sich leiblich gewahr werden und Philosophieren waren ihm dasselbe. Hiermit widersprach Novalis aufs tiefste der auch damals herrschenden, beengenden akademischen Philosophie.

## Ludwig Feuerbach

Ludwig Feuerbach visierte etwas später noch einmal eine „Philosophie des Leibes“ als eine „Philosophie der Zukunft“ an und verwendete das Wort „Leib“ als Gesamtheit der sinnlichen Empfindungen. Mit „sinnlichen Empfindungen“ ist hier alles gemeint, was wir sinnlich „anschauen“, also mit unseren Ohren, unserem Mund, den Händen, der Nase oder den Augen. Die „sinnliche Anschauung“ ist wieder ein spezifisch deutschsprachiger philosophischer Begriff, den schon Kant benutzte und der in andere Sprachen schwer übersetzbar ist. „Anschauung“ meint eine Wahrnehmungsart, die gleichzeitig das sinnlich Angeschaute mit einem inneren Verständnis von der Welt verbindet. Nach Kant ist die menschliche Anschauungsform für alle Zeiten darauf festgelegt, nur jene Dinge anschauen zu können, die durch unsere Raum- und Zeitkategorien der Erfahrung festgelegt sind. Andere Anschauungsformen, die jenseits der dinglichen oder objektiven Welt möglicherweise sein können, seien uns Menschen nicht zugänglich. Die Vorstellung von Novalis, mehr Sinne zu entwickeln, die feiner seien als unsere fünf Körpersinne, oder gar einen neuen Leibsinn zu entwickeln, war ihm nicht „anschaubar“. Eine Möglichkeit in der kantischen Philosophie wäre, seinen Begriff der Seele durch den Begriff des Leibes zu ersetzen. Kant geht davon aus, daß wir durch einen „inneren Sinn“ unser eigenes Ich erkennen, und diesen „inneren Sinn“ identifiziert er als „Seele“. Die Seele sei kein Körper, weil sie nicht räumlich erkennbar sei, aber wohl in der Anschauungsform der Zeit, denn das, was der „innere Sinn“ macht, nämlich denken, vorstellen, empfinden, erkennen wir als etwas, was in uns andauert, hat also eine zeitliche Dimension. So sei die Seele wegen der mangelnden Ausdehnung kein Körper und auch keine Substanz, aber wohl eine, die im psychologischen Zusammenhang quasi empirisch als innere Dauer zu fassen ist. Deshalb hätten die Materialisten nicht recht damit, die Seele zu leugnen, aber von einer gänzlich immateriellen Seele könne auch nicht die Rede sein. Kants Unterscheidung von äußeren Sinnen und innerem Sinn streift eine Begrifflichkeit für den „Leibsinn“, aber er setzt den inneren Sinn schließlich mit Bewußtsein gleich, was die sinnliche Seite unserer bewußten Erfahrungsmöglichkeiten reduziert (1976, S. 368 - 439).

Nach Feuerbach erzeugt die „sinnliche Anschauung“ - „sinnliche Empfindungen“, die sich im ganzen Leib ausbreiten und nicht in einem abstrakten Bewußtsein. „Der Leib“ ist hier sozusagen als „Verbindungssubstanz“ oder als „Transportmittel“ der Empfindungen verstanden. Dabei erweiterte Feuerbach die körperlichen fünf Sinne um das „sinnliche Selbstbewußtsein“. Nicht nur Steine, Hölzer, Fleisch und Knochen fühlen wir, sondern *wir fühlen auch Gefühle ... Wir vernehmen durch die Ohren nicht nur das Rauschen des Wassers und das Säuseln der Blätter, sondern auch die seelenvolle Stimme der Liebe und der Weisheit ... Nicht nur Äußerliches also, auch Innerliches, nicht nur Fleisch, auch Geist, nicht nur das Ding, auch das Ich ist Gegenstand der Sinne* (1983, § 41).

Auch Feuerbach grenzte sich in seinem Leibverständnis von dem äußerlicheren „Körperbegriff" der empirischen Naturwissenschaften ab, obwohl er gleichzeitig die idealistische Philosophie heftig kritisierte. Nicht auf der harten Seite der Körperwissenschaft und nicht auf der luftigen Seite der Geisteswissenschaft wollte er sich mit seiner Philosophie des Leibes befinden. Dieser Ausdruck eines Duellen Zweiweltendenkens paßte nicht zu seinem philosophischen Anliegen, das Leibliche als Verbindendes zu verdeutlichen.

Wer aber weder als reiner Materialist oder Positivist noch als reiner Idealist oder Rationalist und Vernunftgläubiger philosophisch arbeitet, wird im Wissenschaftsbetrieb kaum geduldet.

So ist es nicht verwunderlich, daß „Philosophen des Leibes" an einer Universität selten zu finden sind, geschweige, daß es dort Philosophinnen dieser Art gäbe. Denn sie passen nicht in das wohlsortierte Entweder-Oder-Schema der Zweiweltentheoretiker, die seit der Antike in Europa bestimmen, was intellektuell gefördert wird und was nicht.

Feuerbach ging seinen philosophischen Weg jenseits der Gelehrtengemeinde und hatte nicht jenen Gedankenaustausch genießen können, der ihm durch eine Lehrtätigkeit in einem Betrieb vergönnt gewesen wäre. Auch die von seinen Schriften begeisterten Männer wie Marx und Engels waren keine, die sich mit seiner Leibposition befassen konnten. Für sie stellte sich die Welt des Philosophierens zweigeteilt in Idealismus und Materialismus dar. Der Leib war ihnen kein Thema. Aber vielleicht hat trotz der damaligen Unterbrechung der leibphilosophischen Bemühungen dennoch diese untergründige deutschsprachige Tradition Früchte getragen. Es gibt aus der Romantischen Bewegung heraus eine natursuchende Reformbewegung, die noch bis heute in Deutschland wirksam ist und durch die ökologische Bewegung eine zeitgemäßere Verstärkung erhalten hat. Sie reicht sogar bis in die regierungsfähige grüne Partei im Deutschen Bundestag hinein - eine weltweit einmalige Geschichte.

Die andere Seite dieses leibnäheren Denkens mündete in ein völkisches Denken, das in abgewandelter Form als nationalsozialistische Ideologie Massenmord und Krieg rechtfertigte.

Es ist also nicht ungefährlich, sich leibnah zu orientieren, denn am Wegrand lauern Wegelagerer, die sich einen Vorteil für ihre Herrschaftswünsche erhoffen; aber so ist es mit allem, was Menschen sich ausdenken, man versucht, es sich für Machtzwecke dienstbar zu machen.

## Friedrich Nietzsche

Der Philosoph Friedrich Nietzsche, dessen Werk in der selbstgestellten Aufgabe gipfelte, alles Philosophieren am Leitfaden des Leibes zu praktizieren, griff wohl am heftigsten die griechische Tradition des sokratischen Vernunftdenkens an, das einen soldatischen, schmerzfreien Körper idealisiert hatte.

Der „Leitfaden“ sollte immer dicker und dicker werden, damit er eines Tages als stabiles Band zur „Höherentwicklung des Mensch-seins“ dienen könnte.

Am Leitfaden des Leibes zeigt sich die ungeheure Vielfachheit (1954, S. 500), die auch als Methode eines verleiblichenderen Philosophierens sichtbar wird. Nicht um einen geraden, logisch-kausalen Gang eines Gedankensystems mit einem einzigen Leitgedanken geht es hierbei, sondern um ein tastendes, versuchendes, forschendes, auch abbrechendes und immer wieder neu beginnendes Philosophieren, jenseits einer einzigen erdachten Idee, die über allem steht und nur mit vielen Worten gerechtfertigt wird.

*Ich habe meine Schriften jederzeit mit meinem ganzen Leib und Leben geschrieben: Ich weiß nicht, was rein geistige Probleme sind* (1895, S. 396).

Nietzsche verwendet mit großer Selbstverständlichkeit das Wort „Leib“, ohne es ausdrücklich vom Körperbegriff zu unterscheiden. Aber der fordert dazu auf, sich von der mechanistischen Auffassung des Körpers als Apparat abzuwenden, die durch den Begründer der rationalistischen Philosophie, René Descartes, im 17. Jahrhundert in die Weht gesetzt wurde. Diese rationalistische Lebensinterpretation, nach der der menschliche Körper nicht mehr als ein mechanischer Apparat ist, gewann großen Einfluß in den sich damals gründenden neuen Naturwissenschaften. Die darauf folgende Wissenschaftsentwicklung ist nach Nietzsche mit einem Untergang von Wissenschaft gleichzusetzen. *Nicht der Sieg der Wissenschaft ist das, was unser 19. Jahrhundert auszeichnet, sondern der Sieg der wissenschaftlichen Methode über die Wissenschaft* (1954, S. 814).

Das methodische Nacheinander, das mit Dingen umgehe, die es gar nicht gebe, wie Linien, Flächen, Körper, Atome, teilbare Zeiten, teilbare Räume, könne nichts Lebendiges erklären.

Eine Wissenschaft am Leitfaden des Leibes würde methodisch völlig anders aussehen, denn der Leib sei kein Nacheinander, sondern vielmehr ein Durcheinander, Ineinander, Miteinander, Auseinander, Gegeneinander! und Übereinander. Wie sollen in einer Wissenschaft des logischen Nacheinander verbindliche Aussagen über unseren Leib und unser Leben zu erwarten sein?

*Ein logischer Vorgang, von der Art, wie er im Buche steht, kommt nie vor, so wenig als eine gerade Linie oder zwei gleiche Dinge. Unser Denken läuft grundverschieden: Zwischen einem Gedanken und dem nächsten waltet eine Zwischenwelt ganz anderer Art* (1920, S. 122).

Für Nietzsche ist „der Leib“ eine Vielheit mit einem Sinne (1954, S. 300).

Ähnlich wie für Paracelsus und Novalis ist hier der Leib etwas, was eine gesammelte Form ist, aber Nietzsche legt Wert darauf, daß dieser Leib selber ein eigener „Sinn“ ist, ein leiblicher Sinn, den wir Menschen aber noch zu entwickeln hätten.

Anstatt einem Ich, einer Seele, einem Selbst oder einem Geist nachzujagen, könnten die wahrhaft freien Geister sich einen *höheren Leib schaffen ... Ihr eigener Leib ist ihnen ihr Ding an sich ... Von alters her lebt der Mensch in tiefer Unbekanntschaft mit seinem Leibe ... man hat kein Gefühl davon, wie tief unbekannt und fremd wir uns selber sind*(1954, S.299).

Der „Übermensch“, den Nietzsche in seinem Werk Zarathustra heraufbeschwört, ist ein Mensch mit einem Leibsinn, der dadurch keine Probleme hat, mit Tieren zu sprechen oder das Lebendige in der Natur zu verstehen. Er wächst über seine fünf Sinne hinaus.

Dieser „Übermensch“ hat nichts mit dem faschistischen Übermenschen zu tun. Nietzsche machte sich über die Antisemiten lustig und bewunderte die intellektuellen Leistungen jüdischer Denker. Die faschistische Ideologie wäre ihm außerdem wegen ihres maßlosen Herrschaftsanspruches fremd gewesen.

Nietzsche hat sein Philosophieren als ein Experimentieren verstanden, nicht als eine Wahrheitsfindung. Er wollte sich selber besser verstehen und sogar sich selber heilen können, denn er litt zeit seines Lebens an Krankheiten. Er wollte einen philosophischen Sinn in seinen Krankheiten sehen, die er als philosophische Lebensaufgaben aufzufassen versuchte. Jede Krankheit würde zu einem höheren Leibsinn führen und von daher zu einer tieferen Gesundheit. Die Vorstellung eines blonden, kraftstrotzenden arischen Übermenschen lag ihm fern.

Die Schriften von Nietzsche sind in der Zeit des Nationalsozialismus von rassistischen Theoretikern dazu benutzt worden, die ominöse arische Rasse als Übermenschenrasse auszuzeichnen. Damit aber verstanden die Nazis weder den noch zu bildenden „Leibsinn“ von Nietzsche umzusetzen, noch verstanden sie damit die Utopie des „Übermenschen“, der als äußerst sensibilisierter Leib existieren sollte, der seinen Körper selber gesund machen könnte und mit der Natur verbunden wäre. Diese Utopie, die auch Novalis bewegte, will zwar einen anderen, besseren, naturnäheren Menschen, aber keinen Homunkulus aus der Retorte und keinen Untertan eines diktatorischen Staatswesens.

Nietzsche war weder ein Nationalist noch ein Rassist. Wenn er über Völker schrieb, dann konnte es passieren, daß er die Polen wegen ihrer herausragenden kreativen Intelligenz den dumpfen Deutschen gegenüberstellte oder die Urwaldbewohner barbarischer Stämme hervorhob gegen den schwächlichen Zivilisierten, der es nicht mehr verstünde, sich seine Medizin aus der Natur selber zu brauen.

Um die letzte Jahrhundertwende entwickelten einige Philosophieprofessoren in Deutschland eine „Lebensphilosophie“ und „Phänomenologie“, die sich aber kaum mit dem Leib befaßten. Vielmehr ging es nur um eine introspektive „Bewußtseinsbeobachtung“, die möglichst mit naturwissenschaftlichen Methoden das Bewußtsein rein beobachten wollte. Der Exaktheitsgrad und systematische

Anspruch dieser Phänomenologie stand in dem Bestreben, mit den positivistischen Richtungen in den Naturwissenschaften gleichzuziehen, die nur äußere Dinge oder Körper als Wissenschaftsobjekte und Tatsachen akzeptierten.

Zwar handelten manche Lebensphilosophien auch von körperlichen Aspekten, aber der Leib spielte keine Rolle, er wurde „wie ein Hündchen an der Leine“ (vgl. Scheler 1955, S. 210) auch beim Philosophieren herumgeführt.

Mit dem Aufkommen faschistischer Philosophie und Ideologie in Deutschland, in der rassistisches Gedankengut einen nordischen Körperkult rechtfertigte, verlor sich ein Philosophieren am Leitfaden des Leibes.

## THEODOR W. ADORNO UND MAX HORKHEIMER

Angesichts der faschistischen Übermacht in Deutschland schrieben die Philosophen Theodor W. Adorno und Max Horkheimer im amerikanischen Exil die „Dialektik der Aufklärung“ und gaben den „Leib“ zwischen den Mahlsteinen rigider Vernunftaufklärung und martialischer, mythischer Ideologie verloren.

*In der Selbsterniedrigung des Menschen zum Corpus rächt sich die Natur dafür, daß der Mensch sie zum Gegenstand der Herrschaft, zum Rohmaterial erniedrigt hat. Der Zwang zu Grausamkeit und Destruktion entspringt aus organischer Verdrängung der Nähe zum Körper* ... (1978, S.208).

Der Faschismus war für sie eine Folge der Spaltung zwischen Körper und Geist. Der ausgebeutete Körper sollte den Unteren als das Schlechte und der Geist, zu dem die anderen Muße hatten, als das Höchste gelten (1978, S. 208).

Sie entlarvten *die Lobpreisung der Vitalphänomene, von der blonden Bestie bis zum Südseeinsulaner*, als Hinführung zu einem Führer und seiner willigen Truppe. Faschisten *exekutieren ihre Gefangenen mit Pistole und Reitpeitsche* selber, persönlich, mit eigener Hand. Sie stählten ihre Körper zu empfindungslosen Apparaten und entsprachen dem patriarchalen Ideal des richtigen Mannes.

Adorno und Horkheimer sahen keine Rettung mehr für den Leib. *Der Körper ist nicht wieder zurückzuverwandeln in den Leib. Er bleibt die Leiche, auch wenn er noch so ertüchtigt wird* (1978, S. 209).

Seit der griechischen Antike hätte sich die Trennung eines selbstherrlichen Intellekts von der sinnlichen Welt vollzogen. Sie schreitet unaufhörlich damit fort, die sinnliche Erfahrung zu entleeren und das Erleben der Menschen zu beherrschen. Aber diese Trennung von Denken und Erfahrung läßt alle als Beschädigte zurück. Das Denken degeneriert dazu, Herrschaftsakte zu verwalten und zu organisieren, und das Erfahren degradiert dazu, auszuführen, was andere bestimmen.

Die Ursache für diese üble Geschichte sahen die beiden Philosophen in der patriarchalen Herrschaft, die in Urzeiten irgendwann begonnen hätte und das Lebensrad seither bremse.

Unbefangen kritisieren Adorno und Horkheimer in ihrer Exilschrift die Männerherrschaft oder Väterherrschaft als Ursache aller Herrschaft und prangern diese als Vertreiber aus dem verlorenen Paradies der Leiblichkeit an. So unbefangen patriarchatskritisch philosophierten sie späterhin nie wieder. Zwar blieben sie in ihren weiteren Schriften herrschaftskritische Denker, aber „den Leib“ beschwiegen sie, und die patriarchalische Gesellschaftsstruktur griffen sie nur noch allgemeiner als „autoritären Charakter“ an.

Dabei analysierten sie in ihrem ersten Buch sehr scharfsinnig den „Mechanismus“ der Trennung in zwei gedachte Körper-Geist-Welten. Sie machten nicht Halt davor, den Geschlechterkampf zwischen Frau und Mann zum Beweis ihrer Thesen gegen ihre eigenen Geschlechtsgenossen anzuführen.

*Die Frau wurde zur Verkörperung der biologischen Funktion, zum Bild Natur, in deren Unterdrückung der Ruhmestitel dieser Zivilisation bestand. Grenzenlos Natur zu beherrschen ..., darauf war die Idee des Menschen in der Männergesellschaft abgestimmt. Das war der Sinn der Vernunft, mit der er sich brüstete* (1978, S. 221).

Die Frau in den Vernunfttheorien zu verkörpern oder zu verdinglichen heißt, sie zu entleiblichen, ihr nicht nur den Geist wegzudefinieren und ihr Vernunftfähigkeit abzusprechen, wie es Philosophen seit Tausenden von Jahren tun, sondern „verkörpern“ heißt auch, einer Frau die eigenen sinnlichen Anschauungen und Erfahrungen abzusprechen, ihr die sensiblen eigenleiblichen Fähigkeiten zu zerstören und sie als „irrationales Tier“ in Schach zu halten.

Fairerweise machen Adorno und Horkheimer den Frauen keinen Vorwurf daraus, daß sie in diese schreckliche Rolle gerieten. Beide erlebten den Faschismus als Übermacht maskuliner physischer Gewalt. Als geflohene jüdische Deutsche befanden sie sich in einer ähnlichen Rolle wie die meisten Frauen in patriarchalen Gesellschaften. Sie verstanden die keifende Megäre, die sich seit endlosen Zeiten nicht mit ihrer Unterwerfung abfinden kann und die sich rastlos für den Jammer ihres Geschlechts an den Männern rächt.

Das Schelten der Megäre sei immerhin noch ein verzweifeltes Aufbegehren ihrer Humanität und müsse als ihr Würdeverhalten verstanden werden (1978, S. 223).

Die Frau, die sich nicht auf die biologische Funktion verkörpern oder verdinglichen läßt und sich wütend und hysterisch aufbäumt, gilt ihnen als letzte Ahnung einer humanen Leiblichkeit, die nicht mehr zurückzuholen sei. Die beiden Philosophen sahen keine Leibutopie für eine bessere Zukunft am Horizont, sondern sie beklagten den Verlust der Leiblichkeit ohne die Aussicht einer Wiederkehr. Nur noch den Verlustprozeß zu analysieren, das stellten sie sich zur Aufgabe.

Am griechischen Helden Odysseus zeigten Adorno und Horkheimer auf, wie er sich seine Leiblichkeit fesseln hieß und die Leiber seiner Ruderer taub machte, damit er und sie nicht dem verlockenden, betörend schönen Gesang der fernen Sirenen auf der Insel verfielen und in den Tod stürzten.

Diesen Mythos von Homer interpretierten sie als Grundmuster für die gesellschaftliche Trennung zwischen den gefesselten, noch den Gesang hörenden herrschenden Vernunftmännern und den Proletariern, denen ihre Ohren zugestopft wurden, damit sie noch rudernd als Arbeitskörper funktionieren.

Aber was hier gefesselt und betäubt wird, ist nicht nur eine abstrakte Leiblichkeit, sondern der männliche Leib, der für die Polis zugerichtet wird und der keiner Frauenstimme mehr gehorchen darf. Die weibliche Leiblichkeit wird zu todbringenden Sirenen dämonisiert, wogegen die männliche Leiblichkeit durch Körperfesselung und Ohrenbetäubung kontrolliert wird.

Das Leibliche kann sich aber nur in freieren weiblichen und männlichen Möglichkeiten entfalten, das hatten Adorno und Horkheimer auch bei Paracelsus gelesen, bei Jacob Böhme und bei Novalis, aber sie glaubten angesichts des faschistischen Terrors nicht mehr an diese „romantischen Utopien“ und blieben dabei, wenigstens herrschaftskritische Soziologieprofessoren zu sein, die wehleidig ihrer geheim ersehnten „Leiblichkeit“ in der Ästhetik oder Kunst nachtrauerten, aber auch diese könne nach Auschwitz nicht mehr poetisch sein.

Seit dem zweiten Weltkrieg war ein Philosophieren am Leitfaden des Leibes nach dem deutschen Schrecken nicht mehr gefragt. Da dieses spezielle deutschsprachige Philosophieren in den alliierten Ländern fremd war, gab es auch keine philosophierenden Generäle, die entsprechende Lehrstühle hätten einrichten und genehmigen können. Der vordem griechisch gebildete, humanistische Deutsche galt nunmehr als Unmensch.

Erst in jüngerer Zeit haben sich neuere leibphilosophische Konzeptionen entwickelt, in der die leibverachtende Geschichte seit Platon wieder aufgerollt wird. Aber keine Konzeption nimmt jene patriarchatskritische Perspektive wieder so eindeutig ein, wie es noch Adorno und Horkheimer in ihrem mittleren Mannesalter wagten.

Die Entwürfe von Hans F. Geyer, Hermann Schmitz, Gernot Böhme, Heinrich Schipperges, Richard Shusterman und Eugene T. Gendlin sind verschiedene einzelne Fäden zu einem „Leitfaden des Leibes“, der inzwischen schon stabiler geworden ist, als Nietzsche es noch denken konnte.

## Hermann Schmitz

Der Kieler Philosophieprofessor Hermann Schmitz erarbeitet ein „System der Philosophie“ in mehreren Bänden. Ein schon veröffentlichter Band mit über 600 Seiten ist dem „Leib“ gewidmet. In seinen Forschungen bezieht er auch Materialien aus therapeutischen, esoterischen, religiösen und literarischen Zusammenhängen ein, was seine Arbeit sehr von den üblichen akademischen

Schranken abhebt.

Er führt das Wort *Eigenleiblichkeit* ein und meint damit das, was ein Mensch am eigenen Leibe verspürt. Hierbei sieht er das Verspürte als etwas an, was in bestimmten Regionen des Körpers stattfindet, und diese nennt er Leibinseln. Leibinseln seien körperlich-organisch spürbar und gehörten zu bestimmten Organen oder Gliedern. So erklärt Schmitz den Phantomschmerz nach der Amputation eines Körpergliedes damit, daß die Leibinseln dieses Gliedes noch vorhanden sei und diese den Schmerz verursache (vgl. 1982, S. 28 ff.). Eigenleibliches sei nicht wie ein Körperglied amputierbar und hätte eine andere Beschaffenheit als das Körperliche.

Es gebe aber auch einen *Leibinselschwund*, wenn sich zum Beispiel jemand in übermäßiger Spannung plötzlich innerlich wie ausgepumpt oder leer fühlt. Im Schockzustand sei ein Leibinselschwund spürbar als Leere im Bauch, im Kopf oder in einer anderen Leibregion.

Schmitz entwickelt eine begrifflich sehr differenzierte Leibsystematik, mit der nicht nur verschiedene Gefühle und Krankheiten neu gedeutet werden. Auch mystische Philosophie und mythische Geschichte werden neu interpretierbar. Philosophische Praktiken, wie Meditation und Kontemplation, können mit dem aufwendigen, neuen Begriffsinstrumentarium logisch zugänglicher erklärt werden. Manche Zusammenhänge erhalten eine verblüffend aufklärende Erläuterung. Das Wort „Leib" definiert Schmitz folgendermaßen: *Unter dem Leib verstehe ich zunächst das Gegenstandsgebiet der leiblichen Regungen, die am eigenen Leibe ohne Beistand des Betastens und Besehens gespürt werden können, wie z. B. Angst, Schmerz, Schreck, Hunger, Durst, Wollust, Behagen, Frische, Mattigkeit, Ein- und Ausatmen. Ich habe dies Gebiet phänomenologisch gekennzeichnet und durchforscht, seine Struktur und Dynamik auf scharfe Begriffe gebracht* (1989, S. 245).

Schmitz geht davon aus, daß er neue Grundlagen für die Anthropologie, Erkenntnistheorie, Ästhetik, Pathologie, Raum- und Zeitlehre und für das Geschichtsverständnis geschaffen hat. Hierbei ist er der Meinung, die Philosophie hätte etwas wiedergutzumachen, nämlich ihre jahrtausendelange Ignoranz dem menschlichen Erleben gegenüber, dem Leben im Alltag, in der Gegenwart mit Freude und Schmerz und all den mystischen Anwandlungen und Atmosphären, die wir täglich erfahren. Ein Ziel seiner philosophischen Arbeit sei es, den vitalen Stolz zu ermutigen. Philosophie könne auch therapeutische Dienste leisten und dürfe sich nicht aus dem Gesundheitswunsch der Menschen herausstehlen. *Der Mensch soll lernen, den Kopf hoch zu tragen und die Gelegenheit, leiblich zu leben und zu gestalten, mit klarer, ruhiger und nicht von Scham verkrümmter Unbefangenheit zu ergreifen* (1989, S. 99).

In gründlicher und altphilologisch kenntnisreicher Weise erforscht er die Verdeckung des Leibes in der griechischen Antike und Klassik durch die damalige

Entdeckung des Geistes und weist mit einem enormen Quellenmaterial die Vernunfterfindung als eine aus, die die eigenleibliche Erlebnisfähigkeit zu einem gehorsamen Triebleben entwürdigte.

Leiblichsein bedeutet für ihn: *Zwischen Engung und Weitung in der Mitte zu stehen und weder von dieser noch von jener ganz loszukommen, wenigstens so lange, wie das bewußte Erleben währt* (1989, S. 155 0.

Hierbei geht er davon aus, daß unsere eigenheiblichen Verspürnisse entweder von einem inneren Engeempfinden oder einer inneren Weitungsempfindung begleitet werden. Angst zum Beispiel erzeugt ein beengtes Leibverspüren und dementsprechend zusammenziehende Krankheitsmuster oder Gedankengefüge. Ein Weitungsempfinden ist zum Beispiel ein Sichöffnen in der Brust bei der Erinnerung an einen lieben Menschen oder beim Anblick einer wunderschönen Landschaft.

Normalerweise verspürten wir im Alltag unsere Leiblichkeit nur undeutlich und indifferent und könnten daher auch kaum jene Vitalität und Gesundheit erleben, die da sei, wenn wir in der balancierten Mitte zwischen Weite und Enge bewußt und stolz als mittige Menschen lebten.

Ähnlich wie die anderen Philosophen des Leibes beschränkt auch Schmitz sein Leibverständnis nicht nur auf den körperlichen Innenraum, sondern er sieht das Leibliche auch als Atmosphäre, die sich übertragen kann.

Wenn wir zum Beispiel in trauriger Stimmung einen Raum betreten, in dem eine lustige Feier stattfindet und die Menschen fröhlich sind, dann sei diese fröhliche Stimmung wie ein Etwas im Raum, es sei eine fast handfest zu spürende Raumatmosphäre, die dem Traurigen entgegenschlägt. Er kann sie als Weitung seines Zustandes, aber auch als Engung verspüren, je nachdem, wie flexibel er gerade ist. Leiblichkeit ist so nicht mit Körperlichkeit gleichzusetzen.

Hermann Schmitz ist inzwischen ein begehrter Dozent in therapeutischen Schulungen für Ärzte und Psychologen und hat durch eine großzügige Spende ein eigenes Institut gründen können, in dem er seine umfangreiche Forschungsarbeit zentrieren kann. Er hofft, daß ein neues Philosophieren als heilsames Philosophieren entsteht, sobald die alten Vorurteile fallengelassen werden. *Vielleicht beginnt damit ein drittes Zeitalter menschlichen Selbstverständnisses, nach dem vorplatonischen und dem zweiten, das mit den besprochenen Ausnahmen von Platon bis zur Gegenwart reicht* (1989, S. 313).

## Gernot Böhme

Der Darmstädter Philosophieprofessor Gernot Böhme schrieb mit seinem Bruder Hartmut das vieldiskutierte Buch „Das Andere der Vernunft“ (1989).

In diesem Buch zeigt er hauptsächlich am Beispiel von Kant auf, wie sehr die aufklärerische Vernunftkritik die leibliche Seite des Lebens theoretisch ignorierte.

Böhme ist ein patriarchatskritischer Philosoph der Gegenwart, der am Rande des akademisch Gängigen seine Überlegungen einbringt und deshalb in der eigenen Gelehrtenzunft als Exot gilt. Aber da es keine Kaiser, Könige und Fürsten mehr in Deutschland gibt, die allein mit ihren Hofschranzen bestimmen, wer Professor werden darf und wer nicht, gibt es Ausnahmen durch irgendwelche Zufälle auch im akademischen Betrieb.

In seinen naturphilosophischen und anthropologisch-ethischen Studien beschäftigt sich Böhme mit Fragen, die viele Menschen interessieren könnten und bezieht sich auch auf gesellschaftliche Probleme, die allgemein diskutiert werden, wie Ökologie, Geschlechterdebatte, Erziehungsfragen und Fragen zum Sinn und Zweck des Philosophierens überhaupt. Sein leibbezogenes Philosophieren gibt ihm die Möglichkeit, jenseits der üblichen Streitlinien eine eigene philosophische Haltung einzunehmen.

In seiner Einführung in die Philosophie beendet er den Streit darum, ob Philosophie eine Wissenschaft sei oder nicht, damit, daß er verschiedene Möglichkeiten des Philosophierens als „philosophisch richtig" rechtfertigt. Damit hebt er die Philosophie aus der Enge der akademischen Selbstgenügsamkeit heraus und macht sie wieder für ein breiteres Publikum zugänglich.

Er unterscheidet die Tätigkeit des Philosophierens in drei Möglichkeiten, die entweder jede für sich allein gelebt werden kann oder auch als Kombination.

Die ersten beiden Möglichkeiten entlehnt Böhme der Kantischen Philosophie.

*Wissenschaftliches* Philosophieren findet in Verbindung mit einem Universitätsstudium der Philosophie statt, in dem verschiedene Philosophien miteinander verglichen und erörtert werden. Ein wissenschaftlicher Philosoph vermittelt philosophisches Denken, was sich im Laufe der Geschichte in den verschiedenen Schulen angesammelt hat. Er kann seine Arbeit so verrichten wie jeder andere naturwissenschaftliche Lehrer auch, der den angesammelten Stoff vermittelt, erforscht und neu sortiert, je nach wissenschaftlicher Aufgabe.

In der Art der *Weltweisheit* zu philosophieren bedeutet, daß ein einigermaßen gebildeter Mensch, der sich für gesellschaftliche Belange interessiert und im öffentlichen Rahmen tätig ist, seine Gedanken ausbreitet. Er beschäftigt sich mit Themen, die jedermann interessieren.

Die dritte Möglichkeit des Philosophierens ist ein Philosophieren als *Lebensform*. Hier braucht die Person weder Philosophie studiert zu haben noch sonstwie gebildet zu sein, sondern es geht darum, daß sie versteht, ein Ideal in die Lebenswirklichkeit umzusetzen oder direkt aus den Lebenserfahrungen heraus Weisheiten zu erkennen, die auch anderen Ratschläge für ihre Lebensgestaltung sein können. Eine einfache Frau vom Dorfe kann hier ebenso als Philosophin bezeichnet werden wie der philosophierende Politiker oder der Philosophieprofessor. Es gibt Menschen, die alle drei Arten des Philosophierens in ihrer Person vereinigen, wie Albert Schweitzer, der das Fach studiert hatte und von daher auch eine eigene Ethik im Vergleich mit den anderen Schulen entwickeln konnte. Gleichzeitig trat er als öffentliche Person vermittelnd für die Belange anderer Menschen ein und dann gelang es ihm auch noch, nach seinen eigenen Idealen ein sinnreiches Leben in seinem afrikanischen Urwaldspital zu verwirklichen.

Philosophieren als Lebensform benötigt ein stärkeres Einlassen auf das *Leibsein.* Um philosophisch zu leben, so Böhme, sei es notwendig, das eigene Leibsein gerade in der heutigen Zeit der Leibferne als Aufgabe anzunehmen. *Wenn man schließlich auch ein Korrelat für die Leibferne im modernen Leben sucht, so stößt man sicherlich nicht auf geistige Schau als eine allgemeine Errungenschaft des modernen Menschen, sondern vielmehr auf das abgelöste Leben im Fiktiven, d. h. das leiblose und handlungsentlastende Erleben und Leben in den Massenmedien* (1994, S. 172).

Leibferne sei in unserer Gesellschaft die Regel und müsse philosophisch thematisiert werden.

Böhme definiert keinen Leibbegriff, weil es verschiedene Arten des Leibseins gibt und so auch verschiedene Begriffe vom Leib.

Leibsein-Können ist für Böhme eine philosophische Gegenwartsaufgabe. Er unterscheidet vier Bereiche des Leibseins.

Erstens geht es darum, *sich lassen* zu können. Im *Sich-lassen-können wird der Leib als etwas verstanden, das man zwar selbst ist, worauf man sich aber gleichwohl als eine Aktivität einlassen muß, deren Akteur man selbst qua Ich nicht ist. Gerade wenn man, wie wir, von der Entfremdung vom Leibe ausgeht, so bedeutet das, sich auf das Andere des bewußten Ichs einzulassen, sich dem Unheimlichen in einem selbst auszusetzen* (1994, S. 175 f.).

Dabei stellt Böhme klar, daß dieses Leibsein hauptsächlich ein praktisches Üben ist, das verschiedene Körpertechniken einschließt. Dieses Sicheinlassen auf die eigenen Körpererfahrungen kann nicht in einem Buch beschrieben werden, es muß selber praktiziert werden.

Zweitens geht es beim Leibsein-Können um *ein wirkliches Verrichten der elementaren Vollzüge.* Jede Leibtherapeutin oder Krankengymnastin könne uns sagen, was wir von Jugend an ständig falsch machen, ob es beim Gehen, Stehen oder Sitzen ist. Ungelenke, verkrampfte und hölzerne Körperhaltung ist mit einer fundamentalen Fremdheit des eigenen Leibes verbunden.

Drittens geht es beim Leibsein-Können um die schwer bewußt zu machenden *vegetativen Vollzüge wie Atmen und Verdauen.* Auch psychosomatische Störungen seien durch Leibferne begründet.

Viertens geht es um die leibliche Anwesenheit, die erworben werden kann.

*Die Anwesenheit eines Menschen ist nicht bloß das Faktum seiner Präsenz im benachbarten Raum, sondern sie ist spürbar. Der anwesende Mensch strahlt eine Atmosphäre aus bzw. bestimmt durch seine Anwesenheit die Atmosphäre des Raumes, in dem er sich befindet. Das Spüren solcher Atmosphären zu erlernen gehört zur Wiedergewinnung des Leibes*

(1994, S. 177). Wenn früher der Gipfel der philosophischen Lebensweise die theoretische Schau gewesen sei, die leibabgewandte Zuwendung zum Ewigen (teos = Gott), dann sei die heutige philosophische Lebensweise gerade auf den Gegenpol gerichtet.

*In der Bemühung um Leibsein-Können erfährt der Philosoph seine Erleuchtung im Leibbewußtsein, nämlich im Innewerden seiner radikalen Zeitlichkeit, im bewußten Aufgehen in der Präsenz* (1994, S. 178).

## Heinrich Schipperges

Eine Philosophie des Leibes findet immer mehr Anhängerschaft inzwischen auch im wissenschaftlichen philosophischen Lager.

Der Arzt und Philosoph Heinrich Schipperges kombinierte schließlich die leiblich-körperliche und die philosophisch-therapeutische Sichtweise zu einem medizinphilosophischen Forschungsweg, auf dem er die deutschsprachigen vergangenen Philosophien des Leibes, angefangen von Hildegard von Bingen bis zur Lebensphilosophie der Weimarer Republik, in beeindruckenden Quellenstudien nachzeichnet und der Öffentlichkeit zugänglich macht.

So entspricht er am ehesten dem Ideal von Nietzsche, der da schrieb: *Ich erwarte immer noch, daß ein philosophischer Arzt im ausnahmsweisen Sinne des Wortes - ein solcher, der dem Problem der Gesamtgesundheit von Volk, Zeit, Rasse, Menschheit nachzugehen hat einmal den Mut haben wird, meinen Verdacht auf die Spitze zu bringen und den Satz zu wagen: bei allem Philosophieren handelte es sich bisher gar nicht um Wahrheit, sondern um etwas anderes, sagen wir um Gesundheit, Zukunft, Wachstum, Macht, Leben ...* (1954, S. 12).

Nietzsche meinte, mit dieser Vision eines Arztes sicherlich eine gründlichere Neubewertung der Philosophiegeschichte insgesamt zu betreiben, als Schipperges es in seiner Arbeit vollzieht, aber dennoch kommt in seiner Person etwas zusammen, was in der wissenschaftlichen Philosophie selten ist. Schipperges tritt nicht als Kritiker der Philosophie auf, sondern als Kritiker der anatomischen Medizin und gleichzeitig als „Liebhaber der Weisheit" in einem wissenschaftlichen Gewand. Er findet in den philosophischen Schulen jeweils jene Leibesspuren, die ihn dazu führen, als Professor der Medizingeschichte den Studierenden einen bestimmten ärztlichen Habitus anzuraten, der sie zu Medizinern der leiblichen Art anregen will. *Vielleicht mußten sich die traditionelle Kosmologie und Psychologie erst auflösen, in deren Deformation auch wir Ärzte, heillos verwirrt, nur noch Fetzen der alten Theorie der Medizin wiedererkennen. Vor der neuen Leiblichkeit aber haben wir keine Wahl: Wir sind gehalten, die kartesianische Wende wieder zurückzunehmen und damit den Leib hereinzuholen in unsere Welt... Wir haben aber auch viel zu wenig beachtet, daß mit einer solchen Wende eine ganze Reihe neuer Phänomene in unser Blickfeld getreten sind, darunter nicht zuletzt das „Phänomen Leib"* (1975, S. 14 f.).

Schipperges trägt Konzeptionen des Leibes zu einer philosophischen Heilkunde zusammen, die eine Alternative bilden zu dem schlicht anatomischen Körperverständnis der modernen Medizin.

Zu einer solchen heilkundlichen Anthropologie *kann uns nur - nach dem Zeitalter des anatomischen Gedankens und trotz aller Kompensationsversuche durch Psychologie und Tiefenpsychologie - nur eine neue Philosophie des Leibes* (1981, S. 15) führen.

Seine Schriften sind aufdeckende Spuren in die verschlungenen und geheimnisvollen Gedankengänge uns mystisch anmutender Philosophinnen und Philosophen deutscher Sprache. Sie entmystifizieren die Vergangenheit deutschsprachiger „dunkler" Philosophie jenseits von Kant und Hegel und machen einen neuen Zugang zu einem Wissen um ein Philosophieren möglich, das noch nicht in aller Breite ausführlich gedacht wurde und bisher eher nur außenseiterisch zu finden war.

Aber nicht nur in der deutschsprachigen Philosophie gibt es Bemühungen um ein Philosophieren jenseits der herrschenden, begrifflicheren Vernunftphilosophie.

Die Schwierigkeit dabei ist nur, daß in anderen Sprachen das Anliegen des Leibes anders umschrieben wird, da es dort keinen Leibbegriff gibt - und keine philosophische Tradition einer ausgesprochenen Vernunftkritik aus der Perspektive der „ Leibesnähe".

In der französischen Gegenwartsphilosophie wird der Raum zu einem Begriffsverständnis konstruiert, der die leibliche Dimension zu fassen versucht. Ausgehend vom Werk des Philosophen Henri Bergson suchen die Philosophen Maurice Merleau-Ponty und Emmanuel Levinas nach dem Verbindenden zwischen Körper und Geist. Merleau-Ponty nennt! es das „Körper-Subjekt", womit er die Wahrnehmungsfähigkeit des eigenen Körpers oder im eigenen Körper meint. Henri Bergson glaubte, die gegenseitige Beeinflussung von Körper und Geist im bildhaften Wahrnehmen des Bewußtseins im Gehirn erweisen zu können und gab an, den Dualismus zwischen Körper und Geist relativieren zu können. Allerdings ging er von der Möglichkeit eines rein geistigen Bewußtseins aus, untersuchte dieses aber nicht mit seinem Ansatz des phänomenologischen Philosophierens (vgl. Bergson 1991).

In der amerikanischen Gegenwartsphilosophie gibt es nur wenige philosophische Außenseiter im Universitätsbetrieb, die sich der „Aufgabe des Leibseins" widmen, aber dann sehr deutlich als Vernunftkritik und „Entdeckung des Leibes".

## RICHARD SHUSTERMAN

Richard Shusterman ist ein israelisch-amerikanischer Philosophieprofessor aus New York. Er faßt die Leiblichkeit als Ästhetik des Pragmatismus zusammen. Immer wieder muß er seine Vorstellungen vom gängigen Körperbegriff des amerikanischen „body“ abgrenzen. *Für eine stärker eingebettete, pragmatische Ästhetik einzutreten bedeutet nicht, die ästhetische Erfüllung auf eine schlanke, gebräunte, athletische Jugend zu beschränken ... Die Vorstellung daß körperliche Selbsttransformationen dem Vorbild Arnold Schwarzeneggers oder Jane Fondas entsprechen müßten, ist eine sehr bösartige Annahme, die die Armut des Nachdenkens über eine Ästhetik des Körpers widerspiegelt* (1994, S. 245).

Shusterman bedauert, daß die vernunftkritische Richtung der „Frankfurter Schuhe“ (Adorno/Horkheimer) kein Erbe in deutschen Universitäten gefunden habe, und akzeptiert die Richtung des kommunikationstheoretischen Ansatzes von Habermas in Frankfurt nicht in der Folge der dialektischen Vernunftkritik zwischen Mythos und Aufklärung, zwischen Körper und Vernunft.

Shusterman kritisiert an den amerikanischen Philosophen, wie Rorty, daß sie den Individualismus heroisieren würden und fordert eine *postmoderne Ethik der Lebenskunst* ein, die eine Dimension des menschlichen Miteinander zu entwickeln vermag.

Dabei kommt es ihm wesentlich darauf an, daß eine Person sich selber zum Ausdruck bringen kann. Sich selber zum Ausdruck bringen heißt auch, sich mit dem Ausdruck der anderen austauschen und vermischen zu können. Die Vision von einem Selbst *von der Selbstvervollkommnung als Herausragen in der eigenen privaten Dimension, statt zum Ausdruck zu kommen und bereichert zu werden durch alles umhüllende Gemeinden der sozialen Solidarität, scheint ein sehr einseitiges und phallozentrisches Konzept des Selbst zu sein* (S. 236).

Shusterman widmet sich in seinem Werk der amerikanischen Hip-Hop-Kultur und dem Rap. Er zeigt die tiefere, gesellschaftskritische philosophische Dimension dieser Rhythmen, Texte und Tänze aus der Bronx, aus Harlem und den finsteren Ghettos von New York auf.

Hip-Hop habe ausdrücklich als Tanzmusik angefangen. Es galt, sich zu bewegen und sich nicht nur passiv den Medien auszusetzen und nur zuzuhören und zu konsumieren. Selber sich bewegen, sich zum Ausdruck bringen, wurde als Gegenkultur zu dem Massenmedienverhalten verstanden. Daraus entstand eine Bewegungskultur, in der aus der Tanzbewegung heraus rhythmisch die Texte entstanden, die keinen Smaltalk enthalten, sondern den Ausdruck begabter Jugendlicher, die wissen, daß sie in der Gesellschaft kaum eine Chance haben, sich vollends zum Ausdruck zu bringen und sich auszubilden.

Den Körper bewegen, singen, sich in Bewegung gemeinschaftlich auszudrükken entgrenze die normalen funktionalen Körpergepflogenheiten und könne zu kreativem Verhalten führen, zu einem Gemeinschaftsempfinden, in dem der einzelne einzeln bleibt und dennoch sich als Teil der anderen erheben kann. Hierbei geht es nicht nur um „kommunikative“ und „soziale Kompetenzen“, die nach Programmen trainiert werden können, sondern um den schöpferischen, kreativen Ausdruck, der das Individuelle mit dem Gesellschaftlichen in einer personenstärkenden Weise verbinden könne.

Shusterman verteidigt die „populäre“ Musik gegen eine *Strategie herrischer, intellektualistischer Anmaßung,* ähnlich wie Nietzsche in seiner „Geburt der Tragödie“ das leibbezogenere Dionysische gegen das geistigere Apollinische und die gesamte sokratische Denktradition in die Waagschale wirft.

Die Verbindung der Ästhetik, die eine Wahrnehmungslehre ist, beträfe direkt *mit den Sinnen die Freuden und Leiden des Körpers sowie ... nichtlinguistische Wahrnehmungen* (S. 242).

Eine *rationalistisch-linguistische Voreingenommenheit* habe bisher weite Teile der traditionellen ästhetischen Theorie gefangengehalten. Es gelte, befreiendere Formen des Philosophierens zu finden.

## Gene Gendlin

Der Philosophieprofessor und Psychotherapeut Eugene T. Gendlin aus Chicago analysierte den Moment des schöpferischen Ausdrucks und prägte dabei ein neues Wort, das den Leibbegriffen in der deutschsprachigen Philosophie des Leibes sehr nahekommt. Er erfand den Begriff *Felt Sense*, was soviel wie „spürendes Denken“ bedeutet.

Gendlin entwickelte eine Übungsmethode, die er *Focusing* nannte, in der dieser Zustand des Felt Sense eintrete. *Der Felt Sense ist nicht so wie die Empfindungen mit den fünf Sinnen ... In einen Felt Sense kann man hineingehen ... Wenn man jemanden über den Felt Sense erzählt und derjenige hat noch nie erlebt, was ein Felt Sense ist, dann mußt du aufhören, darüber zu sprechen, weil es wie Unsinn klingt* (1994, S. 33f.).

Ein Felt Sense ist zum Beispiel jene innere „Instanz“, die beim Dichten eines Gedichtes genau weiß, was das richtige Wort wäre, und zwar gerade dann, wenn es noch gar nicht gefunden ist.

„Es“ scheint zu wissen - in einem nichtsprachlichen, genaueren Sinne als die normale konzeptionelle Intelligenz - was zum Erlebten und Gemeinten als Ausdruck paßt. Alle kreativ arbeitenden Menschen kennen diese Momente, in denen ihnen etwas gewahr ist, aber sie haben noch keine Idee davon, noch keinen Plan, kein Konzept oder auch nur die passenden Worte oder Bilder, Töne oder Bewegungen, um es angemessen und genau passend nach außen zu manifestieren. Dieses innere Nachspüren des Kriteriums für „richtig“ und „falsch“ ist mit Felt Sense gemeint und wird mit der Focusing-Methode spürbarer und dem beobachtenden konzipierenden Bewußtsein zugänglich.

Gendlin sieht, daß diese Methode, die mehr individuelle Kreativität zum Selberdenken freisetzt, auch mißbraucht werden kann. *Das kann man auch verkaufen und mißbrauchen. Die Industrie will jetzt so etwas wie Focusing - aber natürlich nur für ihre Zwecke. Es wird jetzt allmählich ganz natürlich, daß man nicht mehr nur das tut, was einem gesagt wird, sondern daß man jetzt selber denken und schauen soll, was los ist* (S. 69).

Gendlin rät, den Felt Sense oder den kreativen Moment vor allem für sich und die eigenen Entwicklungswünsche zu gebrauchen und nicht nur im Beruf.

Die Schwierigkeit beim Reden über den Felt Sense sei, daß unsere gesamte Sprache schon mit Bedeutungen festgelegt sei, die nur sehr entfernt etwas mit der originären Erfahrung des Felt Sense zu tun hätten. Trotz dieser beschränkenden Sprache aber könnte sie mit all ihren Möglichkeiten für den Ausdruck dessen, was erlebt wurde, genutzt werden. Logik, Symbole, Bilder und Begriffe müssen nicht einschränken, wenn sie als Mittel genommen werden, sich irgendwie verständlich zu machen. Dabei ist es dann leicht möglich, neue logische Formen, Symbole, Bilder und Begriffe zu erfinden, die an die bekannten angeschlossen werden.

Gendlin läßt sich auf die philosophisch übliche Trennung zwischen „rationalem Denken" und dem, was die Rationalen als „ irrational" definieren, nicht ein. Man müsse immer offenlassen, was die Wissenschaft noch nicht gefunden habe, das sei das Wichtigste.

*Es wird sich aber das ganze Konzept vom Körper ändern müssen, bevor wir die neurologischen Vorgänge mit dem Focusing wirklich zusammenbringen können. Die Idee von einem Körper als eine einfache Maschine im Raum und in der Zeit ist eine sehr künstliche Theorie. Der Körper ist mehr als etwas, das einfach den Raum und die Zeit ausfüllt* (S. 12).

An dieser Stehle möchte ich die kurzgefaßte, überblickartige Einführung in eine lebendige philosophische Diskussion zu einer „Philosophie des Leibes" abbrechen, obwohl es noch einige philosophische Ansätze mehr in diese Richtung gibt, wie die von Hans Geyer (1985), Rudolf zur Lippe, Dietmar Kamper und Bernhard Waldenfels (vgl. Petzold 1985).

## Feministisches Philosophieren

Leider befinden sich bis heute keine Frauen unter den deutschsprachig wissenschaftlich Philosophierenden, die sich des Themas „Leib" angenommen hätten.

Es ist bis vor wenigen Jahren in Europa keiner Frau möglich gewesen, als Denkende öffentlich eine eigenständige Weisheitslehre in Abgrenzung zum maskulinen Vernunftmythos zu entwickeln und vorzutragen.

Inzwischen gibt es in verschiedenen Ländern Philosophinnen, die auch patriarchatskritisch philosophieren, aber nur Luce Irigaray aus Frankreich wagt es, eine körperliche Dimension in ihre philosophischen und psychoanalytischen Überlegungen zu integrieren. Eine Differenzierung zwischen Körper und Leib nimmt sie nicht vor. Sie bleibt, wenn auch kritisch, im Dualismusschema Körper/Geist gefangen (1980). In der feministischen Theoriedebatte wird sie als „biologistische" Theoretikerin diskriminiert, denn die Leiblichkeit ist kein Thema für feministische Philosophinnen, weil damit sofort das patriarchale Verständnis von „Weiblichkeit“ und „Mutterschaft“ assoziiert wird.

Viele intelligente Frauen sehen ihren weiblichen Leib als Schicksal gegen sich an und beschweigen diese Seite ihres Lebens in ihrer theoretischen Auseinandersetzung.

In Deutschland gibt es noch sehr wenig wissenschaftlich ausgebildete Philosophinnen. Philosophieprofessorinnen sind an einer Hand abzuzählen. Das liegt auch daran, daß viele Frauen, die ja weltweit noch nicht einmal hundert Jahre zum Studium zugelassen werden, während ihrer intellektuellen Entwicklung große Probleme damit haben, sich körperlich-leiblich zu bejahen. Denn die patriarchale Vernunfttradition sprach ihnen Vernunftfähigkeit wegen ihrer weiblichen Erscheinung ab. Darum ist eine Überidentifikation mit den rationalen Formen des herrschenden Denkens an den Universitäten bei studierenden Frauen häufig zu finden. Von ihnen werden oftmals kurzschlüssig leibnähere Konzeptionen als ein Rückfall in den Biologismus gegen die Frau gewertet. Ich selber war solchen Vorwürfen an der Universität öfter ausgesetzt. Diese Abwehr ist aber insofern gerechtfertigt, als es tatsächlich schwierig ist, in einer von dualistisch denkenden Männern dominierten Welt als intellektuelle Frau anerkannt zu werden. Wenn die körperlich-leibliche Lebensseite auch noch aus patriarchatskritischer und selbstbewußter weiblicher Sicht verteidigt wird, kann es einer leibphilosophisch interessierten Intellektuellen passieren, von den Vernunftmännern als eine Art edlere Prostituierte angesehen zu werden. Die „ Vernunfttiere“ grenzen ja nicht nur ihre männlichen Kollegen aus, sobald diese leibzentrierter theoretisieren. Frauen, die vom Leib her reflektieren, werden schnell so angesehen, als würden sie von ihrem sexuellen Körper reden wollen. Dem studierten Mann, der gründlichst gelernt hat, sein Denken leibfern zu halten und alles Leibliche nur als Privates abzutun, käme eine Frau, die darauf bestünde, in ihre Arbeit die leibliche Dimension aus weiblicher Sicht einzubeziehen, wie eine Einladung zum Koitus vor. Hier klaffen Welten auseinander.

Daß Frauen, sobald sie darauf aus sind, als Intellektuelle im akademischen Betrieb Erfolg zu haben, eine Auseinandersetzung mit der Vernunftkritik zugunsten einer selbstbewußteren Leiblichkeit meiden, ist wegen der enormen Unterdrückungsgeschichte der Frau als öffentlich Selberdenkende in Tausenden von Jahren kaum verwunderlich. Außerdem fördert die gegenwärtig ständige Bedrohung durch Arbeitslosigkeit auch nicht gerade intellektuellen Mut. Hinzu kommt für Frauen, besonders in Deutschland, daß sie in der Nazivergangenheit zum Volksgebärkörper reduziert wurden. Es gibt also mehrere Gründe, die es einer Frau in Deutschland schwer machen, vom Leibe her öffentlich zur Sprache zu kommen. Aber vielleicht ist auch gerade deshalb eine weibliche philosophische Utopie des Denkens eine um so lohnenswertere Herausforderung.

International gibt es grob unterteilt zwei Richtungen in der frauenbewegten

Szene der Theoriebildung.

Die eine Seite besteht aus den Theoretikerinnen der Gleichberechtigung, die für sich dieselben Rechte und Möglichkeiten einfordern, wie die Männer sie haben. Zum Beispiel orientierte sich die französische Philosophin Simone de Beauvoir am ihrer Ansicht nach freien Vernunftmann, der in transzendenter Freiheit sein Leben entwerfen und heben könne, während die Frau in erdiger, unfreier Immanenz verharren müsse, sobald sie schwanger würde. Frauen könnten erst dann frei denken wie der Mann, wenn sie sich vollständig der Mutterrolle entzögen. *Beim Tiere bleiben auch freie und vielseitige Tätigkeiten eitel, weil kein Entwurf in ihnen wohnt .. . während in der Menschheit der Mann, indem er der Gattung dient, gleichzeitig das Antlitz der Erde formt, neue Werkzeuge schafft, erfindet und die Zukunft schmiedet. Wenn er sich als souverän setzt, so findet er das Einverständnis der Frau ... die Transzendenz wohnt in ihr ... Ihr Unglück ist, daß sie biologisch für die bloße Fortsetzung des Lebens vorbestimmt ist ... Die Frau strebt und erkennt ihrerseits die Werte, die in konkreter Form nur der Mann erreicht; er also eröffnet die Zukunft, zu der auch sie emporsteigen will; tatsächlich haben die Frauen den männlichen Werten niemals weibliche entgegengesetzt* (S. 72). In Westdeutschland wurde diese Richtung durch Alice Schwarzer und viele Akademikerinnen der siebziger Jahre in der Frauenbewegung dominant. Für sie ging es dabei auch um eine Lebensentscheidung zwischen Karriere oder Kindern. Da es diese Alternativsituation in der ehemaligen DDR nicht gab, ist es heute in den neuen Bundesländern nichts Ungewöhnliches, wenn eine Frau in verantwortlicher beruflicher Position auch Mutter ist, was im Westen selten vorkommt. Auch durch die starke Rezeption der beauvoirschen Männlichkeitsideale entstand ein tiefer Graben in Westdeutschland zwischen Müttern und Frauen, die im Beruf Karriere machten. In keinem anderen Land ist diese Spaltung zwischen Frauen so tief wie in Westdeutschland.

Simone de Beauvoir bewunderte, daß es dem Manne nie nur um das bloße Leben ginge, das wäre tierisch, sondern er setze heldenhaft sein Leben ständig in Gefahr, um das Höchste zu tun, was ein Mensch vermögen würde, die Natur zu überschreiten. Das bloße lebenserhaltende Prinzip ist für sie im negativen Sinne weibisch und animalisch. Wer nur am Leben hängt, verwirkt seinen Daseinssinn. Es wurde von Feministinnen in Deutschland auch die Forderung aufgestellt, daß Frauen zur Bundeswehr eingezogen werden sollten.

Eine Karriere in patriarchalen Institutionen galt als großer Erfolg. Ich behaupte nun, daß auf fast allen Professorinnenstühlen an den Universitäten Frauen sitzen, die die patriarchale Wissenschaft nicht in Frage stellen. Maria Mies, eine Professorin, die in den siebziger Jahren radikale Wissenschaftskritik übte und den „Subjektiven Faktor“ der Forschenden einforderte (1984), ist von wissenschaftsimmanenten Karrierefrauen heftig attackiert und isoliert worden. Ebenso mußte die Politikwissenschaftlerin Claudia von Werlhof nach Österreich auswandern, denn sie ließ es sich nicht nehmen, eine Patriarchatskritikerin auch im Wissenschaftsbetrieb zu sein und neue Wissenschaftsmethoden einführen zu wollen. Wie ihre Versuche als Professorin für Politikwissenschaft auch in Innsbruck an herkömmlichen vernunftgläubigen Frauen scheiterten, schildert sie in ihrem Buch „Mutter Los. Frauen im Patriarchat zwischen Angleichung und Dissidenz" (1996). Es gibt eine leidvolle Geschichte dieser ausgegrenzten und bekämpften Frauen in der westdeutschen Frauenbewegung.

Die andere Richtung der Frauenbewegung besteht aus den Theoretikerinnen der Differenz: Sie suchen nach Unterschieden zum Mann, die sie als spezifisch weibliche qualifizieren und hervorheben könnten. Diese „weiblichen Qualitäten" sollen in der Gesellschaft gleichberechtigt neben den männlichen gefördert und eingesetzt werden, oder sie gelten einigen sogar als höherwertiger und umfassender. Manche Denkerin dieser Richtung erwartet sich vom weiblichen Geschlecht mehr Weltfrieden, da dieses „naturgemäß" das lebensfreundlichere Geschlecht sei. Die Gefahr solcher Differenz suchender patriarchatskritischer Ansätze liegt darin, daß die eigene Weiblichkeit schon fest definiert scheint und so wie ein patriarchales Dogma wirken kann, ohne daß diese Frauen sich den Blick für diese Schwachstelle offenhalten würden.

Oftmals lassen sie sich von nichtpatriarchalen Kulturen inspirieren und entwickeln weibliche Rituale, weibliche Kosmologien und wissenschaftliche Projekte, die eine weibliche matriarchale Lebensform in der Geschichte zu beweisen suchen. In den USA ist die Philosophin Mary Daly eine Hauptvertreterin.

Auch die Psychologin Carol Gilligan gehört in diese Richtung, die allerdings keine Matriarchatsforschung betreibt, sondern nach einer weiblichen Moral jenseits der Prinzipienmoral der Männer sucht. Hierbei läßt sie sich auf die eigenheiblichen Erfahrungen der Schwangerschaft und des Schwangerschaftsabbruchs von Frauen ein und entwickelte daraus eine vielbeachtete Kritik an der gegenwärtigen Entwicklungsnorm moralischer Bildung in der westlichen Welt.

In Frankreich ist die Psychoanalytikerin Luce Irigaray für eine leibnähere Richtung der Differenz bekannt geworden. Sie scheut sich nicht davor, ähnlich wie Freud sich den Penis zum Muster des männlichen Denkens nahm, die Schamlippen zum Muster der weiblichen Intelligenz zu machen. Diese Anregung ist auch von den italienischen Philosophinnen der Gruppe „Diotima" aufgenommen worden, die ein Konzept zur Freundschaftsbildung zwischen lehrenden „Müttern" und lernenden „Töchtern" entwickelten und vorleben.

In Deutschland hat die Philosophin Heide Göttner-Abendroth die Matriarchatsforschung weitreichend ins Bewußtsein gebracht. Sie stellte sich gegen die patriarchale Universitätswissenschaft und gründete ein eigenes Forschungszentrum, „Hagia Sophia", in dem nicht nur Theorie gemacht wird, sondern den alten, archaischen Ritualen nachgelebt wird. Die Thealoginnen Christa Mulack und Gerda Weiler fanden weibliche höhere Ordnungen in den vorpatriarchalen Leben zusammenhängen, von denen aus sie die gegenwärtige schwache Rolle der meisten Frauen von der Theologie, der Anthropologie und der Psychologie her zu stärken versuchen.

Aber keine von ihnen näherte sich der Leiblichkeit dermaßen, daß sich daraus eine Vernunftkritik ergeben hätte, die für eine Philosophie des Leibes ertragreich wäre.

Inzwischen finden aber die Debatte und der Streit unter den feministischen Forscherinnen nicht mehr so heftig statt wie vor Jahren, denn die Gräben sind gezogen und die Posten besetzt. Der Riß zwischen dem angeblichen „Körper" und der „Vernunft", der sich seit Sokrates quer durch die abendländische Geschichte zieht, reißt auch in der Frauenbewegung die Frauen auseinander. So spiegeln feministische Theoretikerinnen oftmals nur den Streit in der patriarchalen Wissenschaft wider, in dem es darum geht, die Vernunft gegenüber dem körperlich Gegebenen als frei zu erweisen und alle anderen Denkansätze zu unterdrücken. Die Vorstellung von der rational möglichen Regulierbarkeit der Menschen und auch der Natur bleibt oberstes Axiom, auch in den meisten feministischen theoretischeren Arbeiten. Wer es anders sieht, verläßt meistens unter Druck oder freiwillig die Institutionen der Wissenschaft und findet außen selten Gelegenheit, andere Forschungswege zu verfolgen. Hier haben es Frauen wie Männer schwer, leibnähere neue Ideen institutionell unterstützt zu entfalten.

In den USA scheint es leichter zu sein, außenseiterische Positionen auch im akademischen Rahmen zu lehren, denn dort bestimmen die Studenten und Studentinnen durch ihre Zahlungswilligkeit mit, wer bei ihnen ankommt und wer nicht. Vielleicht sind deshalb amerikanische wissenschaftliche Bücher alltagssprachlicher und lebensbezogener geschrieben. Eine amerikanische Philosophin wirbt mit ihrem Buch, damit sich interessierte Studentinnen an ihrer Universität einschreiben und bei ihr studieren. In Deutschland gibt es keine verbindliche Vernetzung zwischen einem Lehrstuhlinhaber und den Menschen außerhalb seines Institutes. Darum kümmern sich auch die meisten Frauen nicht um die akademischen Streitereien zwischen den hochkarätigen feministischen Theoretikerinnen an den Universitäten. Es ist für Außenstehende schwer verständlich, warum es so viele Abgrenzungen zwischen den feministischen Wissenschaftlerinnen gibt. Besonders für die frauenbewegten Frauen in den neuen Bundesländern ist die westdeutsche Vergangenheit des Feminismus schwer nachvollziehbar. Nichtsdestotrotz hat sich in den letzten zwanzig Jahren die Einstellung für die Gleichbehandlung von Frauen als moralische Norm durchgesetzt, was aber nicht heißt, daß dies im Berufsleben praktische Konsequenzen zeigt. Es gibt zum Beispiel zur Zeit im Bundestag weniger Frauen als unmittelbar nach dem zweiten Weltkrieg, dasselbe gilt für die Anzahl der Professorinnen in Deutschland.

## Elisabeth Moltmann-Wendel

Die Tübinger Theologin Elisabeth Moltmann-Wendel entzieht sich als wissenschaftliche Außenseiterin der speziellen feministischen Diskussion zwischen Körper und Vernunft und nimmt sich mit vollem Engagement in ihrem Fachbereich der Leiblichkeit an.

Sie brachte zwei Bücher heraus, die sich ausführlicher mit der Unterdrückung des Körpers im Christentum befassen und aufzeigen, wie in diesem Rahmen besonders der weibliche Körper diskriminiert wurde. Über die theologische Debatte hinaus bezieht sie sich aber auch auf Theorien von Carl-Gustav Jung und Fritjof Capra, die ein ganzheitlicheres Erkennen einfordern, aber dennoch nach Moltmann-Wendel den weiblichen Körper nur in den alten patriarchalen Klischees abhandeln. Sie fragt, wie „Ganzsein" aus der Perspektive von Frauen aussehen könnte. *Der Körper als Mitte des Lebens, Leidens, Erkennens und Begreifens, als Mitte, aus der neues Denken und selbst Veränderungen der Welt zu erhalten sind; dies ist eine umstürzende Entdeckung, die alle gängigen Denk- und Verhaltensmuster umkehrt, nach denen Frau = Körper = Natur passiv ist* (1989, S. 63).

Moltmann-Wendel möchte sich nicht allein auf den Begriff „Leib" einlassen, da gerade das Körperliche in der Theologie abgewertet würde. Den Leibbegriff gibt es in der Theologie schon länger. Er bedeutet fast soviel wie „Geist", und die modernere Auslegung geht auf die Unterscheidung „Körper haben" und „Leib sein" von Helmuth Plessner zurück. Der zweite Ausdruck wird in der geistigen Tradition der Theologie höher bewertet, und warum sollte es verwerflich sein, einen Körper zu haben? Im Besitz des eigenen Körpers zu sein ist besonders für Frauen eine traditionelle Forderung gegen die patriarchalen Gesetze, die über den Bauch der Frau bestimmen, als gäbe es die Frau als eigenständig Lebende nicht. Ihr Körper wird wie zu Aristoteles' Zeiten als reines Gefäß für die Samen des Mannes und seine Kinder betrachtet und gehört ihr nicht selber. Insofern verwendet Moltmann-Wendel die Begriffe Körper und Leib gleichberechtigt, *wobei meist Körper den naturwissenschaftlichen und den individuellen Aspekt umfaßt, Leib den traditionsreichen theologischen und den sozialen* (1989, S. 14).

Dabei klagt die Theologin den alten körperlicheren Begriff des Bibelwortes „Leib" ein, der noch keinen bloßen Nutzungskörper meine. Sie weist daraufhin, daß Jesus sich nicht zu geistig dafür war, leiblich-körperliche Heilungen zu vollziehen und Fleisch zu werden auf Erden. Wie sollte dieses „Fleisch-Sein" eine Sünde sein, wenn doch sogar Jesus sich verleiblichte und kranke Menschen auch körperlich geheilt hat. Die Heilung wird im Neuen Testament nicht nur als rein geistiger Akt verstanden, sondern als körperlich-leibliches Heilen, auch aus der

Heilkraft des heilen Körpers heraus. Indem besonders kranke Frauen Jesus berührten, wurden sie gesund, auch sein Körper war heilsam, nicht nur sein Geist. Wenn er uns durch seine Fleischwerdung von den Sünden befreit hat, dann können wir auch unseren Körper als sündenfrei betrachten, denn sonst wäre sein schmerzhafter Tod umsonst gewesen.

Die Symbolisierung dieses Toten am Kreuze kann zwar auch als körper- und lebensfeindliches Motiv typisch patriarchaler Prägung kritisiert werden, das aber tut Moltmann-Wendel nicht.

Sie thematisiert insbesondere die „Berührung", den Hautkontakt zwischen Menschen und findet in biblischen Texten eine berührungsfreundliche Haltung. Erst im Christentum der patriarchalen Amtskirche wird das Berühren minimiert. Diese Entwicklung habe wenig mit dem urchristlichen jesuanischen Berühren zu tun. Jesus erfährt durch das heilsame Berühren *Liebe und Anerkennung, Bestätigung seines Weges durch die Kopfsalbung der unbekannten Frau in Bethanien, durch die Fußsalbung der Prostituierten. In seiner Verteidigung der Sünderin wirft er dem gastgebenden Pharisäer die Leib-, d.h. die Lieblosigkeit seiner Gastfreundschaft vor. Er hat ihn nicht auf den Mund geküßt, ihm nicht den Kopf gesalbt, ihm nicht die Füße gewaschen und sie mit den Haaren getrocknet. Die Liebe der großen Sünderin liegt in ihrer Leibhaftigkeit* (1994, S. 88).

Moltmann-Wendel sieht eine breitere Entdeckung der Leiblichkeit als Grundkategorie des Forschens in mehreren Wissenschaftsgebieten inzwischen als gegeben an. Wenn auch dieser erkenntnistheoretische Grundbegriff noch nicht in der Öffentlichkeit aufgegriffen werde, so sei er doch bereits in dem neueren, ökologisch orientierten Denken vorhanden und beginne, eine Alternative zu unserem bisherigen Gegensatz zwischen Verstand/Vernunft und Gefühl zu werden. *Die Grenze zwischen Subjekt und Objekt ist aufgegeben, ohne daß dabei die Wissenschaftlichkeit gefährdet ist* (S. 113).

Sie stellt nun die Frage, ob Frauen besonders begabt seien, in dieser leibfreundlicheren Weise zu erkennen und zu denken. Da im Laufe der rationalen Geschichte der Mann sich stärker damit identifiziert habe, reiner Geist zu sein, könne von dorther wenig Selbstvertrauen in die eigenen Sinne zu erwarten sein. Zwar seien die Frauen in ihrem rationalen und eigen-sinnigen Ausdruck über Jahrtausende unterdrückt worden, aber die Chance läge darin, daß wir nicht vollständig identifiziert sind mit den Normen der rationalen Persönlichkeit, obwohl es Frauen gibt, die sich öffentlich gegen die Leiblichkeit der Frau äußern, wie Simone de Beauvoir. *Aber Frauen machen darüber hinaus eigene Erfahrungen und haben eine eigene Sinnen-Geschichte* (S. 121).

Zwar seien wir in unserem Eigensinn gebrochen worden, aber dennoch haben wir eine Zuständigkeit für die Entfaltung der Sinne in der Familie und auch Öffentlichkeit als spezielle Aufgabe erhalten, die viele Frauen wahrnehmen. Das Problem sei nur, daß die Ausbildung unserer leiblichen Sinne bisher keine gesellschaftliche Relevanz hatte. Sie durften singen, tanzen, schön sein, aber ihre eigenen sinnlichen Erfahrungen in dieser Welt durften Frauen nicht theoretisieren, um daraus allgemeine Bildungsinhalte zu entwerfen, das steht noch aus. Unsere Eigensinne erwachen wieder, unsere Sichtweisen verändern sich. Moltmann-Wendel beschließt ihre Arbeit mit einer Vision zu einer Theologie der Leiblichkeit. *Eine Theologie der Leiblichkeit mißtraut aller abstrakten Geistigkeit, die abhebt von Leib, Leben, Erde und gesellschaftlichen Bezügen. Sie vertraut aller Leibhaftigkeit, aus der ein konkreter, engagierter, Eros-bewegter und kosmos-bezogener Geist spricht. Leiblosigkeit ist Lieblosigkeit. Hinter Abstraktion verbirgt sich Unsicherheit, Kälte, Macht und Müdigkeit* (S. 133).

Interessant in diesem Zusammenhang ist auch, daß der japanische Theologieprofessor Mikao Usui Mitte des 19. Jahrhunderts schließlich die Universität verhieß, um herauszufinden, wie Jesus geheilt hat. Seine Studenten wollten seiner christlichen Religion nicht glauben, wenn ihre Anhänger gar nicht wie ihr Gott heilen könnten. Wieso diese Geschichten von den Heilungen? Was Usui dann fand, waren jene Methoden, mit denen heute die Reiki-Einweisungen stattfinden. Die Zahl der handauflegenden Reiki-Meisterinnen und -Meister ist in den letzten Jahren auch in Europa und den USA enorm angestiegen. Usui muß eine Leibes-Technik gefunden haben, mit der wohl häufig ein überzeugendes Wohlbefinden erzeugt werden kann.

## HILDEGARD VON BINGEN

Dieses Kapitel über Hildegard von Bingen habe ich der zweiten Auflage hinzugefügt, weil ich etliche Nachfragen erhielt, ob sie nicht auch eine Philosophin des Leibes sei. Ich bin diesbezüglich ambivalent in meiner Beurteilung, möchte aber nun trotzdem Hildegard von Bingen zur Tradition der Leibphilosophie einschätzen.

Sehr spät in Europa beginnt mit Hildegard von Bingen im hohen Mittelalter die deutsche Philosophie. Wir finden zum ersten Mal das vollständig erhaltene Werk einer Philosophin in der Philosophiegeschichte. Sie hat in deutscher Sprache gedacht und gesprochen, aber ihre Worte wurden von ihrem dienstbaren Mönch Volmar in lateinischer Schrift aufgeschrieben und das bedingt manche begriffliche Schwierigkeit.

In der lateinischen Sprache gibt es das Wort „Leib" nicht, es gibt die drei zum christlichen Sprachstandard gewordenen Begriffe Körper, Geist und Seele. Es ist also nicht wie bei den anderen Philosophen der Leiblichkeit eine genauere Begriffsdiffernzierung bei Hildegard von Bingen zwischen den Wörtern „Leib" und „Körper" zu finden. Sie philosophiert mit den drei Standardbegriffen, die gerade für einen Dualismus zwischen Körper und Geist konstruiert sind. Geist schließt Körper aus und umgekehrt. Es sind zwei voneinander unabhängige

Welten damit gemeint, während die Seele mehr zur geistigen Welt gehört und die Verbindung zu den Gefühlen darstellt.

**Was spricht gegen Hildegard von Bingen als Leibphilosophin?**

Es läßt sich in ihren Texten dieser klare Dualismus zwischen Körper und Geist finden, der moralisch im üblichen sokratischen und christlichen Sinne hierarchisiert wird, wobei die Wörter Geist und Seele oft synonym verwendet werden. *Die Seele ist ein Lufthauch, der zum Guten strebt, das Fleisch aber strebt zur Sünde. (1991. S.86)* Und wie Sokrates in seinem letzten Dialog im Gefängnis stellt sie fest: *Ich kann auch das, was ich sehe, nicht völlig erkennen, solange ich im Körper weile und meine Seele noch unsichtbar ist (1991a.S.33).* Dabei geht sie wie der antike Philosoph von der Unsterblichkeit und Wiederauferstehungsmöglichkeit der Seele aus, während der Körper beim Tode zerfällt. Erst im Tode ist auch für Hilegard von Bingen reine Erkenntnis möglich. Gott ist für sie reiner Geist und die höchste Erkenntnis ist für sie Gotteserkenntnis. *...Die Menschenseele, die von Gottes Geheimnis kommt.(1991 .S.46).* Die Erkenntnissehnsucht stolpert also über den Körper und befindet sich mit dem Fleische im ständigen Kampf oder Krieg. In ihren Liedern versinnbildlicht der Teufel die Fleischesbegierde und Gott die große Liebe des Geistes.

So jedenfalls erscheint im ersten Lesen die Erkenntnistheorie von Hildegard von Bingen kaum anders, als das, was in der beschränkteren logoszentrieten Sichtweise als Erkennen definiert wird.

**Was spricht für Hildegard von Bingen als Leibphilosphin?**

Hat sie sich nicht mehr als alle anderen Philosophen um den Körper gekümmert, um Pflanzen, Tiere, kosmologische Ganzheitssichten der Welt? Wie kann sie das getan haben, wenn sie welt- und leibfeindlich eingestellt gewesen wäre, wenn sie alle Materie als sündig aufgefaßt hätte? Und hat sich nicht Paracelsus auf sie als seine Inspiratorin bezogen? Wie ist das vereinbar mit ihrem moralischen Dualismus zwischen Körper und Geist/Seele? Und paßt sie nicht methodisch wunderbar zur Leibphilosophie? Sie konnte in Bildern denken, ließ diese sogar malen. Sie konnte sprachlich leiborientiert sich ausdrücken und verstand „gute" Worte als heilsdienlich für den Körper. Sie flocht die Gestalt der Sophia als selbständige kosmische Figur in ihr ethisches und erkenntnistheoretisches Werk ein und sie reflektierte ihre leiblichen Befindlichkeiten in fast penibler phänomenologischer Weise und interpretierte diese philosophisch, kosmologisch, religiös, mystisch.

Tatsächlich lassen sich in den Texten von Hildegard von Bingen erstaunliche Sakrilege gegen die katholische Zweiweltentrennung in Körper und Geist beim Menschen finden. Fast könnte im spinozistischen und goetheanischen Sinne von einem Parallelismus die Rede sein.

So benutzt sie zwar nicht das Wort „Leib", aber sie beschreibt Phänomene, die leibphilosophisch Thema sind. Auf der Bedeutungsebene berührt sie in vielen Textstellen leibphilosophische Dimensionen, die sogar an Parmenides erinnern könnten, an seine Erkenntnistheorie des Vermischtseins und an Sapphos ästhetische Liebesethik. Also könnte sie doch dazu gehören?

Tatsächlich vermischt sie sprachlich Seele und Körperliches derartig deutlich, daß ihr vielleciht nur auf der Begriffsebene entsprechende klar bestimmte Worte fehlten? *Die Seele ist ferner ein Anhauch des Körpers, wie der Blasebalg der des Feuers ... In gleicher Weise neigt die mit dem Körper, den Knochen, den Nerven und dem Fleische verbundene Seele zu jeglichen Werke und kann nicht davon lassen, solange sie im Körper ist. Die Seele ist so das Mark, die Knochen, das Fleisch und alle Glieder eingebohrt wie ein Mensch, der so an einem Holzstamm geheftet ist, daß er sich nicht davon losreißen kann....(1991. S.87)*

*Die Seele ist im Körper wie der Saft im Baume, und ihre Kräfte sind wie das Lebensprinzip des Baumes. Wie? Der Intellekt ist im Menschen wie das Grün der Zweige und Blätter des Baumes, der Wille wie die Blüten, das Gemüt wie der erste Fruchtansatz, die Vernunft wie die vollreife Frucht und das Empfindungsvermögen wie die Ausdehnung des Baumes...Erkenne darum, o Mensch, was du in deiner Seele bist, der du deinen guten Intellekt abwirfst und dich den Tieren gleichsetzen willst! (1991 b. S. 187.)*

Ähnlich wie die späteren Philosophinnen Rosa Mayreder und Helene Stöcker (vgl.Stopczyk-Pfundstein 2002) geht sie davon aus, daß der Körper beeinflubar ist von dem, was wir denken und fühlen, was wir wollen und ersehnen. Und diese Strebungen sind nicht nur aus den körperlichen Begierden begründet, sondern aus ethischen Visionen, die die Kunst einer inneren Kulturentwicklung fordern. Bestimmte Gedanken und Gefühle erzeugen Krankheiten oder Gesundheiten. Psychosomatik und Ethik sind so miteinander vermischt. Hildegard von Bingen spricht dieses Verhältnis noch undeutlich als Analogie zwischen Körper und Psyche an: *Die Seele ist die Meisterin, das Fleisch die Magd. Wieso? Die Seele regiert durch Belebung den ganzen Körper, und er nimmt diese beherrschende Belebung in sich auf; denn würde die Seele den Leib nicht beleben, so würde er aufgelöst auseinanderfließen. Vollbringt der Mensch mit Wissen seiner Seele eine böse Tat, so ist dies für die Seele so bitter, wie das Gift für den Körper ... Dagegen empfindet die Seele über eine gute Tat Freude, so wie der Körper von einer angenehmen Speise Ergötzung fühlt.(1991 b. S. 186.)*

An anderer Stelle betont sie aber auch, daß Krankheiten des Körpers immer auch psychisch bedingt sind. Und es folgen Definitionen der psychischen Organfunktionen, z. B. über die Leber: *So wechseln die Säfte oft im Menschen, weil die Gedanken der Menschen, durch derlei Stürme und auch auf andere Weise sich nicht gleichbleibend, ihn jetzt in Sicherheit einwiegen und dann zur Verzweiflung führen und ihn manchmal auch in richtiger Andacht aufwärts tragen.*

*Diese sich also wandelnden Gedanken schlagen sich oft auf die Leber, in der des Menschen Wissen sich erprobt.(1991c. S. 271).*

Hildegard von Bingen kommt zu dem ethisch relevanten Schluß: *Es wird damit gezeigt, daß die durch gute Gedanken hervorgerufene ständige Gerechtigkeit vom Anhören des Schlechten ablenkt und zu dem es Guten hinweist...Anders könnte der Mensch nicht leben; denn der Frommgläubige verschließt sein Ohr gegen Böses und hält in seinen guten Gedanken den Nabel der verschiedenen Begierden zusammen, bis er zum Leben wahrer Glückseligkeit gelangen kann....(1991c. S.271f).*

Die Lehren vom Zusammenhang zwischen Kosmos, Körper und Seele, Mensch und Gott, Geist und Leben dienen aber der Äbtissin Hildegard von Bingen zu nichts anderem, als zu einem Erziehungwerk für die religiöse Frömmigkeit, damit der christliche reine Geist-Gott erkannt werde.

Nun könnte gesagt werden, dieses Frömmigkeitsziel sei nur aufgesetzt gewesen, damit sie überhaupt hat forschen können in einer Zeit der katholischen Kirchenherrschaft. In Wirklichkeit sei sie eine Leibphilosophin gewesen, die sich verstecken mußte.

Ich glaube, Hildegard von Bingen hat tatsächlich ihre individuelle Kraft in ihrem Gottesglauben gefunden und niemandem etwas vor gemacht. Daß sie trotzdem Philosophin war, wie auch der Kirchenvater Thomas von Aquin Philosoph war, bleibt daneben bestehen. Aber als Leibphilosphin kann ich sie nicht voll einschätzen, weil das leibliche Leben ihr ethisch nur so viel Wert war, wie es ein gottes- oder geistfürchtiges Leben war und eben doch hauptsächlich körperzüchtigend wirkte. Ihr Begriff von der Seele ist vielleicht dem des „Leibes" sehr ähnlich, aber der Leib ist sterblich gedacht in der leibphilosophischen Tradition, nicht als unsterbliche Substanz, die sich nur vorübergehend in das Fleisch inkarniert.

Trotzdem ist aus den Forschungen der Hildegard von Bingen für leibphilosophische Untersuchungen viel zu gewinnen, weil sie eigenleibliche Phänomene beschreibt, die auch jenseits von Frömmigkeitszielen Gültigkeit haben können.

Heinrich Schipperges schätzt das Werk von Hildegard von Bingen als grundlegend für das dritte Jahrtausend ein. *Von Hildegards Impulsen für eine moderne Welt angesprochen sein dürften in erster Linie die beiden wohl zentralen Disziplinen des dritten Jahrtausends: die Theologie und die Medizin.*(1995, S. 116).

Ich würde diese Einschätzung etwas verändert annehmen können. Die zentralen Disziplinen des dritten Jahrtausends könnten die Medizin und die Ethik sein, und hier hatte Hildegard von Bingen viel zu sagen.

Eine leibphilosophische Medizin und Ethik aber muß erst noch ausgearbeitet werden und befindet sich schon seit mehr als 2500 Jahren in der Entwicklung.

## Weibliches Denken zwischen Weisheit und Vernunft - zwischen rechter und linker Gehirnhälfte

Immer wieder in den letzten 2500 Jahren der schriftlichen Überlieferungen taucht die Frage auf, ob es ein spezifisch weibliches Denken gebe. Männer, die meistens diese Frage stellen, beantworten sie häufig dahingehend, daß das, was Frauen tun, eher ein Fühlen sei als ein Denken, und darum brauche man nicht davon auszugehen, daß Frauen denken.

Die Einstellung, daß ausgerechnet Männer Denker seien, weil sie männlichen Geschlechts sind, hängt mit der Entstehung des Vernunftmythos in der Antike zusammen.

Möglicherweise hatte sich vor der Zeit der Vernunftentstehung niemand gefragt, ob es ein männliches Denken gebe oder auch ein weibliches, weil Denken selber kein hervorgehobenes identitätsbildendes Thema war. So kann es durchaus sein, daß Männer eines Tages über das Denken nachdachten und sich etwas konstruierten, womit sie sich leichter gegen alles Weibliche abgrenzen konnten.

Wenn wir Frauen heutzutage fragen, ob es ein weibliches Denken gibt, dann tappen wir vielleicht in jene Falle hinein, in der den Männern schon lange das Hören und Sehen vergangen ist.

Wir streiten uns wie sie darum, ob unser Denken von den kulturellen Erfahrungen der jeweiligen Gesellschaft oder Gruppe abhängig ist oder von biologischen Gegebenheiten, und spalten uns wie sie in jene, die als abgehoben soziologisch diffamiert werden, oder in jene, die als biologistisch und positivistisch beschimpft werden.

Sobald wir Frauen diese Streitereikriterien übernehmen, für die schon so mancher Kopf rollte, verstricken wir uns nur in die normale patriarchale Voraussetzung, daß alles in der Welt in Körper und Geist getrennt existiere, wobei der Geist den Körper zu beherrschen habe.

Viele feministische Theoriekämpfe drehen sich um diese traditionell patriarchalen Selbstverständlichkeiten, ohne daß die Streiterinnen bemerken, daß sie schon im kritisierten Boot sitzen.

Ich entschied mich dafür, mich dennoch auf die Frage nach einem „weiblicheren Denken" einzulassen und offenzulassen, was als vorrangige Quelle des Denkens propagiert werden soll, ob es der Geist sein soll oder der Körper. Diese Frage ist für mich unergiebig. Es kann etwas mit dem Körperlichen zu tun haben und gleichzeitig auch mit dem Kulturellen. Es kann mehrere gleichzeitige Einflüsse auf innen verspürte Regungen geben. Ich halte es für unerheblich, was wichtiger ist, weil es immer auch davon abhängt, was gerade für einen Menschen aktuell ist. Worauf wir unsere Aufmerksamkeit fokussieren, das ist ausschlaggebend für das, was und wie wir erkennen. Diese pragmatische Herangehensweise hat den Vorteil, sich mit Auswegen beschäftigen zu können und nicht in der Analyse des Beschränkenden steckenzubleiben.

Ich gehe davon aus, daß seit der Antike bisher nur die Männer auf unzählbaren Seiten Papier darum bemüht waren, sich eine Vernunftbegabung einzureden, die sie von ihren innen verspürten Lebensbindungen und den damit verbundenen Gefühlsregungen erlösen könnte.

Inzwischen haben auch Frauen an Universitäten damit angefangen, sich über die eigenen Gedankenformen etwas auszudenken. Dies wohl auch, damit sie in den meist unerfreulichen Diskussionen mit den Kollegen nicht mit leeren Händen dastehen und dem Vorurteil des Unlogischseins ausgesetzt sind. Dabei erblicken sie oftmals die Vorteile eines bewußten Unlogischseins nicht und passen sich viel zu leicht den engen rationalen Normen an.

Ich habe also die Wahl, über dieses Thema zu schweigen, weil mir das Kategoriennetz zu beschränkt ist, in dem ich dann mitreden müßte, oder aber ich könnte mir etwas anderes ausdenken. Also denke ich mir etwas anderes aus.

Ich gehe nicht davon aus, daß es ein naturhaftes weibliches Denken gibt, ebenso wie das männliche Denken ein konstruiertes ist, aber mit erheblichen Folgen. Da wir wohl immer mit Interpretationsmustern die Welt erfahren und wahrscheinlich gar nicht anders können, kommt es mir sinnvoll vor, erstens die eigenen Denkmuster zu erkennen und zweitens sich zu fragen, ob es angemessenere gäbe. Frauen müssen nicht genauso denken wie Männer.

Sie können es zwar, aber sie könnten auch anders. Darum bin ich dafür, ein „weibliches Denken" zu konzipieren, als eine Utopie, als eine Orientierung, auch für Männer.

Auch die Vernunftmythologie ist etwas Ausgedachtes und prägte die Menschen in ihrer Erkenntnisart erheblich. Was Menschen sich über sich ausdenken, kann über generationenlange, gesellschaftlich geförderte Erziehung irgendwann wie eine selbstverständliche „innere Natur" erscheinen, dabei handelt es sich nur um tradierte Suggestion.

Wie also könnte ein weibliches Denken aussehen, das die historische Situation der Frauen auf der Erde berücksichtigt und gleichzeitig auch den suchenden Männern eine Orientierung sein könnte?

Ein leibnäheres weibliches Denken zwischen den beiden Erkenntnistraditionen Weisheit und Vernunft ist als ein bewußt konzipiertes „weibliches Denken" vorstellbar. Aber warum sollte das utopische weibliche Denken eine Zwischenrolle einnehmen? Denn es soll weder nur Weisheit sein noch nur Vernunft.

Normalerweise wird kaum ein Unterschied zwischen Weisheit und Vernunft gemacht. Beide Wörter scheinen heutzutage dasselbe zu meinen. Mit Vernunft wird weises Verhalten assoziiert und mit Weisheit vernünftige Einsichten. Das Wort „weise“ oder „Weisheit“ ist dabei etwas altmodisch, genauso wie das Wort „Leib“. Es scheint kaum in unsere schnellebige Zeit zu passen.

„Logos“ heißt im Griechischen das Wort, die Rede, das Gesetz, das, was auszurechnen ist, das Aufgeschriebene, die Regel, die Lehre. Diese auch heutigen Verwendungsweisen des Wortes sind aber erst spätere, rationalere Deutungen. In mythischen, älteren Zusammenhängen bezeichnete dieses Wort eine Schöpfungsvorstellung, nach der die Welt durch das Wort entstanden sei oder durch einen rein geistigen Gedankenakt. Es ist eine maskuline, magische Vorstellung davon, daß aus Logos Welt entsteht und nicht aus dem dicken Leib des Weiblichen. „Logos“ galt als eine göttliche Essenz, die männlich war und dennoch quasi „gebären“ konnte. Gebären können galt in der Antike als wichtige Fähigkeit eines Gottes, der in einer Gesellschaft etabliert werden mußte, in der wahrscheinlich vorher das Weibliche als leibliche Gebärkraft mit göttlicher Schöpfungskraft gleichgesetzt war.

So war der griechische Vatergott Zeus ein Logos, denn er konnte aus seinem Kopf die Göttin Athene gebären, die heute mit Vernunft und Weisheit gleichgesetzt wird. Zeus war nicht nur fähig, aus seinem Schenkel den Gott der Frauen, nämlich Dionysos zu gebären, er war wie jede Frau dazu in der Lage, auch sein Gegengeschlecht zu gebären, das Weibliche, und somit beanspruchte er, Schöpfer der Welt sein zu können.

Auch der christliche Gott ist ein Logos, so wie im Evangelium des Johannes steht: Im Anfang war das Wort, und Gott war das Wort. Nicht aus der Materie entstand die Welt, sondern sozusagen aus der konstruierten Antimaterie, aus dem reinen Geiste. Der mythische Glaube an die Zauberkraft des Wortes begründet den Vernunftbegriff, jene sagenhafte Denkfähigkeit, rein im Geiste etwas erkennen und Physisches bewirken zu können.

Darum spreche ich von einem „Vernunftmythos“, wenn ich den Glauben an die reine Vernunft meine, an die reine Wissenschaftlichkeit und Lehre. Die Vernunftanhänger grenzen sich selber vom Mythos ab und meinen, sie seien etwas ganz anderes und würden sich als vernünftige Leute nicht abergläubisch an etwas Unbewiesenes halten, wenn sie denken. Mit Mythos setzen sie Aberglauben und Lüge gleich. Mit Logos oder Vernunft Wahrheit und Aufklärung. Das wäre also die Seite der Vernunft, die der Sophia gegenübergestellt ist.

„Sophia“ heißt im Griechischen soviel wie Klugheit, Einsicht, bewußte Kunst, Weisheit, Lebenserfahrung. Sie wird mythologisch als weibliche Gottheit vorgestellt und kommt mit verschiedenen Namen in fast allen älteren Religionen der Erde vor. Sie gilt als Weltgebärerin, die aus sich selbst erschafft. Die gnostische Sophia erschuf die Welt wie ein Logos aus ihrer Gedankenkraft heraus und war so ebenfalls ein Logos, aber da sie weiblich war, fehlte ihr das Wesentliche zum Logos. Die männlichen Götter haben ihre Fähigkeiten sozusagen „übernommen“. Ihre mythische Tradition ist im Rahmen der großen Mutterkulte sehr alt und verliert sich im Dunkel der Menschheitsgeschichte. In manchen gnostischen Evangelien werden sie und Logos als ein männlich-weibliches Paar gesehen, das zusammengehört, wobei es die Aufgabe des Logos sei, ihre Weisheit zu verkünden (vgl. Walker 1993).

Da Philosophen, also Liebhaber der Weisheit, antik ausgedrückt, in der Aufgabe stehen, die Weisheit zu lieben und ihre Beschaffenheit und Anwesenheit in Worte zu bringen, gab es in der Philosophiegeschichte jene, die sich von der Sophia abspalteten und nur dem reinen Logos als männliche Denkkraft huldigten, aber jene Philosophen, die der Sophia zugetan blieben, wurden von ihnen verdrängt.

Der untergründige Kampf zwischen ihnen entschied sich mit dem Christentum zugunsten des reinen Logos, trotzdem aber gibt es noch bis heute Philosophen der Sophia.

Ich habe in mehreren Seminaren mit den Worten „weise“ und „vernünftig“ gearbeitet und folgende Unterscheidungen herausgefunden:

| **weise** | **Vernünftig** |
|---|---|
| spricht aus Lebenserfahrung | Spricht prinzipiell und ideell |
| konkreter | Abstrakter |
| ruhender | Hastig, vorwärts strebend |
| weiblicher | Männlicher |
| weicher | Härter |
| liebevoll | Sachlich sein |
| Intuition | Rational |
| global | detailliert |
| Spirale als Symbol | Pfeil als Symbol |
| natürliche Autorität | vorgesetzte Autorität |
| Herz | Kopf |
| verständnisvoll | kurz angebunden |
| mehr in Bilder, Analogien | Fachwörter, Definitionen |
| irrational | rational |
| unzuverlässig | pünktlich |
| Körper | Geist |
| Kinder, alte Menschen | Erwachsene im Berufsleben |
| unerreichbar | erlernbar |
| innerliche Kraftquelle | äußerliche Verhaltensweise |
| schöne musische Vorlieben | technische Intelligenz |
| lebensfreundlich | gerecht |
| Bauchwissen | Bücherwissen |
| unbegreifbar | erklärbar |
| schweigend | redend |
| schauend | um Worte bemüht |
| bildlich | begrifflich |
| Individualität | Universalitätsanspruch |
| Zufall | Gesetzmäßigkeit |
| Chaos | Ordnung, Kosmos |
| Sinnlichkeit | Geistigkeit |
| gelassen | Aktionismus |

Das sind zwei große Wortfelder, die ungefähr zum Vergleich gegenübergestellt wurden. Sie bedeuten keine Gegensätzlichkeiten, sondern Andersartigkeiten. Eine Frau oder ein Mann könnten aus beiden Feldern gleichzeitig Erfahrungen von sich kennen, nur sind sie selten beide Seiten zur selben Zeit. Ich stelle mir nun vor, daß ein utopisch weibliches Denken zwischen Weise-Sein und Vernünftig-Sein die Wahl hat.

Die linke Seite der Zuordnung scheint mit den patriarchalen Zuweisungen an eine behauptete Weiblichkeit fast identisch zu sein, und die rechte Seite könnte aus einem Lesebuch männlicher Selbststilisierungen stammen.

Auch ähneln diese beiden Wortfelder in ihrer Unterscheidungstendenz den Wortfeldern der Begriffe „Leib" und „Körper".

In unserer abendländischen Kulturgeschichte ist ein Schwanken zwischen diesen beiden Erkenntnisarten festzustellen. Auf jede Zeit der Vernunftaufklärung folgt eine sogenannte „Gegenaufklärung", die wieder Elemente der weisheitlicheren Seite kultiviert. Auf die griechische Aufklärung folgt das mythischere Christentum, auf die englische, französische und deutsche Vernunftaufklärung folgten romantisch-genialische Aufbrüche. Es scheint eine schwankende Bewegung von Generation zu Generation zu sein, als ob sich beide Seiten ausschließen würden. Dieses kulturelle Schwanken zwischen Vernunft und Weisheit findet als gesellschaftliche Bewegung hauptsächlich unter Männern statt. Aber: Je gegenaufklärerischer der Impuls ist, desto mehr sind Männer bereit, auch Frauen zum öffentlichen Orientierungsdiskurs zuzulassen. Die meisten Hexenverbrennungen in Europa fanden in Zeiten statt, in denen die Vernunft-aufklärung sich etablieren konnte. In der Frau wurde eine Erkenntnisart bekämpft, die dem Logos-Anhänger existentiell bedrohlich erscheinen mußte, denn die Frau vertrat auch als Heilerin und Gebärhelferin die weisheitlichere Seite des Wissens.

Weil dieser Streit in der Geschichte so erbarmungslos ausgefochten wird, fragte ich mich, ob es noch andere als nur ideologische Gründe dafür geben könnte, daß besonders bei uns in Europa dieses Hin und Her zu beobachten ist.

Außereuropäische Kulturen sind in ihrer geschichtlichen Entwicklung oftmals viel kontinuierlicher und traditioneller.

Der Unterschied ist, daß der Mythos vom Logos sich nur in Europa dominant ausprägte und inzwischen als „westliches Denken" fast alle Kulturen auf der Erde zu durchsetzen und zu beherrschen versucht.

Ich fand eine interessante historische und neuronale Entsprechung im Bereich der Darstellung von Gehirnfunktionen, auf die ich nun etwas ausführlicher eingehen möchte.

In der neueren Gehirnforschung wird von folgendem ausgegangen: Auch das Gehirn hat eine Geschichte, es ist veränderlich und von Lebenserfahrungen her beeinflußbar. Der Gehirnforscher und Philosoph Gerhard Roth stellt fest, daß die *meisten Merkmale der funktionalen Organisation des Gehirns nur unspezifisch genetisch festgelegt sind, sie gehorchen überwiegend epigenetischen, selbstorgansierenden und erfahrungsabhängigen Prozessen* (1997, S. 348).

Die Tätigkeit unseres Gehirnes sei nicht mehr in einem einfachen Dualismus-schema erklärbar: hier die biologisch rein physische Gehirnmasse und dort der ganz anders geartete reine Geist. Die Zweiweltentrennung, die vor allem noch in der Philosophie vorherrsche, könne nicht jene Vorgänge im Gehirn erklären, die inzwischen naturwissenschaftlich beobachtbar sind. Es gebe immer mehr Nachweise für eine komplexe, globale Zusammenwirkung zwischen sogenannter „Materie" und „Geist".

Für mich heißt das, daß nicht nur vom Standpunkt der modernen Physik, sondern auch aus der Perspektive der modernen Gehirnforschung eine neue Begrifflichkeit gefunden werden muß, die sich von dem alten dualistischen Weltbild distanzieren kann. Allerdings geht auch Roth nicht davon aus, daß dieses dualistische Weltbild, das er kritisiert, historisch und politisch patriarchale Wurzeln haben könnte. Der Streit darüber, was für die menschliche Entwicklung wichtiger sei, Biologie oder Soziologie, kann auch aus der Perspektive der Gehirnforschung beigelegt werden. Nach Roth sind die kognitiven Leistungen des Gehirns keineswegs genetisch programmiert, sondern vielmehr *das Ergebnis interner selbstorganisierender Prozesse oder der Interaktion des Organismus mit der Umwelt. Ebensowenig sind die zugrundeliegenden neuronalen Netzwerke fest vertratet, sondern während der Ontogenese sehr plastisch und selbst im Erwachsenenalter noch veränderbar* (S. 193). Wie wir also denken, ist biologisch nicht festgelegt, und das Gehirnorgan ist sogar in der Lage, neue Wahrnehmungsformen und Erkenntnisformen zu integrieren. Wäre es anders, könnten wir nicht lernen. Das Gehirn ist kein Organ wie das Herz, das immer in ähnlicher Weise schlägt oder wie unsere Lungen, die sich immer ausdehnen und zusammenziehen, unabhängig davon, auf was wir unsere Aufmerksamkeit richten. Das Gehirn aber orientiert sich in seiner Aktivitätsweise nach dem, was uns interessiert. Je nach dem Fokus unserer Aufmerksamkeit werden verschiedene Gehirnregionen angeregt. Zum Beispiel wird beim Lesen die Sprachregion im linken Schläfenlappen eine besonders hohe Stoffwechsel- und Hirndurchblutungsrate haben.

Das Gehirn besteht aus zwei Hemisphären, wobei die beiden Gehirnhälften mit einem festeren Mittelbalken und seinen Millionen Fasern verbunden sind. Dieser Mittelbalken nun findet das Interesse geschlechtsspezifischer Hirnforschung, denn er scheint bei Frauen durchlässiger und breiter zu sein als bei Männern. Christine DeLacoste, eine Hirnforscherin an der Universität Berkeley (USA), untersuchte mehrere Gehirne und entdeckte in Gehirnen von abgestorbenen Föten, daß sich eine Verbreiterung des Balkens im hinteren Teil des weiblichen Gehirns schon nach 26 Wochen im Mutterleib entwickelt. *Wir haben es also mit einem angeborenen Unterschied im Hauptsystem der innerzerebralen Kommunikation zu tun* (vgl. Ornstein, 1993, S. 194). Die Forscherin macht diese Verbreiterung des Balkens dafür verantwortlich, daß bei räumlichen Fähigkeiten der Frauen beide Gehirnhälften gleich beteiligt seien. Das hätte sie bei Sportlerinnen und Sportlern untersucht. Bei Männern sei es eher so, daß, je nach

Tätigkeit, entweder die eine oder die andere Gehirnhälfte dominant ist.

Die Hirnforscherin Sandra F. Witelson von der McMaster University (USA) kritisiert, daß fast alle Befunde bezüglich der Spezialisierung der Gehirnhälften auf Versuchen an Männern mit Gehirnschädigungen beruhten, die sie durch Kopfverletzungen während des Krieges erlitten hatten. Selbst wenn einmal Frauen bei den Untersuchungen dabei waren, wurden die Resultate nicht nach dem Geschlecht aufgeschlüsselt (1979).

Die linke und rechte Gehirnhälfte sind nach der männerdominierten Gehirnforschung jeweils verschieden spezialisiert. Da oberhalb der Augen die Gehirnbahnen sich kreuzen, koordiniert die rechte Gehirnhälfte die linke Körperseite und die linke Gehirnhälfte
die rechte Körperseite. Bis heute gilt die rechte Körperseite als die „gute, richtige Seite" („Gib der Tante das gute Händchen!") und die linke Seite als „linkisch und falsch".

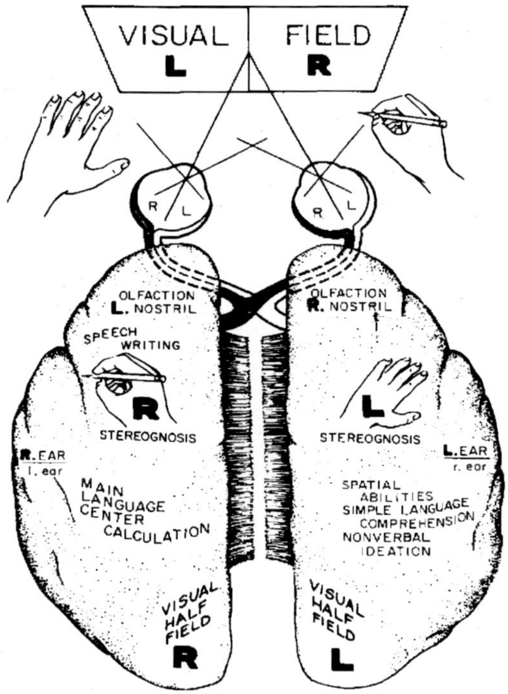


*Abb. 2: Schema der Projektion der linken und rechten Gesichtsfelder auf die rechte und linke Sehrinde, aufgrund der partiellen Kreuzung im Chiasma opticum. Das Schema zeigt auch andere sensorische Inputs von den rechten Extremitäten zur linken Hemisphäre und von den linken Extremitäten zur rechten Hemisphäre. In ähnlicher Weise kreuzt der Input des Hörens*

*weitgehend, doch der Geruchssinn ist ipsilateral. Es ist bildlich dargestellt, daß die Programmierung der rechten Hand beim Schreiben von der linken Hemisphäre kommt* (nach Popper/Eccles 1977, S. 385).

Die bewertende Links-rechts-Gegenüberstellung hat in Europa eine bis zu den Griechen zurückliegende Geschichte und setzt die linke Körperseite mit den als weiblich diskriminierten Merkmalen gleich (vgl. Leeuwen-Turnovcovä 1990).

Die Gehirnkammern werden nun wie folgt in ihren Funktionen unterschieden (vgl. Haken 1992):

| **linke Gehirnhälfte** *(rechte Körperseite)* | **rechte Gehirnhälfte** *(linke Körperseite)* |
|---|---|
| bewußt | unbewußt |
| verbal | nicht verbal |
| Sprechen, Schreiben | einfaches Wortverständnis |
| analytisch | synthetisch |
| arithmetisch | Geometrisch, räumlich |
| tasten rechte Hand | tasten linke Hand |
| Rechnen | Raumvorstellung |
| Sinn für Struktur | Sinn für bildliches Muster |
| Sprachverständnis | Bildverständnis |

Wenn wir diese Tafel sehen und sie mit der Tafel „Körper/Leib" oder „weise/vernünftig" vergleichen, gibt es ähnliche Unterscheidungen.

Roth, der betont, daß immer auch das ganze Gehirn aktiv ist, wenn es Informationen verarbeitet, geht trotzdem von einer Seitendominanz des Gehirns aus. Die linke Gehirnhälfte verarbeite vornehmlich symbolisch-analytische Informationen, etwa Arithmetik und Sprache, während in der rechten Gehirnhälfte die räumliche, bildliche Vernetzung dominiert. Er meint nun allerdings im Unterschied zur älteren Gehirnforschung, daß auch das linksseitige, hochintellektuelle sprachliche Denken verbunden ist mit dem ganzen Gehirn und weder von der emotionaleren rechten Seite noch vom Stammhirn abgespalten sei. Denn früher argumentierten Hirnforscher, daß die Triebregungen nicht vom Bewußtsein beeinflußt werden könnten, weil das Stammhirn abgekoppelt sei. Diese Theorie konnte zu einer hervorragenden Legitimation für so manche triebhafte Neigung herangezogen werden.

Obwohl also das Gehirn insgesamt aktiv sei, wenn es tätig ist, sei aber trotzdem das Gehirn in seiner Dominanz parallel spezialisiert (vgl. Roth 1997, S. 179, 190, 193, 218).

Nun fand aber Witelson für das weibliche Gehirn heraus, daß es nicht so einseitig spezialisiert ist wie das männliche Gehirn. Sprachliche Aktivitäten werden in der weiblichen linken und auch rechten Gehirnhälfte registriert. Die räumliche Vorstellung ist mit dem sprachlichen Lernen bei Mädchen sehr häufig beidseitig verbunden, was bei Jungen fast gar nicht vorkommt. Auch die räumliche Wahrnehmung ist bei den untersuchten Mädchen häufig beidseitig vorfindbar. *Diese Resultate haben wir als ein Anzeichen für eine bihemisphärisch verlaufende Formenwahrnehmung bei den Mädchen gedeutet. Aufgrund dieser Resultate zeigt sich, daß bei normalen Knaben von sechs Jahren an die rechte Hemisphäre auf raumbezogene Aufgaben spezialisiert ist. Bei den Mädchen dagegen scheint es, zumindest bis zum 13. Lebensjahr, eine bilaterale Vorstellung räumlicher Funktionen zu geben* (1979,S. 352). Die Gehirnforscherin macht den Vorschlag, Lernstrategien auf diese Unterschiede hin in den Schulen zu entwerfen. Mädchen zum Beispiel könnten leichter mit der Ganzwortmethode lesen lernen, Jungen leichter mit der Buchstabiermethode, die linksseitig im Gehirn dominiert ist. Durch die bihemisphärische Gehirntätigkeit hätten Frauen vielleicht den Nachteil, daß sie ihre emotionalen Anteile stärker spüren, während sie rational arbeiten, wogegen die Männer tatsächlich leichter sprachliches Denken und Emotionen getrennt erleben könnten. Dafür aber seien Mädchen und Frauen neuronal stärker gegen Krankheitsrisiken geschützt. Witelsons Forschung wird immer wieder mit neuesten Meldungen aus Amerika in den Zeitungen zitiert. Die letzte Meldung im Jahre 1997 war, daß sie bewiesen hätte, das männliche Gehirn verkalke normalerweise ab vierzig Jahren, während das weibliche Gehirn weitaus länger lernfähig bleibe, weil es weniger spezialisiert sei und flexibler agiere.

Die Ergebnisse der modernen Gehirnforschung wurden besonders zur Behebung der Lese- und Rechtschreibschwäche und zum Gedächtnistraining eingesetzt. In vielen Berliner Grundschulen lernen die Kinder inzwischen Körperübungen, mit denen sie ihre Gehirnhälften balancieren können, um sich besser zu konzentrieren. Lernforscherinnen und Lernforscher haben festgestellt, daß beim einzelnen erwachsenen Menschen meistens entweder nur die rechte oder die linke Gehirnhälfte dominiert. Selten sind beide gleichzeitig in gleicher Stärke aktiv. Es ist aber durch bestimmte gehirngerechte Lerntrainings möglich, beide Seiten zu synchronisieren. Der kreative Zustand, in dem Menschen am besten lernen und auch auf neue Ideen kommen, trete dann ein, wenn beide Gehirnhälften gleichzeitig aktiv sind und auch gleichzeitig das Vorderhirn mit dem Stammhirn verbunden ist (vgl. Stokes/Whiteside 1990).

Ist der Streit zwischen Erkenntnisformen des Logos und Erkenntnisformen der Sophia möglicherweise auch ein gesellschaftlich ausgetragener Kampf um Dominanzentwicklungen zwischen linker und rechter Gehirnhälfte?

Hat das Schwanken der maskulinen Philosophie zwischen rein begrifflichen und streng empirischen Erkenntnisvoraussetzungen möglicherweise auch etwas mit einer historisch sich verstärkenden Desintegration der beiden Gehirnhälften zu tun?

Sind Frauen leichter kreativ und lernfähiger, weil ihre Gehirnhälften weniger einseitig spezialisiert sind?

Der Hirnforscher und Psychologe Julian Jaynes (1997) behauptet in seinem umstrittenen Buch, daß unser modernes Bewußtsein der Vernunft nicht älter als etwa 3000 Jahre alt sein könne, da die Ausbildung des Sprachzentrums im rechten Schläfenlappen mit der Konzentration auf die geschriebene Schrift stattgefunden hätte. Auf der gegenüberliegenden linken Schläfenseite habe es nach seiner Vermutung vorher ein „halluzinatorisches Zentrum“ gegeben, durch das die Menschen innerlich Stimmen hören konnten, wie heute noch Schizophrene. Diese Stimmen seien damals als Götterstimmen interpretiert worden oder auch als Stimme ihres Gottkönigs, denn sie sei meistens streng und autoritär gewesen, wie die Herrscher der damaligen Zeit. Insofern habe es vor der schriftlichen Zeit vielleicht tatsächlich so etwas wie einen von Göttern gelenkten Geist gegeben. Nur daß mit Göttern die Könige gemeint waren, die Herrscher, die sich ja selber oftmals als Götter verstanden.

Die Bewußtseinsarbeit der ersten Philosophen habe hauptsächlich den Sinn gehabt, sich von dieser inneren Lenkung durch „Götterstimmen“ zu befreien. Mit ihrer Konzentration auf die Begriffe und auf die Schrift hätten sie die gegenüberliegende rechte Gehirnregion aktiviert, die den Menschen mehr individuelle Entscheidungsfreiheit erlaubte. Zum Beweis seiner Behauptungen bezieht sich Jaynes auf Experimente von Wilder Penfield. Danach gebe es eine halluzinatorische Region im rechten Schläfenlappen. Wird diese Region durch elektrischen Strom gereizt, dann hatten die Versuchspersonen manchmal Visionen, und fast alle hörten Stimmen oder einen monotonen Gesang. Aber sie hörten nicht ihre eigene Stimme, sondern die von anderen, oft auch von verstorbenen Personen, die sie kannten. Diese Stimmen gaben Ratschläge, kritisierten oder erteilten Befehle.

Jaynes beschreibt das archaischere Gehirn als „Zweikammernsystem“ (bikameral), in dem sich die rechte und linke Gehirnhälfte unterschiedlich entwickelten. Die linke als ausführendes Teil für das physische Überleben und die rechte als befehlende internalisierende Stimmenregion der verstorbenen Gott-Könige. Er datiert den Beginn dieser Zweikammern-Entwicklung um das Jahr 9000 vor unserer Zeit und sieht in der linken Hirnhälfte jene Vorbedingungen entstehen, die zu unserem späteren sprachlichen Bewußtsein geführt hätten. Die

Kontrollnotwendigkeit in den immer größer werdenden Städten habe dazu geführt, daß die inneren „Gott-KönigsStimmen“ nicht mehr bei den vielen Menschen dominieren konnten, so daß die Könige anfingen, äußerlich sichtbar aufgeschriebene Gesetzestafeln aufzustellen. Die biblische Geschichte vom Turmbau zu Babel interpretiert er als Verwirrung der inneren Stimmen. Jedes Volk hörte andere innere Stimmen. Die Klagen in der hebräischen Bibel über die Gottverlassenheit liest er als Umwandlungsprozeß vom bikameralen Gehirn zum links dominierten heutigen Gehirn. Die Gottsuche des jüdischen Volkes interpretiert er *als die quälende Sehnsucht eines subjektiv bewußten Volkes nach der verlorenen Bikameralität: Nichts anderes ist Religion* (S. 362).

Noch Sokrates sprach von seinem „Daimonion“ als einem Gott, der als innere Stimme, die er hören könne, in ihm wohne. Diese Stimme wurde später als „Gewissen“ übersetzt oder als „Über-Ich“, aber warum könnte es nicht auch sein, daß damals tatsächlich Inneres anders wahrgenommen und gedacht wurde als heute?

In außereuropäischen Kulturen wird nicht so streng wie bei uns zwischen Rationalität und Irrationalität unterschieden. Obwohl das Verbot, bildlich zu denken, ursprünglich aus dem arabischen Raum nach Griechenland kam, ist die Priorität des begrifflichen Denkens erst durch die griechisch begründete Logos-Tradition der Philosophen zur Grundlage des westlichen Denkens gemacht worden.

Das Wort, der Logos, sollte herrschen und damit jenes Denken, das durch Schulung bei den Männern mehr in der linken Gehirnhälfte aktiv wird. Sicherlich wußten die alten Griechen noch nicht, welche Auswirkung ihr philosophisches Begriffstraining auf das Gehirn haben könnte, aber sie schulten sehr bewußt eine Denkungsart, die sich von den Alltagserfahrungen zu lösen hatte, denn diese sollten politisch verändert und in patriarchaler Richtung stabilisiert werden. Damit grenzten sie sich gegen das weibliche Denken ab, das noch bis heute bikameraler sei. Platon entwickelte zum ersten Mal die Idee der Erziehung, nämlich daß Menschen durch bestimmte Schulung geprägt werden. können. Es war kein Zufall, daß Mädchen und Frauen über viele Hunderte von Jahren aus der Schulung für das begriffliche Denken gezielt ausgeschlossen wurden.

Da im Abendland Männer sich über inzwischen mehr als zweitausend Jahre in dieser linkslastigen Weise ausgebildet haben, ist es nicht verwunderlich, wenn heute Gehirnforscherinnen herausfinden, daß das männliche Gehirn viel eher als das weibliche verkalke und daß der Verbindungsbalken im männlichen Gehirn undurchlässiger sei als im weiblichen. Nach einem Unfall in der linken Gehirnhälfte seien zum Beispiel die Funktionen des linksseitigen Sprachzentrums beim weiblichen Gehirn leichter rechtsseitig aktivierbar als beim männlichen Gehirn. Der Mann kann oftmals nicht mehr durch logopädische Kunststücke seine rechte Gehirnhälfte für linksseitige Aufgaben aktivieren (das erklärte mir eine Logopädin aus der gehirnphysiologischen Abteilung eines Universitätskrankenhauses).

Wenn neuronale Gehirnfunktionen davon abhängen könnten, daß sie trainiert werden, dann ist es nicht verwunderlich, wenn Frauen im Vergleich zu Männern tatsächlich beidseitiger oder eher rechtsseitiger wahrnehmen und erkennen und über Begriffssysteme weniger beeinflußbar sind. Sie haben seit Tausenden von Jahren kaum ihre linke Gehirnhälftenseite üben dürfen und sich auch emotional fast gar nicht mit dem begriffsmäßigen Logos-Typ identifiziert. Ihre Aufmerksamkeit war nicht auf das Geschriebene orientiert. Wie steht es aber mit der Information, daß schon bei weiblichen Föten ein breiterer Gehirnbalken beobachtbar ist? Ist eine unterschiedliche Denkweise doch nur Biologie? Ich glaube nicht. Es kann doch sein, daß sich jene Frauen einfach nicht fortgepflanzt haben, die ihr Sprachzentrum ausgebildet hatten, sie fanden schlichtweg wegen ihrer „unweiblichen" Intelligenz keinen Mann. So wie heute die klügsten Frauen oftmals kinderlos bleiben. Sie geben ihren weiblichen Logos durch ihr Vorbild und ihre Erziehung nicht an ihre Kinder weiter. Immer wieder müssen kleine Mädchen neu und einsam sich gegen ihre Eltern durchsetzen, wenn sie ihre Begabung für eine ausdrucksvolle Kunst spüren. Es findet eben auch ein bestimmter Selektionsprozeß im Patriarchat statt. Wenn kleine Jungen durch die Art ihrer Erziehung mehr daran gewöhnt sind, bikamerale Tätigkeiten auszuführen, werden auch sie später einsam zwischen den anderen eindeutigen Männern zu kämpfen haben. Musiker zum Beispiel sollen eher bikameral lernen. In den ersten sechs Lebensjahren sind beide Geschlechter noch bikameral offen, selbst wenn nur der weibliche Balken breiter und durchlässiger sein sollte. Erziehung ist Gehirntraining. Wie plastisch unser Gehirn ist, zeigten Blindenforscher. Wenn erblindete Menschen die Blindenschrift erlernen, vergrößert sich während des Lernens die Gehirnrindenfläche, die den lesenden Zeigefinger repräsentiert (vgl. Spitzer, 1996, S. 160 f.).

Ebenso meint auch Jaynes, daß sich das linke Sprachzentrum durch das Lesen der geschriebenen Sprache gebildet habe.

Insofern ist die Art des Denkens, die in einer Gesellschaft dominiert, biologisch weniger festgelegt, als gemeinhin angenommen wird.

Die bikameralere Gehirndisposition bei Frauen kann vielleicht den Nachteil haben, daß die Lieben zu Hause immer bei der Arbeit irgendwo noch präsent bleiben, weil die Gefühlsqualitäten beidseitig koordiniert sind; aber der Vorteil kann auch sein, daß die emotionale Kraft hinter einer begriffsorientierten Frau sehr viel stärker auf die Ausdauer für ihr Vorhaben wirken kann, als bei einem linksdominierten Mann. Insofern hatte der Römer Cato vielleicht teilweise recht, als er sagte, die Frauen müßten von allen Berufen ferngehalten werden, denn wenn eine Frau etwas mit vollem Einsatz tue, dann könne sie es besser als ein Mann.

Ich will nun aber nicht behaupten, Erziehung hätte die Evolution beeinflußt. Das Gehirn ändert sich genetisch nicht, wenn es unterschiedlich angeregt wird, denn die verschiedenen Denkmöglichkeiten sind genetisch offengeblieben.

Die griechischen Philosophen wußten nicht, daß sich oberhalb der Augen die Informationsströme zwischen linker und rechter Körperseite kreuzen, so daß für sie die linke Körperseite insgesamt mit den abgelehnten weiblichen Merkmalen besetzt war. Diese von den Patriarchen zugeordneten Eigenschaften der linken Körperseite verbergen sich zum Teil noch bis heute in pädagogischen Erziehungszielen von Eltern für ihre Töchter. Wer hauptsächlich mit Tätigkeiten befaßt ist, die durch die rechte Gehirnhälfte koordiniert werden, wird einseitig dominant geprägt. Es geht nicht darum, links- oder rechtsdominant sondern bewußt bikameral balanciert zu sein.

Darum möchte ich ein „utopisches weibliches Denken" zwischen Weisheit und Vernunft plazieren. Aber warum sollte es „weiblich" heißen?

Es entspricht durchaus den alltäglichen Beobachtungen, daß Frauen leichter Beziehungen wahrnehmen können, daß Frauen mehrdimensionaler erkennen und zwischen emotionalen und „sachlichen" Angelegenheiten weniger kraß unterscheiden müssen, als Männer dies normalerweise tun. Sie sind eher in der Lage, beidseitig zu denken als logostrainierte Männer, die sich auch noch mit ihrer Rationalität emotional identifizieren.

Es besteht also wenig politische Hoffnung, daß ausgerechnet Männer Vernunftkritik in dem Sinne betreiben könnten, daß sie die andere Seite ihrer wahrnehmenden Möglichkeiten aktivieren wollten. Oftmals können Männer intellektuell verstehen, daß sie emotional verkümmern und forschen sogar an Universitäten darüber (vgl. Golemann 1996). Aber ihre Forschungsmethoden sind noch die gleichen, wie sie für linksdominante Wissenschaftler Norm sind. An den Erkenntnismethoden und der Logik der Forschung ist jedoch erkennbar, ob eine bestimmte Gehirnhälfte die Erkenntnisgewinnung dominiert oder ob eine Integration der beiden Gehirnhälften mit einem Forschungsweg erreicht werden kann.

Da Frauen scheinbar noch eher dazu in der Lage sind, „beidseitig" zu denken, könnten sie leichter für eine integrative Erkenntnisweise tätig sein und für ein neues Denken in die Zukunft den Weg weisen.

Das Problem ist nur, daß die meisten Frauen in unserer männlichen, logoszentrierten Bildungsnorm nicht das Selbstvertrauen entwickelt haben, das dazu notwendig wäre, ihre eigenen Erkenntniserfahrungen ernst zu nehmen und daraus eine Philosophie oder Erkenntnislehre zu machen. Die Philosophie wird zwar zur Zeit noch von den linksdominant denkenden Männern bestimmt, aber sie muß nicht zwangsläufig eine solche Domäne bleiben. Weisheitlicheres Denken anzuregen, dazu braucht es keine neue Wissenschaft, dazu braucht es nur eine sich neu formulierende Philosophie.

Die Soziologin Hildegard Heise warnt vor einer Überinterpretation der patriarchalen Gehirnforschung, die sich sozusagen nur um das Innere des Gehirns kümmerte, ohne die Gesellschaft, in der ein Mensch lebt, mit der Gehirntätigkeit in Zusammenhang zu bringen. Darum auch hätten sie bis vor kurzem nicht geschlechtsspezifisch und auch nicht kulturspezifisch geforscht. Sie argumentiert jenseits des „Biologie-Soziologie-Dualismus" zwischen den Wissenschaftsbereichen und meint: *Nach heutigen Erkenntnissen dürfte wohl nichts die Beweglichkeit des Menschen so gut bezeugen wie die Funktionsweise seines Gehirns - dieser schieren Ausgeburt an Beweglichkeit* (1997, S. 38).

Gesellschaftliche Veränderungsmöglichkeiten und gehirnmäßige Variabilität seien analog zu sehen. Sie kritisiert an den Hirnforschungsthesen von Gerhard Roth, daß er zu fundamental-konstruktivistisch die Wirklichkeit nur als Konstruktion des Gehirns interpretiere. Auch seine Gegenrichtung in der Hirnforschung findet nicht ihre Zustimmung. Seit die Hirnforscher herausfanden, daß das Bewußtsein einer Person von allen Informationen, die sie aufnimmt, nur ein Millionstel Teil bewußt weiß, rangieren Bewußtsein und Vernunft nicht mehr an erster Stelle der Rangliste menschlicher Erkenntnismöglichkeiten. Diese Tatsache, daß das seit Jahrhunderten vielgelobte Bewußtsein eigentlich wenig weiß und die meisten Informationen gar nicht abrufbar zugänglich macht, beängstigt manche Gehirnforscher. Sie verlegten ihre wissenschaftliche Neugier auf die unbewußte Seite der menschlichen Wahrnehmung und fanden heraus, daß nonverbale Möglichkeiten des Spürens geübt werden müßten, um auch jenen Bereich bewußter kontrollieren zu können, der ihnen bisher unzugänglich war. Der dänische Wissenschaftsjournalist Tor Norretranders beschreibt in seinem Buch „ Spüre die Welt" (1997) dieses Dilemma der modernen Gehirnforschung und rät dazu, sich mehr dem körperlichen Bereich der Wahrnehmung zuzuwenden, damit nicht alle Informationen, die wir über die Welt und uns haben können, durch das langsam arbeitende Bewußtseinszentrum der linken Gehirnhälfte aussortiert werden. Hildegard Heise kritisiert an den Bewußtseinspessimisten, daß unser sprachliches Bewußtsein nun nicht auf den Abfallhaufen gehöre, nur weil einige Hirnforscher enttäuscht seien über die geringe Informationskapazität dieses Bewußtseins, denn unser Gehirn sei kein Computer. Dadurch, daß fast alle Gehirnforscher die gesellschaftliche Dimension ignorierten, verstünden sie die Leistung des sprachlichen Bewußtseins nicht in angemessener Weise. Es sortierte nicht nur die Informationen, sondern es bewerte alles, was an Reizen anflutet. Diese Bewertungsinstanz sei nicht unnütz, denn wir würden sonst unter der Informationsflut zusammenbrechen und nicht handeln können. Was aber not täte, sei eine freiere Bewertungskapazität, die jedoch nicht im einzelnen Gehirn entstehe, sondern im gesellschaftlichen Miteinander. Dann könne auch das Bewußtsein mehr Informationen verarbeiten und werde lernfähiger. Was wir für sinnvoll halten, entwickele sich zwischen den Menschen und nicht in isolierten Gehirnen.

Aber die gesellschaftliche Gegenwart sei chaotisch offen geworden in alle Richtungen zugleich, und von dort gebe es immer weniger Stabilität für eine einzelne Person zu beziehen. Diese müsse in der *mittelpunktlosen Objektivität ein perspektivisches Selbstmodell* kreieren und würde das nur mit einem Gehirn schaffen, das nicht darauf festgelegt ist, nach vorgegebenen gesellschaftlichen Mustern zu funktionieren. Heise rät, die weibliche Gehirntätigkeit als Maßstab für eine Zukunftsentwicklung zu nehmen, denn es sei flexibler. Das weibliche Bewußtsein sei weniger eingeschränkt und mehr mit jenen Informationen verbunden, die das männliche Gehirn gelernt habe abzuspalten. Sie sieht die wissenschaftliche Entwicklung als eine an, die zu einem feminineren Standpunkt kommen müsse, weil dieser der umfassendere und auch intelligentere sei. Die patriarchale Entwicklung der letzten paar tausend Jahre könne nicht als Hauptkriterium der menschlichen Evolutionsgeschichte genommen werden.

*Die Einbeziehung der Gehirn- und Evolutionsforschung in die Geschlechterthematik eröffnet den Weg zu einer erforderlichen Gratwanderung: nämlich die historisch gewachsene Körperlichkeit der Geschlechter weder essentialistisch noch konstruktivistisch aufzulösen, sondern in ihrer mehrdimensionalen Bestimmtheit nachzuvollziehen* (S. 10).

Auch für Hildegard Heise ist das Weibliche eine utopische Dimension, die noch erfunden werden muß. Sie nennt das Weibliche das „Subjektpotential" der Zukunft, in diese Richtung müßten gegenwärtig die Räume der Erfahrung für beide Geschlechter geöffnet werden. Die immer komplexer werdende Welt müsse auch durch ein komplexer werdendes Gehirn bejaht werden.

Wenn „weibliches Denken" eines sein könnte, das sich mit Absicht zwischen Sophia und Logos bewegt, zwischen Weisheit und Vernunft, zwischen links und rechts, zwischen Gefühl und Verstand, weil es Frauen pragmatisch-politisch gesehen heutzutage leichter falle, dann müßte nur noch dieses neue weibliche „Zwischen" mehr ausgedeutet werden.

Zwischen Weisheit und Vernunft zu denken heißt nicht, gar nicht in diesen beiden Formen zu denken oder nur in der Mitte hocken zu bleiben. Es geht darum, die Freiheit zu haben, verschiedene Sichtweisen einnehmen zu können, je nachdem, was in der aktuellen Situation erforderlich ist. Es ist kein Hin- und Herwanken zwischen den Extremen, sondern auch ein Zugleich, für das Übungen ausgedacht werden müßten.

Dieses bewußt komplexbezogene Denken ist keines, was sich an ein bestimmtes Prinzip klammert und eher die Welt untergehen läßt, als das eigene

Prinzip in Frage zu stellen, sondern es ist auf Lebenssituationen bezogen und lösungsorientiert, das heißt, es ist letztlich pragmatisch und trotzdem utopisch. Was heißt das?

Frauen sind es gewohnt, die Probleme des Alltagslebens ständig in neuen Kombinationen so zu lösen, daß andere Menschen, mit denen sie in Beziehung leben, dabei zu ihrem Recht kommen (vgl. Belenky 1989; Wisselinck 1985). Diese pragmatische, menschennahe Kompetenz fehlt immer mehr in politischen, unternehmerischen, künstlerischen, wissenschaftlichen und bildungsrelevanten Führungspositionen.

Pragmatisches Denken ist bei uns in Europa als ein funktionalisierendes Denken verpönt und wird mit einem angeblich oberflächlicheren amerikanischen Denken gleichgesetzt. Aber auch in der amerikanischen pragmatischen Philosophie heißt es nur, daß sich das Philosophieren auf die Lebensbedingungen der Menschen einläßt, daß Philosophie aus der Perspektive auch der alltäglichen Lebenserfahrungen brauchbar sein sollte. Der Brauchbarkeitsforderung auch für die Philosophie sollten sich Philosophinnen und Philosophen stellen, das könnte der Philosophie insgesamt nicht schaden.

Der pragmatische Philosoph und Psychologe William James (1842 - 1910) warf den rationalen Männern der Vernunftphilosophie vor, daß sie sich mit ihren Begriffssystemen Möglichkeiten schafften, vor der menschlichen Realität „draußen in der Welt“ zu fliehen, daß sie sich Tempel der Entspannung bauten, um nie wieder da herauszukommen. Er warf andererseits den Empiristen (Naturwissenschaftlern) vor, daß diese die Sehnsucht der Menschen nach „geistigen Tempeln“ verleugneten und so ebenfalls wesentliche menschliche Bedürfnisse ignorierten. Dagegen sei der Pragmatismus nur eine Methode, sich aus allem das Beste herauszuholen, um im Leben Ideen tatsächlich auch verwirklichen zu können. Theorien und Philosophien würden als Werkzeuge aufgefaßt, nicht mehr als Kandidaten im Kampf um den Sieg der ersten alleinigen Wahrheit über alle anderen Wahrheiten (1994, S. 33). Obwohl auch das ältere amerikanische pragmatische Denken sich als ein neues Denken „unter uns Männern“ gebärdet, hat es dennoch die Frische, sich von den ewig alten Zankäpfeln der patriarchalen Philosophen zu lösen und sich den Lebensfragen „außerhalb der Tempel“ zuzuwenden. Es ist ein Denken, das die reine Begriffsebene zu den anderen Wirklichkeitsebenen öffnet. Es bemüht sich, sozusagen die andere Gehirnhälfte zu bemerken.

Bildlich ausgedrückt ist es so, daß im lediglich rationalen Denken das linksseitige Gehirn sich ständig im kleinen Kreis bewegt und keine Verbindung mehr zur rechten Hälfte herstellen kann, wodurch neue Ideen und Lösungsvorschläge entstehen könnten. Der große Kreis würde beide Hälften verknüpfen, der kreative Moment ist wie eine Hochzeit zwischen Sophia und Logos.

Pragmatisches „weibliches Denken“ ist nicht gefangen in einer einzigen Erkenntnis- und Wahrnehmungsform. Es hat die Wahl zwischen den verschiedenen Erkenntnismöglichkeiten. Utopisch „weibliches Denken“ ist offen für die Probleme, die anstehen, und wendet sich der Lebensgestaltung zu. Es kann sozusagen zwischen den Gehirnkammern hin und her eilen, um zu sehen, was zu tun wäre. Im Glücksfall kann es sogar gleichzeitig in beiden Zimmern des Gehirns sein und die Situation von da aus mehrperspektivisch begreifen. Es geht dem utopisch „weiblichen Denken“ nicht um die Erhaltung einer großen Wahrheit oder um die Verwirklichung eines Prinzips, sondern um einen Zusammenhalt von vielem. Prinzipien, Wahrheiten, Traditionen, Gewohnheiten und Wirklichkeiten sind dafür da, das Miteinanderleben so angenehm wie möglich zu gestalten; und wenn sie dafür nicht taugen, dann bleiben sie im abstrakten Raum stehen wie ein ungelesenes Buch. Diese pragmatische Orientierung ist hauptsächlich beziehungsorientiert und weniger nur wissensorientiert. Dieses weiblichere Denken kann durch verschiedene Gefühlsqualitäten getragen sein, die nicht verleugnet werden.

## In Bildern denken statt in Begriffen?

Um sich im bikameraleren Denken zu üben, ist es sinnvoll, in verschiedener Weise Gedanken auszudrücken oder auch sich von anderen Gedanken beeindrucken zu lassen, die nicht nur als Begriffe daherkommen. Auch ein philosophischer Gedanke muß nicht als Begriffs-gebilde vermittelt werden. Der französische Maler René Magritte zum Beispiel war ein Philosoph, der malend die Welt und die Art unseres Denkens interpretierte. Seine Bilder regen Selbsterkenntnis an und thematisieren unsere Weltsicht. Wie sehen wir die Welt? Was ist ein Bild, und was ist ein Wort?

Auf dem Bild „Der Versuch des Unmöglichen“ (1928), das auf der Titelseite meines Buches abgebildet ist, stellt er das Malen eines Frauenbildes dar (das Modell ist seine eigene Frau). Der Maler bringt sich und sein Frauenbildnis auf eine Bildebene, um sich und die konstruierte Frau in einer Wirklichkeitsebene abzubilden. Er versucht, die zweidimensionale Bildwirklichkeit zu durchbrechen, um mit ihr eins zu sein, es ist aber unmöglich. Er bleibt der Maler, der ein Bild von einer Frau konstruiert. Der Konstruierende kann sich nicht mit seinem Konstrukt vereinigen - selbst wenn er sich selber zu einem Bildkonstrukt macht. Männer machen sich Bilder über Frauen, Frauen sich Bilder über Männer, und das Bild bleibt ein Bild, es kann sich nicht in einen lebendigen Leib verwandeln. Wer liebt, liebt oft nur ein Bild vom anderen, dadurch bleibt es zwischen einem selbst und dem anderen seltsam fremd, wie auf dem Bild von Magritte. Aber der Malerphilosoph sagt nicht, „du sollst dir kein Bildnis machen“, denn das geht nicht. Aber du sollst merken, wann du dir ein Bild vom anderen machst.

In unserer begriffsorientierten Zivilisation lernen wir kaum, unsere Bilder bewußt zu bemerken, mit denen wir uns und alles um uns herum betrachten. Wir lernen, mit Geschichten, mathematischen Aufgaben und gehörten oder gelesenen Informationen umzugehen, sie zu analysieren und uns auch gegen ideologische Einflüsse zu wehren. Aber den Bildern sind wir meistens ziemlich bewußtlos ausgelieferte obwohl die meisten Menschen in der westlichen Welt einige Stunden am Tag vor dem Fernseher sitzen und von Bildern überflutet werden. Werbeexperten nutzen diese Un-Bildung und versuchen, Bilder von Dingen, die wir später kaufen sollen, ins zumeist unbewußte Bildgedächtnis zu leiten. Bilderdenken geschieht mehr in der rechten Gehirnhälfte und ist zumeist dem bewußten Sprachzentrum unzugänglich. So tauchen wir am ehesten in unsere eigene Bilderwelt ein, wenn wir schlafen und träumen, dann nämlich schläft das Sprachbewußtsein.

Wer als westliche Person die Gelegenheit hat, an einer alten kultischen Schulung außereuropäischer Tradition teilzunehmen, muß oft als erstes lernen, im Traum bewußt zu sein, das heißt: im Traum bewußt das Handeln zu bestimmen. Erst dann sei es möglich, auch im Wachen zu merken, wann wir die Wirklichkeit als ein „Bild" sehen. Es scheint für uns selbstverständlich zu sein, daß Traumbilder und unser sprachliches Tagesbewußtsein nichts miteinander zu tun haben, aber das kann auch eine zivilisatorische Auswirkung der 3000jährigen Logos-Prägung sein. Für ein leibnäheres Selbstverständnis halte ich es für lohnend, sich auch als bilderdenkende Person wahrnehmen zu können. Daß uns so etwas vielleicht lächerlich vorkommt oder schwerfällt, hat mit unserer Art europäischer Bildung zu tun.

Das begriffliche Vernunftvermögen, was uns heute so selbstverständlich vorkommt, hat sich nicht ohne Kämpfe gegen bildlichere Erkenntnisarten in Europa durchsetzen können. Auf der Strecke blieben nicht nur die Frauen, sondern auch viele Männer.

Ich werde in diesem Kapitel auch die Geschichte gegen das Bilderdenken in Europa zur Sprache bringen, weil es eine Geschichte war, die sich bewußt gegen die weiblicheren Denkweisen weisheitlicherer Art richtete und gegen alle, die nicht bereit waren, bloß an das Wort zu glauben.

Gerade weisheitlichere Denkweisen sind bildlich vermittelt. Sie werden in mythische Geschichten gekleidet oder in beispielhafte Gleichnisse. Sie werden mit Traumfiguren in Zusammenhang gebracht, mit Tiervergleichen und Analogien zwischen Dingen, die nach normalem logischen Verständnis wenig miteinander zu tun müssen. Ob es Liebe ist, Gemeinsinn, Verständnis, Toleranz, Solidarität oder Freundschaft, es ist ein Bestreben, das an der Zusammenführung interessiert ist, am Kombinieren von möglichst verschiedenen Einzelheiten zu einem lebensfähigeren Gefüge.

Das „Pragmatische“ an einem utopischen „weiblichen Denken“ wäre der Blick auf die Art und Weise, wie das Leben in einem vielgestaltigen Sinne verwirklicht werden könnte und hat so immer auch eine politische Dimension.

Utopisch bedeutet, daß es ein Ideal ist, für das es keine vollständige Verwirklichung gibt. Aber dieses Ideal hat Weisungskraft und kann eine Richtung anzeigen. Es ist eine „ regulative Idee“ (Kant) und kann unser Handeln orientieren, unabhängig davon, ob es ganz verwirklicht werden kann oder nicht. Es geht um die Richtung, um den Weg, um die Bewegung, nicht so sehr um einen vollkommen eingenommenen Endzustand.

Weibliches Denken zwischen Weisheit und Vernunft meint auch, zu regulieren, wenn eine Seite so dominiert, daß das Ganze nicht mehr lange lebensfähig zu sein scheint. Diese Regulation ist eine Art Balanceakt des Denkens und Verhaltens zwischen den beiden scheinbar widerstreitenden Polen des Erkennens. Dazu kann es gehören, daß die vernachlässigte Seite eine Zeitlang stark hervorgehoben werden muß, so daß es für Nichteingeweihte so aussehen kann, als ob eine sehr einseitige Meinung vertreten wird und sonst nichts. Wer die Gesamttendenz der mentalen Entwicklung der Menschheit im Auge hat, wird zum Beispiel in einer stark logoszentrierten Runde für weisheitlichere Weichenstellungen sorgen und in einer stark weisheitlich orientierten Runde für mehr Logosverbindung.

Es ist sicherlich schon so mancher Frau passiert, daß sie im Wissenschaftsbereich einer Universität für unübliche alternative Methoden und Projekte eingetreten ist, die leicht als „unwissenschaftlich“ gelten; aber derselben Frau passiert es in einem betont weisheitlichen religiösen oder esoterischen Kreis, daß sie mit normaler Verstandeslogik die Erfahrungen interpretiert, die andere mystisch verbrämen. Dieser Frau geht es nicht um eine bestimmte Wahrheit, weil sie sowieso nicht an das Alleinvertretungsrecht einer einzigen Wahrheit glaubt, sondern es geht ihr um eine möglichst integrative Verständnisart. Daß besonders Frauen in Konflikten immer wieder diese Rolle übernehmen, kann sich aber auch gegen sie richten, denn für diese Balanceakte ist ein eigenes, sensibles Selbstwertgefühl notwendig, damit frau nicht im Zwischenreich der Spannungen verlorengeht. Starke Selbstwertschätzung ist aber Frauen in einer männerdominierten Welt nicht unbedingt in die Wiege gelegt und ist oftmals nur unter großer psychischer Anstrengung erreichbar.

Ein utopisches und pragmatisches weibliches Denken ist weder biologistisch noch nur rein soziologisch konstruiert, es ist an die historische Situation gebunden und läßt offen, ob vielleicht in dreihundert Jahren dieses Denken gar nicht mehr „weiblich“ heißen muß, weil es auch unter Männern Norm geworden ist, mehrdimensional zu denken und leiblicher wahrzunehmen.

Dennoch ist diese Utopie des weiblichen „Zwischendenkens“ leiblich hergeleitet, was nicht mit „biologisch“ gleichgesetzt werden darf. Es berücksichtigt die gegenwärtige körperliche Erfahrungssituation und auch die daraus entstandene bevorzugte Denkbewegung. Da auch das Leibliche als eine Verbindung zwischen der gröberen materiellen und der feineren intellektuellen Form aufgefaßt werden kann, paßt dieser Begriff des historisch-pragmatisch Weiblichen zu einem leibphilosophischen Ansatz.

Hintergrund dieser Idee ist, daß weder der Körper noch der Geist eigene Substanzen sind, die unbeweglich ihre Dauer haben, sondern daß es mehrere Formen zugleich geben kann, die mit einander wirken. Die Begriffe „Körper“ und „Geist“ bedeuten nur sehr spezielle Wahrnehmungsweisen haben. Immer wieder geht es in der Weisheitsphilosophie um konkrete Ratschläge und Lebenserfahrungen, die gedeutet werden. Oder es geht um Geschichten, die etwas Unerklärliches zu fassen versuchen. Auch die sogenannte „Intuition“ hat mit dieser bildhafteren Denkungsart zu tun.

Dieses intuitivere Denken wird in der patriarchalen Vernunfttradition üblicherweise dem kindlichen und auch weiblichen Denken zugeordnet und vom vernünftigen maskulinen Denken des Erwachsenen abgespalten. Frauen erleben immer wieder, daß sie als unlogisch Denkende von Männern belächelt werden, weil ihnen anderes wichtiger ist als dem Mann. Was er nicht versteht, kommt ihm unlogisch, zu konkret, nur assoziativ, zu intuitiv, unwissenschaftlich oder mystisch vor. Selten kommt er auf die Idee, daß hier vielleicht eine komplexere Logik im Spiel sein könnte, die nicht nur mit definierten Wörtern jongliert, sondern die auch mit Bildern arbeitet, die sich aus den Wahrnehmungen gelebten Lebens ergeben haben.

Ein Denken oder Philosophieren in Bildern gilt den Philosophen der maskulinen Vernunfttradition als unlogisch und irrational. „Richtiges“ Philosophieren findet mit Begriffen statt, die nach logischen Regeln etwas in Worte bringen, wovon man sich eigentlich gar kein Bild machen kann. Denn die Welt des Geistes ist unsichtbar. Wie sollte etwas Unsichtbares in Bildern beschrieben werden können? Darum lernt man auch als erstes im akademischen Studium der Philosophie, daß sich die philosophische Sprache von Bildern, Analogien und Metaphern fernzuhalten hat. Du darfst dir kein Bildnis machen, weder von einem Gott noch von einer Theorie oder einem Gedankengebilde. Was wir mit unseren Augen sehen können, habe in der Philosophie nichts zu suchen. Nach Hegel soll einem beim Philosophieren Hören und Sehen vergehen und nur noch die Anstrengung des Begriffs übrigbleiben. Philosophieren ist so ein Philologieren.

Wenn wir noch einmal die Wortfelder „weise/vernünftig“ aus dem vorigen Kapitel betrachten, dann finden wir auch dort in den alltagssprachlichen

Verwendungsweisen auf der Seite des Weiseseins das bildlichere Denken, das eher körperbezogen und individuell zugeordnet ist.

Viele wissenschaftliche Ideen, auch bei Männern, kommen häufig in Bildern — ob in Traumbildern oder in Wachphantasien. Selbst in der angeblich begrifflichen wissenschaftlichen Sprache kommen Bilder vor, die das Verständnis erleichtern sollen. Es werden Schemata benutzt und Überblickszeichnungen. Denn im bildlichen Denken verstehen wir mit minimalem Zeitaufwand „auf einen Blick" und nicht zeitlich nacheinander gesetzt, so wie die Worte nach bestimmten grammatischen Regeln nacheinander gesetzt erst den gemeinten Sinn ergeben. Verbales Denken dauert viel länger als bildliches Denken. Vielleicht ist es aber auch so, daß ein rein begriffliches Denken gar nicht möglich ist, es sei denn, man würde nur mit auswendig gelernten Bücherbegriffen reden. Ich frage mich, ob nicht sogar unsere ganze Sprache samt Mathematik und Logik nur aus Bildern besteht, die der Einbildungskraft entstammen und unsere dinglichen Wahrnehmungen lediglich in Begriffssymbole übersetzen.

Für den frühen Wittgenstein zum Beispiel war die logische Sprache ein Versuch, die Wirklichkeit in einem Bild abzubilden. Er verglich diesen Vorgang mit der Skizze eines Unfalles, die dem Gericht vorgelegt wird, um den wirklich geschehenen Unfall vom Richter beurteilen zu lassen. *Der Satz ist ein Bild der Wirklichkeit. Der Satz ist ein Modell der Wirklichkeit, so wie wir sie uns denken* (Tractatus 34.01). Dieses „Bild", also die Sprache, unsere Worte und Sätze, kann die Wirklichkeit nicht berühren, es ist auch nicht die abgebildete Wirklichkeit, sondern es bleibt immer ein Bild und darf nicht mit dem gleichgesetzt werden, was sich wirklich in der Welt ereignen mag.

Anfang unseres Jahrhunderts gab es mehrere philosophische Ansätze, in denen nicht mehr davon ausgegangen wurde, daß mit dem Wort und Begriff eine absolute Wahrheit ausgesagt werden könne. So meinte der Sprachphilosoph Fritz Mauthner, es sei angemessener, angesichts unseres mangelnden Sprachvermögens zu schweigen, wenn es um Wahrheitserkenntnis gehe. Es kamen Ideen davon auf, daß der Anspruch der reinen Begriffsherrschaft im Denken fragwürdig sein könnte. Für den französischen Philosophen Henri Bergson ergab sich die gesamte Bewußtseinstätigkeit als ein Bildermachen (1991). Nach ihm entlehnten sich abstraktere Worte aus der Wahrnehmung der Welt der Dinge in uns und um uns herum. Diese Bilderflut, die als Welt auf uns einströme, organisiere unser Gehirn wie eine Telefonzentrale je nach Interessenanschluß. Unsere Gedanken und auch Worte seien verdichtete Bilder, weil wir sonst mit den vielen Details der Welt gar nicht zurechtkämen.

Bergson verwahrte sich ebenso wie Wittgenstein dagegen, feste Grenzen zwischen den verschiedenen Bildern zu definieren und inspirierte damit die impressionistischen Malerinnen und Maler, die auch nicht mehr die Dinge in scharfen Grenzen malen wollten, sondern gerade in den Grenzübergängen.

Aber die beiden Weltkriege erschütterten zu tief, als daß sich eine begriffskritische Philosophie hätte durchsetzen können, denn die Faschisten attackierten ebenfalls die Vernunft und benutzten die Sehnsucht der Menschen nach faszinierenden Erlösungsmythen, um an die Macht zu kommen. Wer Vernunftkritik betrieb, geriet in die Nähe der Faschisten. Das war fatal. Die Faschisten benutzten ungehemmt Mythen und Bilder, sie waren vom aufklärerischen Logos her gar nicht zu fassen.

Wer nicht geschult ist, mit Bildern mythischer Art kreativ umzugehen, wird dem ersten Heilsbringer erliegen, der mit bombastischem Wortaufwand im Moment eigener Unsicherheit das Heil verspricht. So erschafft jede strenge begriffliche Logos-Erziehung auch gleichzeitig ihre Kehrseite, eine wenig bewußte Sehnsucht nach mythisch-heroischem Selbstbildnis.

Nach dem Zweiten Weltkrieg banden sich die Philosophieprofessoren wieder fester an die patriarchale Logos-Tradition, als ob sie eine Rettung sein könnte vor den grauenvollen Ereignissen der Kriege. Sie machten das irrationale Denken und so auch das Denken in Bildern für das mörderische Grauen verantwortlich, ohne gebührend zu analysieren, daß der Logos auch für die extremen Formen der Ideologien Verantwortung zu übernehmen hat. Was in unserem Jahrhundert fehlte, waren Einsichten in die gegenseitigen Abhängigkeiten zwischen Mythos und Vernunftaufklärung. Was Adorno und Horkheimer angesichts der Naziherrschaft in der „Dialektik der Aufklärung" analysierten, reichte nicht hin, um diesen vielversprechenden Ansatz nach dem Kriege weiterzuführen. Sie selber stellten sich später wieder eindeutig in die Tradition des Vernunft-Logos und beschwiegen die andere Seite als mystisches Geheimnis der Religion.

Herrschaftskritisches Denken muß aber die Grenzen der Vernunft immer wieder neu bestimmen können und auch die weisheitlichere Perspektive des Erkennens gleichberechtigt zulassen, um zu verhindern, daß sich machtgierige Menschen die unbewußteren Seiten der Menschen zunutze machen.

Nicht nur aus diesen politischen Gründen, sondern auch, weil es ausgleichende Formen gibt, das begrifflich-logische mit dem bildlichen Denken zu verbinden, müßte die weiblichere Logik mit sehr viel mehr Entgegenkommen und Zukunftshoffnung erforscht und ins Bildungssystem integriert werden, als das bisher geschehen ist. Zu einem utopischen weiblicheren Denken gehört die selbstbewußte Verteidigung des bildhaften Denkens. Das Vernunftgebaren hat selbst seinen mythischen Hintergrund, der aber verleugnet wird und so eine gefährliche Sentimentalität latent erzeugt.

Es ist bekannt, daß geniale Schachspieler in Bildern denken, sie denken analog, nicht aneinanderreihend (digital). Wer bildlicher denkt, ist deshalb noch lange nicht verrückt.

Eine strikte Trennung zwischen bildlichem und rein begrifflichem Denken ist faktisch sowieso kaum möglich, außer wenn wegen eines Unfalls der Mittelbalken des Gehirns durchtrennt werden mußte. Der australische nobelpreisgekrönte Gehirnforscher John Eccles berichtet in einem Buch (1977, S. 380 - 398), das er gemeinsam mit dem Philosophen Karl R. Popper geschrieben hat, über das Denken und Wahrnehmen solcher „Split-brain-Patienten". Die rechte Hand wisse in diesen Fällen sozusagen nicht, was die linke tut. Das sprachbewußte Denken sei bei den untersuchten Patienten in der linken Gehirnhälfte festgestellt worden, denn alles, was die rechte Hand tat, wurde bewußt wahrgenommen, aber was die linke Hand tat, wurde von den Patienten nicht erfaßt, nicht einmal wenn sie ein Bild zeichnete, was die rechte Hand nicht mehr tun konnte, da es keine Verbindung zur räumlichen Vorstellungsfähigkeit in der gegenüberliegenden Gehirnhälfte gab. Ein Patient weigerte sich sogar, die Verantwortung für seine linke Hand zu übernehmen. Seit diesen Untersuchungen in den sechziger Jahren gilt die linke Gehirnhälfte als „dominante" Gehirnhälfte, und die rechte als untergeordnete Hemisphäre, weil sie dem sprachlichen Kontrollbewußtsein nicht zugänglich sei. *In allen Fällen kann man annehmen, daß die bewußte Wahrnehmung aus einer neuralen Kommunikation mit der dominanten Hemisphäre über Bahnen, die nur vage Information vermitteln, resultiert. Es besteht kein Anhalt, daß sie in der subdominanten Hemisphäre entsteht* (S. 389).

Solange davon ausgegangen wird, daß erst mit Sprache bewußte Erkenntnis möglich sei, bleibt jene Gehirnhälfte ein Geheimnis, die erst mit bildlichen Kommunikationstechniken unserem sprachbewußten Erkennen zugänglich wird. Es gibt auch ein bildbewußtes Erkennen. Dafür haben wir nur keine Übung. Auch in den Erklärungen der Gehirnfunktionen wird eine Trennlinie zwischen Sophia und Logos gezogen.

Wenn ich aber davon ausgehe, daß diese Trennung eine historisch konstruierte Trennung ist, um die begriffliche Dominanz des patriarchalen Logos zu behaupten, dann kann ich auch davon ausgehen, daß unsere Gehirnaktivitäten anders sein könnten, wenn außersprachliche Kommunikationsformen gefördert würden. Das bedeutet, daß wir noch gar nicht unser Potential des Denkens und Wahrnehmens ausgeschöpft haben.

Solange bildliche Gedankenformen als unwissenschaftlich diffamiert werden, weiß die sprachdominante linke Gehirnhälfte nicht, was die rechte Gehirnhälfte weiß.

Für Platon war das bildliche Denken noch kein irrationales Denken, obwohl er die sokratische Art des begrifflich-logischen Argumentierens der Nachwelt überliefert hat, die dann wesentlich strenger von Aristoteles als Logik formalisiert wurde.

Für ihn war ein Schauen der ideellen Bilderformen erst wahre philosophische

Einsicht in die Wirklichkeit der Welt. Diese Kontemplationstechnik verzichtete auf Sprache, weil Sprache unreiner sei als das Bild.

Während einer Bildkontemplation wird sozusagen die verkannte rechte Gehirnhälfte angeregt, äußere Wahrnehmungen in innerlich gesehene Bilder oder Organempfindungen umzusetzen. Solange die sprachliche Bewußtseinsseite ohne psychische Zivilisationsblockaden diese inneren Erfahrungen aufnimmt und in Sprache übersetzt, findet ein bikameraler Austausch statt, der sehr erhellend wirken kann. Dieser muß in der Antike bei den ersten Philosophen noch eher möglich gewesen sein. Insofern ist die These von Julian Jaynes noch nicht vom Tisch, daß nämlich nicht nur unser Denken eine Geschichte hat, sondern auch unser Gehirn und damit auch unser ganzer Körper als Empfindungsleib. Platon grenzte sich zwar gegen Mythen ab, aber er verwendete sie in seinen Dialogen, um abstraktere Begriffe, wie zum Beispiel „Liebe", zu erläutern. Mythen können als „Bilder" genutzt werden, um irgendeine Logik jenseits der Begriffe zu verstehen. So verwendete auch Freud Elemente griechischer Mythen, um psychische Prozesse zwischen Kindern und Eltern zu erklären. Vielleicht waren die erzählten Mythen der Vergangenheit nur bildlichere Formen der Abstraktion?

Den Mythos der Sophia, der in diesem Buch noch eine Rolle spielen wird, nehme ich ebenfalls als ein „Bild", um komplexere Zusammenhänge unseres Weisheitsstrebens in leibnähere Deutungsgefüge zu bringen.

Für den Mythenforscher und Logiker Heinz Reinwald (1991) entstammt die Begriffslogik dem magischen Ritual. Ein Ritual sei ein streng geregelter Handlungsablauf, der nur dann etwas magisch Angezieltes bewirken könne, wenn er genau eingehalten werde. Auch die aristotelische Logik ist, so verstanden, ein in die rechte Gehirnhälfte übersetztes, streng geregeltes Sprachverhalten, das seine Wurzeln, so gesehen, eben nicht in der Vernunft eines reinen Logos hat, sondern im magischen Denken.

Ein Denken, das auf Vermittlung aus ist und nicht nur auf Selbstbehauptung, wird bildliches und begriffliches Denken nicht als Widerspruch auffassen, sondern nur als unterschiedliche Art, unsere Erfahrung in der Welt zu interpretieren.

In diesem Sinne gehe ich für die Konzeption eines utopischen „weiblicheren Denkens" von den historisch feststellbaren Begabungen des mehrdimensionalen bildhafteren Denkens bei Frauen aus. Damit kann eine kreative Frau wahrscheinlich komplexere Wahrnehmungen in kürzerer Zeit bewußt vergegenwärtigen, als sie es mit einer logischen Formel oder einem Hintereinander von definierten Begriffen in entsprechend vielen Sätzen könnte.

Es gibt in der deutschen Sprache ein Wort, das die Fähigkeit meint, sich Bilder machen zu können. Es ist die „Einbildungskraft". Die Einbildungsfähigkeit hat heutzutage keinen guten Ruf, denn sie gilt als unrealistisch und gerät oft in die Nähe des Lügens oder Erfindens. „Das bildest du dir doch nur ein!" meint: „Das, was du sagst, hat nichts mit der Wirklichkeit zu tun." Das Wort „Einbildung" wird im Gegensatz zu „Abbildung" verwendet. Die Einbildungsgabe gehört in den fiktionalen Bereich der phantastischen Schwärmerei und scheint im Alltag wenig nützlich zu sein.

In unserer von Bildern überfluteten Medienwelt ist schon längst den professionellen „ Bildermachern" das Feld überlassen worden. Sich selber ein Bild von etwas machen zu können gehört nicht zum westlichen Bildungsideal.

In meinem Buch „Nein danke, ich denke selber" (1996) habe ich die These vertreten, daß wir meistens nicht selber denken, sondern daß wir mehr Zeit damit verbringen, nachzudenken, was andere gedacht haben. Selberdenken ist eine eher seltene Selbsterfahrung. Diese These möchte ich in diesem Buch erweitern. Wir denken nicht nur zu wenig selber, wir machen uns auch zu wenig eigene Bilder.

Darum werden wir leicht von Bildern beherrscht, die sich andere von uns und der Welt gemacht haben.

Sich Bilder machen zu können ist genauso eine Kunst, wie sich Gedanken machen zu können.

Indem wir uns Bilder machen, können wir uns etwas vorstellen, was nicht wirklich da ist, aber von dem wir uns wünschen, daß es da sei. Unsere Handlungsfähigkeit hängt mit davon ab, inwiefern wir uns etwas vorstellen können, was wir verwirklichen möchten.

Wer sich eine genauere Wunschvorstellung machen kann, wird auch im Handeln Ideen umsetzen können. Die Einbildungskraft nimmt sozusagen schon in der eigenleiblichen Vorstellung das Ereignis voraus, das später in der Welt geschehen soll. Es ist die Fähigkeit, sich das zu vergegenwärtigen, was noch abwesend ist. Wenn diese Einbildungskraft pragmatisch orientiert ist und ja sagt zum Leben, steht sie nicht im Wege, sondern fördert die Selbstverwirklichung.

Wer diese Einbildungskraft nicht nutzt, macht sich abhängig von dem, was andere setzen. Ohne Einbildungskraft ist gar keine eigenständige Lebensplanung möglich.

In dem Wort „Einbildung" steckt auch das Wort „bilden". Ich verstehe darunter so etwas wie „formen". Eigentlich ist alles, was wir als physisch Lebendige tun, eine Art „formen", eine Art „machen", „umsetzen", „in Gang bringen", „ausbilden" oder „erlernen". Wir bilden uns zum Beispiel unsere Verstandesfähigkeit, indem wir uns nach bestimmten Regeln Wissen aneignen und Handlungsabfolgen erlernen. Wir bilden uns unsere Vernunftfähigkeit, indem wir spekulative Mathematik treiben. Wir bilden uns unser Gemüt, indem wir mit unseren Gefühlen „arbeiten" und uns für anderer Leute Gefühlsregungen interessieren. Wir bilden unseren Körper, indem wir uns in Körperübungen trainieren. Wir können unseren ganzen Leib bilden, indem wir möglichst viele Seiten unserer Möglichkeiten ausbilden, erfahren und sensibilisieren.

Denken und Einbilden ist etwas Ähnliches und nur sehr fein voneinander zu unterscheiden. Auch für Kant soll die Einbildungskraft grundlegender gewesen sein, als letztlich sein Werk vorgibt.

Angeblich hätte sein Hauptwerk fast statt „Kritik der reinen Vernunft" - „Kritik der reinen Einbildungskraft" geheißen (vgl. Kamper 1991).

Aber weil Kant Bedenken hatte, eventuell die gesamte Vernunftgemeinde seit Sokrates zu brüskieren und selber in unauslotbare Fahrwasser zu geraten, blieb er wohl doch lieber beim alten patriarchalen Vernunftbegriff und ordnete die Einbildungskraft als reines Sinnenvermögen dem Verstande unter.

Immerhin stellte Kant die Einbildungskraft nicht ins irrationale Abseits nutzloser Phantasiererei, sondern rückte sie zur *reinen Form aller möglichen Erkenntnis* auf. In der „Kritik der reinen Vernunft" führte er sie als eine *unentbehrliche Funktion der Seele* (1781, S. 76 ff.) ein. Ohne Einbildungskraft könnten wir nach Kant weder verstandesmäßig im Bereich der Welterfahrung noch vernunftmäßig im Bereich der Ideen etwas erkennen.

Die Philosophin Hannah Arendt meint: *Die Rolle, die die Einbildungskraft bei unseren erkennenden Fähigkeiten spielt, ist vielleicht die größte Entdeckung, die Kant in der Kritik der reinen Vernunft gemacht hat.* (1985, S. 106). Kant behauptete, daß wir ohne ein schematisierendes Vermögen niemals irgendeine Einzelheit erkennen könnten. Alles, was wir wahrnehmen würden, wäre sonst ein wirres Durcheinander.

Ein Schema ist so etwas wie ein inneres Umrißbild, ein Bild von etwas Gegenständlichem, aber nur als gedanklich-bildliche „Wiedergabe". Darum gehört die Einbildungskraft in der Kantischen Erkenntnistheorie in das sogenannte *transzendentale Schema der reinen Verstandesbegriffe.*

Kant geht wie Platon davon aus, daß diese Schemata unabhängig von unserer Welterfahrung schon in uns da seien, sozusagen „eingeborene Bildermuster".

Gegen diese Auffassung wandte sich besonders Bergson, für den die Bilder, die wir uns selber machen, Resultate unserer Welterfahrungen sind. Nicht wir sortierten mit unseren Bildschemata die Welt, sondern die Welt sortierte unser Erkennen. Bergson meinte, das Gedächtnis speichere alle Bilder. Mit „Bilder" meinte er nicht nur das, was wir sehen, sondern auch, was wir riechen, schmecken, tasten und hören. Bilder sind ihm „Eindrücke". Je nach Interessensituation würde sich dann dieses oder jenes Bild einstellen. Sprachliche Gedanken sind für ihn zusammenfassende schematische Bilder über die Wirklichkeitserfahrung.

Auch in der Informatik halten Wissenschaftler inzwischen die Annahme für sinnvoll, daß Menschen „Bilder im Kopf" haben oder sich Bilder machen, wenn sie denken. Dabei lösen sie sich von der linearen aristotelischen Begriffslogik des *seriellen Digitalrechners* und favorisieren das bildliche Denken als Mustererkennung.

Sie kamen zu der Auffassung: *Vorstellungsbilder sollten ganz eigenständig betrachtet werden und nicht als eine mysteriöse Variante verbaler Vermittlung oder symbolischer Manipulation. Vielleicht gibt es zwei separate und gleichermaßen gültige Formen mentaler Repräsentation* (Gardner 1989, S. 341).

Das logoszentrierte Begriffsdenken läßt sich nicht nur aus der utopisch weiblichen Sicht in Frage stellen. Auch aus der Forschungsperspektive der künstlichen Intelligenz wird die auf Sprache beschränkte Denkform der linken Gehirnhälftendominanz fragwürdig.

Aber auch diese moderne Vernunftkritik bleibt patriarchal geprägt, wenn die tatsächliche Lebensform in der Gesellschaft nicht ebenfalls mehrdimensionaler und gleichwertiger wird, auch zwischen Frau und Mann.

Der französische Philosoph Charles Fourier formulierte 1822 einen brauchbaren Gradmesser für den Fortschritt einer Gesellschaft: *Der soziale Fortschritt und der Anbruch neuer Epochen vollzieht sich entsprechend dem Fortschritt der Frau zur Freiheit, und der Verfall der Gesellschaftsordnung vollzieht sich entsprechend der Verminderung der Freiheit der Frau* (1956, S. 35).

Ebenso wie das Wort „Leib" entstammt auch das Wort „Einbildungskraft" der älteren deutschen Sprache. Dieser Begriff hat den Vorteil, keinen Körper-Geist-Dualismus zu benötigen. Er ist für alle eigenleiblich erfahrbaren Bildungsformen verwendbar und macht noch keine hierarchischen Unterscheidungen zwischen sogenanntem „höheren" oder „niederen" Erkenntnisvermögen in uns. Einbildungskraft ist in der linken und rechten Gehirnhälfte verschiedenartig wirksam und verbindet beide Fähigkeitsschwerpunkte zu einer kreativen komplexen Erkenntnisart.

Auch sprachliches Denken ist eine Art von „Einbilden", nur daß in unserer Lautsprache die akustischen Signale prägend wurden, während zum Beispiel in der chinesischen Sprache noch die visuellen Bilder die Schriftsprache beherrschen.

Eine Stimulierung unserer Einbildungskräfte in visueller Hinsicht kann zu neuen innerlichen Erfahrungen führen und für die Bildung einer Perspektivenvielfalt im Selbst- und Fremdwahrnehmen förderlich sein.

Im folgenden möchte ich für das Wort „Einbildungskraft" das Wort „Einbildekraft" verwenden und mich so von jenem Vorverständnis absetzen, das damit nur ein überflüssiges Spintisieren meint.

## Von der Einbildekraft nach Herder

Um zu verdeutlichen, in welche Richtung mein leibphilosophischer Begriff der Einbildekraft weist, möchte ich einige philosophische Überlegungen von Johann Gottfried Herder skizzieren. Auch er versuchte vom Leibverständnis her das Denken zu erklären und wollte nicht an die bildlosen Vernunftbegriffe glauben. Seine Genietheorie wurde maßgeblich für die Entwicklung junger deutscher Dichter, die eine eigene, lebensnähere Sprachkunst suchten und sich im „Sturm und Drang“ ausprobierten.

Herder war Schüler von Kant und wohl auch einer seiner heftigsten Kritiker der kritischen Vernunftphilosophie. Goethe wurde von ihm in jungen Jahren bevorzugt gefördert. Später lebte er durch Goethes Vermittlung in Weimar.

Er legte großen Wert auf das Bemerken von sinnlichen Wahrnehmungsweisen als Anfänge und Begleitung jeglichen menschlichen Erkennens (Stopczyk 1982). Herder unterscheidet sich aber von den französischen Sensualisten, die nur die Empfindungen der fünf Sinne als Erkenntnisquelle ansehen. Er unterscheidet sich auch von den englischen Empiristen, die von der experimentellen Einzelbeobachtung aus Erfahrungssätze für eine mathematisierbare Naturwissenschaft auf stellten. Herder betont, daß der ganze menschliche Leib ein Erkenntnisgefüge bilde und nicht nur einzelne Körpersinne. In weiser Voraussicht nimmt er Abstand davon, das Erkenntnisvermögen vollständig beschreiben zu wollen und zu glauben, irgend jemand könnte das tun. Der menschliche Leib galt ihm als Spiegel des Universums, und er wollte sich nicht anmaßen, das gesamte Universum zu überblicken. Wie Goethe empfand er die Erkenntnisgrenzen nicht als Problem, da es genug zu erkennen gebe, um das menschliche Leben auf Erden sinnvoll zu gestalten.

Unendliche Möglichkeiten machen nicht unbedingt orientierungslos und verzweifelt, sie können auch beruhigen. Oft liegt es an psychischen Vorbedingungen, ob jemand sich lieber ein geschlossenes, rundes Weltbild vorstellt, in dem alles erklärbar ist, oder ein offenes, unendlich weites vorzieht, in dem es immer etwas gibt, was unbekannt bleibt. Der französische Philosoph Alexandre Koyré (1969) vertrat die These, daß es in unserer europäischen Geschichte des Denkens eine Entwicklung zu immer mehr Offenheit gebe und ordnete das geschlossene Weltbild einer intoleranten archaischen Welthaltung der Vergangenheit zu. Hier würden ihm sicherlich Matriarchatsforscherinnen und Matriarchatsforscher widersprechen.

Die deutschen Klassiker standen mehr auf der Seite einer offenen, kosmopolitischen Identitätsbildung, während die Romantiker eher eine geschlossene, ganzheitliche Weltsicht ersehnten. So zerbrach Herders Weltempfinden nicht, als Kant die Grenzen der Vernunft aufzeigte und so auch die Grenzen der Vernunfterkenntnis. Für Kleist zerbrach das Selbstbild. Herder aber war sogar noch radikaler als Kant und fragte, woher Kant denn so sicher wisse, was die menschlichen Erkenntnisgrenzen seien. Für ihn war klar, wir können auch über unsere Erkenntnistätigkeit nicht alles wissen, und das sei gut so.

Herder wandte sich gegen den Körper-Geist-Dualismus, den er besonders bei Descartes, Leibniz und Kant kritisierte. Er ging davon aus, daß wir Menschen als leibliche irdische Wesen von einer universalen göttlichen Kraft durchdrungen seien, die uns „richtig“ gemacht habe, auch wenn wir es nicht zu erkennen vermögen. Er kritisiert diese Denker als mechanische Uhrmacher. *Weder die Seele noch der Körper ist eine solche für sich gehende mechanische Uhr ... da Empfinden und Denken im Grunde einerlei ist* (1892, S. 249).

Herder behauptete auch, wir könnten weder rein über Körper noch über Seele oder Geist etwas wissen, weil diese „reinen Existenzen“ für uns Menschen nicht erkennbar und erfahrbar seien, selbst wenn es sie geben sollte. Da für Herder alles zugleich da war, sah er das Ganze als alles miteinander verwoben an und versuchte es mit dem Begriff der Seele zu fassen.

Die sogenannte „Seele“ sei auf unser Empfindungsleben angewiesen und erfahre sich durch unseren lebendigen Leib. Wir selber könnten mit unseren Erkenntnisbemühungen auch unseren Körper nicht als „rein körperlich“ erkennen, sondern nur als eine Art gestaltende „seelische Kraft“ erfahren. Erst eine „psychologische Physiologie“ könne uns das „heilige Band“ zwischen Seele und Körper entschlüsseln. *Sie allein kann uns ins Heiligtum der Seele führen: Denn der Körper ist nur lebend wirkendes Symbol, Formel, Phänomen der Seele. Ohne alle Mystik und im schärfsten philosophischen Verstande ist der innere Mensch dem äußeren durch und durch einwohnend: dieser nur die Hülle von jenen ... denn a priori wissen wir von der Seele nichts* (1892, S. 250).

Was Herder und auch Philosophen vor ihm mit „innerem Menschen“ meinen, fasse ich im Begriff „Leibsinn“, mit dem die „innere“ Erfahrung der Menschen von der äußerlich wahrnehmbaren Beobachtung unterschieden wird. Herder und andere (wie zum Beispiel Augustinus) unterschieden den „äußeren Menschen“ vom „inneren Menschen“.

„Leibsinn“ ist nicht mit Subjektivität gleichzusetzen, da es durchaus innere Erfahrungen gibt, die intersubjektiv ähnlich und auch vermittelbar sind.

Ohne unsere eigenleiblichen Erfahrungen können wir keine Aussagen über unsere „höchsten Erkenntnisvermögen“ machen. Das heißt: Auch die Vernunfttätigkeit ist nur ein leiblich erfahrener und erfahrbarer „Leibsinn“. An dieser Stelle distanziert sich Herder ganz deutlich von Kant, für den es ein reines Erkennen jenseits von Erfahrung (die immer leiblich ist) gab. Er und auch Lichtenberg, Hamann und andere Sprachkritiker seiner Zeit warfen Kant vor, die Suggestivkraft der Sprache zu übersehen, die etwas einreden könne, was vorher nicht da war. Hier hat die Einbildekraft auch ihre Gefahrenseite. Mit Worten ließe sich trefflich streiten und alles behaupten, auch eine reine Vernunft, an die Herder und die anderen Kantkritiker nicht glauben wollten.

Bei Herder ist das seelische Vermögen so etwas wie eine Lebenskraft, die in uns zur Vorstellung kommen möchte, eine Art „universelles Ich“, das in allem, was ist, da ist, aber individuell variiert. Unser jeweiliger Leib sei die eine besondere Form, in der sich der Verlebendigungsprozeß entwickelte, und so veränderten sich auch unsere leiblichen Fähigkeiten je nach Erfahrungen, Gedanken,

Willensformen und der Kraft unserer Bildekräfte, also der Einbildekraft.

Wenn wir unsere Aufmerksamkeit nach innen richten und uns eigenleiblich wahrzunehmen versuchen, verschwindet das Wahrnehmen eines begrenzten Körpers, des „dreidimensionalen Dinges", das Descartes als Körper definierte.

Auch Herder faßte den Leib nicht als „Körper" auf. Wie wir synthetisieren (zusammendenken) oder analysieren (in Teile zerlegen), sei abhängig von unserem Leibeszustand. So kann nach Herder ein überreizter Leib keine klaren Gedanken hervorbringen oder ein kränklicher Mensch nur schwierig lebensbejahende und kraftvolle Gefühle empfinden. Tiefe Empfindungsfähigkeit erzeugt nach Herder tiefe Gedanken, und große Leidenschaft erklimmt hohe Gipfel. Das Ausschalten der Sinne brächte eine lebensferne Sprache hervor. Ein verwirrtes Gemüt würde auch verwirrt sprechen, und ein erlebnisarmer Mensch würde abstrakte Theorien fabrizieren. Unser leiblicher Zustand ist zugleich auch unser intellektueller und empfindungsmäßiger Ausdruck.

Aus der Innenperspektive lassen sich nach Herder Körper und Geist, Leib und Seele, Empfinden und Denken nicht fein säuberlich voneinander trennen, da alles gleichzeitig und miteinander wechselnd da ist. Es kommt auf die Fokussierung unserer Aufmerksamkeit an. Alle Ausdrucks- oder Bildeformen der Menschen gelten als gleichwertig. Es kann weder ein höheres noch ein niedereres Bewußtsein behauptet werden, sondern nur ein mehr oder weniger erfassender Leibsinn. Es geht um Orientierung und nicht um hierarchische Gliederung der Erkenntnisformen.

Herder verstand nun unter Einbildung genauer das Zusammenfließen aller verschiedenen Empfindungen, Gedanken und Triebe als ganzer Leib.

*Wir nennen die Tiefe dieses Zusammenschlusses meistens Einbildung: Sie besteht aber nicht bloß aus Bildern, sondern auch aus Tönen, Worten, Zeichen und Gefühlen, für die oft die Sprache keinen Namen hätte.* (1892, S. 189).

Je nachdem, welche Kraft aus diesem „inneren Meer" dominant werde, so entfalteten sich auch die Ausdrücke dieser Bildearbeit. Wörter, ganze sprachliche Systeme seien Produkte unserer Einbildekräfte, ebenso Töne oder Kompositionen. Auch eine sich vom Leiblichen lossprechende rationale und mechanische Vernunfttheorie sei dann nur ein Ergebnis dieser tieferliegenden spekulativen Einbildekräfte.

Irrtum entsteht nach Herder aus einer Überreizung unseres Erlebens und einer Desensibilisierung unserer eigenleiblichen Aufmerksamkeit oder auch Einbildekraft. Herder war sich im klaren darüber, daß er mit dieser Erkenntnistheorie unter den Philosophen seiner Zeit alleine stand, was ihn aber nicht störte, da er seine Hoffnungen in die poetische Sprache legte und nicht mehr in die Philosophie, die für ihn zu einer Philologie geworden war.

So steht Herder zwischen Marx und Kant. Marx wollte die Welt verändern, indem die materielle, objektive „Basis“ für alle verbessert werden sollte, und Kant wollte eine Revolution der Denkungsart, um das Leid in der Welt zu vermindern. Herder nun wollte eine Veränderung der Empfindungen, eine Veränderung des eigenleiblichen Gesamtzustandes.

*Verändere die Empfindungen, die Gewohnheiten, die äußere und innere Lebensweise einer Nation, und du hast ihre Seele geändert* (1892, S. 304).

Herder kritisierte Kants rigorosen Anspruch, die menschlichen Erkenntnisvermögen im Gesamtblick zu haben. Welcher Mensch könne Vernunft kritisieren mit dem kantischen Anspruch, sie im „ganzen Umfange in den Grenzen“ darzustellen? Befände sich Kant jenseits dieser menschlichen Grenzen? Herder sah Kants Arbeit sprachkritisch als ein hohles Sprachsystem und warnte davor, nicht „Wesen“ oder „Subjekte“ oder „Kräfte“ zu vereinzeln, nur weil ein Wort dafür gemacht werden könne.

*Mit Namen zimmern wir keine Fächer in unsere Seele; ... Die empfindende und sich Bilder erschaffende, die denkende und sich Grundsätze erschaffende Seele ist ein lebendiges Vermögen in verschiedener Wirkung* (1881, S. 19).

Herder wies darauf hin: Auch die reinsten begrifflichen Denker benutzen Bilder allein dadurch, daß sie Sprache oder Zeichen benutzen. Die schlimmsten Bilderstürmer seien oft die tiefsten Bildgläubigen, weil sie nicht wüßten, was sie tun.

*Die Weltweisen, die gegen die Bildersprache deklamieren und selbst lauter alten, oft unverstandenen Bildgötzen dienen, sind wenigstens mit sich selbst sehr uneinig. Sie wollen nicht, daß neues Gold geprägt werde, da sie doch nichts tun, als aus eben solchem oft viel schlechterem Golde ewig und ewig dieselben Fäden zu spinnen* (1892, S. 170).

Aber Kant hatte es geschafft, die reine Vernunft und Metaphysik des Logos vor dem englischen Empirismus und dem französischen Sensualismus zu retten.

## Zur Geschichte des Bilderdenkens

Es gab Zeiten in unserer europäischen Geschichte, in denen der Kampf um die Erfahrungswelt mit Bildern vielen Menschen das Leben kostete, denn der Umschwung von einem eher bikameralen, bildlicheren Denken zu einem begrifflicheren, linksdominanten Denken vollzog sich nicht friedlich und unbemerkt. Vor allem das Christentum unterdrückte die archaischeren Denkweisen in Europa mit Gewalt. Christen ermordeten Männer und Frauen, weil sie ein heiliges Bild nicht abhängen lassen, eine heilige Eiche nicht fällen lassen wollten oder ein goldenes Kalb verteidigten.

Bilderkämpfe beherrschten unsere Geschichte bis zur Reformation und dem entstehenden Bürgertum. Das Bürgertum stabilisierte sich als eigene, fordernde Logos-Kraft der Aufklärung nach der Ermordung von wahrscheinlich über acht Millionen Frauen (Hexen) und Männern (Ketzern). Es besetzte nach und nach fast alle Herrschaftspositionen und trug seinen Logos als Kolonialist in ferne Länder.

Die Leidensgeschichte bildbezogener Menschen, darunter vor allem Frauen, endete zwar in der Hexenverfolgung, aber sie war schon früher im Kampf der Kirchenmänner gegen die Bildergläubigen angelegt.

Das Bilderverbot ist ein wesentlicher Bestandteil der patriarchalen Logos-Geschichte, denn es richtet sich vor allem gegen jene Erkenntnisweisen, die von Frauen gelebt wurden.

Als „Geschichte" wird heute jener Zeitraum benannt, in dem Schrift vorliegt. Schriftlose Zeiträume gelten als „prähistorisch" oder „vorgeschichtlich", als „geschichtslos" oder auch „archaisch". Sogenannte „matristische" (mutterzentrierte) Spuren sind in dieser patriarchalen Geschichtsauffassung immer auch als „archaisch" ausgewiesen (was im Griechischen soviel wie „ursprünglich" heißt, für die Logos-Tradition aber „zweitrangig" bedeutet). Sogenannte „archaische Denkweisen" werden kaum in der Wissenschaft thematisiert und wenn, dann als „primitive" Formen.

Erst das geschriebene Wort gilt in der Logos-Tradition als wissenschaftlich.

Exotische Forscher wie Bachofen oder einige neuere Wissenschaftlerinnen der Frauenforschung haben dennoch die archaische Spurensuche aufgenommen. Sie gehen oftmals vom Vorherrschen einer mutterzentrierten Kultur in prähistorischen Zeiten aus. Einige behaupten, es hätte früher Matriarchate gegeben, andere meinen, es seien egalitäre Sippengesellschaften gewesen. Ihre Forschungsgegenstände sind Gemälde, Abbildungen auf Schmuckgegenständen, Figurinen, Bauten und Plastiken jeglicher Art sowie überlieferte Kulthandlungen. Wer in diesem schriftlosen Bereich forschen will, muß sich ganz andere Erkenntnismethoden aneignen als die, die wir durch unsere Vernunfttradition erlernt haben. Eine Schulung im Bilderdenken gibt es aber selbst im Kunststudium nur minimal.

Die gängigen Ästhetiktheorien, die zumeist von „Aufklärern der Vernunft" formuliert werden, haben verschwiegen, wie Bilder erfahren werden könnten, wenn die Beschränkungen des Sprachbewußtseins unsere bildlichen Einbildekräfte nicht einengen würden.

In archaischer Zeit gab es wahrscheinlich keine „Kunstwerke" in unserem Sinne, obwohl die archaischen Gebilde heute als Kunstwerke in Museen ausgestellt werden. Die Vorstellung vom Kunstwerk, das einer unabhängigen autonomen Einbildekraft (Phantasie) des Künstlers entspringt, ist erst im Laufe der Vernunftgeschichte aufgekommen, in der der Mann sich als autonomes Individuum stilisierte. Das Identitätsziel des männlichen Künstlers, ein Genie, Held oder Exot der Gesellschaft zu sein mit dem Nimbus seiner „künstlerische Freiheit", ist für mich ein Ergebnis der griechischen Stilisierung des Mannes zum

„Vernunfttier".

Es gibt aber eine „Geschichte des Bildes vor dem Zeitalter der Kunst", wie auch der Untertitel jenes Buches lautet, in dem der Kunsthistoriker Hans Belting (1993) das archaische Bild als eigenständigen Erkenntnisausdruck zu würdigen weiß.

In vorpatriarchalen Darstellungen großer Kräfte sind weibliche Formen in menschengleichen Gottheitsfiguren dargestellt und männliche Formen in tiergestaltigen (vgl. Meier-Seetaler 1988).

Das Tier galt vorpatriarchal wohl nicht als niederes Lebewesen. Die Degradierung des Tieres ist erst mit der Abgrenzung des Philosophen zum „Vernunfttier" geschehen.

Göttlichkeit und Unsterblichkeit wurden vorpatriarchal zumeist mit Weiblichkeit und Mütterlichkeit gleichgesetzt.

Mit dem patriarchalen Dominanzanspruch entstand das Tabu, Göttliches nicht mehr weiblich darstellen zu dürfen. Dieses Tabu wird auch deutlich um die Diskussion der Maria in der katholischen Kirche. Ob sie nun als Göttin angebetet oder bloß als Gottgebärerin angerufen werden durfte, darum entbrannte ein heftiger Kirchenstreit. Es obsiegte die Meinung in der katholischen Kirche, daß ein Weib nicht als göttlich angesehen werden durfte. Weibliche Gottheiten galten als heidnisch. Nur in der griechisch-orthodoxen Kirche galt Maria als Göttin, die einen Gott geboren hat (vgl. Belting 1993, S. 44 - 54).

Das kosmische Bild wurde als eine Art „Gebärbauch" oder „Gebärmutter" angesehen, ewig gebärend das Leben, das selber göttlich ist. Die Welt ist der Leib der gebärenden Göttin.

So heißt das griechische Wort „Chaos" auch „klaffende Wunde" und kann als der gebärende Schoß eines als weiblich verstandenen Universums aufgefaßt werden. Wenn Hesiod in seiner Theogonie schreibt, im Anfang war das Chaos, dann könnte auch gemeint sein: lm Anfang war die Vulva, die kreißende Göttin (vgl. Stopczyk 1987).

Die Identifikation von Leben und Göttin ist nicht nur in fast allen alten Mythen zu finden, sondern auch noch in frühen gnostischen Schriften und Sophia-Mythen.

Alles, was gesehen, getastet, geschmeckt, gerochen, gehört, gedacht und gespürt werden kann, galt als direkte bildnerische Kraft einer ständig gebärenden Göttin. Jedes Ding sammelte in sich sozusagen einen anderen „Gedanken" von ihr. Männliche Gottgestalten und Heroenfiguren kommen erst um 1000 Jahre vor unserer Zeitrechnung vor und künden bereits von der Verdrängung und Ersetzung der weiblichen Sphären (vgl. König 1983).

Diese neuen Mannesbildnisse gestalten sich zunächst in Bildformen, die etwas Außerbildliches darstellen sollen. Bilder werden erst jetzt als Symbole für etwas

Unbildliches verstanden und so auch in ihrer Eigenwirkung verleugnet.

Für antike griechische Verhältnisse ist am ehesten der Bilderkult um die Göttin Isis bezeugt, der noch bis ins vierte Jahrhundert hinein von den Frauen in Italien gefeiert wurde.

Einer Königin Kleopatra, die sich zugleich als eine verleiblichte Göttin Isis auffaßte, muß es seltsam vorgekommen sein, daß ihre römischen Liebhaber an so ferne Planetengötter glaubten wie Jupiter oder Mars. Sie wird ihnen angeraten haben, sich zumindest in den Isiskult einweihen zu lassen, der im vorchristlichen Rom weit verbreitet war. Auch der Philosoph und Kaiser Marc Aurel soll ein Eingeweihter dieses Kultes gewesen sein. Im Isiskult wurde nichts anderes vermittelt, als das Erlebnis, fremde machtvolle Bilder plötzlich im eigenen Leibe zu erfahren und Techniken zu erlernen, die eigenen Wahrnehmungsarten willkürlich verändern zu können.

Das Anrufungspaar für diese Sensationen des Isiskultes war die Erdgöttin Demeter mit ihrer Tochter Persephone. Griechische Göttinnen im ägyptischen Kult auf römischem Boden bildeten das Mysterium im eleusinischen Kult der Isis. Dabei ging es wohl in diesen eleusinischen Mysterienkulten“ darum, sich selber als göttlich zu erleben, aber in einem leiblich erfahrbaren Bildsinne, nicht nur als abstrakten Wortglauben.

Auch ein Kaiser wollte sich göttlich fühlen und magische Fähigkeiten erlangen, die ihm intimen Einfluß auf die Dinge verschaffen könnten sowie auch Einfluß auf Kräfte, die immer noch eher den Frauen nachgesagt wurden als den Männern. Die Priesterinnen und Priester des Isiskultes verstanden sich als weibliche Inkarnationen der Isis auf Erden. Auch die männlichen Priester sahen sich als Frauen, weshalb sie lange Kleider trugen.

Apuleius, ein römischer Schriftsteller (124 - 180 n. Chr.), schildert in seinem Werk „Der goldene Esel“ eine Isisfeier und seine Einweihung. Die Einweihung beschrieb er folgendermaßen: ... *glaube und traue! Es ist wahrhaftig. Ich ging bis zur Grenzscheide zwischen Leben und Tod. Ich betrat Proserpinas Schwelle, und nachdem ich durch alle Elemente gefahren, kehrte ich wiederum zurück. Zur Zeit der tiefsten Mitternacht sah ich die Sonne in ihrem hellsten Licht leuchten; ich schaute die unteren und oberen Götter von Angesicht zu Angesicht und betete sie in ihrer Nähe an. Siehe, nun hast du alles gehört: aber auch verstanden? Unmöglich* (1975, S. 318).

Die Göttinnenbilder, die die Eingeweihten während der Prozession trugen, beschrieb er als lebende Bilder, die atmen: ... begab sich der Hohepriester ... *in das Gemach der Göttin und setzte da gehörig die Leben atmenden Bilder nieder* (1975, S. 318).

Apuleius beschreibt eine bildermachende Wahrnehmungsform, die aus einer bewußt sensibilisierten eigenleiblichen Erfahrung herrührt (Elementenfahrt), wodurch er in der Nacht Sonnenlicht sieht und normalerweise unsichtbare Gottgestalten.

Das bildliche Sichtbarwerden von etwas, was dem Logos-Denken als nichtmateriell und daher unsichtbar galt, beinhaltete der Verleiblichungskult der Göttin Isis. Sie atmete auch in ihren Bildnissen und verkörperte sich in ihren Abbildern.

Wie auch immer wir solche Berichte interpretieren, wir können davon ausgehen, daß irgendwelche ungewöhnlichen, eigenleiblich verspürten Sensationen stattgefunden haben, die vielleicht noch mit Aktivierungen in der rechten Gehirnhälfte erzeugt werden konnten. Diese Berichte fasse ich nicht einfach als Mythen oder Lügengeschichten auf, sondern als eine andere Art zu erzählen, wie etwas innerlich erlebt wird.

Bilder als göttliche Lebewesen erfahren zu können, scheint für uns sinnloser Humbug zu sein, aber für sehr viele Menschen in der Menschheitsgeschichte waren und sind diese als Lebewesen bildlich und eigenleiblich spürbar. Sie sind für ihre Bilder in den Bilderkämpfen des sechsten Jahrhunderts sogar gefoltert worden und in den Tod gegangen. Um den erbitterten Kampf um die heiligen Bilder zu verstehen, müssen wir begreifen, daß Bilder damals (und auch in manchen heutigen Kulturen) etwas anderes für die Menschen bedeuteten als für uns heute. Dies sind Hinweise darauf, daß die leiblichen Wahrnehmungsweisen der Menschen sich im Laufe der Geschichte verändert haben und weiterhin verändern können.

In der Statue der Isis erscheint den Eingeweihten Isis selber. Das Bild ist der Leib und Körper der Göttin. Diese Vorstellung, daß ein Bild etwas Atmendes sein könnte, ist uns fremd. Aber diese Besonderheit macht ein Bild oder eine Statue aus, das bzw. die Ikone genannt wird.

Ein Symboldenken, in dem zwischen Ursprung und zeichenhaftem Abbildgleichnis unterschieden wird, ist ein Produkt des logischen Zeichendenkens, das die Welt als fremdes Dingobjekt außerhalb des Bewußtseins ansieht.

Die Blutopfer auch in den frühen jüdischen Ritualen bedeuteten keine symbolische Geste, sondern sie waren Rauch- und Dufterzeugung des Göttlichen (vgl. Goldberg 1923; Aram 1983). Priester wußten durch bestimmte Segnungstechniken aus normalem Tierrauch einen göttlichen Dunst zu machen. Der Rauch zog die Götter an, die sich in diesem Rauch inkarnierten.

Das Göttliche wurde in diesen Rauchritualen nicht als völlig unphysisch angesehen, sondern es konnte mit einer bestimmten Prozedur in Dinglicheres hineingeholt werden. Es gab „Techniken", Himmel und Erde zu verbinden, ineinander zu verwandeln. Das Umwandeln von einem Seinszustand in einen anderen galt als priesterliche magische Kunst. Noch heute wandelt der katholische Priester während der Messe die Oblate aus weißem Mehl zum „Leib Christi" um, und gewöhnlicher Wein wandelt sich zum „Blut Christi". In der protestantischen Kirche wird das Abendmahl mit den Worten „dies bedeutet der Leib und das Blut

Christi" eingenommen, womit die symbolische Handlung betont wird. In der katholischen Kirche lernen die Gläubigen, daß sie tatsächlich den Leib Christi auf der Zunge liegen haben, wenn sie die Hostie aufnehmen (das war für mich als Mädchen mit katholischem Glauben ein großes Problem, denn ich durfte ja mit meinen Zähnen diesen Leib nicht verletzen und gierig verschlingen, selbst wenn ich noch so großen Hunger hatte, weil man drei Stunden vorher nichts anderes essen durfte. Ein subtiles Triebbeherrschungstraining).

Aus regelgeleiteten, heiligen Umwandlungshandlungen (Magie) entwickelte sich dann die Alchimie und aus dieser wiederum die heutige Naturwissenschaft.

Der Unterschied zwischen männlichen und weiblichen Transformationskünsten ist, daß in Mutterkulten die Verwandlungstechnik eine eigenleibliche Leistung ist und in Vaterkulten eine nach außen verlagerte technische Arbeit, in der Instrumente oder Reagenzgläser eine Rolle spielen.

Ein Denken in unserer Art mit definierten Begriffen galt zu Zeiten des aufklärenden Sokrates noch als albern und komisch. So machte sich der Dichter Euripides in seinem Stück „Die Bacchen" (ähnlich wie später Goethe mit seinem Mephistopheles) lustig über den Philosophenmann, den er als orientierungslosen und wortgläubigen Einfaltspinsel darstellte. Mit seinem Denken und Tun verstoße er gegen althergebrachte (archaische) Brauchtümer. Das vitalere Brauchtum stellt Euripides durch Frauen dar, die Bacchen, die die Dionysosmysterien feiern und Männer unter sich nicht dulden. Sie verwirren dem sinnentumben Philosophen die Sinne. Er wiederum konnte sich nicht wehren, da er durch seine vernunftgemäße Erziehung keinen Einfluß mehr auf seine eigenen Sinne nehmen konnte; er hatte sie bewußtseinsmäßig abgespalten. Der Philosoph konnte sich nicht gegen die „magischen Einflüsse" schützen, die die Frauen beherrschten. So erteilten die Frauen dem Wortgläubigen eine Lehre, damit er sich wieder auf seine Sinne besinnen solle anstatt nur auf erlernte Begriffe. Dieses Theaterstück wurde vor 2500 Jahren geschrieben, als es noch nicht selbstverständlich war, sich selber in Körper und Geist oder Sinne und Vernunft getrennt zu deuten.

Ein anderer Nachweis des Bilderdenkens noch im aufklärenden Athen zeigt sich am triumphalen Einzug des Peisistratos in die Athener Akropolis (560 v. Chr.). Die Athener wollten diesen Tyrannen eigentlich nicht haben, und sie hatten ihn schon einmal vertrieben, aber er ersann eine List, mit der er das an Bildgöttinnen glaubende Herz der Athener für sich gewann. Der erste Historiker Europas, der Grieche Herodot (495 - 424v. Chr.), erzählt: *Von jeher hat sich doch der hellenistische Volksstamm von den Barbaren durch größeren Verstand und größere Freiheit von einfältigem Aberglauben unterschieden, und trotzdem konnte man den Athenern, die gar noch die klügsten unter den Hellenen sein sollen, folgenden Streich spielen: Im Demos Paiania befand sich eine Frau namens Phye, die war vier Ellen weniger drei Finger groß und von schönem Wuchs. Dieser Frau legten sie eine vollständige Kriegsrüstung an, stellten sie auf einen Wagen, schmückten sie so schön und passend, wie sie konnten, und fuhren hinein in die Stadt. Herolde mußten vorauslaufen und beim Eintritt in die Stadt verkünden: „Athener! Lasset Peisistratos willig und freudig ein, denn Athena liebt ihn mehr als alle anderen Menschen und führt ihn in ihre Burg zurück." So riefen sie auf allen Straßen, und sofort drang das Gerücht in die Vororte, Athena führe Peisistratos zurück, und in der Stadt glaubten alle, die Frau sei wirklich die Göttin, beteten die Sterbliche an und ließen Peisistratos in die Akropolis* (1971, S. 25 f.).

Auf diese Weise nahm Peisistratos Athen in Besitz. Weil er so listig war, eine sehr hochgewachsene, schöne Frau aus einer entfernteren Region anzubringen, glaubten die Athener, daß es die Göttin persönlich sei, weil Göttinnen als sehr große Gestalten bekannt waren. Wäre der Bilderglauben und die starke Bildwirkung bei den noch bikameral Denkenden damals nicht vorherrschend gewesen, dann wäre es dem Tyrannen niemals mit so einem Trick gelungen, schließlich kampflos Athen einzunehmen. Kein athenischer Soldat wagte es, sich ihm und der Göttin in den Weg zu stellen.

Der antike Historiker Herodot beschimpfte das athenische Volk als „abergläubisch", und zeigt damit, wie wirksam noch weibliche Gottheiten auch männliches Handeln bestimmen konnten.

Bemerkenswert an dieser Ausnutzung des Glaubens an eine weibliche Gottheit ist diese Geschichte für uns Heutige auch deshalb, weil sich etwa zweitausend Jahre später in Paris unter ähnlichen Umständen etwas Ähnliches zutrug. Auch dort versuchten die neuen Herrscher nach der französischen Revolution im völlig „aufgeklärten Zeitalter", mit Athene in die Stadt einzuziehen. Auch dort gab es Umzüge mit der Gestalt einer schönen Frau Athene, die mühsam mit Preisverfahren unter vielen Frauen ausgewählt worden war. Die Revolutionäre des Logos wollten dem dummen Volk, und das waren für sie die Frauen, einen Mythos beibringen, der ihrer Vernunft entsprach. Sie gaben dem „Volk" Bilder, während sie die Philosophen des Logos waren, denn das „Volk" war nicht zufrieden mit dieser Revolution. Die französischen Revolutionäre suchten bewußt eine Methode, die Frauen für sich zu gewinnen und verfielen auf den Athene-Mythos der schönen, kämpferischen Göttin zum Schutze des waghalsigen Mannes (vgl. Baxmann 1987). Auch Sokrates hatte noch eine Beziehung zum Mythos. Er behauptete, er spräche nicht als Mensch, wenn er philosophiere, sondern aus ihm spräche eine göttliche Stimme, sein „Daimonion". Aber indem er im Prozeß die Verantwortung für diese „Stimme" übernahm und sagte:

„Ich bin es" machte er sich selber zum Gott, und das war einem Sterblichen, der noch nicht einmal ein König war, mythisch gesehen, nicht erlaubt, es sei denn, er war ein Isis-Eingeweihter.

Die christliche Lehre hat später aus dem sokratischen Gott Daimonion „das Gewissen" gemacht.

Der menschliche Leib galt noch nicht als nach außen abgeschlossener Körper mit einem fest verpanzerten, autonomen Ich-Bewußtsein. Er galt auch als verwandelbar, entweder in tierische oder in göttliche Gestalten. Unsichtbare Kräfte konnten sich in jeder Materie festsetzen, auch in einem Menschen.

Eine Göttinnenstatue, die von einem Bildhauer oder einer Bildhauerin aus Stein oder Ton gebildet wurde, bedeutete nicht die Göttin, sondern die Statue war selber die Göttin geworden. So darf ein Bildhauer hier nicht als Künstler in unserem individuellen Sinne verstanden werden, der aus eigenem Genie das Kunstwerk schafft, sondern er war Priester der Göttin, die ihn benutzt, um sich zu inkarnieren. Das Bildhauen aus dem Stein war eine kultische Handlung, in der die Göttin durch den Menschen wirksam sein sollte. Bevor Sokrates Philosoph wurde, wollte er wie sein Vater Bildhauer sein. Verkörperungsrituale außersinnlicher Energien in physische Materie waren ihm durch seine Familienherkunft nicht fremd.

Die Menschen müssen damals noch offener gewesen sein, vielleicht so, wie der Hirnforscher Jaynes diese „Stimmen" im „halluzinatorische Zentrum" des rechten Schläfenlappens als Stimmen von Gottkönigen beschrieb. Diese Stimmen verspürten sie als innere Machteinflüsse. Gänzlich unvorstellbar dürfte diese Sichtweise uns nicht sein. Zum Beispiel erinnern wir uns auch an Stimmen aus der Vergangenheit, wenn wir gerade etwas tun wollen, was früher verboten wurde oder „Stimmen" unseres „schlechten Gewissens". Wir hören sie nur nicht direkt im Kopf, sondern erinnern sie eher als gedankliche Sätze. Was für die meisten Menschen ein leises Erinnern ist, kann als Krankheit für Schizophrene erfahrbar sein, die reale Stimmen hören, welche ihnen dies oder jenes befehlen. Was Schizophrenie ist, ist heute immer noch ein Rätsel.

Die antiken Menschen konnten ihre inneren Bilder und Visionen am hellichten Tage erleben, das, was uns meistens nur in Träumen passiert.

Traumwirklichkeiten und bewußte Wachwirklichkeiten vermischten sich ständig miteinander und ergänzten sich.

Die Statue wurde als Göttin angebetet und nicht als Abbild interpretiert. Auch das Beten war nicht nur ein Denken an sie, es war eine heilsame Verbindungsaufnahme. Kranke erhofften sich dadurch Gesundheit, und Verzweifelte baten um Rettung in der Not oder gar um Vernichtung des Feindes. Sich einem Gottheitsbildnis auszusetzen muß dasselbe gewesen sein, wie eine leibhaftige Begegnung mit der aufgesuchten Göttin oder dem aufgesuchten Gott. Jede Gottheit hatte eigene Zuständigkeiten, wie die Beamten eines riesigen Verwaltungsapparates. Wer Liebe wollte, ging in den Aphroditetempel, wer Gesundheit wollte, betete Hygieia oder später Asklepios an, wer Weisheit wollte, ging zu Metis oder später zu Isis, Sophia oder Maria.

Aristoteles klagte noch darüber, daß es immer noch, trotz Vernunft und besseren Wissens, mehr Göttinnentempel gäbe als Zeustempel und daß die Athener nicht die Zeustempel benutzten. Er selber mußte seine Mutter auf ihren Wunsch hin in einem Tempelhain der Artemis beisetzen.

## Ikonenglauben und Bilderverbot

In der europäischen Kultur ist die archaischere Art des Bilderlebens durch auch gesetzlich verankerte Bilderverbote fast vollständig vergessen gemacht worden. Es gab einen Kampf der Logos-Anhänger gegen die Bildgläubigen, der viele Todesopfer forderte.

Ein Überbleibsel ist bis heute in den orthodoxen Ostkirchen Griechenlands und Rußlands erhalten geblieben. Ich meine damit jene Bilder, die „Ikonen" genannt werden. Auf diesen Bildern sind Apostel, Maria, Jesus, die Heiligen und auch (selten) Sophia zu sehen.

Auch westlich-abendländische Künstler malten Heilige, wie Raffael oder Michelangelo. Aber eine Madonna des Raffael gilt als eine Schöpfung des Raffael, und ein Adam des Michelangelo entstammt seiner genialen Einbildekraft oder ist ein Abbild eines real existierenden Jünglings. Der Künstler steht im Mittelpunkt des Bildes, nicht mehr das Bild selber oder zweidimensionale Geheimnisse.

Das Bild wurde mit der Dominanz des sprachlichen Bewußtseins zu einem Ausdrucksmittel des Logos und verlor damit das mystische Fluidum seiner eigenen Zweidimensionalität. Als Kinder erfahren wir manchmal noch das Geheimnis des Schattens. Der Schatten ist da, er ist zu sehen, er bewegt sich, aber er ist auch wiederum nicht physisch da. Er hat Höhe und Breite, aber er hat keine Tiefe. Er ist nur in zwei Dimensionen da. Er ist kein Gegenstand, kein „Objekt", oder doch?

Viele Gespenstergeschichten in Märchen handeln von den schattenhaften Realitäten. Und wie oft schon wollte der Teufel von einem armen geldgierigen Menschen den Schatten haben, nur den Schatten. Aber indem der Mensch seinen Schatten dem Teufel gab, verlor er sein Herz, seine Gefühlsfähigkeit, seine innere, seelische Tiefe, seine Wirklichkeit in der Welt.

Die Zweidimensionalität des Bildes ist bikameral Denkenden vielleicht viel eher eine Faszination als einem normal linksdominierten Sprachbewußtsein. Viele Künstlerinnen und Künstler können sich nicht gut in die heute normale, begriffsorientierte westliche Welt einordnen, weil sie auch zweidimensionale Faszinationen der inneren Bilderwelt bewußt oder weniger bewußt erfahren.

Es gab auch im christlichen Mittelalter Bilder, die auf Altären standen und nur zu Heilzwecken geöffnet wurden, wie der Isenheimer Altar, der von Mathis Neithardt Gothardt, genannt Grünewald, gemalt wurde (er steht im Museum Colmar). Dieser Altar ist normalerweise verschlossen gewesen, und nur Todkranke durften Zu ihrer Heilung das Bild ansehen. Dieses Bild galt wie eine antike Göttinnenstatue als Heilbild des Gottes, der darauf leidet und gesundet. Aber dieses Bild galt auch schon als Schöpfung des genialen Malers Grünewald.

Anders ist es in der östlichen Ikonenmalerei, in der der Maler sich nur als Medium eines göttlichen oder heiligen Wesens versteht.

Diese Heiligenbilder sind, vom künstlerischen Geschmack her beurteilt, überwiegend nicht unbedingt schön oder interessant, auch nicht kunstvoll dargestellt. Ikonen sind in den Kirchen zu finden, aber auch in jeder russisch-orthodoxen Wohnung. An der Ostwand des Wohnzimmers hängt eine Ikone. Ein orthodoxer Gast begrüßt immer zuerst die Ikone und dann den Gastgeber des Hauses. Ikonenbilder scheinen keine Stilgeschichte zu haben; sie wurden vor 1800 Jahren genauso gemalt wie heute. Auch gibt es keinen Künstler, der die Ikonen malt, sondern die Tätigkeit der Ikonenmalerei ist ein „heiliges Handwerk", das von Mönchen in Klöstern ausgeübt und in klösterlichen Malerschulen weitergegeben wird. Das Geheimnis der Ikone bestehe darin, daß sich beim Malen das abgebildete Wesen selber malt und verbildlicht. *Die Ikone ist gewissermaßen ein Fenster, das zwischen unserer irdischen und der himmlischen Welt angebracht ist, ein Fenster, durch das die Bewohner der himmlischen Welt in unsere Welt herabschauen und auf dem sich die wahren Züge der himmlischen Urbilder flächenhaft, also zweidimensional, abdrücken. Das auf der Ikone erscheinende Antlitz Christi, der Gottesmutter, der Heiligen ist also echte Erscheinung, Selbstabbildung, Selbstabdruck der himmlischen Urbilder; durch die Ikonen hindurch offenbaren sich die himmlischen Gestalten der Gemeinde und vereinigen sich mit ihr* (Benz 1971, S. 9).

Aber nicht nur im Bild sind diese Wesen verleiblicht oder inkarniert. Auch das Holz, die Ölfarbe, der Gips ist ihr Körper geworden.

Eine Ikone darf nicht als ein Bild aufgefaßt werden, das von Menschenhand gemacht wurde, sondern als Formung dieser vorher nichtmateriellen Wesenheiten. Darum hat die Ikonenmalerei keine Stilgeschichte, weil sich immer wieder dieselben Urmuster zeigten. Es soll erste Marienbildnisse gegeben haben, die sich selber gemalt haben, während der Malermönch darüber malend meditierte. Malermönche bereiten sich durch Fasten und Buße auf ihre Aufgabe vor und verstehen sich als Medien. Jede Einmischung bewußter Einbildekraft muß ausgeschlossen werden, um den Urtypus des himmlischen Bildes nicht zu verzerren. Eine Ausstellung von geweihten Ikonen außerhalb geweihter Räume, wie in Museen und Galerien, empfinden orthodoxe Gläubige als Sakrileg.

Vor diesem Hintergrund kann verständlicher werden, warum die byzantinischen Bilderstürme im 8. bis 9. Jahrhundert so gewaltsam und dramatisch abliefen. Erst als die Kaiserin Theodora im Jahre 842 das kaiserliche „Bildergebot" erließ, das seither in der Ostkirche als „Fest der Orthodoxie" alljährlich gefeiert wird, beruhigte sich für einige Zeit der Kampf um den Bilderdienst. Er hatte 726 durch das Bilderverbot von Kaiser Leo III. begonnen und endete in der Ostkirche mit einem Sieg der Bilder und ihrer Verehrung. In einmaliger Weise ist so ältester europäischer Bilderkult erhalten und nachvollziehbar geblieben.

Die Ablösung von einem bildorientierten Erleben im Alltag der Menschen und deren Hinwendung zu dem schriftlich festgelegten Gesetzesdenken in Wörtern ist nicht ohne Kampf und Widerstand vonstatten gegangen. Darum möchte ich jetzt näher auf den Kampf um die Bilder eingehen, um die Motive besser zu verstehen, die die Menschen dazu bewogen haben, für Bilder in den Tod zu gehen. Sie gingen nicht für eine große, gute Idee in den Tod, wie es Logosmänner seit der Antike tun, sondern sie starben, um Bilder zu beschützen.

Im byzantinischen Bilderstreit ging es um die Alternative Bilder oder Wörter. Und das heißt nach der modernen Gehirnforschung: Es ging um die Funktionen der bikameralen Denkungsweise und um die entweder rechten oder linken Gehirnfunktionen. Nach philosophischer Terminologie ging es um den Kampf zwischen Sophia und Logos, zwischen Mythos und Aufklärung.

Die vom Sprachbewußtsein geleiteten Bilderfeinde beriefen sich auf das zweite der zehn mosaischen Gebote, in dem es heißt: *Du sollst dir kein Bildnis machen noch irgendein Gleichnis von deinem Gott dem Herrn.* Die wahrscheinlich noch bikameral denkenden Bilderfreunde beriefen sich auf die Bundeslade mit den beiden goldenen Cherubim, die auf Befehl Gottes am salomonischen Tempel angebracht werden mußte. Bis heute gibt es bei den Orthodoxen für die Ikonenweihe ein Gebet, in dem auf die Bundeslade hingewiesen wird. Die Bundeslade sei das erste Bild, das nicht als „Götzenbild" anzusehen und dennoch ein Bild sei, ein Bild des göttlichen Geistes. Beide christlichen Parteien beriefen sich also auf hebräische Bibelquellen und fanden entsprechende Unterstützung, denn auch während der Entstehung des jüdischen Glaubens gab es die Auseinandersetzung Zwischen Bild und Wort und verschiedenen Schulen.

Im Libri Carolini, einem Werk aus dem Jahre 791, das im Schutze von Karl dem Großen entstand, steht nach Logos-Tradition geschrieben: *Aus Büchern, nicht aus Bildern erhalten wir das Wissen über die geistliche Lehre, so wie der Apostel Paulus sagt: „Was einst geschrieben ward, ist zu unserer Belehrung geschrieben" (Römer 15, 4). Paulus sagt nicht, was einst gemalt ward, ist zu unserer Belehrung gemalt worden. Die heiligen Texte sagen auch nicht, alle Malerei ist von Gott eingegeben, sondern „alle Schrift ist von Gott eingegeben"* (2. Tim. 3, 16; vgl. Warnke).

Frauen, ob Kaiserinnen oder Bäuerinnen, kämpften maßgeblich auf der bilderfreundlichen Seite. Schon die erste Kaiserin Theodora (527 - 548) trotzte ihrem Mann, dem Kaiser Justinian, die Erlaubnis ab, die Bilderfreunde in einem eigens für sie errichteten Gebäude zu schützen, obwohl Justinian eher zur frommen christlichen Logosseite gehörte und das umfassende Gesetzbuch Corpus juris civilis zusammenstellen ließ (vgl. Beck). Er hatte im Jahre 529 die letzten Redner- und Philosophenschulen in Athen schließen lassen und beendete damit die direkte Tradition klassisch-griechischer Philosophieschulen. Sie war ihm zu heidnisch und trotz Logos-Entdeckung noch zu sehr an griechische Mythenbilder gebunden, denn das Griechische galt damals als das Mythische. Als Kaiserin Theodora nach einem Aufstand offiziell Mitregentin wurde und dann mehr zu sagen hatte als ihr Mann, ließ sie die Hagia Sophia in Byzanz errichten, die große Kathedrale der Sophia. Wer heute die Hagia Sophia besucht, wird enttäuscht sein, denn es ist darin nicht mehr ein einziges Sophienbildnis zu finden.

Die zweite Kaiserin Theodora endlich setzte sich 300 Jahre später in Byzanz durch und errang einen vorläufigen Sieg über die Bilderstürmer. Sie zwang mit ihrer Kaiserinnenmacht die Bilderfeinde zur Untätigkeit. Dazwischen gab es noch die Kaiserin Irene, die bilderfreundlich eingestellt war, aber sie wurde „rechtzeitig" von den Bilderstürmern gestürzt.

Auch das „Volk", das auf der Straße und in den Kirchen die Bilder mit dem eigenen Leib manchmal bis in den Tod verteidigte, bestand hauptsächlich aus Frauen. Der erste kaiserlich angeordnete Bildersturm endete mit den ersten Märtyrerinnen des Bilderdenkens. *Als nun Jovinus, den Bitten des umstehenden Volkes - es waren vornehmlich Frauen - kein Gehör schenkend, eine Leiter bestieg und mit einer Axt in das Antlitz dieses hochgeweihten Bildes schlug, da stürzten die wütenden Weiber die Leiter um und brachten ihn zu Tode...Leo nahm selbstverständlich an den Frevlerinnen blutige Rache* (Schwarzlose 1970, S.53).

Älteres, griechisch-orientalisches Mysterienwissen spielte in dieser Bilderverehrung eine Rolle. Aus der Sicht damaliger christlicher Kirchenfunktionäre galt die Bilderverehrung als typisch „griechischen Ursprungs" und wurde von ihnen als griechisches Heidentum bekämpft, das in der Ostkirche in jüdisch-islamischer Tradition von der wahren Logos-Lehre ablenken würde. Wie im späteren Christentum auch der Bilderstürmer Luther und die calvinistische Kirche den letzten Rest der katholischen Bilderkulte um Maria verneinten, gab es innerhalb der Ostkirche Anhänger des Logos oder der Sophia. Noch heute gibt es im russisch-orthodoxen Glauben Sophia-Anhänger, die den alten Kampf nicht vergessen haben. Ihnen kann nichts Schöneres passieren, als die visionäre Bilderscheinung der Sophia, die sie in ihren Werken beschreiben. Der Philosoph Solovjev gehört dazu, auch der Priester Sergej Bulgakov. Dazu aber komme ich genauer im Kapitel über die russischen Philosophen der Sophia.

Mit „griechisch" wurde damals nicht wie heute „humanistisch", „vernünftig" oder „rational" und „aufgeklärt" assoziiert, sondern Bilderdenken, Mythos, Frauenkulte, Frauenmacht, Göttinnenanbetung. Als „heidnisch und griechisch" wurden jene beschimpft, die das Leibliche oder gar nur das Materielle anbeteten und das abgelöste rein Geistige als Lüge bezeichneten.

In diesem philosophischen Streit wird deutlich, daß „Fortschritt" aus dem

Morgenland erwartet wurde, von den Persern, Ägyptern und Assyrern. Noch im zehnten Jahrhundert prägte der arabische Gelehrte Avicenna die scholastisch-logische Schule des Mittelalters, indem er die aristotelische Lehre den christlichen Theologen eröffnete, die damit ein Logos-Verständnis des Griechischen entwickelten. Sie begannen, ein akademisches Schulsystem aufzubauen. Erst seit Aristoteles durch Thomas von Aquin zum Inbegriff des logischen Denkens gemacht wurde, konnte Griechenland in Europa auch als Land des Logos akzeptiert werden. Zu Lebzeiten der berühmten griechischen Philosophen wurden diese Logos-Anhänger wahrscheinlich wenig beachtet. Aristoteles soll völlig unbekannt in Griechenland gewesen sein. Und ob er wirklich der Lehrer von Alexander dem Großen war, ist zweifelhaft. Die Wirkung der griechischen Logos-Philosophen auf unsere logoszentrierte Zivilisation entstand erst mit Hilfe eines Christentums, das die körperlich-leibliche Seite des Menschenlebens als Sündenpfuhl betrachtete. Und erst die Gelehrten der Renaissance, die Platon und Sokrates neu entdeckten, verbanden mit der griechischen Philosophie einen neuen menschlichen Horizont der Vernunft, den sie Humanismus nannten.

Das antike und mittelalterliche Europa oder „das Volk" frönte aber noch lange archaischen Lebensweisen und verehrte alte Gottheiten, die aus Mütterkulten stammten. Die sogenannte „Entdeckung des Geistes" ist zwar eine griechische Geschichte, aber eine, die erst tausend Jahre später verbreitet wurde. Am Ende des Mittelalters, als eine neue Aufklärungsbewegung des Logos in Europa entstand, ermordeten die kirchlichen Inquisitoren die sogenannten abergläubischen Hexen, Hexer, Ketzerinnen und Ketzer. Wer einmal Prozeßakten von damaligen Hexenprozessen gelesen hat, wird erstaunt sein, wie abergläubisch auch die Inquisitoren waren. Sie glaubten wirklich, daß es einen Teufel gäbe, der ihre Macht beseitigen wolle und sich deshalb mit den Hexen verbünde. Eine merkwürdige Verschränkung mit Aufklärungsgedanken ist ebenfalls bei den Inquisitoren herauszulesen. Der Astronom und Philosoph Johannes Kepler konnte seine Mutter nur deshalb vor der Hexenverbrennung retten, weil er mathematisch-logisch bewies, daß sie keine Hexe sein konnte. Mathematik und Logik galten bereits selbstverständlich als teufelsfrei und gottgenehm. Die Inquisition bereitete den Boden, auf dem dann in der Neuzeit jener Logos aufgehen konnte, mit dem wir es heute zu tun haben.

Für arabische Schriftgelehrte war Europa im frühen Mittelalter die Barbarei. Lesen und Schreiben galten noch bis ins 17. Jahrhundert hinein bei uns als unmännlich, pfäffisch und weibisch. Tatsächlich konnte ein Ritterfräulein meistens lesen und schreiben, während der Ritter sich aufs Kriegshandwerk verstand. Der Philosoph Adorno (1971) zeigt noch heute für uns auf, wie sehr der intellektuelle Mann als lächerliche Witzfigur gilt, was sich noch bis in die Witze über den Lehrerberuf hineinzöge, der eigentlich kein männlicher Beruf sei.

Im Volksbewußtsein werde noch heute Schreiben, Lesen und Denken als weibisch angesehen, weshalb besonders die intellektuellen Männer es für nötig hielten, sich vom Weibe abzugrenzen, was sie in ihren Schriften zumeist auch tun. (War bei den Ritterfräulein das Sprachzentrum im linken Schläfenlappen dann nicht besser ausgebildet als bei den Rittern? Oder lasen sie damals bikameraler, so wie Frauen heute auch in der rechten Gehirnhälfte leicht ein Sprachzentrum bilden können, wenn die linke Seite verletzt ist?)

Aber zurück zur Bilderverehrung.

Die Bilderkulte gehörten in Griechenland zur „geistigen Lebensart" und sind aus orientalischer Perspektive typisch „europäisches Denken", nämlich in Abgrenzung zum damals schon tausend Jahre alten orientalischen Licht-Geist-Glauben. Das Verdienst der griechischen Philosophen für die Verbreitung des Vaterrechtes war, die Logos- oder reine Vernunftform als männliches Attribut stilisiert zu haben und sich als Propagandisten der vaterrechtlichen Polisherrscher zu betätigen. Sie wollten damit die besseren Soldaten sein, aber trotzdem siegten sie am Ende nicht und wurden von den Römern überwältigt. Bilderglauben und Wortglauben blieben noch einige Jahrhunderte lang konkurrierende Identifikationssysteme zwischen Sophia und Logos. Denn als die Griechen unter die römische Übermacht fielen, übernahmen die Römer deren Philosophie und Kultur fast unverändert, so daß sie sich auch mit dem Christentum vermischte.

Erst als die Araber unternahmen, Europa zu erobern und ihre bilderfeindliche Denkungsweise einzuführen, entbrannte der Kampf um die Bilder. Darum kam der Bilderkampf auch nicht in Europa zum erstenmal vor, sondern in Arabien. *Die erste Kunde von einem staatlichen Einschreiten gegen den Bilderdienst kommt aus Arabien zu uns. Dort erließ im Jahre 723 der Kalif Jeziel II. ein Edikt, das aus allen christlichen Kirchen die Bilder entfernt werden sollten. Den Abscheu der Muslime mußte die ausschweifende Bilderverehrung der Christen um so leichter erregen, als der Koran jedwede äußeren Mittel der Andacht aufs entschiedenste verdammte. „Bilder", heißt es in der fünften Sure, „sind Greuel vor dem Herrn und Werke des Satans." Neben den Bildern war es der weit und breit geübte Mariendienst, welcher ...sie mit Verachtung erfüllte. Verschiedene Stellen des Korans verraten, daß sie in direkter Ablehnung der christlichen Marienverehrung geschrieben sind* (Schwarzlose 1970, S. 39).

Dabei soll der islamische Religionsstifter Mohammed selber nicht ganz frei von vorpatriarchalen Bildanbetungsformen gewesen sein. Er soll außer Allah den Göttinnen Al-lat, Al-Ussa und Manat geopfert haben. Dies geht aus der Sira, der Lebensbeschreibung des Mohammed, deutlich hervor. Die entsprechende Koranstelle kommt im heutigen offiziellen Koran nicht mehr vor. Diese als satanisch verurteilten Opferungen sind nach islamischen Expertenaussagen die Versuche Satans gewesen, unter denen Mohammed in der ersten Hälfte seines Lebens zu leiden hatte. In diesem Zusammenhang wurde auch der Schriftsteller

Salman Rushdie 1989 vom damaligen iranischen Oberhaupt Ajatollah Ruhollah Chomeini wegen des Romans „Satanische Verse“ zum Tode verurteilt. Denn Rushdie spielte mit dieser Versuchung Mohammeds und belebte u. a. eben jene tabuisierten Koranverse, die das Bilderverbot antasteten.

Für das Jahr 723 berichtete ein Konzilvertreter der orientalischen Patriarchate, der Mönch Johannes, daß der Kalif das Edikt gegen den Bilderdienst in Abstimmung mit einem „jüdischen Zauberer aus Tiberias namens Tessarakontapechys“ (Schwarzlose, S. 39) erlassen habe, der sein Berater sei.

Die arabischen bilderstürmenden Ideen wurden dann von einigen christlichen Bischöfen übernommen und durch einen Erlaß des Kaisers Leo im Jahre 726 in Byzanz eingeführt. Die Bilderfeinde gehörten zumeist zur kaiserfreundlichen Partei. Sieben Kaiser regierten in diesem etwa hundertjährigen Bilderkrieg, bis Kaiserin Theodora das Anbeten der Bilder gesetzlich erlaubte und schützte.

Es war dann der in Rom amtierende Papst Gregor, der die Anbetung der Bilder -vor allem der Marienbilder - verteidigte und gegen den byzantinischen Kaiser Einspruch erhob. Er vertrat eine leiblichere Seite der Religion und führte auch den berühmten „gregorianischen Gesang“ in die Kirchen und Klöster ein. Seine Forderung war, die Kirche solle vom Staat getrennt regiert werden. In dieser Staat-Kirchen-Trennung hat sich seither die römisch-katholische Kirche gegen die orthodoxe Kirche gefestigt und getrennt von direkter kaiserlicher Einflußnahme eine eigene Macht im Staate aufgebaut. Im orthodoxen Christentum sind bis heute Kaiser und Kirche in einer Person verschmolzen geblieben. Während durch Papst Gregor im Katholizismus Bilder im eingeschränkten Maße verehrt werden durften, ließ der Kaiser im orthodoxen Christentum die Bilderverehrerinnen und -verehrer verfolgen und bestrafte sie mit dem Tode.

Im Jahre 766 mußten die Untertanen des Kaisers Konstantin den Eid schwören, daß sie niemals wieder ein Bild anbeten würden. In der Literatur über diesen Bilderkampf wird immer wieder in Nebensätzen angedeutet, daß das Volk eigentlich Frauen waren, und daß es um die Göttinnenbilder ging. Aber da kein Kunsthistoriker davon ausging, daß es sich hierbei möglicherweise um Kämpfe der Patriarchen gegen eine starke, weibliche religiöse Kultur handeln könnte, die noch aus der Umbruchphase von matristischeren zu patriarchalen Lebensverhältnissen herrühren könnte, vermögen sie das Auftauchen der Frauen für die Bilder im Bilderkampf nicht zu erklären und zu thematisieren. Daß es in diesem Kampf um das Überleben vorpatriarchaler Erkenntnisformen gegangen sein könnte, kommt so lange nicht in den Blick, wie mann annimmt, in der Geschichte seien immer die Männer tonangebend gewesen. Aber wird einmal eine Beobachterinnenposition eingenommen, ergeben sich andere Zusammenhänge.

So ein Perspektivenwechsel, der die eigene, maskuline Geschichte in Frage stellt, kann zu neuen Einsichten führen, und etwas erklären, was vorher unerklärlich schien.

So nämlich wird erklärlich, warum nach dieser schrecklichen Verfolgungsgeschichte in Byzanz „das Volk" seine Sophia wiederhaben wollte, die Göttin der Weisheit und der Lebensliebe.

Als Kaiserin Theodora endlich das Bilderverbot aufhob, formierten sich im griechisch-orthodoxen Bereich weitaus radikalere Formen der Bilderkulte als im Katholizismus. Nicht nur Maria erhielt einen eigenen Thron, auch Sophia erhielt sogar eigene Kathedralen, und es entstand die „Sophiologie", eine Lehre der Sophia, die in unserem Jahrhundert von russischen Philosophen aufgegriffen und bereichert wurde.

Im römischen Christentum gab es keine Sophia mehr, sie wurde unter der Mariengestalt subsumiert. Die menschliche Maria war den Männern schließlich viel unbedrohlicher.

Interessant für meine leibphilosophische Spurensuche ist die philosophische Diskussion, die während des großen byzantinischen Bilderkampfes stattfand. Denn das Bild stand auch für Materie und Leib, während das Wort für Vernunft, Geist und Gott stand. Die patriarchale Anschauung der Welt, getrennt in Materie und Geist und der Bevorzugung des reinen Geistes mußte sich in diesem Kämpfen erst noch behaupten.

Ein berühmter Streiter für die Bilderverehrung war der orthodoxe Mönch Johannes Damascemus, der im Herrschaftsbereich des bilderstürmenden Kalifen Jezid II. lebte. Er verteidigte sich im Jahr 723 vor diesem Herrscher folgendermaßen: *Nicht bete ich die Materie an, sondern den Schöpfer der Materie, der meinetwegen Materie geworden ist, der in der Materie Wohnung gemacht und durch Materie mein Heil gewirkt hat. Denn das Wort ward Fleisch und wohnte unter uns. Allen ist offenbar, daß Fleisch materiell und geschaffen ist. Ich achte, verehre und bete die Materie an, durch die mein Heil geworden ist* (Schwarzlose, S. 209).

Diese „Anbetung der Materie" darf aber nicht mit einem „Materialismus" gleichgesetzt werden, der mit dem englischen Empirismus in der Neuzeit aufgekommen ist und von Marx gesellschaftstheoretisch gewendet wurde. Es ging im achten Jahrhundert um die Haltung zur lebendigen Welt, um alles, was geboren ist und im Christentum „Schöpfung" genannt wurde. Wer positiv dazu stand, verteidigte auch die Bilder, denn Bilder bilden immer auch etwas Physisches ab. Das Wort galt als unphysisch und daher rein geistig, bildlos.

Frühmittelalterliche Philosophen hatten sich mit dieser Fragestellung auseinanderzusetzen und sich dem jeweils herrschenden Papst oder Kaiser nicht in den Weg zu stellen. Der Philosoph Boetius mußte seine sophiafreundliche Haltung mit dem Tod bezahlen. Die Philosophen Dionysios Areopagita und Johannes Eriugena entzogen sich dieser lebensgefährlichen Diskussion und entwickelten eine „negative Theologie". Sie idealisierten weder das Wort noch das

Bild und begründeten mit vielen umständlichen Herleitungen, daß das Göttliche unsichtbar sei, aber auch unsagbar. Es könne weder ein Bild noch ein Wort für das Höchste geben. Dionysios Areopagita bezieht sich im Jahr 500 in seinen vier Abhandlungen zwar auf die Weisheitsliebe des Salomon und überhöht die Vernunft durch die überragende Weisheit, aber er stellt eindeutig klar, daß das, was wir benennen und auch bildlich wahrnehmen können, Erscheinungen der Gottheit sind, aber niemals sie selber. Damit bricht er deutlich mit der mythisch-archaischen Vorstellung von der Inkarnation einer Gottheit in den Dingen der Welt. *Aber keine Monas oder Trias oder Zahl oder Einheit oder Zeugungsmacht oder irgend etwas von dem, was ist, oder was irgend jemand von existierenden Dingen erkannt hat, enthüllt die über jeden Begriff und jeden Verstand hinausliegende Heimlichkeit der Übergottheit, die über alles überwesentlich hinaus entrückt ist. Es gibt keinen Namen und keinen Begriff von ihr, sie ist in das Unzugängliche erhoben* (1982, S. 154). Wenn er sich dazu bekennt, daß das Eine Gottvater sei und Gottsohn, dann ist das eine mit Namen benannte Erscheinungsform, aber nicht die „Urgottheit". Thomas von Aquin fand im Hochmittelalter derart Gefallen an ihm, daß er ihn häufiger zitierte als Aristoteles, und das will viel heißen. Dagegen wurden die Schriften des Johannes Eriugena, der bis 880 lebte, 1050 durch Papst Leo IX. mit dem Bann belegt und als ketzerisch verbrannt. 1210 wurde noch einmal von Papst Honorius III. befohlen, alle Bücher des Eriugena zur öffentlichen Verbrennung zu bringen. Ungehorsam ahndete er mit der Todesstrafe.

Was hatte der Ire Eriugena Gefährliches am fränkischen Hof in Paris gedacht? Wie Dionysius entrückte er das Göttliche ins Unabbildbare und Unaussprechbare. Aber er zweifelte daran, daß es eine Hölle gäbe. Außerdem kritisierte er öffentlich in einem Gutachten die Prädestinationslehre des Kirchenvaters Augustinus. Sie besagt, daß nur Gott die Quelle für das Glück der Menschen sei und nur er allein entscheide, welcher Mensch in seiner Gnade steht. Daß es hier nur wenige Auserwählte gibt, war dabei Voraussetzung. Auch für Luther galt diese Gnadenlehre. Aber Eriugena setzte mehr auf die Welt, die selber göttlich sei, wie sollte es da Hölle und bewußte Benachteiligung geben können? Bei ihm wird kenntlich, daß er der Natur eine positivere Seite abgewinnen konnte und wahrscheinlich eher der bilderfreundlichen Sophia-Seite zuneigte. In seinem Hauptwerk *Über die Einteilung der Wirklichkeit* behandelt er Themen der Theologie, den Menschen, die Erkenntnis und die Natur. Die unbegreifliche und unaussprechliche Schöpferin Natur sei göttlich, weil sie der Schöpfungsprozeß der Gottheit selber sei. *Denn aus dem Sein dessen, was ist, wird erkannt, daß sie ist; aus der wunderbaren Ordnung der Dinge, daß sie weise ist, aus der Bewegung hat man gefunden, daß sie Leben ist* (1982, S. 172). (Diese Worte hören sich fast gnostisch an, allerdings lebensbejahender. Im Kapitel über Sophia kann das deutlich werden.)

Im Schutze König Karls des Kahlen konnte Eringena philosophisch forschen.

Sein Hauptwerk wurde häufig abgeschrieben und gilt als Höhepunkt mittelalterlicher Philosophie. Aber die Kirchenväter trugen sich später mit Weltmachtplänen, und da witterten sie einen Pantheismus, eine Naturreligion, die ihre Logos-Richtung zu Fall bringen könnte.

Logosdominierte Geisteswissenschaftler setzten die These in die Welt, um das Jahr 500 sei für mehr als fünfhundert Jahre das Bewußtsein, das in der Antike entstanden war, verschwunden (vgl. Norretranders 1997). Sie behauptete, das menschliche Selbstbewußtsein habe sich auf mysteriöse Weise aufgelöst. Sie machte das daran fest, daß sie kaum schriftliche Werke fanden. Ihnen war diese Zeit dunkel und mysteriös. Sie registrierten Nachrichten davon, daß sich die Buchmalerei entwickelt hatte, der Kirchengesang, die Dreifelderwirtschaft, die Silbermünze eingeführt und eine deutsche Grammatik grundgelegt wurde. Das aber zählte in ihren Augen nicht. Viel schlimmer war, daß Frauen damals über die Männer mehr Macht hatten, als ihnen zustand, ja es wurde sogar von einer „Pornokratie" gesprochen, weil zum Beispiel die Gattin eines römischen Konsuls mit Namen Theodora im Jahre 910 ihren früheren Geliebten zum Papst erhob, es war Papst Johann X. (vgl. Stein 1968). Und im Jahre 853 wurde eine Frau, die als Mann verkleidet war und sich Johannes Anglicus nannte, Päpstin. Über sie ist in den Archiven auch fast nichts mehr zu finden. „Dunkles Frühmittelalter" - aber bewußtlos. Wer behauptet das? Im Roman „Die Päpstin" verarbeitete die New Yorker Literaturwissenschaftlerin Donna Woolfolk Cross Informationen über die Päpstin und ihre Zeit. In einem ausführlichen Anmerkungsteil berichtet sie über die derzeitige Quellenlage (1996).

Wenn wir die Archive des Vatikans einsehen dürften, dann würden wir wahrscheinlich eine große Menge schriftlichen Materie als darüber finden, wie der Kampf zwischen Logos-Anhängern und Sophia-Freunden auch als ein Geschlechterkampf im Frühmittelalter geführt worden war. Wir würden sehen, wie hoch spannungsreich im intellektuellen Rahmen die Damaligen stritten und daß ihr Selbstbewußtsein wahrscheinlich höher war als jenes, das nur nach solchen Schriften ein Zeitalter beurteilt, die der Vatikan freigegeben hat.

## STERBENSBILDER

„Weißt du, jedes Labyrinth auf meinen Fingerkuppen sieht anders aus. Und wenn ich bedenke, daß jeder Mensch von den fast fünf Milliarden, die jetzt leben, einen eigenen unverwechselbaren Fingerabdruck hat, dann kann ich nur noch staunen. Wieviel hat sich da doch das Leben einfallen lassen."

Sie saß mit angezogenen Beinen auf ihrem hölzernen Küchenstuhl, der auf den sandig schimmernden Kokosmatten stand. Sie legte die Nagelschere auf den Küchentisch, ebenfalls aus hellem Holz. Sie schlang ihren blauweiß gemusterten Morgenmantel fester um ihre Schultern und legte ihren Kopf auf die angezogenen

Knie. Sie schaute die Philosophin an, als könnte diese irgend etwas Kluges dazu sagen, aber was gibt es Kluges über die Unergründlichkeiten des Lebens zu sagen?

„Wie findest du die weißen Kraniche auf meinem Morgenmantel? Sind sie nicht schön?“ Die Philosophin nickte und lächelte. „Es sind Vögel, die mich in den Tod begleiten werden, ich spüre es schon. Sie werden mich auf ihren Schwingen mitnehmen, und ich weiß nicht, was dann mit mir passiert.“

Sie suchte sich mit ihren nackten, zierlichen Füßen die hellen, feinen und sehr damenhaften Fellpantöffelchen unter dem Stuhl hervor und ließ ihre Füße ins warme Fell hineingleiten.

Sie schaute ratlos auf ihre Hände, als sähe sie ihre Fingerkuppen zum ersten Mal. Langsam drehte sie die Hände vor ihren Augen nach oben und wieder nach unten. „Meine Hände haben nie hart gearbeitet, nur die Blumen im Garten, die habe ich gepflanzt und geschnitten. Wenigstens diesen Frühling will ich noch erleben. Zeig mir deine Hände!“ forderte sie die Philosophin auf. „Gib mir deine Hände, ich will sie sehen, deine ganz besonderen Fingerlabyrinthe.“ Die Philosophin blieb aber wie versunken in dieses Küchenbild am Türrahmen stehen. Sie sah die Freundin in ihrer Küche in einem Morgenmantel mit Kranichen, und das Bild redete und bewegte sich sacht. Bald würde es dieses Bild nicht mehr geben, diese Küche nicht, diese Frau nicht, dieses Leben nicht. Nie ist ein Augenblick wie der andere, nie ist ein Finger wie der andere, nichts wiederholt sich. Es ist immer wieder neu.

Noch etwas dieses Bild festhalten, nicht hineingehen, nicht ihren Rahmen sprengen.

Sie schaute ihre Fingerkuppen verwundert an. „Daß mir das nie vorher aufgefallen ist. Jedes Labyrinth ist anders, ist ein anderes Leben, eine andere Wahrheit. Und das sagen mir meine Fingerkuppen, die ich niemals vorher in meinem Leben angeschaut habe! Ich bin eine schreckliche Frau! Sag es, sag es, daß ich schrecklich bin, daß ich niemals auf meinen Leib geachtet habe, daß ich deshalb jetzt, mit genau 50 Jahren an Krebs sterben werde. Sag, daß ich nur eine dumme Kuh bin. Kein Mensch in meinem Leben hat mir das jemals gesagt!“ - „Du bist eine dumme Kuh“, sagte die Philosophin liebevoll zu der Professorin für Wirtschaftswissenschaften und blieb immer noch in der Tür stehen. „Weißt du, daß das Leben in diesen Labyrinthen hereinkommt und auch wieder herausgeht? So bewegt sich das Leben, in Labyrinthen, in unübersehbaren Spiralen.“ Dann zog sie sich plötzlich wieder die Pantöffelchen aus, nahm einen Fuß in ihre Hände und sah sich genau ihre Fußsohle an. „Es sind auch Labyrinthe an jeder Zehenkuppe, wie auf den Fingern. Das sind meine Ein- und Ausgänge.“ Sie ließ ihren Fuß wieder nach unten gleiten und schaute noch einmal sehr genau auf ihre rechte Daumenkuppe. „Wir tragen an unseren Körpern labyrinthische Zeichen. Vor allem die Daumenkuppen haben Ähnlichkeiten mit steinzeitlichen und minoischen Labyrinthen. Stell dir doch nur mal das Ausmaß vor: Für jedes Individuum, welches je diese Erde betreten hat, gibt es ein neues Labyrinth, einen eigenen, individuellen Weg zwischen Geburt und Tod. Irrtümer sind dabei in dieser Figur notwendig eingeschlossen. Ohne Irrwege komme ich nicht zum Ziel, dem Tod."

Krachend fiel der Stuhl zur Seite, sie ließ sich auf die strohigen Matten des Küchenbodens fallen. „Hol mir schnell die Siegel, der Schmerz will sie sehen." Nun eilte die Philosophin ans Bücherregal ins Nebenzimmer, fand das rote Siegelbuch und nahm drei Siegel heraus. Rasch stellte sie eines davon vor den zusammengekrümmten Bauch der Freundin auf, die sofort aufstöhnte, und sogleich wechselte die Philosophin das Bild mit einem nächsten aus, worauf sich der vor ihr liegende Körper entspannte. „0 ja, das tut gut." Sie streckte sich nun ganz langsam auf ihrem Küchenboden aus. Das Siegel bewegte die Philosophin in Höhe des Bauches ihrer Freundin etwa zehn Zentimeter entfernt mit der Bauchdrehung. „Es wird schon besser. Kannst du mir noch die Farbpunkte draufsetzen, bevor du gehst?" Die Philosophin nickte. „Vielleicht schaffe ich es so, ohne Morphium. Ich will meinen klaren Kopf behalten. Ich muß noch so viel aufschreiben." Nach etwa fünf Minuten legte die Philosophin die Siegel wieder zurück in das rote Buch und stellte es ins hohe, weiße Bücherregal, das vom Boden bis unter die Decke reichte, voll von farbigen Bücherrücken. Dann holte sie aus einer Schublade unter der Schreibtischplatte ein grünes Kästchen mit goldenem Rand hervor. Sie klappte den Pappdeckel nach hinten und suchte unter den farbigen feinen Seidenstoffen jene Farben hervor, die sie brauchen würde. Blau für die Beruhigung der Blase, grünlichblau für die Niere und so weiter. Die Freundin saß schon wieder auf dem Küchenstuhl und hielt ihren schönen Morgenmantel über den Schultern zusammen, so daß ihr Rücken frei blieb. Nun klebte die Philosophin auf die entsprechenden Punkte die Farben auf und tastete an den Rückenmuskeln entlang der Wirbelsäule, ob sie tatsächlich entspannten. „Wenn irgendwer von meinen Freunden sieht, was wir hier machen, würde er uns für verrückt halten und mir statt dessen eine Aspirin geben. Wir wissen jetzt so viel über den Leib. Wenn du darüber schreibst, dann mach einen Popanz von Theorie, mach eine riesige Seifenblase aus Theorie, bevor du etwas davon preisgibst. Sie können es nicht anders akzeptieren, es muß so sein. Sie verbieten uns, Früchte vom Baum unserer Erkenntnisse zu pflücken." Dann stand sie auf, band sich den Gürtel um und ging in ihr großes Zimmer, in dem ihr Schreibtisch stand und ein wunderschönes, altes, olivgrünes Sofa aus Samt. Langsam legte sie sich auf das Sofa nieder. „Komm, setz dich noch zu mir. Ich lese dir vor, was ich geschrieben habe. Das Labyrinth, die Spirale, das ist das ganze Geheimnis. Das ist genau das Gegenteil von unserem gesamten Rationalitätsbegriff. Der Umweg ist der kürzeste Weg zwischen zwei Lebenspunkten, die Spirale ist es, nicht die

Gerade, die nach Euklid die kürzeste Strecke zwischen zwei Punkten ist. Wer möchte denn schnurstracks, ohne Umwege, auf den Tod zumarschieren. Der Tod muß also weg. Er ist der Skandal der Wissenschaft. Den Tod darf es nicht geben.

Pythagoras suchte den Tod abzuschaffen, indem er der Wiederverleiblichung entgehen wollte mittels der Geometrie. Sie mochten keinen Umweg mehr über die Erde machen. Sie wollten den puren geistigen Weg, kein leibliches Leben. Ihr Krebszellen! Die ihr unsterblich seid und mich braucht für eure Ewigkeit! Ihr seid wie die Wissenschaft, die die Natur jenseits von Leben und Tod betrachtet, ewige Gesetze und Regeln, Wahrheiten unabhängig von der Menschengeschichte und vom Leben. Und jetzt habe ich euch im Bauch. So wie die moderne Wissenschaft überall zum Töten übergeht, ohne es zu merken, so seid auch ihr in mir. Ihr seid meine rationale Sehnsucht. Nicht leben wollte ich, sein von Geburt bis Tod, sondern unsterbliche Erkenntnis, als Wissenschaftlerin, als Dienerin der Übermacht. Du aber bist das Fremde, das ganz andere, und ich habe dich zu meinem eigenen Fleisch gemacht. Nun werde ich sterben, damit ihr leben könnt. Ihr hättet keinen Einlaß gefunden, wenn ich gelebt hätte als leiblich Wesen, gespürt hätte, was meine Zellen sagten, aber ich war stolz darauf, von meinem Körper nichts zu bemerken und ihn zu betäuben, wenn er sich meldete." - „Du solltest nicht eine so strenge Richterin sein über dein Leben", warf nun die Philosophin ein, „es verkrampft dich nur."

„Du hast recht, ich will immer noch alles auf Begriffe bringen und analysieren. Komm, gib mir deine Hände, ich will in die Bilder hineingehen, dort bin ich schon fast zu Hause." - Sie nahm die Hände der Philosophin und legte sich eine auf die Stirn und eine auf den Unterbauch. „Ich will jetzt keine Spekulation, ich will hinein in das Meer meiner Schmerzen. Keine Kopfgeburten mehr! Ich möchte auf andere Weise erkennen!" Sie fing an, sich auf ihr Atmen zu konzentrieren und atmete immer ruhiger und regelmäßiger.

„Ich sehe die Krebszellen. Es sind Spiralen. Warum zeigen sie sich mir als Spiralen?"

„Wo sind sie", fragte die Philosophin. „Im Bauch, dort, wo meine Gebärmutter war. Es tut jetzt weh."

„Bewegen die Spiralen sich?" - „Nein." - „Laß sie sich nach links drehen." - „Ja, es geht. Eine Spirale wird größer, sie dreht sich langsam nach links herum." - „Welche Farbe hat sie?" - „Sie strahlt wie durch eine schmutzige Milchscheibe." - „Ist es angenehm?" - „Nein, der Schmerz bleibt." - „Welche Farbe wäre angenehmer?" - „Grünlich, es kommt ein helles Grün in die Spirale. Ich wische damit die Scheibe sauber, es wird immer klarer, es ist eine grüne Spirale. Sie hat Augen. Gelbe Augen. Sie ist eine Schlange in meinem Bauch. Sie ist eine wunderschöne, grüne Schlange. Sie dreht sich spiralig und nimmt mir den ganzen Schmerz weg. Schlange, du bist meine Schmerzfresserin! Ihre Augen lachen. Sie tanzt, sie freut sich, ich sehe es, sie freut sich." Die kranke Freundin lächelte, als sie so entspannt auf dem Sofa lag und erzählte, was sie innerlich zu sehen bekam. „Frag sie, ob sie dir etwas zu sagen hat", schlug die Philosophin vor. „Wie soll ich das machen?" - „Stell ihr einfach innerlich die Frage, ob sie dir etwas Wichtiges zu sagen hat, mach es mit deinem sprachlichen Denken. So, wie du sonst auch sprichst und fühle dabei zu der Schlange hin." - „Sie schaut mich komisch an. Ihre Bewegung wird langsamer, der Schmerz kommt wieder." - „Schau sie ein Weilchen einfach nur an, freue dich an ihrem Tanz, verschnellere die Spiralbewegung, stell sie dir einfach schneller drehend vor. Wie wenn du mit deiner inneren Aufmerksamkeit einen Pinsel hättest, mit dem du die Spirale selber schneller rundherum malst." .„Ja, es geht, sie wird schneller. Der Schmerz ist weg. Ich frage sie. Sie sagt nichts. Wie soll ich sie verstehen?" -„Bitte sie, dir zu sagen, wer sie ist." - „Es kommt mir irgendwie vor, daß sie sagt, ‚Weisheit', sie ist meine Weisheit. Sie will mir dienen. Ich soll sie nutzen. Jetzt kommt Schmerz in der Niere. Es wird dunkel." - „Schau weiter auf die Schlange, und bewege sie zu deiner Niere hin. Laß sie den Schmerz aufessen." - „Ja, es geht, die Schlange wird zu einer sich windenden Geraden und schlängelt sich zur Niere hin. Jetzt rollt sie sich wieder in der Niere zur Spirale, links herum, sie dreht sich im grünen Licht links herum. Der Schmerz geht weg. Die Schlange zwinkert mir mit ihrem einen Auge zu. Jetzt schlängelt sie sich wieder zurück in den unteren Bauch. Dort rollt sie sich zu einem Haufen zusammen. Ein warmes Strömen läuft meine Beine herunter wie zwei Schlangen. Ich liege fest auf der Erde. Bin mit der Erde verbunden. Sie ist meine Weisheit, die Schlange meiner Erkenntnis." Ihr Atem wurde ruhiger, und nach einiger Zeit stand die Philosophin auf, deckte sie mit der wunderschönen, roten Wolldecke zu und schlich sich leise aus der Wohnung heraus. Sie hinterließ noch einen Zettel, „Herzlichen Glückwunsch, zu Deiner Schlangenweisheit."

Später schrieb die Sterbende in ihr Tagebuch: „Die Schlange in meinem Bauch ist wirklich eine Errungenschaft. Ich schicke sie an alle Stellen, an denen der Schmerz beginnt, träge, kräftig, sicher bewegt sie sich dorthin. Sie hat keine Eile. Sie hat einen starken Leib. Der bewegt sich in Windungen. Sie windet sich über die Stellen, an denen der Schmerz hochsteigt. Der Schmerz ist wie zerbrechlich gefrorene Eiskristalldornen, die innen hohl sind. Sie zerbröseln, wenn die Schlange sich an ihnen vorbei und über sie hin windet. Es ist eine Lust, die kraftvollen, weichen, langsamen, sicheren Bewegungen des Tieres zu verfolgen. Ich spüre es richtig, wenn sie sich in die Kurve legt und dabei wieder eine Portion Eiskristalldornen zur Seite fegt, so daß sie zerbröseln. Allerdings wachsen jeden Tag neue. Manchmal ist der Schmerz ganz weg, manchmal verhalten, er strengt mich an. In meinem Bauch findet ein Kampf statt, aber nicht zwischen zwei Lebewesen, sondern zwischen der ruhigen, kräftigen Schlange und den nachwachsenden Eiskristalldornen. Sie wachsen, wie eben Eisblumen wachsen und Eiszapfen.

Abends: Ein Unglück ist geschehen. Meine Schlange ist gestorben. Habe ich sie mit meinem Mißtrauen getötet? Ich hatte wieder Schmerzen, aber sie hatte schon den ganzen Tag in mir gearbeitet und mich schmerzfrei gehalten. Ich wollte ihr Ruhe gönnen, ich hatte Angst, daß sie es sonst nicht schafft, ich wollte sie nicht schon wieder wecken. Es war nichts anderes möglich, ich nahm eine Aspirin. Dann sah ich im Bauch alles durcheinander. Auch Bilder von Eiszapfen, scharf und fest. Die Schlange war müde geworden. Ich will sie rausschicken. Ich benutze sie als Mittel zum Zweck, zur Schmerzbeseitigung. Sie versucht mit ihrem heißen Atem die Eiszapfen abzutauen, aber sie ist kraftlos geworden. Sie schafft es nicht ganz. Ich habe Angst, meine Lebenskraft und Weisheit, meine Schlange, sie würde es nicht schaffen. Ihr Bauch ist verletzt. Ein Eiszapfen hat ihr unten den Bauch aufgeschlitzt. Der Bauch der Schlange ist zerschnitten! Hoffnungslosigkeit, Schrecken, Angst. Sie ist fort.

Ich fahre zur Havel, ein goldener Herbsttag. In meinen Ohren der Satz: die Schlange der Erkenntnis. Die Schlange ist der Schmerz. Schmerz ist ein Erkenntnisweg. Die Schlange des Aeskulap. Durfte ich die Schlange nicht als Mittel benutzen? Aber sie sagte doch, ich solle es tun, es freue sie, mir nützlich sein zu können. Oder war es die Aspirin? Ich habe der Schlange mißtraut, ein anderes Mittel genommen. Ich habe meiner eigenen, inneren heilenden Weisheit mißtraut. Ich spüre ihr Atmen in meiner linken Seite nicht mehr. Oh Erde, gib mir Kraft! Ich will leben, aber ich will auch in Frieden sterben dürfen. Und alle werden sagen, die spinnt ein bißchen, angesichts des Todes. Dabei habe ich nie soviel erkannt wie jetzt. Ich hätte meinem Labyrinth vertrauen sollen. Die Schlange war der Ariadnefaden. Aber wie sollte ich das so einfach können, ich bin unwissend mit meinem Leib.

„Starr nicht so in dich hinein“, das war die Stimme meines Vaters. Ich war voll konzentriert auf das, was außen ist, auf Politik, Wissenschaft, auf Männer, vor denen ich ständig meine Klugheit beweisen mußte und besser reden können mußte als sie. Ich habe es mir mit meiner Weiblichkeit verdorben. Fast die Hälfte der älteren Frauen hat keine Gebärmutter mehr, rausoperiert von den Herren. Wir sind tief verletzt in unserem Weiblichsten und dürfen es nicht erkennen. Meine Schlange, sie hat zuerst ihre Wohnstatt verloren und dann mein Vertrauen. Ich bin ratlos. Ich sterbe und weiß, daß ich nichts weiß.“ Als die Freundin der Philosophin schließlich in Todesstarre wie Marmor auf ihrem Bett lag und die Freundinnen sich von ihr verabschiedeten, sah die Philosophin auf die Pantöffelchen, die umgekippt vor dem Bett lagen. Sie schimmerten im fahlen Mittagslicht wie verloren, sanft und beige auf dem weißen Wollteppich. Die Freundinnen legten ihr nach dem Waschen den blauweißen Morgenmantel um, denn sie wollte mit den Kranichen im Sarg liegen.

Vielleicht, wenn es noch eine andere Welt der Toten gäbe, würde sie noch hier sein und sehnsüchtig auf ihre Pantöffelchen schauen und die wohltuende Wärme, die durch die Haut in die Füße kommt, nicht mehr spüren können. Es gibt vielleicht eine Sehnsucht in dieser anderen „Vielleicht-Welt“, nach den wunderbaren Annehmlichkeiten der Erde, die allzu leicht im irdischen Zustand vergessen werden.

Für den Fall, daß es eine andere Existenzform nach dem Tode und vor der Geburt gäbe, hatten die beiden Freundinnen eine Verabredung getroffen. Falls es das alles nicht gibt, kann auch kein Schaden entstehen, wenn sie der toten Freundin noch die letzten verabredeten Worte aus dem tibetanischen Totenbuch vorsagt, damit sie frei sei, sich zu entscheiden, ob sie noch einmal auf die Erde kommen oder in andere Regionen entschwinden wolle. Auch „drüben“ soll es verschiedene Wege der Erkenntnis und des Seins geben, und wer sich da nicht auskenne, sei im Strudel des Farbenchaos in den Bildern verloren. Die Philosophin kniete sich neben die Freundin nieder und sprach leise in ihr Ohr den vorbereiteten Text:

„Tochter der Edlen, höre gesammelt und mit großem Eifer zu. Nun widerfährt dir das, was man Tod nennt. Du bist jetzt in der Welt der Farben und Bilder. Diese Bilder bist du selber. Wenn du ein weißes, helles Licht siehst, dann fühle, ob du es liebst, es ist dein Urlicht. Wenn du es nicht siehst, dann bist du im Zwischenreich und hast noch die Wahl zwischen Urlicht und Erde. Willst du auf die Erde, so gehe zum blauen Licht, es ist die Mutter des Lebens. Tauche in dieses Licht ein, und gehe immer wieder zu den Bildern, zu denen du Liebe empfinden kannst, lasse alle anderen Bilder achtlos liegen, auch wenn sie dich zu verwirren und zu erschrecken versuchen. Sie wollen dich von deiner Liebe zu dir selber ablenken. Der Sinn dieser Unterweisung ist, daß du jedwede Erscheinung, wie schrecklich sie auch sein mag, als eine Erscheinung deiner selbst verstehst. Habe keine Angst, du kannst sie mit deiner Liebe lenken. Mache dich warm mit der Liebe, die du bist. Denke diese Sätze: Ich bitte dich, du großes Leben, führe mich auf den lichten Pfad deiner und meiner Urweisheit und nehme mich auf in dein Herz.“

Und während die Philosophin diese Worte flüsterte, dachte die rationale Stimme in ihr: „So ein Quatsch!“ aber die liebende Herzensstimme in ihr fühlte: „Ich tue, was sie gewünscht hat. Niemand weiß alles.“ Ihre Herzensgedanken lenkten ihren Mut, Worte zu flüstern, die in ihrer bisherigen rationalen Welt keine Heimat gefunden hatten.

Woher sollte sie wissen, was für eine Welt stimmen mag, die jenseits von menschlichem Leben zwischen Geburt und Tod sein könnte? Sie besaß die innere Größe, diese Frage von Sein oder Nichtsein nicht zu entscheiden und der Welt das Geheimnis ihrer Unergründlichkeit zu belassen. Was gibt es schon Kluges über die Unergründlichkeiten des Lebens zu sagen?

Aus Liebe für ihre Freundin wollte sie tun, was diese noch zu ihren Lebzeiten als Trost empfunden hatte und was sie neugierig gemacht hatte auf ihren persönlichen Tod. Dafür hatte sie geübt, den Bildern zu begegnen, die sich ihr in tiefer Aufmerksamkeit ihres Leibes ergeben hatten. Sie hatte noch kurz vor ihrem Tod die faszinierende zweidimensionale Welt entdeckt.

Beide waren sie pragmatische Agnostikerinnen.

## Die Entfesselung der Weisheit im Kerker ihrer Feinde

### Sophia ist ein uraltes Geheimnis

Wenn wir uns vorstellen, sie ist in den verschlossenen Archiven des Vatikans verborgen, in den verbrannten Bibliotheken von Babel, Alexandria und Konstantinopel ist sie verlorengegangen, dann sind wir im mythischen Bild der gnostischen Sophia, die von ihren Feinden gefesselt und gefangengehalten wird. Im Mythos wird sie gefoltert, denn sie soll zugeben, daß sie die alleinige Schuld am Leiden in der Welt hat, weil sie die physische Welt gebar.

Wenn wir uns besonders als Frauen daran machen, in die zugänglichen Archive zu gehen, und in unsere eigene leibliche Erfahrungswelt eintauchen, um sie von ihren Fesseln zu befreien, so begegnen uns ständig Wächterinnen und Wächter. Jede Tür zu einer Textquelle ist verstellt von Wächtern, die uns wegschicken wollen, die uns bei Türöffnung etwas anderes über Sophia erzählen. Wir sollen wieder gehen, mehr sei über sie nicht zu erfahren und außerdem sei sie schon längst tot.

Wenn ich als philosophische Forscherin über den staubigen Büchern saß, die oftmals seit Jahrzehnten nicht mehr ausgeliehen wurden, dann überkam mich manchmal eine tiefe Empfindung der Einsamkeit. Viele geheime und offizielle Geschichten über Sophia habe ich gelesen, und es dauerte lange, bis ich verstand, daß es in ihren Geschichten um eine weiblichere Erkenntnisart geht, die in Fesseln gelegt wurde. Diese Fesseln spüren wir auch heute, wenn wir eine zündende Idee haben oder etwas Kompliziertes leicht verstehen, aber der Mann in einer Universität oder in einem Verlag oder in einem Rundfunkhaus sagt uns, das sei alles Quatsch. Neben ihm stehen fleißige Assistentinnen, die untertänig mit ihrem Kopf nicken, und dennoch wissen wir, daß wir auf einer heißen Spur sind, daß da etwas ist, was uns von den Schranken des beschränkenden Logos befreien könnte, ohne deshalb eine blutige Revolution anzetteln zu müssen.

In dieser Situation befand ich mich viele Jahre, während ich auf den Fährten der Sophia forschte. Was ich schließlich fand, habe ich in vier Gestalten zusammengefaßt. In der griechischen Metis und Athene, in der ägyptischen Isis, in der jüdischen Schechina und in der gnostischen Sophia. Alle vier sind verschiedene Aspekte der Weisheitserkenntnis und haben mich zu meiner leibphilosophischen Perspektive inspiriert. Sie aus den Fesseln ihrer Feinde zu befreien, hieß für mich, meine eigenen Fesseln des Denkens in Frage zu stellen, archaisch anmutende Denkformen am eigenen Leibe auszuprobieren und intellektuelle Perspektivwechsel zwischen Weisheit und Vernunft einzuüben. Es ist ein Wechsel zwischen Information und eigenleiblicher Inspiration, ein Wechsel zwischen Wissenschaft und Fiktion. Beides zusammen ergibt eine Ahnung davon, in welche Richtung sich ein weiblich-utopisches Denken entwickeln könnte. Es ist eher eine bikamerale Sicht auf die Geschichte, die passiert.

Ich suchte Sophias Spuren in den Schriften ihrer Feinde und in den Institutionen ihrer Widersacher, denn nur dort waren sie zu finden. Ich versuchte, die komplizierten Knoten ihrer Fesselung zu studieren, um sie nach und nach aufzuknüpfen. Als Philosophin kann ich nicht wie Alexander der Große einen Knoten mit einem sagenhaften Schwertschlag durchhauen, der gefesselte Leib würde ebenfalls zerschlagen sein. Ich nehme die Geschichten von Sophias Gegnern auf und filtere jene Weisheitsformen heraus, die auf eine Sophia jenseits des Logos verweisen könnten.

Ich tue es, weil der Anteil einer bewußten Weisheit in unserer Welt fehlt. Ich tue es, weil ich mit Sophia und Logos eine ausgewogene Denkungsart zwischen weiblicher und männlicher Weltsicht anstrebe. Ich tue es, weil ich als Philasophin, als Freundin der Sophia, eine Sucherin nach Weisheit bin, eine, die sich danach sehnt, Weisheiten des Lebens im kleinen und im großen zu erfahren und zu initiieren.

In alten ägyptischen, jüdischen, griechischen und gnostischen Religionsgeschichten erzählen Priester über Sophia. Diese Priester dienen bereits dem Logos, ihrem Herrn des aufgeschriebenen Wortes und des Gesetzes. Auch sie stehen als Türwächter vor dem Raum, in dem Sophia gefesselt in der hintersten Ecke liegt. Darum hören sich ihre Geschichten immer etwas schräg und falsch an, denn sie wollen einem weismachen, daß sie Diener der Sophia seien und nur ihrem Grab die Ehre erweisen. Was über Athene, Metis, Isis, Schechina und Sophia in den patriarchalen Schriften erzählt wird, muß daher immer mit Vorsicht gehört werden, denn die Weisheit befindet sich zwischen den Zeilen.

Indem wir sie von den Fesseln der Väter befreien und sie als mütterliche Lebensliebe in den Texten suchen, kann vielleicht eine Ahnung darüber aufsteigen, was mit uns selber anders wäre, wenn unserem ganzen Gehirn von der Kontrollzentrale in der linken Logos-Kammer erlaubt würde, jene Räume zu betreten, die sonst als irrational, abergläubisch, unsinnig, lügenhaft, weibisch und böse gelten.

Nun hört es sich so an, als würde ich einer Hierarchie im Gehirn das Wort reden, die erlaubt und nicht erlaubt. Aber ich gehe erst einmal davon aus, daß unsere linksdominante Gehirnseite gegenüber der rechten Seite eben dominanter ist, auch bei Frauen, die stärker intellektuell tätig sind. Im nächsten Schritt ginge es darum, eine Gegenkontrolle für das linke Sprachzentrum durch die rechte Gehirnhälfte aufzubauen, was die linksdominante entlasten würde und mehr ein sogenanntes „systemisches“ (ganzheitlicheres, vgl. Kratky 1991) Verhältnis in

Gang setzen würde, das bikameraler abläuft. Dazu müßten wir bewußt rechtsseitige Erfahrungen einüben, die wir mit linksseitiger Tätigkeit kombinieren. Leibliche Verspürnisse und Gefühle sind eher rechtsseitig organisiert. Wir müssen nicht unseren Gefühlen ausgeliefert sein, wir können sie auch bewußt initiieren und wahrnehmen, wenn sie da sind. Wir können sozusagen mit ihnen reden. Das Gefühl kann sich in gewissem Sinne selber eine Sprache schaffen und sich mit der Vernunftstimme auf gleichberechtigter Ebene unterhalten. Dafür müßte der eigene Logos dazu gebracht werden, nicht immer davon auszugehen, daß er auf jeden Fall recht hat. Das geht am ehesten, wenn wir uns in Lebenskrisen befinden, und der Logos sowieso nicht weiß, was für uns am besten wäre. Dann ist Weisheit angesagt, die Einsichtkraft der sogenannten Intuition, die sich über das ganze Gehirn verteilen kann, wenn Logos sich gerade einmal nicht auf seinem Podest befindet. Was ich hier schreibe, mutet vielleicht etwas seltsam an, aber ich gehe davon aus, daß wir selber bewußt in der Lage sind, unser Gehirn zu benutzen. Das Neue bestünde darin, daß Logos bereit wäre, sich auch einmal von der Sophia-Seite her beraten und sich von ihrer Stimme korrigieren zu lassen. Es ist keine Schizophrenie, so in sich selber dialogisierend zu sprechen, es ist die Urform des Philosophierens, es ist der „innere Dialog“, den wir selten genug führen. Für die Beschäftigung mit den Göttinnen hat mir meine eigene Logos-Seite eine Forderung gestellt: Du sollst als Schülerin des Logos Worte finden und mich nicht verleugnen! Und so soll es sein.

Ich erörtere nun in vier Schwerpunkten, was ich über Sophias Verbleib gefunden habe, um sie bei jedem Fund in fiktiver Form von einer Fessel mehr zu befreien. Einen Teil werde ich in Logos-Form schreiben, einen anderen in der Form der intuitiveren und auch leibnäheren Sophia.

Ist bikamerales Philosophieren vielleicht das Entfesseln der Weisheit in unseren eigenen Kerkern? Und was ist der Kerker? Ist es der unsensible Körper, der sich noch nicht bewußt zum Leibsinn entwickelt hat?

## Die weise Athene ?

Als erste mythische Gestalt der Weisheit schauen wir uns die griechische Athene an. Sie wird uns als die Göttin der Weisheit überliefert. Aber ist sie wirklich die griechische Weisheitsgöttin? Oder ist sie nur vernünftig? Und wer war dann die Göttin der Weisheit? Denn es muß eine geben, weil es in fast allen älteren Kulturen eine weibliche Weisheitsvorstellung gibt.

Was liebten die Philosophen der Antike, als sie sich „Freunde der Sophia“ nannten?

In dem griechischstämmigen Wort „philo-sophieren“ wird ein Liebesverhältnis zwischen zwei Wesen zusammengefaßt: das Verhältnis des „Philos“ (Freund, Geliebter, Vertrauter, Fürsprecher) zu der „Sophia“ (Weisheit, List, Klugheit,

Kunst, Einsicht, Erfahrung). Der männliche Geliebte ersehnt dieses andere weibliche Wesen. Er gestaltet sich so um, daß diese weibliche Wesenheit - Sophia - bereit ist, in ihm „Platz" zu nehmen und ihn zu ihrem Vertrauten zu machen. Denn danach sehnt sich der wahre Philosoph, daß sie ihn einweihen möge in ihr Wissen und ihre Erkenntnisart.

Sie ist das, was er zu sein erstrebt. Sie soll seine Führerin und Weiserin sein. Philosophieren ist im vorklassischen griechischen Sinne das Ersehnen und Erflehen ihrer Gegenwart, der Gegenwart einer allweisen Frau in innerer Gestalt.

Heutige Männer, die sich „Philosophen" nennen, wissen zumeist nichts mehr von diesem leidenschaftlichen Verhältnis und müßten sich eigentlich „Philologos" nennen, denn was sie verherrlichen, ist nicht „Sophia", sondern „Logos", das Wort, das aufgeschriebene Gesetz, die Sprache, die Regel und der Begriff.

Pythagoras (um 582 v. Chr.) soll es nicht gewagt haben, sich „sophos" (weise) zu nennen, da die Bezeichnung „einem Sterblichen nicht zukommend" (Zeller 1892, 1, 1.) sei, und daher nannte er sich „philosophos". Der römische Philosoph Cicero berichtet, daß bis zur Zeit des Pythagoras alle Leute, die sich irgendwie mit der „geistigen" oder „theoretischen" Erfahrung (contemplatio) der Welt beschäftigten, als „Weise" bezeichnet wurden, als „sophos"; Pythagoras habe sich aber dagegen gewehrt und sich selber die damals neuartige Bezeichnung „philosophos" gegeben. Er verstand sich als ein Mann, der sich mit Weisheit beschäftigt und nach ihr strebt. Aber & hätte es als Blasphemie empfunden, sich als Weiser auszugeben.

Pythagoras glaubte an eine Weisheit als Göttin und stellte sich vor, daß sie in der Natur existiere. Die Beschaffenheit der inneren Maße der Natur meinte er als frommer Philosoph erkennen zu müssen, um Sophia gerecht zu werden. Ein Philosoph ist so immer zuerst Naturphilosoph. Das Männliche kann nicht Lebendiges gebären, darum ist ihm das Lebendige weiblich. Der Leib der Welt ist Weisheit. Wer sie erforscht, wird Anteil an ihr haben. Ein Naturphilosoph ist ein Sophia-Freund. Die Natur wurde als Leib der Weisheit verstanden.

Auch Platon betont im Dialog „Phaidros", daß Weisheit etwas sei, was dem Manne (oder Menschen) unmöglich zu erreichen sei, und daß der Mann nur Freund der Sophia sein könne.

Heraklit (544 - 483 v. Chr.) kennzeichnet den „Philosophen" als einen, der „vielerlei Dinge kundig" sei (Diels 1957, Fragment 35). Sophia oder Weisheit wird von Heraklit als Kunst und gelerntes Wissen verstanden, was schon mehr an das modernere Verständnis von Vernunft und Rationalität erinnert. Aber er weiht sein Werk der Göttin Artemis.

Alles Leidenschaftliche soll der neue „philosophos" vermeiden, damit „Logos-Erkenntnis" möglich sei, eine Erkenntnis unabhängig vom eigenen Leibe und dessen triebhafteren Impulsen. So interpretiert der Philosophiehistoriker Rudolf

Wohlgenannt Heraklit als Logos-Denker, wenn er zusammenfaßt: *Nur der Gereifte gelangt nach Heraklits Überzeugung zur Erkenntnis des Logos: der Weise, der „jegliches nach seiner Natur zu zerlegen weiß*" (1977, 11).

Ein Unterschied zwischen „Logos" und „Sophia" wird heute nicht mehr unter den Fachphilosophen thematisiert.

Der „Logos" ist aber mythologisch ein Sohn der Sophia, eine von ihr geborene männliche Wesensenergie, die in christlich-religiösen Zusammenhängen zum höchsten Geistgott erhoben wurde.

„Sophia" - Forschung bedeutet nicht das „Zerlegen der Natur", wie es in der Logos-Tradition aufkam, sondern das „Schauen" oder kontemplative Beobachten und „Sichvereinigen" mit der Weisheit der Natur.

Wenn heute „philosophieren" mit „analytischem Denken" gleichgesetzt wird, dann hat das etwas mit diesem Vergessen des vorlogischen Begriffes von Weisheit zu tun, zu dem in der herrschenden Philosophie seit Platon angehalten wird.

Die Spitze dieses bewußten Vergessens installierte Platon, als er „Philosophie" gegen „Mythos" abgrenzte, und damit solche Gestalten wie „Weisheitsgöttinnen" oder auch „Muttergottheiten" ins Reich der Lügen und des Betruges verwies, während es der Philosophie um Realität, Wahrheit und Tugend gehe.

So wird im Grunde noch bis heute zwischen Mythos und Vernunft unterschieden, wobei die Weisheitsmythen fast gänzlich in Vergessenheit geraten sind.

Wenn ich nun im folgenden auf „Göttinnen" zu sprechen komme, dann ist für mich etwas anderes an ihnen interessant, als ihre Existenz oder Nichtexistenz als anzubetende Göttinnen. Ihr weiblicher Kultus regt möglicherweise bestimmte eigenleiblich verspürte Erfahrungen der Einbildekräfte an, die hilfreich dafür sein könnten, in ungewohnte Zustände des Denkens zu kommen und eine Balance zwischen verschiedenen Denkweisen zu finden. Die verschiedenen Zustände tragen verschiedene Namen, die ich als diese Göttinnennamen lese.

Ich interpretiere Mythen und mythologische Gestalten nicht als erdichtete Symbolfiguren oder monströse Helden- und Heldinnengeschichten, die die angeblich „primitivere archaische Psyche" repräsentieren, sondern ich interpretiere fast alle mythischen Gestalten, vornehmlich die weiblichen, als ganz bestimmte Ausdrücke und Bezeichnungen für „innerleibliche Verspürnisse" der Menschen, für einen Ausdruck ihres Leibsinnes. Der Hirnforscher Jaynes geht davon aus: *Die Götter waren Organisationstypen des Zentralnervensystems* (1997,S.96). Sie entstehen sozusagen im Gehirn und sind eigenleibliche Formen der Einbildekraft, die eher durch Funktionsweisen der rechten Gehirnhälfte innerlich erfahrbar werden.

Die „Göttin der Vernunft und Kriegskunst" Athene verstehe ich so nicht nur als eine Göttin im Epos des Homer, die Odysseus immer zur rechten Zeit den richtigen Ratschlag ins Ohr flüsterte, sondern als eine innere Stimme, die durch einen bestimmten Erkenntniszustand im griechischen Manne gleichsam im Ohr „hörbar" werden konnte.

Athenes Vernunft ist eher mit „Listig-Sein" zu übersetzen, was die Griechen der „antiken Aufklärung" (um 500 v. Chr.) mit „Vernunft" gleichsetzten.

Daß die Göttin Athene allerdings bereits eine war, die sich die herrschenden Männer zurechtdefiniert hatten, werde ich noch aufzeigen.

Diese Art, die „Göttinnen" als Bezeichnung für einen eigen-leiblich verspürten Zustand zu sehen, der sogar in bestimmten Organen lokalisiert werden kann, mag heute fremd erscheinen, aber sie war wahrscheinlich üblich, bevor die abendländischen Philosophen außerhalb von sich das Wahre zu suchen begannen.

So sehe ich Prometheus nicht nur als „Feuerbringer" und „Menschenfreund". Aus der eigenleiblichen Perspektive gesehen ist er der erhitzte, erleidende Zustand des Leibes, der leidenschaftlich für etwas anderes als sich selbst entzündet ist und dabei an Weisheit einbüßt. Ihm wurde die Leber, das Organ der männlichen Weisheit, für seine götterfrevlerische Tat zugunsten der Menschen, allnächtlich herausgehackt (vgl. Kerènyi 1946, S. 174).

Der Mythologe Karl Kerènyi verglich Prometheus mit dem Riesen und Apollon-Gegner Tityos, dessen Leber ebenfalls zur Strafe verzehrt wurde und die bei Erscheinen des Mondes wieder wuchs. Prometheus verlor mit seiner Leberweisheit seine „Sehergabe", wie es Aischylos in seinem Stück „Prometheus in Fesseln" darstellte, so daß Prometheus ohne Leber kein göttlicher Weiser oder Wissender mehr sein konnte. Seine Leber sei „schwarzzerfressen" gewesen und kein „helles Organ" der Weisheit mehr. Voraussehen können wurde als Leberfähigkeit angesehen.

Auch der hinkende Gott der Schmiedekunst und des Handwerks, Hephaistos, erhält eine eigenleiblich zu verspürende Dimension. Ich sehe ihn nicht nur äußerlich als Verwandten des Prometheus an, sondern als Leibeszustand, so wie der Sänger Orpheus, der noch vor Pythagoras gelebt haben soll, den Hephaistos besingt: *Du bewohnst den sterblichen Leib /... Auf daß du immer friedlichen Sinns! Zu wohlgefälligen Werken kommst. / Stille die rasende Wut des unbezwinglichen Brandes/ dein ist in unseren Leibern die Verbrennung natürlicher Art* (1982, S. 109).

Der Name Hephaistos bedeutet nicht den prometheischen, leidenschaftlichen Zustand des Erkennens und Tuns, sondern den „friedlichen Sinn", der in uns im normalen wohlgefälligen Arbeiten zur Ruhe kommt. Nach Feierabend „denkt" sozusagen Hephaistos in mir: „Schön." Es ist die Ruhe nach dem hergestellten Werk.

Diese Art, „Gottheiten" eigenleiblich aufzufassen, widerspricht aber nicht der Möglichkeit, auch leibfernere kosmische Sphären mit Gottheitszuständen zu verbinden. Hier spielen atmosphärische Sensibilitäten eine größere Rolle.

Die Göttinnen Diana, Isis, Dike, Demeter und Sophia können als bestimmter erkennender Leibsinn aufgefaßt werden.

Das widerspricht der heute im „Abendland“ typischen Entgegensetzung von „Mythos und Aufklärung“.

Es ist keine „Gegenaufklärung“, sich auf Mythen zu beziehen, sondern sogar eine Art tiefer gehende Aufklärungsarbeit, der es um eine balancierte und integrierte menschliche Lebensweise geht. Es geht darum, den Mythos der Vernunft aufzuklären.

Athene wird uns heute als „Göttin der Weisheit“ von den bereits vaterrechtlich gewordenen Griechen überliefert. So manche Frau hat sich schon darüber gewundert, warum eine Göttin der Weisheit mit Kriegshelm, gepanzerter Brust und einer Waffe in der Hand dargestellt wird.

Nur kleinere Beigaben, wie eine Schlange oder der Kopf der Medusa auf der Brustmitte, erinnern daran, daß sie wahrscheinlich doch noch anderer Herkunft sein könnte als aus einer kriegerischen Poliskultur machthungriger Griechen.

Erzählte Homer nicht, daß sie Odysseus dazu bewog, mehr mit List zu kämpfen als mit Muskelkraft?

Es ist nun auch ausgerechnet Athene, die zum ersten Mal im griechischen Mythos den Mord an einer Mutter weniger hoch bewertet als den Mord an einem Vater.

Verschiedene griechische Dichter erzählen die Geschichte des Orest, der ein Götterliebling war und von Athene vor den Erinnyen (mutterzentrierte Rachegöttinnen) gerettet wurde. Besonders eindrucksvoll wurde dieser Stoff von Aischylos (525 - 456 v. Chr.) gestaltet.

Neuere Interpretationen stimmen darin überein, daß sich in der Sage von Orest eine Übergangsproblematik der Einsetzung von Vaterrechten gegenüber den vorher gültigen Bräuchen erhalten hätte, die mehr durch mütterliche Qualitäten dominierten.

Athene steht also eindeutig auf der Seite der Männer und verweist die Muttergottheiten auf eine untere Ebene der Akropolis, des Herrschaftsortes der freien Männerminderheit einer griechischen Stadt (Polis). So ist Athene wahrscheinlich schon die letzte Gestalt einer noch mit Frausein verbundenen Weisheit, die mit der Göttin Athene zur „Vernunft“ gekommen ist.

Athene ist nämlich die erste Göttin, die nicht von einer anderen Göttin, von einer Frau, geboren wurde, sondern ihr Mythos erzählt, daß der Vatergott Zeus sie höchstpersönlich aus seinem Kopfe geboren habe. Sie, die Göttin der Vernunft, ist eine Kopfgeburt des Zeus. Das ist der eigentliche Hintergrund dieses Mythos um Athene, in dem es um die Behauptung des neuen obersten Gottes Zeus geht, er könne gebären, so wie die Göttinnen vor ihm geboren haben.

Aus der eigenleiblichen Perspektive gesehen bedeutet das, daß Männer anfingen zu behaupten, sie könnten Weisheit oder „Vernunft" gebären und stünden der Geburt und dem Tode genauso nahe wie die Frauen. Dazu gehört, daß Frauen vor Zeus wahrscheinlich als „Unsterbliche" galten, da sie sich offensichtlich in ihren Kindern immer wiedergebären konnten, während die Männer als „Sterblich«' angesehen wurden, die keine Verbindung zur „ewigen Weisheit" des Lebens haben könnten (vgl. König 1983, S. 107).

Zeus beanspruchte für sich mit seiner Geburt der Athene die begehrte Unsterblichkeit. In diesem Zusammenhang besang ihn auch der begeisterte Zeus-Anhänger Orpheus: *Zeus ist der Kopf, Zeus ist die Mitte, von Zeus hat alles sein Ende. Zeus ist der Grund der Erde und des gestirnten Himmels. Zeus ist männlich, Zeus ist eine unsterbliche Frau. Zeus ist der Hauch von allem ... denn er hat alles in sich verborgen und brachte es wieder hervor* (Kerènyi 1977, S. 93).

Dieses Hohelied an Zeus ist wahrscheinlich eine Imitation der damals üblicheren Hohelieder an die gebärende Göttin der Weisheit. Ihre weiblichen Eigenschaften werden dem neuen, männlichen obersten Gott zugesprochen und dem weiblichen Leib entfremdet.

Das Gebären-Können hing im vorpatriarchalen Griechenland wahrscheinlich eng mit der Weisheit des Lebens zusammen. Möglicherweise war organisch der „Sitz der Weisheit" nicht die Leber, wie im bereits patriarchalisierten Mythos des Prometheus erzählt wird, sondern die Gebärmutter.

Mir kommt der ungeheuerliche Verdacht, daß möglicherweise „Muttermord" in historischer Vergangenheit noch etwas anderes bedeutete: nämlich die Ausreißung der Gebärmutter aus dem Leibe der Frau.

Dem grausamen Mann, wenn er an die Macht kommt, sind keine Tabus gesetzt, wie Judenvergasung und Hexenverbrennung beweisen. Ich werde beim Lesen vieler antiker Texte den Argwohn nicht los, daß es vielleicht auch einmal darum gegangen sein könnte, den Frauen in den neu entstandenen Geheimkulten des Zeus die Gebärmutter aus dem Leibe zu reißen, um die Gebärmutter dann sogar aufzuessen. Der Wunsch, so heilend und lebengebärend wie sie zu werden, muß die neu entstandenen Männerkulte beschäftigt haben. Denn diese Geschichte des Zeus mit der Vatertochter Athene hat ihren Angelpunkt darin, den Leib der Mutter zu verleugnen, zu vergessen und sogar zu verschlingen.

Athene war auch im Mythos nicht eigentlich vom Vater geboren worden, sondern von einer Mutter, was aber seltener erzählt wird. Diese Mutter der Athene hieß Metis und war eine alte titanische Weisheitsgöttin vor Zeus.

Als Zeus die Titanen bezwang und zur Herrschaft kam, war eine seiner ersten Taten, die Göttin Metis aufzuessen, um so zu werden wie sie.

Es ist bekannt, daß in kultischen Ritualen die Adepten und Priester Handlungen ihres Gottes wiederholen, um seine Taten zu rechtfertigen und so mächtig zu werden wie er: Aßen die Priester des Zeus auch Weibliches?

Metis gehörte als Tochter des Okeanos der vorolympischen Götterwelt an, die durch Zeus in den „Tartaros" verbannt wurde. Metis allerdings wurde von ihm nicht verbannt, da sie die weise Göttin war und das Leben durchdrang. Sie versprach Zeus, ihn in seinem Kampf gegen die Titanen zu beraten, da sie noch eine alte Rechnung mit ihnen zu begleichen hatte. Sie residierte in einer berühmten Stätte der Weissagungen, es könnte auch Delphi gewesen sein.

Das Wort „Delphi" ist verwandt mit „delphys", einem alten Wort für „Gebärmutter": *Der Name hängt mit einem alten Wort für Gebärmutter zusammen, ebenso wie der Ortsname Delphoi, wofür man heute mit den Lateinern Delphi sagt* (Kerènyi 1977, S. 108).

Auch der „Delphin" hat deshalb seinen Namen, weil er das einzige Meerestier mit einem menschenähnlichen Uterus ist; er soll auch in noch älterer Zeit als „Drächin" neben der Göttin in Delphi verehrt worden sein. Delphine gelten als die intelligentesten und menschenfreundlichsten Tiere des Meeres. Sie sind jene Begleiter verschiedener Göttinnen, die Lebensfreude bringen. „Einen Uterus haben" hieß in archaischer Zeit wahrscheinlich dasselbe wie schöpferische Intelligenz, Lebensfreude und Lebensweisheit haben.

Die Renaissance-Philosophin Lucretia Marinella (1985, S. 34) wies darauf hin, daß der berühmte Satz „Erkenne dich selbst" am Tempel von Delphi von einer Frau namens „Femonoe" geprägt worden sei und nicht von einem der späteren „Sieben Weisen", wie bis heute behauptet wird. Ich sehe Delphi inzwischen als eine letzte noch länger erhaltene Urstätte weiblicher bikameraler Erkenntnisart an und interpretiere die spätere Vertreibung der Göttinnen durch den Wissenschaftsgott Apollon aus dem Tempel von Delphi wie Nietzsche als bewußte Entsinnlichung der menschlichen Erkenntnistätigkeit.

Athene aber wird von den patriarchalisierten Männern als mutterlose Göttin gefeiert, und ihre Mutter Metis wird auch ihr beharrlich verschwiegen.

Aber wie hatte Zeus Metis verschlungen? Er tat so, als wolle er sich von ihr einen Ratschlag holen, um von ihr eingelassen zu werden. Als er in ihren Hallen wandelte, stürzte er sich plötzlich auf sie und vergewaltigte sie. Sie wurde mit Athene von ihm schwanger. Beim nächsten Überfall erfaßte Zeus die Schwangere und verschlang sie samt ihrem Embryo.

Es war ihm nämlich geweissagt worden, daß er seine Herrschaft verlieren würde, sollte Metis diese Tochter gebären. Nun gab er also vor, diese Tochter selber gezeugt, ausgetragen und geboren zu haben.

Der Gott, der vergewaltigt, repräsentiert im Mythos den Logos, der sich mit der Unterwerfung des weiblichen Leibes die weibliche Weisheit und Lebensklugheit einverleibt, um ihre Tochter, durch seinen Logos kontrolliert, in die Welt zu bringen. Was dabei aus seinem Kopf herauskam, war eine Kriegsgöttin, eine Göttin der strategischen Kriegsführung und streng nach aufgeschriebenen Gesetzen geregelten, das heißt, vernünftigen Lebensweise.

Das hat mit Weisheit nur wenig zu tun.

*Abb. 3: Zeus gebiert Athene; Abbildung auf der Rückseite eines antiken Spiegels*

Auf den antiken Abbildungen sind es noch Frauen, die dem Zeus bei seiner Kopfgeburt helfen, und Hephaistos steht mit seiner Axt nur hilfsbereit daneben. Er betätigt sich als Kopfspalter und teilt das Gehirn in zwei Hälften, woraus die geharnischte Vernunft Athene entspringt. Im hebräischen Testament ist Gott der Geburtshelfer für Adam, der aus seinem Leibe Eva gebar.

Indem nun Zeus gebären konnte, beanspruchte er sein alleiniges Vaterrecht über die Tochter und gleichzeitig die oberste Stufe in der Götterhierarchie des Tempels. Athene wurde von ihm zu seiner Rechtsprecherin ernannt und wird im Glanze ihres Vaters Zeus überliefert. *Da mich kein Mutterschoß gebar, so schlägt mein*

*Herz dem Mann, ohne Eheband, ganz bin ich meines Vaters! Ganz sein Kind!* (S. 259).

Ohnmächtig bäumte sich noch der „Chor der alten Welt“ auf:

*„Oh Nacht, oh schwarze Mutter, schau herauf!“*

Mit dem Freispruch für Muttermord durch die Vatertochter Athene wurde das ums Leben rankende Weisheitswissen der Frauen und der Mutterleib abgrundtief verleugnet. Der neue Gott von Delphi, Apollon, der als Halbbruder von Athene auftritt, erklärt:

*So höre noch dies eine, merke auf!*
*Die Mutter ist nicht Ursprung ihres Kindes,*
*Wie mancher glaubt; sie nährt nur seinen Keim.*
*Wer zeugt, erschafft; sie aber hegt ein fremdes Pfand,*
*Bewahrt den Sproß, den Gott erhalten will.*
*Und dafür höre deutlichen Beweis!*
*Auch ohne Mutter wird man Vater: dies bezeugt vor uns das Kind des*
*höchsten Zeus. Von keines Mutterschoßes Nacht ernährt, doch herrlich*
*wie kein anderes Götterkind. Oh Schwester, stets erkenn ich deine*
*Stadt und immer mach ich ihre Bürger groß;* (S. 255 f.)

Auf den Spuren der Vatertochter Athene sind wir auf ihre Mutter, die Weisheitsgöttin Metis gestoßen, jene frühere Göttin der Weisheit in der griechischen Religion.

Mutterschaft gehörte für Metis selbstverständlich zum Weisheitswesen dazu, während Athene als „ewige Jungfrau“ mann-ähnlicher überliefert wird.

Aber es gibt auch mythische Klatschgeschichten, in denen gemunkelt wird, daß Apollon nicht ihr Bruder sei, sondern ihr Sohn. Für die Anhänger des Zeus aber war es wichtig, eine „Tochterfigur“ zu verherrlichen, die als mögliche Mutter nur eine Gefahr dargestellt hätte.

Nach dem Psychologen und Mythenanalytiker Erich Neumann trägt Metis deshalb ihren Namen, weil im Altgriechischen das Wort „Metis“ aus der Wortwurzel, „Mond“ entspringe (mön), woher auch mensis (Monat), mas und ma (messen) stamme. Metis gelte so als Weisheit und Klugheit, die die Welt ordnen und messen könne. Auch „metiesthai“, meditieren, im Sinn haben, träumen, wünschen und lernen mit Erinnerungsvermögen gehört nach den Wortverwandtschaften zur inneren Bewegung im Erkenntniszustand der Metis (vgl. Neumann 1985).

Der Name „Athene“ oder ihr Doppelname „Pallas Athene“ bedeutet nach John M. Allegro (1970, S. 72 f.) „Vulva Vulva“ und erzählt noch eine andere Geschichte der Athene.

Danach ist sie weder von einer Mutter noch von einem Vater geboren worden, sondern sie hat sich durch sich selbst geboren, durch die schöpferische Gebärfähigkeit ihres eigenen Geistes („Vulva Vulva“ bedeutet dann soviel wie: Das Weibliche gebiert das Weibliche ohne den Mann).

*Abb. 4: Gorgonenhaupt*

Immerhin zeugt das Gorgonenhaupt auf Athenes Brust von einer vorpatriarchalen Herkunft, denn der Kopf der Medusa galt als „Genital der Mutter“, aus dem die dichterische und hellseherische Inspiration geboren wurde. Nur jene, die uneingeweiht dieses „Gesicht“ schauten, wurden sofort „versteinert“, so daß „Gorgo“ auch der „Anblick des Todes“ bedeutete, aber natürlich nicht für die eingeweihte Frau.

Im Mythos der Medusa wird erzählt, daß bei ihrer Ermordung durch Perseus aus ihrem vergossenen Blut das geflügelte Pferd Pegasus entsprang, die dichterische Eingebung.

Auch in der patriarchalisierten Darstellung der Athene ist oft das Medusenhaupt auf ihrer Brust abgebildet. Die Gorgo Medusa ist verwandt mit den „Erinnyen“, die in der Tragödie des Aischylos den Muttermord rächen wollen und sich als Schutzmächte der archaischen Welt verstehen. Auch der Speer hat oft am Boden die Form einer Schlange und bricht so das harte Eisen der Kriegswaffe zu einer Schlangenart des „Sieges“, die mit „List“ bezeichnet werden kann.

Es ranken sich also mehrere Geschichten um Athene und Metis. Ältere mythische Gestalten wurden oft von den neuen Herrschern zu ihren Gunsten eingesetzt und umgedichtet. Wie lebendig ein Glaube an die Göttin Athene noch im aufgeklärten vaterrechtlichen Athen war, zeigt die Geschichte des Tyrannen Peisistratos, auf die ich in diesem Buch schon hingewiesen habe.

Die Erstgeburt des Zeus, Athene, blieb aber nicht das einzige Kind, das Zeus ausgetragen und geboren zu haben vorgab. Der archaische Muttersohn Dionysos sei aus seinem Oberschenkel (Unterleib) geboren worden und so ein Zeussohn und kein Muttersohn mehr. Dionysos galt als sinnenfroher Kontrast zu Athene oder auch zu einer Göttin, die seine Mutter gewesen sein soll, Semele. Aber auch Kybele oder sogar die Mutter des Zeus, Rhea, hätte seine Mutter sein können. Zeus verschlang so möglicherweise sogar seine eigene Mutter, um ihren Sohn zu gebären, den Frauenfreund und Muttersohn Dionysos, den Zeus als seinen Sohn ausgab, der aber sein Bruder sein könnte.

Die Matriarchatsforscherin und Philosophin Josefine Schreyer verglich zu Beginn unseres Jahrhunderts die in antiken Mythen häufig anzutreffende „Leibverspeisung der Göttin" mit der Art und Weise, wie noch bis heute Philosophen sich „Einheit" oder „Einswerdung" vorzustellen pflegen. Es gehe ihnen nicht nur darum, eine Universalität des Leibes zu demonstrieren, ähnlich dem Mutterleib, sondern auch um einen bestimmten Nachdruck bei der Behauptung der „Einheit im Denken". Sie wiederholten das „Verschlingen des anderen" wie ein fernes Trauma sogar in ihrem Wortgebrauch. So kommentierte Schreyer auch die eigentümliche Stelle in Hegels Phänomenologie des Geistes (nicht des Leibes), wo er die Nichtigkeit der sinnlich wahrnehmbaren Welt damit „beweist", daß sie aufeßbar sei und von den verzweifelten Vernunftwesen verzehrt wird. Die ganze Natur feiere sich in einem gegenseitigen auffressenden Mysterium (Hegel, S. 35 - 37).

Was gegessen werden kann, ist nichtig, und Metis wurde von Zeus verspeist. Schreyer findet dieses Motiv der „Verschlingung der Göttin" auch in ägyptischen und assyrischen Mythen und deutet es als Übergangsgeschichten, die zur Stabilisierung der neuen, vaterrechtlichen Lebensformen erzählt wurden, um eine „neue Innerlichkeit" zu erzwingen. *Nun benötigt er keine Göttin mehr, um schöpferisch zu sein. Auf diese Weise ist die Göttin eliminiert, und nichts mehr steht im Wege, um „Gleiches zu haben".*

Schreyer zitiert aus einer ägyptischen Hymne: *0 du göttlicher Jüngling, du Erbe der Ewigkeit, du Selbsterzeugter, du, der du selber gebierst. 0 du einer, du mächtiger ... du einer, du einziger, du hast keinen zweiten* (Schreyer 1986, S. 63).

Josefine Schreyer findet es auffällig, daß die Einheit und Einzigkeit des Gottes so intensiv betont wird, wo es doch immer auch andere Götter neben dem höchsten Gott gab. Sie kommt so auf den Verdacht, daß es hierbei nur um die „Einheit" mit dem weiblichen Geschlecht geht, das überflüssig wird, wenn der eine alles davon hat. Sie liest die Einverleibungsmythen als Rechtfertigung der Väter, die altüberlieferte Stellung der Mütter gesellschaftlich und leiblich einnehmen zu wollen. *Der Gott ist eben einig dadurch, daß er die Göttin in sich aufgenommen hat - so wie Zeus Metis, die Göttin der Weisheit, verschluckte* (S. 64).

So steht also am Anfang unserer abendländischen Väter-Zivilisation eine Vergewaltigung und Verschlingung der Weisheitsgöttin Metis oder Sophia. Dadurch bringt der göttliche Vater eine Kopfgeburt im doppeldeutigen Sinne dieses Wortes zustande: Erstens gebiert er eine Tochter (was Goethes Wagner im Faust II nicht schaffte), und zweitens gebiert er sie aus seinem Kopfe und nicht aus dem Bauch, dem bisherigen Sitz der Weisheit. Seither wird der Kopf als schöpferischer Erkenntnisort favorisiert. Inzwischen gilt im Patriarchat der Kopf nicht mehr nur als Geburtstätte, sondern auch als Todesstätte. Seit den sechziger

Jahren unseres Jahrhunderts gilt der gemessene Hirntod als Todeskriterium und tritt damit an die Stelle des Herztodes. Endet im Kopftod, was mit einer Kopfgeburt begann?

Die Trennung von „Kopf und Herz“ oder auch „Kopf und Bauch“ hat ein antikes Muster. Kritik daran wird erst dann gründlich, wenn die geschlechtliche Leibesdimension historisch verstanden wird als ein politischer Akt der Männer, ihr Eigentumsrecht an Kind und Frau zu begründen. So gehört die Verleugnung des Mutterleibes zu den Grundfesten eines jeden ordentlichen vaterrechtlichen Gesellschaftssystems, und das ist bis heute so.

„Emanzipierte Frauen“ werden oft nur so lange von Männern und Vätertöchtern unterstützt, wie sie nicht Mütter werden.

Die ideale Vatertochter Athene wird von dem griechischen Dichter Hesiod folgendermaßen beschrieben: *Er selber aber gebar aus seinem Haupt die glanzäugige Athene, die gewaltige, schlachtenerregende, heertreibende, unermüdliche Herrscherin, der Getöse und Kriege und Schlachten gefallen* (1985, S. 923 - 926).

Der Speer in der Hand der Athene und der Helm auf ihrem Kopf kennzeichnen in anschaulichem Maße die todeswütige und lebensfeindliche Entstehungsstätte des abendländischen Vernunftbegriffs.

Athene ist wohl eine Göttin der Vernunft, eine listige Schlachtenbummlerin, eine Kopfgeburt der maskulinen Einbildekraft.

Athene aber ist nicht die Weisheit. Sophia ist in ihrer verleugneten Mutter Metis zu finden, die auch ihre mißratene Tochter Athene im Leibe des Zeus ausgetragen hat.

Athene ist in ihrer soldatischen Form von den Römern übernommen worden, die ihr den etruskischen Namen „Minerva“ (Menrva) gaben.

## Die Entfesselung der Weisheit im Tempel des Zeus

Als die Philosophin ins Tor der Weisheit wollte, weil sie verzweifelte Schreie hörte, stellte sich ihr ein Zeuspriester in den Weg und behauptete, dies sei der Tempel des Apollon, hier dürfe sie nicht hinein. „Aber ich höre eine Frau schreien“, erwiderte sie, „ich muß sie retten.“ Da lachte der Priester laut auf, so daß sie seine schwarzen, verstümmelten Zähne sah. „Das ist nur die Opferung der Metis, das ist keine öffentliche Angelegenheit. Wenn du nicht sofort weggehst, bist du als nächste dran!“ Schnell lief die Philosophin in das Tal der Schlangen und fiel erschöpft in den Schlaf. Im Traum erschien ihr ein Mann in zerrissenen Kleidern, der an der linken Seite blutete und ihren Namen rief. Sie ging auf ihn zu und sah, daß es Prometheus war, wie er gefesselt am Felsen im Kaukasus hing und sie mit seinem freien Arm zu sich her winkte. Die Philosophin stellte sich neben ihn und sah ihm ins gequälte Gesicht. „Was willst du von mir?! Hast du nicht das Eisen gebracht, mit dem sie so effektiv töten?“ Er nickte und flüsterte:

„Sie sollten damit die Götter töten, nicht sich selber. Aber das interessiert mich nicht mehr. Vielmehr könnte ich dir verraten, wie du meine Mutter Metis retten kannst."

„Wie bitte, Metis war auch deine Mutter?" - „Ja, sie war doch Athenes Mutter, und wir waren Geschwister. Wir haben euch Menschen geschaffen in ihrem Auftrag. Aber du siehst ja, wie mächtig wir in unseren Fesseln sind, wir haben gerade noch genug Kraft, um in euren Träumen zu erscheinen, und dann erinnert ihr euch noch nicht einmal am Morgen daran. Am Tage ist meine Leber zu schwach, da kann ich gegen den Zorn des Zeus in euch nicht an." Die Philosophin rückte etwas von ihm weg. Sie mag keine Vorwürfe mehr von den Göttern hören. „Sag mir, wie ich Metis befreien kann."

„Schütze die Leber der Männer und die Gebärmutter der Frauen. Denn die Leber wird zerfressen vom Zorn des Zeus auf euch Menschen, und die Gebärmutter wird blutig herausgerissen vom eifersüchtigen Gott. Wie viele werden bei euch jährlich den Zorngöttern geopfert? Eine Frau, die mit einem zornigen Mann sich vereinigt, wird ihre Weisheit verlieren. Reinige die Leber eurer Männer und dann kann Metis in meiner Leber wieder wohnen." - Die Philosophin sah ihn schräg an. „Wie soll ich die Leber der Männer für uns Frauen reinigen?! Sie leben wie auf einem Zornvulkan, da muß jede Leber verbrennen und das untere Herz der Frauen verbluten. Sag mir lieber, wie ich Metis retten kann. Ich hörte sie im Zeustempel schreien." - „Ja, dort reißen sie ihr jeden Tag aufs neue die Gebärmutter heraus, damit sie nicht mehr denken kann und ihre Weisheitskraft verliert, damit sie sich nicht mehr mit Aphrodite verbünden kann, die Liebe erzeugt. Du kannst sie retten, indem du den Priestern erzählst, daß sie ihre Samen nicht mehr dem Zeus opfern sollen, denn er ist impotent, er saugt sie aus. Erzähl es ihnen, das wird sie mit der Zeit immer immuner machen gegen seine Gier in ihren Gliedern. Erzähl ihnen, daß sie unsterblich werden, wenn sie lernen, ihre Leber mit der Gebärmutter zu vereinigen, ohne Samen zu verschütten. Ich sage dir, daß sie dann ein glückliches Leben führen werden." Die Philosophin sah ihn skeptisch an. „Prometheus, ich gehe jetzt zurück in den Zeustempel und werde ihnen erzählen, was du mir in der Nacht gesagt hast. Und sie glauben deinen Worten in der Nacht, weil dann deine Leber wieder verheilt ist und Sophia in ihr wohnt. Aber du hast schon so oft gemeint, daß du die Götter des Zeus überlisten könntest. Ich sehe dich ohne alle Illusionen. Aber ich will es versuchen, um Metis zu sehen und ihr eine Fessel zu lösen. Außerdem sind die Priester Sterbliche, sie lassen sich überlisten." Dann stand die Philosophin wieder vor dem grimmig lachenden Tempelpriester und erzählte ihm, was Prometheus ihnen nachts geweissagt hätte, daß sie glücklich sein würden, wenn sie nach seinem Rat Liebe machen und dem Zeus die Samen vorenthalten. Er hätte dann keine Macht mehr über sie. Die Geschichte machte eine schnelle Runde im

Tempel und endlich verstummten die Schreie der Metis. Da öffnete sich der Tempelvorhang und die Philosophin durcheilte die Hallen, bis sie im hintersten Winkel der untersten rechten Altarkammer Metis fand, die in Fesseln verknotet wie in einem Kasten lag. Die Philosophin nahm den Knoten an den Knöcheln der Metis zwischen ihre Finger und studierte genau die Seilführung. Dann öffnete sie mit wenigen schnellen Bewegungen diesen Knoten. Metis bewegte langsam ihre Füße, aber sie konnte noch nicht aufstehen. Ihre Wirbelsäule war fast vollständig verbogen. „Geh zu Isis", dachte die Philosophin, als hätte sie es zu sich selber gesagt, „sie weiß, wie der Rücken lebendig wird." Und da lehnte sich die Philosophin zurück, schaltete ihren Computer ein und befand sich auf dem Weg nach Ägypten zu Isis.

## Isis – die weise Analytikerin?

Einige Sophienforscher vertreten die Auffassung, daß Isis, die ägyptische Weisheitsgöttin, als direkte Vorläuferin der späteren Sophia anzusehen sei. Der Isiskult war bis ins achte Jahrhundert n. Chr. hinein über ganz Europa verbreitet und von verschiedenen Bewegungen eines einzigen Vatergottes (Mithraskult) bekämpft worden (vgl. Lee Mack 1973).

Isis wurde als „Himmelskönigin und liebende Mutter" verehrt, die sich in lebenden Frauen inkarnieren könne. Die berühmt-berüchtigte ägyptische Königin Kleopatra, die an die zwanzig Fremdsprachen sprach, ließ sich als Inkarnation der Isis anbeten und verstand sich selber als Göttin. Viele Priesterinnen und Priester der Isis wurden von den vaterrechtlichen Männerbünden gefangen genommen, gekreuzigt und zu Tode gefoltert.

Die Religion der Göttin Isis war die letzte große Glaubenslehre in Europa, in der von einer auch politischen Ebenbürtigkeit zwischen Frau und Mann ausgegangen wurde. Klassenunterschiede ignorierte sie, was das Priestertum betraf wie auch Rassenunterschiede, da der gemeinsame Nenner aller Menschen ihr Herkommen aus Isis sei, dem großen weltlichen Mutterleibe. Der griechische Philosoph und Historiker Plutarch (46 - 120 n. Chr.) erläuterte:

*Ihre Macht erstreckt sich auf den Stoff (die Materie), der alles werden kann und alles annimmt, Licht und Dunkel, Tag und Nacht, Feuer und Wasser, Leben und Tod, Anfang und Ende* (1941, S. 372 e - f, 382 c).

Als gütige Muttergöttin, die keine gewaltsamen Aspekte aufweist, gleicht Isis der katholischen „Mutter Maria", die eine abgeschwächte Variante der Isis war und ist.

Die Geschichte der Isis ist mit der Gestalt des Osiris verknüpft und ursprünglich wohl aus verschiedenen Mythen zusammengesetzt worden. Isis sei die Schwester und Gattin des Gottes Osiris gewesen, der von ihrem Onkel Seth ermordet wurde.

Seth zerstückelte den Leib des Osiris und versenkte ihn in verschiedene Erdteile und im Nil. Isis ging auf die Suche nach dem zerstückelten Leichnam ihres Geliebten Osiris, mit dem sie bereits im Mutterleib in Liebe verbunden gewesen sei. So suchte sie auch ihren Zwillingsbruder, der im Mutterbauch die Sonne (und Isis den Mond) bedeutete.

Seth trennte Sonne von Mond, Osiris von Isis und zerstückelte die Osiris-Sonne, da er einen anderen Sonnengott, den Vatergott Re, verherrlichte und beschützte. Die Klage der Isis gegen Seth erschallt seither im ganzen Weltall und wird in den Tempeln der Isis durch Frauenchöre unterstützt. Die Priesterinnen und auch Priester der Isis erwarten die Wiederauferstehung des Osiris, der von Isis neu zum Leben erweckt werden kann, wenn sie seine Glieder wiedergefunden hat (der griechische Frauengott Dionysos, dessen Leib zerstückelt wurde, ähnelt Osiris).

Seth, die Verkörperung des Bösen, wurde von Isis vor seiner „Bosheit" in die Geheimnisse der Lebenserweckung eingeweiht und erhielt durch sie „magische Kräfte", mit denen er dann zum Gegner der Isis wurde, die den Sonnengott Re nicht als ihren Vater akzeptieren wollte. Mythenvariationen, in denen Isis als Tochter des Re auftritt, sind allerdings wohl, wie die Gestalt der Athene, späteren Datums.

Nachdem Isis einige Glieder des Osiris gefunden hatte, wobei aber der Penis fehlte, zeugte sie mit diesen auf magische Weise ihr Kind Horns, der als Muttersohn die Rache an Seth übernahm.

Nach der Geburt des Horus wird Isis auch als Hathor dargestellt mit einem Kuhgehörn (Mond), das die Sonnenscheibe trägt, womit sie den weiblichen Mond und die männliche Sonne in sich vereinigt.

Isis wurde allerdings erst in späterer ägyptischer Zeit Mittelpunkt eines Isiskultes und erst dann von den Griechen und Römern übernommen. Vorher galt sie in Ägypten als Totenführerin, die an der „Pforte der Ewigkeit" die Toten empfängt und sie durch die vielen Tore der Läuterung ins „andere Reich" begleitet.

Der Römer Apuleius schildert Isis in seinem Roman „Der goldene Esel oder Metamorphoses" als Traumgestalt des Romanhelden, der im Träumen ein inniges Verhältnis zu ihr entwickelt. Im Traum spricht Isis zu ihm: *Ich, Allmutter Natur, Beherrscherin der Elemente, erstgeborenes Kind der Zeit, Höchste der Gottheiten, Königin der Manen, Erste der Himmlischen; ich, die ich in mir allein die Gestalt aller Götter und Göttinnen vereine, welche unter so mancherlei Gestalt, so verschiedenen Bräuchen und vielerlei Namen der ganze Erdkreis verehrt - denn mich nennen die Erstgeborenen aller Menschen, die Phrygier, pessinuntische Göttermutter - ich heiße den Atheniensern ... kekropische Minerva; den eiländischen Kypriern paphische Venus; den pfeilführenden Kretern dictynnische Diana - den dreizüngigen Siziliern stygische Proserpina; den Eleusinern Altgöttin Ceres. Andere nennen mich Juno, andere Bellona, andere Hekate, Rhamnusia andere. Sie aber, welche die aufgehende Sonne mit ihren ersten Strahlen beleuchtet, die Äthiopier, auch die Arier und die Besitzer der ältesten Weisheit, die Ägypter, mit den angemessensten eigensten Gebräuchen mich verehrend, geben meinen wahren Namen mir: Königin Isis* (1923, S. 286 f.).

Isis, als erstgeborenes Kind der Zeit, die selber zugleich Zeit (Horns) gebiert, sieht sich auch als Schöpferin aller anderen Gottheiten an. Das Mütterliche ist zugleich das Ewige, dasjenige, was von Anfang an ist, oder genauer: dasjenige, was ohne Zeit ist, aber Zeit gebären kann. Mit der Zeit entstehen alle Gestalten und Dinge. Das heißt, dadurch, daß Isis Physisches gebiert, entsteht das Nacheinander der Zeitlichkeit.

Für die eigenleibliche Erkenntnisweise ist Isis interessant wegen der Sammlung zerstückelter Glieder des Leibes, weil diese wie ein Zwillingsaspekt zu ihr zu gehören scheint.

In Mythen sind die Tätigkeiten der Gottheiten oftmals Fähigkeiten, zu deren Einübung diese Gottheiten auffordern. Was sie machen, sollen die ihr folgenden Menschen zu ihrem Heil auch tun. In der eigenleiblichen Nachahmung erst kann die Qualität einer Gottheit wahrgenommen werden. Daher sind die Fähigkeiten der Göttinnen und Götter in Rituale übersetzt, die befolgt werden sollen. Es geht hierbei um eine Ausbildung eigenleiblicher Fähigkeiten. Isis steht nun für die Kunst, die zerstückelten männlichen Leibesglieder so zu sortieren, daß daraus ein lebensfähiger, befruchtender Leib werden kann. Sie sieht die Teile und fügt sie neu zusammen. Sie hat einen analytischen Blick und gleichzeitig ein Bild vom ganzen heilen Körper. Sie zerstückelt und sie konstruiert neu.

Wenn es um „Zerstückelung" geht, schrecken vor allem Frauen zurück, denn Wissenschaft und Zivilisation kritisieren wir gerade deshalb als männlich, weil sie die zerstückelnde Erkenntnisweise favorisierten, ohne „das Zusammenbringen" zu beherrschen. „Analytisches Denken" wird vor diesem Hintergrund als männlich-zerstörerisches Denken verneint. Forderungen nach „ synthetischem Denken", „ganzheitlichem", „holistischem", „systemischem Denken" oder „Identifikation" gelten fraglos als bessere Denkmethoden.

Aber es reicht nicht aus, nur das Gegenteil vom Verneinten zu wollen, um das Verneinte aufzuheben; diese mathematische Denkweise bringt noch keine substantielle Veränderung, denn das Gegenteil von etwas braucht doch dieses „Etwas", von dem aus es sich definiert. Auch das Abgewehrte und Bedrohliche hat einige sinnreiche Aspekte, die in der Negation nur noch bedrohlicher wirken. Es wäre dumm, uns die Chance für eine balanciertere Denkweise zu verscherzen, nur weil wir schnell auf den Gegenzug springen, der bei genauerem Hinsehen auch seine Schattenseiten hat. Das globalisierende, ganzheitliche und verallgemeinernde Denken birgt auch die Gefahr in sich, Einzelheiten und Minderheiten zu vernachlässigen.

Wir sollten heute eine Art des differenzierenden Denkens finden, das die Vorteile der zerstückelnden und zusammensetzenden Denkweisen integriert. Auch im leibphilosophischen Sinne können wir analysieren. Aber der Unterschied ist, das Detail oder die kleinste Form ganz für sich allein zu betrachten, ohne es als etwas Lebendiges zerstören zu müssen.

Dazu ist eine sezierende, naturwissenschaftliche Methode gar nicht notwendig, obwohl es im mythisch-archaischen Sinne auch um „Zerstückelung“ geht, aber in der eigenleiblich erlebten Einbildekraft.

Was ist das? Ich möchte ein Beispiel bringen. Um das Geheimnis des Lebens der Pflanze zu erforschen, brach Goethe die Pflanze nicht ab, zerstückelte sie nicht mit einem Messer und legte die Pflanzenstücke nicht in Wasser unter ein Mikroskop.

Statt dessen pflanzte er einen Samen in Erde ein und beobachtete Tag für Tag das Wachstum aus dem Keimling. Er sah die Pflanze dabei minutiös sich verändern und wachsen, je nachdem, wie das Licht auf sie fiel. Goethe sah sehr genau ein einzelnes Blatt, eine einzige Stengelspitze, aus der die Knospe hervor kroch, und er beobachtete die Einzelteile, ohne sie mit seinen Händen zu zerlegen. Er „zerstückelte“ zwar von Zeit zu Zeit mit seinen Blicken, aber nicht mit seinen Händen oder Werkzeugen. Goethe besaß jenen „analytischen Blick“, von dem Nietzsche schwärmte.

Was er dabei sammelte und aufschrieb, waren „Sinnesdaten“ im eigenleiblichen Sinne des Wortes. Er benutzte nur seine leiblichen Sinne, um Lebensprozesse zu erforschen, ohne dabei die zu beobachtende einzelne Gestalt zu zerstören. Die Beobachtung des gesamten Wachstumsprozesses inspirierte ihn dann zu bestimmten Aussagen über die Entstehung des Lebens.

Der Naturwissenschaftler moderner Art zerstückelt mit seinen Händen das, was er erforscht, und das ist der wesentliche Unterschied. Nicht sein Blick zerstückelt, auch nicht eigentlich sein Denken. Er versucht nur, genauer und genauer hinzusehen und zu messen, was ihm da vorliegt. „Genauigkeit“ ist ihm das immer kleiner werdende Detail, das er weiter und weiter mit seinen Instrumenten zerteilt, um irgendwie auf ein mysteriöses „Letztes“ zu stoßen, mit dessen Kenntnis er die „Zusammenhänge“ oder „Gesetze der Natur“ aufzufinden hofft. Aber was er findet, ist nicht das Lebendige, von dem er sich als Beobachtender abspaltete, als er seine lebendigen Sinne durch Apparate ersetzte. Was er findet, ist Totes, das sich zwar auch bewegt, aber nach anderen Mustern als das Lebendige in unserer menschlichen Lebenssphäre.

So erfuhr der antike Naturforscher, der sich dem Logos verschrieb und seinen Leib nicht mehr als Erkenntnismedium ansah, seinen Körper häufig als Mangel. Demokrit zum Beispiel, der in der griechischen Antike die erste Atomlehre schrieb, soll sich bei seiner Suche nach den „letzten Bausteinen der Welt“ vor

Verzweiflung die Augen ausgekratzt haben, weil er die Materie mit seinem Blick nicht durchdringen konnte (vgl. Wieland 1913). Das Mikroskop erspart so manche Verzweiflungstat.

Der eigene Körper und die leiblichen Regungen sind dem Naturwissenschaftler eher ein Hindernis, und daher erweitert er seine leiblichen Wahrnehmungsvermögen mit Werkzeugen und Meßapparaten, womit er dem Geheimnis der Natur auf der Lauer liegt. Aber es ist ihm mit seinen entleiblichten Methoden gar nicht möglich, „Natur" zu begreifen, da sie als lebendige Form existiert, nicht als tote, zerstückelte Aneinanderreihung von Atomen. Naturzerstörung ist die konsequente Folge dieser entleiblichten Forschungsmethoden, die im ursprünglichen Sinne auch gar nicht mehr „empirisch" sind, also auf eigensinnlicher Erfahrung aufbauen. Naturwissenschaftler behaupten, wenn sie sich traditionellerweise auf die „empirische Schule" berufen, daß sie sich auf ihre Erfahrung beziehen, auf ihre Sinneserfahrung. Aber die heutige Naturwissenschaft ist keine „Erfahrungswissenschaft" mehr, sondern rein begrifflich-logische Spekulation, die sich auf mathematische Formen reduzieren läßt. „Erfahrung" in dem Sinne, daß die spezifisch menschlichen Anschauungs- und Wahrnehmungsvermögen Ausgangspunkt bleiben, findet nicht statt.

Die Philosophin Susanne Langer hat diesen Tatbestand zur Grundlage ihrer „Symboltheorie" gemacht. Von „Beobachtung" als dem Feststellen von „Sinnesdaten" könne in unserer Naturwissenschaft gar nicht mehr die Rede sein. *Statt dessen werden Instrumentenzeiger, sich drehende Trommeln und lichtempfindliche Platten beobachtet ... Es gibt im Grunde nur noch indirekte Beobachtung ... Die Sinnesdaten, auf die die moderne Naturwissenschaft ihre Aussagen begründet, sind zum allergrößten Teil kleine photographische Flecken und Kleckse oder mit Tinte gezogene Kurven* (1984, S. 28).

Die Deutung oder Interpretation dieser Meßdaten wird wichtiger als das, was gemessen wird, wodurch die mathematische Spekulation ihren Triumphzug in die Naturwissenschaft noch immer ausdehnt. Die sogenannten „Sinnesdaten" sind keine „Erfahrungstatsachen" mehr in dem Sinne, daß „Naturbeobachtung" stattgefunden hätte. Es fand nur ein verdinglichendes „Zerstückeln" statt, das in Kettenreaktion weiter zerstückelt, bis zur Entwicklung der Atomkraft. Die Kräfte der Zerstörung sind meßbar geworden, die Kräfte des Lebens und der Heilung zwischen den Teilen sind unerklärbar geworden.

Die eigenleibliche oder mythische „Zerstückelung" meint eine heilsame Differenzierungsgabe unserer Erkenntnis, die mit Weisheit oder auch Isis gleichgesetzt wird. Sie setzt bei den eigenleiblichen Spürnissen ein und benötigt eine differenzierte eigenleibliche Wahrnehmung und Identifikationsfähigkeit. Der eigene Leib wird als sensible Quelle der Erfahrung und Erkenntnis anerkannt und auch bewußt sensibilisiert.

In östlichen Weisheitslehren ist diese zerstückelnde, leibeigene Erkenntnisweise noch in den Meditationsübungen enthalten.

Die „Zerstückelung des Körpers“ bedeutet in diesem Zusammenhang eine Meditationstechnik, mit der ich mich selber zum Instrument der Erkenntnis mache. Der Mythos der Isis mit ihrem zerstückelten männlichen Spiegel Osiris kann ebenfalls als Meditationsweg gelesen werden.

Um die erstrebten feineren inneren Sinne zu erwerben, muß das „grobe Ganze“ in konkreten Spürnissen einzelner Leibteile zerstückelt werden. Um in das Wissen der Naturgeheimnisse eingeweiht zu werden, muß der eigene Leib nicht weggedacht oder abstrahiert werden, wie griechische Philosophen behaupteten, sondern der eigene Leib muß eine eigene Sensibilisierungsschulung erhalten, die in vielen alten Kulturen „Einweihung“ genannt wurde.

Pythagoras und Platon ließen sich angeblich in die ägyptische Lebenslehre oder Leibeslehre der Isis einweihen. Die „Auferstehung des Osiris“ könnte soviel wie eine neue Zusammensetzung der lebendigen Form bedeuten.

Während der Einweihung empfand sich die meditierende Person wie eine zerstückelte Leiche, glaubte sich tot. Dieser „Tod“ war aber nur ein „Meditationstod“, bei dem es allerdings passieren konnte, daß eine einzuweihende Person nicht mehr „in ihre Glieder zurückkehrte“ und tatsächlich verstarb. Isis war diejenige, die die Herbeiführung der „Auferstehung“ in den neu zusammengesetzten Leib bewirkte. Wie bei einer Totenklage riefen schreiende und weinende Frauen die Kräfte der Isis an, die den Leib wiedererwecken sollten. Der Leibeszustand der Isis wurde zunächst durch eine Konzentration in die Teile des eigenen Körpers erworben, die einzeln und nacheinander verspürt werden mußten.

In einfacher Weise sind solche „Körperzerstückelungen“ auch in vielen heutigen Entspannungsübungen enthalten, So, wenn aufgefordert wird: „Spüren Sie Ihren rechten Arm, lassen Sie ihn schwer werden“ und so weiter, bis alle Gliedmaßen einzeln bedacht wurden, was im normalen Alltagsempfinden zumeist nur bei Schmerzen passiert. Weitere Übungen können sich auch auf „innere Glieder“ beziehen und einzelne Organe besonders erspüren. Diese „Entspannungsübungen“ bereiten schließlich einen „schwerelosen“ Wahrnehmungszustand vor, in dem jenen „inneren Sinnen“ nachgespürt werden kann, die feinerer Art sind. Eine Schwierigkeit dabei ist, wieder in alle Glieder zurückzukehren, ohne an neu erworbenen Verspannungen zu erkranken. Dazu nun ist „Isis“ die Vermittlerin der „Auferstehung“.

Diese „inneren Erfahrungen“ machen schließlich jene Mysterien aus, um die es auch in den Isistempeln gegangen sein mag. Intensivierungen und ungewöhnliche Wahrnehmungsweisen aus dem „Inneren des Leibes“ sind schließlich auch vielen Frauen noch heute bekannt, wenn sie schwanger werden, gebären und ihre Heilkräfte, das heißt die ihres Leibes, dem Kind gegenüber auch nach der Geburt spüren, als sei das Kind mit ihrem „Leib“ noch lange verbunden. Viele kranke Kinder legen ihren kleinen Körper am liebsten auf den Bauch der Mutter, wenn sie Schmerzen haben, dann beruhigen sie sich schnell.

Es kann sein, daß in vorpatriarchalen Tempeln die zerstückelnden Gebärerfahrungen zu Erkenntnismustern ausgebaut wurden, so daß die monatlichen „Weissagungen“ mit diesem Leibrhythmus der Frau zusammengehangen haben mögen, der auch durch ihre Menstruationszeit bedingt ist.

Auch vor und während der Mensis können manche Frauen eine gesteigerte Erkenntnis- und Ordnungsfähigkeit verspüren, als ob ihre „inneren Antennen“ wesentlich verlängert wären. Leider gibt es heute keine Kulturformen mehr für uns Frauen, diese eigenleiblichen Kräfte zur Erkenntnisgewinnung in allgemeiner Form

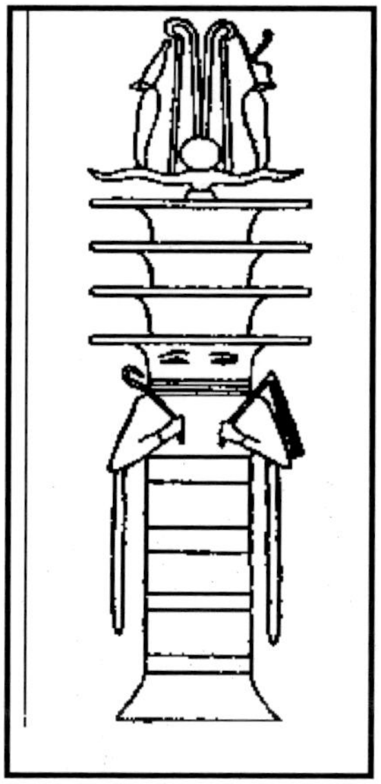

*Abb. 5: Der Djed-Pfeiler des Osiris mit Kopf und Armen. Die vier Wirbel Unterhalb der Hörner des Amun und der beiden Uräus-Schlangen sind das Symbol der „Lebensflüssigkeit“, der „Schlange des Feuers“, die sich in der Wirbelsäule befindet. Diese Flüssigkeit, den „Atem des Lebens“, überträgt der Priester, indem er seine Hände auf den Nacken des Verstorbenen legt, den er „mit der Wärme der Isis erwärmen und umhüllen“ will*

auszutesten und zu gebrauchen. Der Weg zur Weisheit führt in den eigenen Leib hinein und nicht, wie in der patriarchalen Zivilisation gelehrt wird, aus dein Leib heraus.

Nach Eliade (1975, S. 46) sind die Führerinnen „im tieferen Reich“ weiblichen Geschlechts, und in vielen schamanischen Kulturen werden die weit zurückliegenden Anfänge des Schamanismus mit Frauen und Priesterinnen verbunden, die als erste Einweiserinnen in die „magischen Kräfte“ des eigenen Leibes gelten.

Auch die Göttin Isis galt als Heilerin aller Krankheiten und wurde in ekstatischen Zuständen als „Einfahrende“ in den eigenen Leib erlebt, wodurch die

„Einweihung" vollzogen wurde. Im ägyptischen Totenbuch gibt es ein Bild der „Anrufung des Osiris", auf dem Osiris als Wirbelsäule dargestellt ist, durch die das Lebensfeuer in den Leib einkehrt und wieder aus ihm herausfährt.

Wenn der Mythos der Isis als „geführte Meditation" nacherlebt wird, erhält die „Zerstückelung des eigenen Zwillingsleibes" einen konkreten eigenleiblichen Sinn in der Wirbelsäule.

Seth kann in dieser Erneuerung der Wirbelsäule als Behinderer des Zusammenfahrens der Glieder verstanden werden, der nur zerstückeln, aber nicht

*Abb. 6: Die Göttinnen Isis und Nephthys, die Schwestern des Osiris, knien vor dem Pfeiler, der Wirbelsäule des Osiris und Sitz des Lebensfeuers. Auf dem Djed befindet sich das Kreuz des Lebens und der Jugendkraft, das seinerseits die Sonnenscheibe hält. Rechts und links von der Sonnenscheibe die rituellen Paviane, die „Öffner der Pforten des Ostens". - Totenbuch: „Anrufung des Osiris"; Papyrus An.*

wieder zusammenfügen kann, was er vorher zerteilte.

Mit der Wirbelsäule werden in vielen Meditationstechniken Erfahrungen verknüpft, die im indischen Bereich auch „Schlangenkraft" genannt werden. Die Schlange ist sozusagen die Wirbelsäule, in der jene Kraft spürbar werden kann, die zur höchsten Form der dort gesuchten Weisheit (Erleuchtung) führen kann.

Yogis nennen den Energiestrom, der als „Lichtsäule" vom Steißbein aus übers Herz durch den Kopf und da herausströmen könne „Kundalini" und versuchen, diesen Energiefluß durch Meditationsübungen zu bewirken (vgl. Thompson 1987).

Das zumeist Unbekannte daran ist, daß Praktiken des Yoga wahrscheinlich nichts anderes sind als der Versuch von Männern, zu Frauen zu werden oder: Frauenkräfte zu erlangen. Die Soziologin Maria Mies wies auf diesen Hintergrund in ihrem Aufsatz „Tantra" hin und auf ein Buch des indischen Philosophen Debiprasad Chattopadhyaya, der die Yogatechnik als „Frauwerdung" erläutert und dafür zahlreiche, alte indische Textstellen anführt. Chattopadhyaya zitiert ein altes Lied: *Lege den Mann (Purusha) in dir ab und werde eine Frau (Prakriti), dann wirst du ein Körper sein und in der Ewigkeit wohnen. Liebe und Sex nur, nachdem du von Natur aus weiblich (prakriti) geworden bist. Oh, Mann, du sollst eine Frau werden ...* (1973, S. 82 - 98).

Mies folgerte aus ihrer Forschung: Frauen brauchen Yoga nicht, denn sie sind ja bereits schon Frauen (1984 b, S. 82 - 98). Was Frauen ohne Anleitung durch sich selbst bei genügendem leiblichen Selbstvertrauen erkennen könnten, sei dem Mann ohne Anleitung und Vorbild der Frauen gar nicht zu erkennen möglich. Was hier den Männern und der ganzen Gesellschaft entgehe, wenn sie Frauen einschränken, ist ein Weisheitswissen des Leibes, das noch wenig erforscht ist.

Der Erkenntnisweg der Isis ist aus den weiblicheren, vorpatriarchalen Frauenkulten entstanden und eher den Frauen „auf den Leib geschrieben". Aber die Überlieferungen dieser Isis-Mysterien ist bereits gefiltert durch ein männliches Machtbedürfnis, das die Natur aus der Vernunftperspektive beherrschen will. Insofern lohnt es sich, bei jeder Weisheitsgöttin, von der die Mythologen und Theologen berichten, weiter zurückzuschauen, ob nicht noch andere Weisheitsgöttinnen im Hintergrund stehen, die älter sind und mehr vom Kampf des Vernunft-Logos entfernt sind.

Ebenso wie hinter Athene die Metis steht, ist auch hinter Isis eine ältere Weisheitsgöttin in der ägyptischen Mythologie zu finden. Indem Isis als „Göttin des stofflich-irdischen Bereiches" überliefert wird, ist bereits jene ältere Weisheitsgöttin verschwiegen worden, die noch deutlich den „himmlischen Bereich" als den ihren versinnbildlichte.

Es gibt eine ältere ägyptische Göttin, die nach Erich Neumann ganz sicher „vorpatriarchal" sei, und diese heißt Neith oder Nut. Sie wurde als Ur-Ozean (Nu oder Nun) verstanden, der alles umfaßt und alles durchzieht. Geistiger und stofflicher Bereich galten bei ihr noch nicht als getrennt. Sie beugt sich als Himmelsgewölbe über die als flache Scheibe gedachte Erde, die als männlicher Gott Geb verbildlicht wurde.

Nut war *als Himmelskuh auch das mit dem vorweltlichen Urwasser identische Weibliche und die Gebärerin der Sonne* (Neumann 1985, S. 212).

Neith wird wohl älter als Isis sein, die ihr Gehörn erbte. Das Männliche wird als windiges und erdiges Wesen dargestellt, was dem späteren Begriff des Männlichen als „Sonnengeist" widerspricht. Dadurch aber, daß Neith die Sonne, also Re, geboren hat, ist er in ihr enthalten. „Gebärfähigkeit" wurde auch in Ägypten mit geistiger Schöpfungskraft gleichgesetzt, denn Nut schuf alles aus sich heraus, ohne die männliche Erdigkeit.

Dem abendländischen Philosophen muß diese Zuordnung des Männlichen als Erdnatur und des Weiblichen als Geistnatur wie eine Provokation ersten Ranges erscheinen, denn seine Jahrtausende währende Begriffsarbeit, die Frau auf „bloße Materie" zu reduzieren, enttarnt sich als Umkehrung möglicher vorpatriarchaler

Zuordnungen. Scheinbar liegt im Weisheitsverständnis der Neith bereits eine Zweiweltentrennung zwischen Himmel und Erde oder Geist und Körper, auch wenn sie vorpatriarchal wäre.

Es kann allerdings sein, daß Neith gar nicht als weiblich angesehen wurde, sondern als „mütterlich". Während meiner Studien wurde mir immer deutlicher, daß die Mutter oder die große Gebärgöttin vielleicht gar nicht mit dem identifiziert wurde, was für uns im patriarchalen Sinne weiblich heißt. Je älter die Mythen sind, desto eher werden die Ursprungsgestalten zweigeschlechtlich. Da die Mutter weibliche und männliche Kinder gebären kann, muß sie beides sein. Wenn es so war, daß die Männer erst ziemlich spät herausgefunden haben, daß ihr Same eine wesentliche Rolle für die Kindesentstehung spielt, dann wäre es eine auch für uns logische Folgerung zu meinen, die Mutter sei zweigeschlechtlich und die mütterliche Göttin sowieso. Die Vorstellung von etwas Weiblichem als Gegenpart des Männlichen konnte erst mit der Selbststilisierung des Mannes als eigenständigem Schöpfer (Zeus) entstehen. Vielleicht wurde das Mütterliche vorpatriarchal sogar als geschlechtslose, göttliche Kraft gesehen, in die alles Leben hinein projiziert werden konnte. Die Kategorien „Geschlechtszugehörigkeit" oder „männlich/weiblich" gab es in nichtpatriarchalen Gesellschaften vielleicht gar nicht. Sicherlich gab es die Kategorien „sterblich" und „unsterblich". Und die Mutter ist unsterblich, weil sie ihren Leib im Leibe ihrer Kinder vervielfältigen kann. So wie die mythische Schlange Hydra, die als unsterblich galt, weil ihr immer viele neue Köpfe nachwachsen konnten, wo immer man sie auch verletzte. Das Kind wurde vielleicht als Körperteil der Mutter gesehen, und das muß selbstverständlich gewesen sein. Alle, die nicht gebären, wären dann sterblich. Unsterblichkeit war mit Muttersein gleichgesetzt. Und was mit dem gemeint wurde, wozu Spätere aus abgespaltener Geistesperspektive „Götter" und „Göttinnen" sagten, das sollte noch einmal aus leibphilosophischer Sicht neu erforscht werden.

Da eine Mutter Männliches und Weibliches zugleich gebären kann, eignet sie sich sozusagen als „geschlechtsneutrale Instanz", die einem Gottheitsbildnis entsprechen kann.

Aber nicht nur die mütterliche Neith ist in Ägypten zu finden. Eine spätere Weisheitsgöttin im alten Ägypten wurde „Maat" genannt und von Ägyptologen als Prinzip oder Aspekt des männlichen Gottes vorgestellt, so wie die Sophia in der russisch-orthodoxen Kirche als Aspekt des Jesus dargestellt wird. Maat taucht selten als eigenständig personifizierte Gestalt auf.

„Maat" sei in dem mythischen Sinne keine Weisheitsgöttin, sondern lediglich ein vernünftig gebildeter „Weisheitsbegriff", der eng mit Frömmigkeit zusammenhänge. Weise-Sein als Maat meinte Fromm-Sein dem einzigen Sonnengott gegenüber. Diese weise Frömmigkeit sei sehr nützlich gewesen, da sie

Erfolg und Schutz im Leben gewährte. Mit Maat-Weisheit sei ein schweigendes Hinhören auf Gott gemeint. „Maat" bedeutet nach der Lebenslehre des Ägypters Amenope: *Trenne nicht dein Herz von deiner Zunge, dann werden alte deine Pläne erfolgreich sein; du wirst gewichtig sein vor den Leuten, indem du heil bist in der Hand Gottes* (1979).

Neumann sieht diesen lebenspraktischen Weisheitsbegriff „am Anfang der Entwicklung des menschlichen Geistes" stehen, die mit „dem Akzent auf der visionär geschauten Symbolfigur beginnt und mit dem abstrakten Begriff endet" (1985, S. 309).

Die „einweihende" Mysterienkunst besteht wahrscheinlich darin, sich von der Statuette, von dem Bild, von dem uralten Text über die Göttin oder den Gott gleichsam „vereinnahmen" zu lassen. Hierfür gibt es verschiedene Techniken, die aus den Ritualen, die zu einem Kult gehören, gewonnen werden können.

Es ist für Frauen viel einfacher, sich empfangend einzustellen. Von außen sieht es wie Passivität aus, aber es ist eine hohe innere Konzentration dafür notwendig. Das empfangende Bewußtsein ist eines, das mehr Informationen aufnehmen und verarbeiten kann als eines, das im Erkenntnisprozeß hauptsächlich beurteilend aktiv ist.

Das Neue im Sinne einer Wiederaneignung der Sophia wäre, diese „Empfängnis" als Erkenntnisakt gezielt herstellen zu können und zwar mit der Absicht, etwas Unbekanntes verstehen zu wollen. Es ist so, als streckten wir „unsichtbare Fühler" aus, mit denen wir die Wirklichkeit fast „berühren" könnten.

Das heißt nicht, sich zum Schweigen zu verdammen. Aber reden aus dieser „Empfängnis" heraus ist vielleicht das, was Isis meinte:

*Ich bin Isis, die Göttin, die Herrin des Zaubers ... deren Rede voller Kraft ist. Siehe, mein Mund hat Sprüche, die lebendig machen ...* (Lee Mack 1973, S. 42).

Aber der Kult um Isis bleibt ein Geheimnis. Auf ihrem Tempelstein von Sais steht der Satz: *Ich bin alles, was war und was ist und was sein wird, und es war nie jemand, der meinen Schleier gelüftet hat* (Plutarch 1936 Bd. V, Kap. IX).

## Entfesselung der Weisheit im Tempel der Isis

Zuerst mußte sie ihren Rock hochheben, um zu beweisen, daß sie wirklich weiblichen Geschlechts sei, dann ließen die Tempeldiener der Isis die Philosophin durch die linke Tür hineingehen. „Ich möchte Metis befreien und dazu muß ich zu Isis", sagte sie eilig zu der Priesterin, die ihr entgegenkam. „Das ist ein langer Einweihungsweg, sie wird dir nicht einfach so erscheinen!" Die Priesterin stellte sich der Philosophin in den Weg. „Ich brauche einen kurzen Weg" drängte die Philosophin, und es war ihr äußerst unangenehm, ständig auf die Vorzimmerdamen und Herren der Weisheit zu stoßen. „Der kurze Weg kostet aber das Zehnfache." Die Philosophin gab ihr die Goldstücke und nahm bereits die weiße Kleidung vom Haken, die sie anziehen würde nach dem heißen Bad und der kundigen Massage.

Nach einigen Stunden Innensicht befand sie sich im lila Raum, wo merkwürdige, goldene Kringelzeichen durch das dunkle, tiefe Violett schwebten. Da erschien endlich Isis. Sie lag gekrümmt auf dem Boden. „Was hast du denn gedacht! Meinst du, ich residiere hier auf einem Thron? Komm her und richte meine Wirbelsäule auf!"

„Die Männer erzählen aber, du sitzt auf einem Thron." - „Ja, sie erzählen viel, wenn der Tag lang ist. Du bist ja nicht durchs rechte Tor hereingekommen, sondern durch das linke, und da wirst du selber am besten wissen, daß ich so frei nicht bin und deine Hilfe brauche. Also komm!" Die Philosophin legte ihre rechte Hand auf das untere Ende des Steißbeins der Isis und ihre linke auf ihren siebten Halswirbel. Allmählich richtete sich die Wirbelsäule auf. „Was willst du von mir?" Die Göttin richtete sich auf und sah ihr offen ins Gesicht. „Ich möchte Metis retten, sie wird ständig dem Zeus geopfert, und ihre Gebärmutter wächst nicht mehr nach. Sie kann nicht aufstehen."

Die Göttin sah die Philosophin mitleidig an und zog ihren Schleier vom Leib herunter. Sie stand da, etwas vornüber gebeugt, gefesselt mit vielen Seilen und Knoten um ihren Körper herum, von den Leisten an bis zum Hals. „Knote meine Fesseln auf, dann löst du auch die Fesseln von Metis. Gib mir einmal freien Atem im Rücken, dann steht sie wieder auf."

Die Philosophin besah sich mit voller Aufmerksamkeit einige Knoten, und dann löste sie diese mit flinken Fingern. Isis begann zu lächeln und stellte sich in voller Größe auf. Nun legte sie ihre Hände auf die entsprechenden Stellen der menschlichen Wirbelsäule, und sogleich begann ein feines Singen im lila Leib der Philosophin zu erklingen. „Ich nehme dir jeden Wirbel einzeln heraus und reinige sie für alle deine Organe. Ich putze deine Lichtbahnen und löse dir die Verzahnungen. Ich gebe dir dein strömendes Leben zurück und nehme dir den Schmerz der Metis in ihrer klaffenden Wunde. Und nun stehe auf, es ist getan! Wenn du noch eine Frage hast, dann frage mich." - „Ist die Opferung der Metis im Zeustempel nur ein inneres Ritual, oder reißen sie den Frauen dort leibhaftig die Gebärmutter heraus?" Isis sah die Philosophin mitleidig an. „Es gibt keine Trennung zwischen innen und außen. Was sie dir innen antun, tun sie dir auch außen an und umgekehrt. Manche Priester machen es außen, manche innen, sie entfernen unser Heiliges jeden Tag neu. Sie wissen nicht, was sie tun." Die Philosophin wurde ungeduldig. „Aber was soll das alles?! Ihr seid Göttinnen und Götter und könnt Euch nicht selber helfen? Braucht von mir Hilfe, die ich doch nur menschlich bin? Warum helft ihr euch nicht untereinander? Warum läßt du Metis im letzten Kerkerloch leiden und leidest selber und siehst zu, wie ihr unteres Herz ständig herausgerissen wird?" - „Wir Göttinnen und Götter sind nichts ohne euch. Wir brauchen euren gesunden Leib, um selber zu sein. ihr seid auf der Erde die Mächtigen, nicht wir!“ Isis fing nun an, sich im Kreise herumzudrehen und breitete langsam ihre Arme aus. Die Philosophin sah, wie die Göttin zu tanzen begann, ganz langsam, so, als ob sie jede einzelne kleine Wirbelbewegung genießen würde. Aus ihren Armen wurden Flügel. „Meine Liebe, Metis ist auferstanden. Gräme dich nicht mehr. Aber unsere Schwester Schechina liegt noch gefesselt in dem Lichtkasten. Wir brauchen sie, damit ich in der rechten Kammer des Männerlabyrinthes das Liebeslicht entzünden kann zur Reinigung ihrer zornigen Leber.“ Die Philosophin hätte am liebsten mit Isis getanzt, aber aus dem lila Raum wurde ein blauer, und sie sah wieder die bemalte Halle und die geldgierige Priesterin am Tore stehen. Die Philosophin legte eilig die Tempelkleidung ab und stieg wieder in ihren blauen Jeansrock und setzte sich in ihr Auto. Zum Glück hatte sie ihr Notebook dabei. Sie fand das richtige Programm, und schon war sie auf dem Weg zu Schechina in das jüdische Land.

## Schechina - die Liebeserkenntnis ?

In der jüdischen Glaubenstradition ist Sophia als „Chochma“ oder „Schechina“ überliefert, aber sie wird auch von den Juden „Sophia“ genannt.

In einem späten Buch der Hebräischen Bibel steht der Text von der „Weisheit Salomons“. Darin besingt der Autor in der Maske des König Salomons die Göttin Sophia:

*Prächtig und unverwelklich ist die Weisheit ... Ein Geist ist nämlich in ihr, der denkt und heilig ist, einzig und vielfältig fein und behend, klar und ungetrübt, deutlich, unversehrt und das Gute hebend Denn Gott liebt niemanden außer dem, der der Weisheit beiwohnt Sie erstreckt sich von einem Ende zum anderen voller Kraft, und sie verwaltet das All auf angemessene Weise. In sie verliebte ich mich ... suchte sie als meine Braut heimzuführen und wurde ein Bewunderer ihrer Schönheit Denn sie ist die Mystin des göttlichen Wissens, und sie trifft die Auswahl unter seinem Wirken ... Immer wenn ich nach Hause komme, werde ich mit ihr schlafen* (Georigi 1980, S. 421 - 432).

König Salomon ist im antiken Sinne als erotischer Geliebter der Sophia zu verstehen, der er in der Nacht begegnet. Er ist im wörtlichen Sinne ein Geliebter der Sophia, ein Philo-Soph.

Die Nacht, und damit auch der traumreiche Schlaf, galt in alter Zeit als „Tor zur Weisheit“; Traumdeutungen entsprachen zugleich tiefergehenden Weltdeutungen, denn Sophia lag ausgebreitet wie ein großer Traumleib als unsichtbarer Kosmos im All. „Natur“, die hinter der offensichtlichen Natur durchschimmert, wurde dem Sophien-Verehrer zum ersehnten Vereinigungsobjekt.

Die erotischen Bekundungen des Salomons dürfen nicht als dichterische Symbolik mißverstanden werden. Liebe, auch im leiblich-geschlechtlichen Sinne, wurde im älteren Judentum als Begegnung zwischen den Menschen und der

Göttin „ Schechina“ verstanden. In der Frau sei die Göttin selbst anwesend, während der Mann sich mit ihrem „heiligen weiblichen Leib“ im Geschlechtsverkehr vereinigt.

Sabbath ist der Name der Göttin, die die Gefährtin des jüdischen Gottes ist (vgl. Patai 1967).

Am Vorabend des Sabbat kommt der Mann mit seiner Frau zusammen, und die „Schechina Gottes erfüllt das Haus mit ihrer Aura“. Der Sabbat, der Samstag, wird dadurch heilig gehalten, daß an diesem Tag keine männlichen Geschäfte oder Arbeiten verrichtet werden dürfen, um die Nachglut der Göttin im eigenen Leibe einwirken zu lassen. Sabbat ist der Tag der Frau, ursprünglich ein Vollmondstag, an dem die Göttin menstruierte (Shuttle, 1982). Dieser Tag wird noch in den Hexenkulten als „Hexensabbat“ gefeiert.

Der frühe Jude erfuhr den Geschlechtsverkehr als eine Art Taufe, während der er die Frau nicht auf „Fleisch“ und „Schoß“ herabwürdigte, sondern er mußte als salomonischer Ehemann in der Lage sein, den Leib seiner Frau als „Tempel der Göttin“ anzubeten.

Auch im indischen Tantrismus der Weisheitsgöttin Tara wird der weibliche Körper als heiliger Tempel der Liebesgöttin Shakti aufgefaßt.

Im Geschlechtsverkehr sollen sich die Liebenden als „geistige Kinder“ der Weisheit begegnen. Weisheitliche „geistige Erkenntnis“ ist nicht, wie im späteren Christentum und im Griechentum, leibfern und daher auch sexualfeindlich, sondern leibdurchdrungen. Das göttlich-geistige Durchdrungensein im Zustand der leiblichen Vereinigung soll von beiden Liebenden bewußt erkannt werden. Sie sollen ein Leib werden, ein Liebesleib.

Die Sicht des Mannes in seine Frau, in der er Schechina, die Weisheit, erblickt, meint im hebräischen Testament die Textstelle: und „er erkannte sie als seinen Leib“. Der Mann erkannte in seiner Frau den Leib der Sophia oder Schechina, in dem auch er aufgehoben ist. Er war als Liebhaber der Sophia in der Lage, den Leib seiner Frau als Strömung von kosmischer Heil- und Lebensweisheit zu erfahren und dabei bewußt zu erkennen. Die Sophia-Erkenntnis verheißt ihm die ersehnte Unsterblichkeit seiner Seele nach dem Tode.

Diese philosophische Liebe des Mannes zur Sophia oder mit Schechina in seiner Frau ist im rechtgläubigen oder „orthodoxen“ Judentum bis heute tabuisiert. Sie gehört nicht zur offiziellen Lehre des Judentums.

Im orthodoxen Judentum wird die Weisheit oder „Schechina“ nur als Eigenschaft des angebeteten Gottes zugelassen, dem viele Eigenschaften nachgesagt werden.

Normalerweise wird die jüdische Religion als die erste patriarchale monotheistische Religion gekennzeichnet, die den Vatergott einführte. Aber der jüdische Religionsgründer Moses war am Hofe des ägyptischen Pharao Echnaton aufgewachsen und hatte dort schon die viel ältere monotheistische Vaterreligion des Sonnengottes Aton kennengelernt, die Echnaton dem ägyptischen Volk aufzuzwingen versuchte.

Die feministische Theologin Gerda Weiler zeigt in ihrem Buch über das alte Israel auf, daß nicht das Judentum die Alleinverantwortung am Aufkommen der patriarchalen Herrschaft trägt. Sie fand Spuren alter „matriarchaler Göttinnen" im alten Israel und eröffnet ein vielfältiges Bild des alten jüdischen Glaubens (vgl. Weiler 1989).

Gilles Quispel, ein Forscher des jüdischen Christentums, hat durch seine Quellenstudien herausgefunden, daß in jüdischen Texten das Geistige immer weiblich aufgefaßt wird und in griechischen Texten männlich. *Der beste Beweis dafür, daß Makarius vom Syrischen und Judenchristlichen her zu verstehen ist und sich von der griechischen Theologie grundlegend unterscheidet, liegt in der Tatsache, daß er den Heiligen Geist immer wieder als Mutter darstellt, „die himmlische Mutter, der heilige Geist", wie er sich ausdrückt* (Quispel 1967, S. 9).

Wie aber die Weisheitsgöttin als Liebesgöttin entstanden ist, darüber streiten sich die Gelehrten. Der Religionswissenschaftler Burton Lee Mack sieht Salomon aus ägyptischen Quellen schöpfen.

Der Theologe Bultmann sieht die Grundlage der alten jüdischen Sophia oder Schechina nicht so sehr in ihrer Liebeskraft als vielmehr in ihrer Partnerschaft zum männlichen Gott und ihrer Fremdheit zu den Menschen. *Der alte Mythos von der Weisheit ist jetzt mit Deutlichkeit zu erkennen: Die präexistente Weisheit, die Genossin Gottes bei der Schöpfung, sucht Wohnung auf Erden unter den Menschen; aber sie sucht vergeblich, ihre Predigt wird abgewiesen. Sie kommt in ihr Eigentum, aber die Ihren nehmen sie nicht auf. So kehrt sie zurück in die himmlische Welt und weilt dort verborgen. Die Menschen suchen sie jetzt wohl, aber niemand vermag sie mehr zu finden: Gott allein kennt den Weg zu ihr* (1923, S. 10).

Sophia, wie sie durch Salomon besungen wird, wandelt nämlich auch unter den Menschen, aber sie wird nicht erkannt. Erst mystische Verliebtheit und Sehnsucht nach ihr öffnen die Sinne für ihre Energie. Dabei weilt Sophia nicht nur in der „besseren Gesellschaft", sondern überall, mit Vorliebe auf Straßen und in Hauseingängen. Sie trauert um die unwissenden Menschen und bietet sich manchmal wie eine Prostituierte an. Doch die Menschen erkennen sie nicht. Sie schweifen in die Ferne, während Sophia in ihrer Nähe steht.

Aber dic Gestalt der jüdischen Sophia ändert sich mehrere Male. Nach der hellenistischen Epoche gab es in den ersten drei Jahrhunderten n. Chr. eine „spätjüdische Spekulation" über Sophia, in der mann sie eigentlich auflöste.

Der Philosoph Philo von Alexandria, der Sophia als „Weltseele" auffaßte, wandelte sie damit in einen vermännlichenden Logos-Begriff um. Er setzte Sophia mit „Vernunft", „Logos", „Recht" und „Wissen" gleich und raubte ihr ihre weibliche Besonderheit. Ihr eigener mythischer, theoretischer und historischer Status verschwand damit in der theologischen Spekulation um einen Logos, der in den heute üblichen Vernunftbegriff einmündete. *Es fällt sofort auf, daß bei Philo die Funktionen, insbesondere die des Logos und der Sophia, weitgehend die gleichen sind ... Die meisten Forscher haben deshalb von ihrer Identität bzw. Synonymität gesprochen. Die Identität ist aber nicht ursprünglich, sondern beruht, wie die Philoforschung gezeigt hat, eher auf einer Übertragung von Sophia-Vorstellungen und Prädikaten auf den Logos ... Da die Aussagen über die Weisheit einen mythischen Hintergrund verraten, wird mehrfach von einer „Mutter-Göttin" gesprochen, wobei an die Amme des platonischen Schöpfungsmythos, ihre Hellenisierung etwa bei Plutarch sowie auch an die ägyptische Isis gedacht wird. Nach der Bedeutung des Mythischen für das Verhältnis Logos - Sophia ist demgegenüber aber nur selten gefragt worden, da der Logos nicht so stark als eine mythische Größe auftritt, sondern die Grundlage für ein begrifflich erfaßtes Weltbild bildet* (Lee Mack 1973, S. 13).

Die feministische Theologin Christa Mulack macht in ihrem umfangreichen Werk „Die Weiblichkeit Gottes" deutlich, daß Philo von Alexandra zur selben Zeit wie Paulus lebte und nur eine allgemeiner verbreitete Tendenz aufgriff, alle weiblichen hervorragenden Eigenschaften in die christliche Logos-Spekulation aufzunehmen. Weisheit verstehe Philo dann nur noch als einen untergeordneten, praktischen Lebensweg, der Logos zum Ziel hat. Die Vorstellung von einem Logos, der mit seinem Gesetz aus Worten das Universum durchwaltet, sei ohne die Abgrenzungen zu den Weisheitslehren der Sophia nicht erklärbar. Logos, der zunächst nur als Sohn der Sophia galt, so wie Horus als Sohn der Isis, wurde zum höchsten Erkenntnisziel auf Erden umgedeutet (vgl. Mulack 1983).

Bis ins fünfte Jahrhundert unserer Zeitrechnung hinein gab es eine rege Sophien-Spekulation. Im entwickelten vaterrechtlichen Judentum wurden dann alle Erinnerungen an Sophia oder Schechina getilgt. Erst im 12. Jahrhundert erlebte die jüdische Sophien-Spekulation noch einmal eine große Wiedergeburt der alten Weisheitsmythen durch spanische Mystiker.

Diese spanischen Juden beriefen sich auf „gnostische Geheimschriften", die um die Jahre 0 - 200 n. Chr. entstanden sind. Es waren die berühmten kabbalistischen Mystiker.

Gershom Scholem, Professor für jüdische Mystik an der Hebräischen Universität Jerusalem, versuchte in seinen Studien den Weg der weiblichen Gottheit Schechina in der Kabbala nachzuzeichnen und zu deuten.

Es handelt sich dort um Schechina, die in den ersten Schriften der Kabbala als eine personifizierte Göttin im Geiste des Gottes offenbart wird.

Schechina ist also keine eigenständige Gestalt der Weisheit im Unterschied zu Metis und Isis. Aber die Kabbalisten nannten sie wieder beim Namen, und das war ein Einbruch in die inzwischen herrschende vaterrechtliche Religion der Juden.

Die Kabbalisten machten sich Bilder von Schechina und schauten sie als Lichtvision. Diese „Lichtfrau“ wird auch als „heiliger Geist“ entschlüsselt. Juda Barsilay aus Barcelona schrieb: *Als es in Gottes Gedanken aufstieg, eine Welt zu erschaffen, da schuf er als erste aller Schöpfungen den heiligen Geist, der auch die Glorie unseres Gottes heißt. Dies ist ein strahlender Glanz und ein großes Licht, das auf alle seine Kreaturen ausstrahlt ... Und die Weisen nennen dieses große Licht Schechina (Scholem 1977, S. 150).*

Sie sei der Hauch oder Atem, der alles lebendig macht. Und warum weilt sie unter den Dingen und entschwindet nicht in lichtere Höhen? *Um sie zu erhalten und ihnen Bestand zu geben* (Scholem

1977, S. 168).

Kabbalisten nennen Schechina auch „Mutter“ und „Geliebte“. Die Schuld des Mannes sehen sie darin, daß er sich nicht mit der Lichtfrau vereinigt und sich ihr verweigert. Sie erfahren die Weisheitsgöttin Schechina wieder mehr im sehr alten jüdischen Sinne als Liebesgöttin. Die Sünde Adams bestehe darin, daß er durch seinen körperlich-sexuellen Trieb die Einheit mit dem Weiblichen auseinandergerissen habe. Dadurch könne er mit dem Weiblichen nur im Vergewaltigungsimpuls zusammenkommen. Vor seinem Fall sei Adam selber, wie Sophia, eine Lichtgestalt gewesen (Eva ist die Tochter der Sophia). Er aß die Frucht vom Baume der Erkenntnis, die für Eva nicht schädlich war, und „zertrat damit die Pflanzungen“ (Scholem 1973, S. 154) der Sophia. Seitdem hätte Adam keine Seele mehr, und Schechina irre verstreut in viele kleine Lichtfunken als auseinandergerissener Leib in der Welt umher.

Die „Funken der Schechina“ gilt es nun zusammenzubringen und ihr zu ihrem einheitlichen Lichtleib zu verhelfen. Die Aufgabe des Adam sei es, „durch gesammelte Kraft seiner Meditation und geistigen Aktion alle gefallenen Funken“ zusammenzuführen, um die Welt wieder ins Gleichgewicht zu bringen. Adam müsse durch eigene (Meditations-Kraft die Seele wiederfinden. Aber die Kabbalisten beklagen, daß Adam ständig versage. So bejammern sie Schechina als eine „Ortlose“, die vom rohen Mann ins Exil getrieben wird.

*Die Wiedervereinigung Gottes und seiner Schechina ist der Sinn der Erlösung. Unter der Herrschaft der Kabbala sollte jede religiöse Tat von der Formel begleitet werden, dies geschehe ausdrücklich „um der Einigung Gottes und seiner Schechina willen“, eine Formel, die in allen liturgischen Texten und Büchern des späten Judentums wiederkehrte* (Scholem 1973,S. 146).

Den traditionellen patriarchalen Gott des Judentums sahen die Kabbalisten als das „männliche Prinzip“ an, das im Bruch der Gefäße aus seiner Ureinheit mit dem Weiblichen herausgetreten ist und nun auf einer neuen Ebene ... sich wiederherstellen muß (Scholem 1977, S. 181).

Aus meiner leibphilosophischen Perspektive verstehe ich das Anliegen der Kabbalisten als Aufruf, das Patriarchat rückgängig zu machen und die theoretische Teilung der Welt in Körper und Geist aufzuheben. Es ist die Klage von Männern, die am eigenen Leibe darunter leiden, daß es keine Liebeskultur zwischen den Geschlechtern gibt, daß der Mann die Frau vergewaltigt und sich selber zum „Sexkörper“ macht.

Es ist mit der Vertreibung aus dem Paradies nicht nur die vereinigende Lichtgestalt der Sophia gesprengt worden, sondern es ist in der Realität jene Frau unmöglich gemacht worden, die sich selbst als weisheitliche Tochter der Schechina erfährt, als Eva im paradiesischen Sinne. Und es ist die weise Mutter verlorengegangen, jene, durch deren Vorbild auch die Töchter freier sind. Unter dieser Vernichtung leiden Frauen, aber auch Männer.

Sicherlich wäre es zu einfach, die Kabbala als geheimen Widerstand der Männer gegen den patriarchalen Bruch mit der mütterlichen Weisheit zu lesen. Christa Mulack schätzt die Kabbala kritischer ein und analysiert, daß der weibliche Hintergrund der Weisheit in der Sefiroth-Lehre bereits bestritten wird. In dieser kabbalistischen Lehre der Selbst- und Welterkenntnis wird Sophia als die linke Seite Gottes angesehen. Die linke Seite war vorpatriarchal kein Problem gewesen, weil sie positiv weiblich besetzt war und mit Heil und Schutz identifiziert wurde. Die linke Hand einer Heiligen wird noch auf alten Ikonen in echter Goldfarbe gemalt, denn sie war die heilende Hand. Erst in der patriarchalen Umwertung wird links zu „linkisch“ und rechts zu „Recht“. Im Sohar steht: *Die Hölle haftet an der Linken, in der sie entsprungen ist. (Aus dem linken Hoden entstamme der weibliche Samen; A. St.) ... Links heißt auf hebräisch „Smol“ und wird genauso geschrieben wie samael, sin-men, Aleph-Lamed, womit der Teufel gemeint ist ... Die eindeutig als weiblich ausgewiesene Sefiroth - Bina, Din und Schechina - werden als Einfallstore des Bösen angesehen* (Mulack 1983, S. 39 f.).

Hat der heftige Kampf der Patriarchen um die Bevorzugung der rechten Körperseite vielleicht auch etwas zu tun mit dem Bruch des Gehirns in zwei Hälften? Die Analogien der Bilder können verblüffen.

Die Kabbala entstand zu einer Zeit, als in Europa das maskuline Selbstbewußtsein des Logos neu erstarkte. Dagegen gab es Widerstand, auch von Frauen. Die Königstochter Mayfreda gründete einen Orden, in dem der „heilige Geist“ als Göttin angebetet wurde.

Im Jahre 1300 führte die Inquisition in Mailand einen Prozeß gegen Mayfreda (sie wurde nicht zum Tode verurteilt) und ihre Anhänger und Anhängerinnen, die Vilemiten. Sie lehnte es ab, in ihrem Kloster den Vatergott anzubeten. Mayfreda berief sich dabei auf die heilige Vilemina, die sich als heilige Geistin sah und sich anbeten ließ. Sie heilte Kranke und predigte das Heil der Welt über den Weg der Gefolgschaft der Geistfrau.

Der mailändische Gelehrte Giovanni Pietro Puricelli legte im 17. Jahrhundert die 14 Doktrinen der Vilemiten dar. Einige davon lauten: *1. Vilhemina ist der im weiblichen Geschlecht fleischgewordene Heilige Geist. 2. Da Vilemina der Heilige Geist und folglich göttlichen Wesens ist, ist sie der Gottesmutter Maria sowie allen anderen Heiligen überlegen und Jesus gleich. ... 11 Die derzeit gültigen Evangelien wie auch die darin enthaltene Lehre werden durch die Evangelien ersetzt werden, die vier von Vilemina erwählte Weise schreiben werden, sobald Mayfreda friedlich und dauerhaft den apostolischen Stuhl in Rom eingenommen haben wird* (Muraro 1987, S. 135).

Die Inquisition hatte mit den Millionen Frauen, die sie als Hexen verbrannte, die männliche geistige Vormacht über Europa abgesichert und den geheimnisvollen Liebesleib der Menschen in einen angeblich sündigen Körper eingekerkert.

Die ersehnte heilige Hochzeit zwischen dem Gott und der Göttin, zwischen der Frau und dem Mann zur gegenseitigen Anerkenntnis im Liebeslicht der Schechina oder Sophia ist mit unermeßlicher Brutalität von mächtigen Männern abgewehrt worden.

## Entfesselung der Weisheit im Tempel der Tara

Es klingelte. Die Philosophin ging an die Tür. Ein zierlicher, kleiner Mann stand vor ihr mit einem schwarzen Bart und dunklen Augen. Er lächelte und sprach ein schlechtes Englisch. „Ich bin Tempeldiener der großen Mutter Tara im Tempel auf Manila. Meine Tempelmutter schickt mich zu Ihnen, weil Sie eine Schwester der Tara sind. Ich muß einer Göttin in Fleisch und Blut dienen, sonst verderbe ich mir hier in Europa mein Karma. Ich verdiene für meine Tempelmutter hier Geld, aber ich muß einer lebendigen Göttin dienen, sonst sterbe ich noch vor Kummer. Ich bitte darum, Ihnen dienen zu dürfen."

Die Philosophin lud ihn erst einmal zu einem Tee ein. Er küßte ihre Fußspitzen und setzte sich auf den Platz, den sie ihm zeigte.

Als sie den Tee zubereitete, erinnerte sie sich daran, daß sie eine indische Philosophieprofessorin auf einer Alternativveranstaltung zum Kongreß des Internationalen Währungsfonds in Berlin kennengelernt hatte. Sie hatte von einem Frauentempel der Weisheitsgöttin Tara in Indien erzählt, in dem sie die Hohepriesterin war. Er sollte damals, wie alle letzten Tempel der Tara, von der Regierung aufgelöst werden. Sie floh nach Manila. Die Menschen in Indien sollten zu den westlich ausgebildeten Medizinern gehen und nicht mehr in die Heiltempel der Priesterinnen.

„ich bin doch keine Göttin", sagte die Philosophin zu dem Boten der fernen Kollegin. „Meine Tempelmutter sagt, Sie sind eine Göttin, und was sie sagt, ist die Wahrheit." Er schaute fast unerträglich demütig auf den Boden.

„Was kann ich für Sie tun?" - „Ich diene der Göttin in Ihnen." -„Aber wie soll das gehen, ich habe keine Ahnung davon!" Er verbeugte sich im Sessel, als ob er sich für eine schwere Verfehlung entschuldigen müßte und sagte: „Ich darf Ihnen nichts erklären. Ich bin auch männlich. Sie wissen alles selber. Ich darf nur auf

Ihre Fragen antworten, mehr nicht, sonst lade ich Schuld auf mein Karma." Die Philosophin begriff und stellte Fragen. „Warum bist du als Mann im Tempel der Tara Diener? Ich dachte, dort sind nur Frauen?

- „Ich bin kein Mann. Ich bin ein Zwitter. Ich gehöre dem Tempel der Tara. Als Baby wurde ich gebracht und von den großen Priesterinnen im Tempel für den Dienst der Göttin erzogen." - „Was kannst du?" - „Ich kann alle Massagen für die Wiederkehr der Göttin. Ich nehme die Strafen der Kali auf mich, stellvertretend für die abgefallenen Männer. Ich bitte um Vergebung für sie. Seit über 8000 Jahren tue ich diesen Dienst." - „Warum?" - „Bis die Herrschaft der Männer gebrochen ist."

Die Philosophin ging an ihr Bücherregal und suchte alle Bücher mit Bildern heraus, die sie über östliche Religionen hatte. Er sollte ihr zeigen, wo seine Tempelgöttin abgebildet war. Schließlich fanden sie in einem Buch unter den vielen „falschen Bildern", wie er sie nannte, seine drei richtigen Göttinnenbilder. Die Philosophin fragte ihn über alle Details der Bilder aus und erhielt sachkundige Antworten, die sich erheblich von den oberflächlichen Texten in den Büchern unterschieden. Sie fand durch ihn Körperhaltungen (Mudras) heraus, die eine angebliche Einverleibung der Göttin ermöglichen. Die Göttin der Reinigung Kali brauchte andere Mudras als die Liebesgöttin Shakti oder die Weisheitsgöttin Tara. Den Dienst des Tempeldieners bestimmte die Philosophin für etliche Treffen damit, auf ihre Fragen Antworten zu geben und ihr zu zeigen, wie bestimmte Körpertechniken ausgeführt werden. Er wußte aber keine zusammenhängenden Hintergründe zu erklären, nur praktische rituelle Handlungen, die heilsam seien. Nur die Priesterinnen wüßten den Sinn der Handlungen. Die Hohepriesterinnen gaben ihr Wissen nur an Priesterinnen weiter. Nur sie wußten, warum der Diener diese oder jene Anweisung bekam, um dies oder jenes zu tun. Aber sein minimales Wissen war schon mehr, als in den Büchern stand. Die Philosophin erfuhr, daß vor achttausend Jahren Schlangen dazu abgerichtet waren, jene Dienste zu erfüllen, für die er nun da sei. Er fühlte sich als Schlange der Göttin. Kein Mann könne diesen Dienst tun, weil er die weibliche, heilige Energie im Frauenleib sofort absaugen würde, wenn er ihn berührte. Sobald ein Mann sexuell erregt sei beim Anblick einer Frau, ziehe er ihre Energie in sich hinein. Dadurch verliere sie ihren Göttinnenleib. Er als Zwitter habe genug weibliche Energie, er störe nicht beim Verleiblichungsprozeß der Göttin. Er brauche keine weibliche Energie. Und seine männliche müsse er abdienen, um die weibliche nicht zu gefährden. Eine Frau dürfe aber einer anderen Frau nicht dienen.

Eines Tages ließ sich die Philosophin in den Zustand der Göttin Tara bringen. Nach einigen Stunden Vorbereitung war sie in einer grünen Welt. Ihr Körper zitterte in einer Haltung, die normalerweise sehr anstrengend gewesen wäre. Aber mit geschlossenen äußeren Augen spürte sie, wie sich ein süß empfundener

Rieselstrom von unten nach oben durch die Wirbelsäule mitten in ihren Körper ergoß. Unendlich langsam und konzentriert bewegte sie einen Wirbel nach dem anderen wie im inneren Schwingen eines großen Schlangenleibes. Die minimalste Bewegung beschleunigte das Strömen. Der Bewegungsrhythmus der Wirbelknochen war viel langsamer als der Atemrhythmus. Vielleicht fünfmal so langsam. Metis entfachte mit Hephaistos ein wärmendes Feuer, das die Schlange geschmeidiger machte. Und dann öffnete sich wie eine Blüte etwas in ihr, was wohl mit Tara gemeint sein könnte. Tara schien zu sprechen: Ich ströme in die Finsternis des Körpers. Von innen erkennt mich die Erkennende. Hörst du mich? Ich floß mitten in deinen Körper ein. Wenn du mich hörst, dann erhebe dich vom tiefen Schlafe. Die Philosophin weinte, sie vergoß harte, kristallene Tränen im Schmerz ihres Erwachens. Sie wischte sich die Tränen von ihren Wangen ab und fragte innerlich: Wer bist du, die du mich erkennst und rufst? Woher kommt in mir dieses Hoffnungsgefühl, während ich in den Fesseln der Vätersöhne verzweifle? Tara sagte tief innen: Ich bin die Weisheit, die Stimme deines reinen Lichtes. Ich bin das Denken der jungfräulichen geistigen Erkenntniskraft. Ich bin Tara, ich bin Sophia, ich bin Isis und Metis, ich habe alle Namen des Erkennens, ich bin deine Lichtjungfrau, die du suchst. Ich kann dich hinbringen an den inneren Ort, der für dich heilsam ist. Mache dich auf und denke, denn du bist es, die mich gehört hat, und folge nun deiner Wurzel. Hüte dich vor den Wesen der Leere und des Mangels und den Einflüsterungen der rein Körperlichen. Hüte dich vor all den ungeformten Wesen, die an dir hängen und die dich austrinken, sobald du in den tiefen Schlaf der bloßen mechanischen Körper fällst. Mit meinem Licht in dir hast du alle Kraft, sie von dir zu stoßen.

Nachdem Tara das gesagt hatte, erweckte sie tief innen im Leibe der Philosophin deren eigene Erkenntniskraft. Sie versiegelte sie im Lichte des Todes mit fünf Siegeln, damit von diesem Zeitpunkt an der Tod und die Angst niemals mehr Macht über sie gewinnen könnten. Dann sprach sie: All diese Dinge habe ich in deine inneren Ohren gelegt. Dort sind sie. Ich habe dir alles gesagt, damit du es aufschreibst und sie deinen Mitdenkenden im Verborgenen gibst. Denn das ist das Geheimnis des nicht wankenden Geschlechts.

Die Philosophin verwandelte sich sofort in eine zornige Kali, als sie plötzlich das geile Glitzern in den Augen des Tempeldieners sah. Sie stieß ihn kräftig mit ihrem Fuß von sich, so daß er polternd nach hinten fiel und sich den Kopf aufschlug. Mit blutenden Haaren hinkte er Dank stammelnd aus der Türe hinaus, die sie ihm wütend aufhielt. Er hatte sie während seines Dienstes begehrlich angeschaut, und das ist Blasphemie. Eine sich erkennende Göttin darf nicht durch ein noch so winziges männliches Begehren von sich selber abgelenkt werden und in den finsteren Sog geraten.

Als die Philosophin aus dem Fenster schaute, sah sie den Tempeldiener fröhlich hüpfend zur U-Bahn laufen. Wie viele Sünden hatte ihm Kali mit diesem Fußtritt auf einmal abgenommen, daß er so freudig seines Weges ziehen konnte?

Die Philosophin packte die Bücher fort und begab sich an ihren Schreibtisch. Noch hatte sie das Geheimnis der gnostischen Sophia nicht gelüftet, die Spur der Lichtjungfrau im Apokryphon des Johannes. Sie rief ihren inneren Logos herbei, der schon alle Puzzleteile in der Datei zurecht sortiert hatte.

## SOPHIA - DIE SCHÖPFERISCHE DENKERIN ?

„Gnosis" heißt „Erkenntnis", und erkennen wollten die Gnostikerinnen und Gnostiker, wie Sophia mit dem Vatergott versöhnt werden könnte. Der reiche Mythos der gnostischen Sophia hat mich dazu gebracht, meinem Buch den Titel „Sophias Leib" zu geben.

Die gnostische Sophia ist uns durch christliche, der Gnosis feindlich gesonnene Theologen überliefert und durch gnostische Schriften, von denen viele erst in unserem Jahrhundert, 1946, in Nag Hammadi (Ägypten) gefunden wurden und noch vom Vatikan verschlossen gehalten werden.

Im Mittelpunkt der gnostischen Glaubensbewegung standen die Fragen, warum die Welt da ist, woher wir Menschen kommen, was wir auf Erden für einen Sinn haben und wie unser Leib beschaffen ist, damit wir im Diesseits schon die Weisheit erkennen können.

Etwa 200 v. Chr. begann diese Erkenntnisbewegung und ist für den Zeitraum von etwa 600 Jahren schriftlich bezeugt. Sie endete durch die mörderische Niederschlagung von seiten der römischen Kirche um 400 n. Chr.

Diese Bewegung bestand aus verschiedenen gnostischen Gruppierungen mit verschiedenen Ritualen und Erkenntnisgrundlagen, jedoch gingen alle davon aus, daß es eine Sophia gab, die die Welt geboren hat. Aber sie hätte dabei Fehler gemacht, die die Menschheit nun abzubüßen hätte. Sophia hatte Schuld am Elend der Welt. Wer das erkannte, erreichte die Versöhnung mit dem Vatergott.

Der mythologische Hintergrund sophianischer Welterklärung reicht bis zu den mesopotamischen Ursprungsmythen und bezieht die ägyptischen, griechischen, jüdischen und syrischen Hintergründe mit ein. Es sind sogar indische und tibetische Anklänge in den gnostischen Schriften zu finden.

Hier ist eine Geschichte zu entdecken, die die ganze Tragödie der Umwandlung ins linksdominierte Sprachzentrum des Gehirns etwa 200 v. Chr. umfaßt. Die Menschen mußten sich ablösen von der alten Mentalität, die eine mütterliche Bindung an die Familie und den Geburtsort war.

Der mentale Übergang in eine vaterdominierte gesellschaftliche Identität dauerte mehrere hundert Jahre und ergriff im Jahre Null intensiv die religiösen Gehalte und weltanschaulichen Zuordnungen. Dieser Prozeß mag viele Menschen sehr persönlich erschüttert und entwurzelt haben.

Der Gnosisforscher Gilles Quispel versucht das Weltgefühl der gnostischen Menschen einzufangen: *Staunend und gebannt stand der Mensch vor der Tiefe in sich. Seine Einordnung ins Universum ging ihm abhanden: Der Kosmos wurde mehr und mehr entgöttlicht und entdämonisiert. Die Polis, das Imperium, waren keine organischen Verbände mehr:*

*der Staat war eine dirigierte Bürokratie, die den einzelnen nicht beanspruchte, die Großstädte machten den Menschen unsagbar einsam. Da blieb nur die Flucht in die Erotik und die Flucht in sich selbst* (1951, S. 20).

Einige gnostische Sekten führten erotische Rituale durch, die an tantrische und isische Mutterkulte erinnern, andere riefen zur Askese und Geistmeditation auf. Es muß eine so bunte Bewegung gewesen sein wie die heutige esoterische Bewegung in den westlichen Ländern. Dieser Bewegung vorangegangen waren die griechische Vernunftaufklärung und die Eroberungsgeschichte der Römer über die Griechen. Die römischen Kirchenväter übernahmen die platonische Trennung der Welt in Geist und Körper. Nur das Geistige durfte als göttlich gelten. Sie verschrieben sich dem gesetzgebenden Logos und bekämpften alles andere als gottloses Heidentum. Aber erst um 300 n. Chr. kam das Christentum durch Kaiser Konstantin zur Staatsmacht. Vorher rivalisierte es mit anderen religiösen Bewegungen um die Vormachtstellung in politischen Kreisen.

Der Logos war nicht einfach friedlich in die Welt gekommen, er mußte mit Blut und Schwert durchgesetzt werden.

Es gibt Gnosisforscher, die meinen, daß die gnostische Bewegung eine direkte Antwort auf die griechische Vernunftphilosophie und ihre Folgen war. *Das Nein der Gnosis gilt aber nicht nur diesem griechischen Weltverständnis, sondern auch dem Weg, auf dem es gewonnen wird, dem autonomen rationalen Denken ... Die Gnosis sagt nein zu dem optimistischen Glauben an die Herrschaft der Ratio* (Foerster 1975,S. 460 f.).

Manche schätzen das gnostische Denken als *spätgriechische Philosophie* oder *erste Theologie* ein. Oder sie sehen die Gnosis als einen ersten Versuch an, die Welt insgesamt wissenschaftlich herzuleiten. Aber andere sagen dazu wieder das Gegenteil, nämlich daß die Gnosis nur eine visionäre Mythologie sei. Der Philosoph Hans Jonas beschreibt in seinem damals aufsehenerregenden Buch, die Gnosis sei *eine Weltwunde des Geistes* (1964); sie beherrsche die gesamte Spätantike und stelle uns vor große Rätsel.

Eine wirtschaftliche Krise sei nicht feststellbar, wohl die Kriege, aber daran müßten die Menschen gewöhnt gewesen sein, was also kann diese gewaltige Bewegung ausgelöst haben? Keiner der männlichen Gnosisforscher kommt auf die Idee, daß sie vielleicht etwas mit der Patriarchalisierungsgeschichte zu tun haben könnte, weil sie selbstverständlich davon ausgehen, daß die vaterrechtliche Dominanz in der Gesellschaft schon immer gegolten hat und ganz natürlich sei.

Aber Hans Jonas veröffentlichte Schriften, in denen er begann, das Leben und den Leib zu entdecken und zu verteidigen (1994). Denn er konnte aufzeigen, wie die lebensfeindliche Haltung seit der Antike noch immer zur Erkenntnisgrundlage moderner Wissenschaft gehört. Gegen die gnostische Weltverneinung konstruierte er eine Philosophie auf der Grundlage von Lebensbejahung, die 1979 zu seinem berühmten Werk „Prinzip Verantwortung" führte.

Aber worum ging es in der sagenhaften gnostischen Bewegung vor zweitausend Jahren?

Im Mittelpunkt stand eine weibliche Gottheit, die Sophia, die bei den Jesus-Anhängern auch als „Paargenossin" des Jesus galt. (Paargenossen gehören in der außerirdischen Lichtwelt als ein Wesen zusammen.)

Sophia taucht als Schöpferin der Welt - sogar des Vatergottes - auf, als fallende und bereuende Göttin, als Wiedergeburt einer höchsten Lichtgottheit, als Inbegriff des Lebens, als Versammlungskraft glaubender Menschen (Kirche), als Ziel der Menschheitsgeschichte und sogar als Schülerin des Jesus oder als seine „Paargenossin". Sie sind „ein Leib" (vgl. Hormon 1984).

In einigen wenigen Schriften dieser Bewegung verbirgt sich jene Sophia noch ziemlich erkennbar, die möglicherweise vorpatriarchal im bejahenden Sinne das Weltempfinden der Menschen geprägt hatte. Sie mußten sich von der selbstverständlich bejahenden Existenz als menschlicher Leib ablösen.

Noch die bewegte Bilderkampfzeit im neunten Jahrhundert sehe ich als Nachklang dieser religiösen Umbruchsbewegung. Es ging dabei um den Weg der richtigen Erkenntnisgewinnung zum Logos hin. Ich möchte hier deutlich sagen, daß die Gnostiker auch Patriarchen waren, sie verleugneten in fast allen ihren Schriften eine erstrebenswerte Dimension des Mütterlichen und bekämpften alten Mutterglauben. Aber sie glaubten, daß sie schon jetzt im Leibe die Erkenntnis des Logos-Lichtes erreichen könnten und nicht erst nach dem Tode, wie die Katholiken glaubten. Dafür schulten und reinigten sie ihren Körper. Im Philippus-Evangelium, das 1946 in Nag Hammadi gefunden wurde, kritisierte der Schreiber den christlichen Glauben als Aberglauben an die alte Muttergöttin, wenn behauptet würde, Maria hätte ohne den Männersamen Jesus geboren. Die Zeiten des Mutterglaubens seien vorbei. *Einige sagten: Maria ist vom Heiligen Geist schwanger geworden. Sie irren sich. Sie wissen nicht, was sie sagen. Wann ist jemals eine Frau von einer Frau schwanger geworden? Als wir noch Hebräer waren, waren wir Waisen. Wir hatten nur unsere Mutter. Als wir aber Christen wurden, wurde uns Vater und Mutter zuteil* (S. 51).

Die Religionswissenschaftlerin Elaine Pagels brachte Anfang der achtziger Jahre ein Buch über die gnostische Erkenntnisbewegung heraus (1987), das zum Kultbuch auch unter theologisch interessierten Frauen wurde, weil es möglich war, dieses Buch über die Gnosis als Entdeckung einer frauenfreundlichen, antipatriarchalen Priesterinnenbewegung zu interpretieren. Karin Gaube und Alexander Pechmann gehen in ihrem Buch „Magie, Matriarchat und Marienkult" davon aus, daß die Gnostiker *offenbar noch in enger Beziehung zu alten matriarchalen Religionen standen* (1986, S. 49), und sehen Jesus Christus als Erlöser von der Herrschaft des männlichen Gottes an, der das Reich der Göttin wieder errichten wollte.

Die feministische Theologin Luise Schotthof warnte allerdings und warf Pagels und anderen Gnosisbegeisterten Blauäugigkeit und mangelnde patriarchatskritische Haltung vor. Denn dadurch entstehe der Eindruck, *die Gnosis sei möglicherweise eine feministische Alternative zum orthodoxen Christentum und seiner Frauenverachtung* (1991, S. 158) gewesen. *Aber Sophia zog sich in den Himmel zurück, wenn sie abgelehnt wurde* (1991, S. 342) und kämpfte nicht in der Welt um ihr Leben. Sie habe die Erlösung von ihrem großen Vater erwartet und leide nur, das sei das einzige, was sie könne. Die gnostische Sophiagestalt transportiere keine frauenbefreienden Inhalte. Statt dessen sollten lieber die Armen-Evangelien herangezogen werden, weil darin die Frauen zumindest als Arme und Unmündige für ihre Selbsterlösung angesprochen werden.

Verschiedene wissenschaftliche Lager und Schulen sind um die Gnosistexte herum entstanden.

Vor diesem streitbaren Hintergrund nun möchte ich das Kunststück vollbringen, die verschiedenen Geschichten der gnostischen Sophia in einem patriarchatskritischen Sinne zu lesen und gleichzeitig den archaischeren, vorpatriarchaleren Sinn dahinter aufzuspüren.

Da ich eine Philosophin bin und keine Theologin, interessieren mich die mörderischen religiösen Streitereien wenig. Was mich interessiert, sind die „Erkenntnisbewegungen" unseres Leibes, unseres Gehirns, unseres gesellschaftlichen Werdens in der Geschichte, damit ich mein Jetzt besser begreifen kann. Damals fand jene mentale Umwälzung statt, durch die wir heute im Abendland wie selbstverständlich an den Fortschritt unseres Bewußtseins, unserer Vernunft, glauben. Um hier etwas ganz konkret in der Art unseres Welterkennens zu öffnen, damit es lebensbejahender weitergehen kann, lohnt es sich zu wissen, wie die Muster entstanden sind, nach denen wir urteilen. Dann können wir leichter entscheiden, wo die Lücken sein könnten, durch die wir zu einem neuen philosophischen Aufbruch gelangen können. Für ein weibliches utopisches Denken in pragmatischer Absicht haben die gnostischen Texte Inspirationsanteile, die weiterführen können.

Gnostische Priesterinnen und Priester schrieben Evangelien, so daß es nicht nur die bekannten vier Evangelien gibt, sondern an die hundert verschiedene. Die Apostelinnen und Apostel des Jesus von Nazareth versteckten ihre Evangelien in Tonkrügen, als die orthodoxen Christen sie verfolgten und ermordeten. Die meisten Schriften wurden erst in unserem Jahrhundert in Nag Hammadi gefunden. Es hat über fünfzig Jahre gedauert, bis die ersten Textveröffentlichungen herauskamen, da die Gelehrten eifersüchtig über ihre Vorrechte wachten; sogar C. G. Jung versteckte eine gestohlene Schrift in seinem Institut. Die neu gefundenen gnostischen Quellen sind bis heute noch nicht hinreichend übersetzt und der Öffentlichkeit zugänglich gemacht.

Ich möchte im folgenden vier verschiedene gnostische Quellen darstellen, in denen noch am ehesten die leibliche Dimension und die weibliche Dimension einer vergangenen Weltsicht d durchschimmert, die ich im Namen Sophias gefunden habe. Zuerst geht es um die geheime Schrift des Johannes, das Apokryphon des Johannes. Diese war mir eine wesentliche Ausgangsquelle, um die anderen Schriften zu verstehen. Dann gehe ich auf die „obszönen Gnostiker" ein, worüber die römischen Christen sich am meisten aufgeregt haben, weil sie ihre Sexualkraft ritualisierten. Das Evangelium der Maria Magdalena ist völlig unbekannt und zeigt, daß Frauen damals sich noch trauten, intellektuelle Führung zu übernehmen. In der großen Schrift der „Pistis Sophia" wird eine Geschichte der Sophia mit der Geschichte des Jesus verbunden, die wenig mit dem Jesus des heutigen Christentums zu tun hat. Diese Schriften inspirierten mich dazu, mir selber Weltbilder denken und die Dynamik der mythischen Gestalten besser verstehen zu können. Je nachdem, wie sie geordnet werden, geschah die Identifikation mit dem Bestehenden.

## DAS APOKRYPHON DES JOHANNES

Im Apokryphon des Johannes wird der Fall der Sophia beschrieben:

*Unsere Mitschwester aber, die Sophia, da sie ein Äon ist, ersann einen Gedanken aus sich heraus; und durch das Denken des Geistes und der ersten Erkenntnis wollte sie das Ebenbild aus sich heraus in Erscheinung treten lassen, obwohl der Geist ihr nicht zugestimmt noch auch gewährt hatte, noch auch hatte ihr Paargenosse zugestimmt, der männliche jungfräuliche Geist. Sie fand ihren Paargenossen nicht mehr, als sie daran ging zu gewähren ohne die Zustimmung des Geistes und ohne das Wissen ihres eigenen Paargenossen, indem sie emanierte wegen des in ihr befindlichen Wunsches. Ihr Denken konnte nicht untätig werden, und ihr Werk trat hervor, unvollkommen und häßlich in seinem Aussehen, weil sie es ohne ihren Paargenossen gemacht hatte. Und es glich nicht dem Aussehen der Mutter, da es von anderer Gestalt war. Sie sah es aber in ihrer Erwägung, daß es ein Gepräge eines anderen Aussehens geworden war, da es von Schlangen- und Löwen-Aussehen war. Seine Augen leuchteten feurig. Sie stieß es von sich weg aus jenen Orten, damit keiner der Unsterblichen es sähe, weil sie es in Unwissenheit geboren hatte. Sie verband mit ihm eine Lichtwolke und stellte mitten in die Wolke einen Thron, damit ihn niemand sähe, außer der heilige Geist - den man Zoon, der, zu dem man „die Mutter aller Lebenden" sagt, und sie nannte es Jaldabaoth* (1972, Zeile 36 - 45).

Jaldabaoth wurde von den Gnostikern als der jüdische Schöpfergott angesehen, gegen den sie kämpften, da er nichts von seiner Lichtherkunft aus Sophia wußte und die Menschen nur deshalb aus Lehm gebildet habe, damit sie ihn anbeteten. Sie warfen den Christen vor, daß sie diesen Jaldabaoth, der für sie der Teufel war, zu ihrem Vatergott erhoben hätten.

Wie eine gläubige Israelitin mir erzählte, heiße Jaldabaoth auch der „Vorausschauende". Er habe ebenso wie Prometheus alles vorhersehen können und wie dieser die Menschen geschaffen.

Im orthodoxen Judentum dürfe der Name Jaldabaoth nicht genannt werden. Auch dieser Name sei schon ein Bild und zeige den Schlangen- und Löwenleib der Mißgeburt.

Nach dem Johannes-Apokryphon entfernte sich der (jüdische) Schöpfergott Jaldabaoth von dem Ort, an den ihn Sophia gesetzt haue und schuf selber Äonen; Zeitformen, in denen sich das Licht zu Materie verdichten konnte. Er schuf auch die ersten Menschen, aber sie waren, wie seine ganze Welt, erkenntnisunfähige, roboterähnliche Wesen. Als die Lichtjungfrau Sophia das sah, hauchte sie in diese Materie ihr Lichtwesen ein, erst dadurch können wir denken, erst dadurch ist die Materie belebt.

Jaldabaoth bedeutet „Finsternis des Körpers", lichtloser Körper oder erkenntnislose Materie. Jaldabaoth konnte den Menschen keine Erkenntnisfähigkeit geben, weil er die mütterliche Herkunft seines eigenen Lichtes nicht erkennen konnte, darum sei er der Feind der erkennenden Menschen.

*Vom reinen Licht der Kraft aber, das er von seiner Mutter bezogen hatte, davon gab er ihnen nichts. Deswegen beherrschte er sie, wegen der Herrlichkeit, die in ihm war von der Kraft des Lichtes der Mutter. Deswegen ließ er sich „der Gott" nennen, indem er sich auflehnte gegen die Substanz, aus der er hervorgegangen war ... Die Mutter begann nun, sich zu bewegen; sie erkannte ihren Mangel daran ...* (Z. 74).

Sophia bereute nun wegen des Schicksals der erkenntnislosen Menschenkörper ihre Tat. Der Paargenosse Jesus und der Muttervatergeist verziehen ihr. Gemeinsam schufen sie den ersten Lichtmenschen, Adam, der besser war als der Gott Jaldabaoth. Dieser Licht-Adam wurde von der Sophia-Tochter Eva unterwiesen, wobei er sie als seine Einweiserin anerkannte. Sie wohnte sozusagen als Lichtkörper in seinem Leib. Aber Adam versagte, indem er seine Eva nur äußerlich sexuell als Frauenkörper sah, denn Jaldabaoth hatte ihm zur Täuschung eine Eva geschaffen, die er selber auch noch sexuell mißbrauchte. Jaldabaoth täuschte den Licht-Adam ständig aus Eifersucht mit seinen archontischen Schattenwesen. Sie sogen ihm die Lichtgestalt ab. Seither betet der lichtlose Adam Gott Jaldabaoth an und verleugnet nicht nur die Licht-Eva und Sophia, sondern auch die gesamte universelle Wesenheit jenseits der irdischen achten Planetensphäre, die als Licht existiert. Da aber in allem Weiblichen Sophia ist, muß Adam sie in der Eva erkennen, wenn er befreit sein will. Adam bereitet sich die eigene Vernichtung und all das Leid, das Menschen durchzustehen haben. Sophias Lichtgestalt in Adam (das Gefäß der Gefäße) ist zerbrochen und in unzählige Funken versprengt, die gestaltlos durch die Welt irren. Der Mann verleugnet seine innere Weisheit, seine weibliche Herkunft und seine Weiserin Eva.

Hier finden wir Parallelen zum kabbalistischen Mythos der Schechina. Gibt es Zusammenhänge?

Die gnostische Weltdeutung bezog ihre Bilder aus verschiedenen Mysterienzusammenhängen. Das wesentliche Moment dieser gnostischen Weltstimmung aber war die „Verzweiflung am Leibe", die im größten Teil der Bewegung platonisch ausgedeutet wurde. Der Leib als Gefängnis der Seele sollte überwunden werden, weil er nur der dunkle, erkenntnislose Materiekörper des Jaldabaoth sei.

Hans Jonas spricht von einem kosmologischen Pessimismus, der das gnostische Denken durchziehe. Die Vernichtung der Welt sei zugleich die Erlösung des Universums. In diesem Sinne ist es üblich gewordene gnostische Weltstimmung als Pessimismus und leibfeindliche Lebensart aufzufassen, was sie auf den ersten Blick auch ist. Damit paßt sie zum platonischen, christlichen und auch wissenschaftlichen Weltbild der patriarchalen Vernunfttradition. Für uns Heutige erstaunlich in vielen gnostischen Schriften ist die offene Thematisierung des Kampfes zwischen weiblicher und männlicher Erkenntnisform. Die patriarchalisierende Vernunft wird dabei nicht immer mit dem Logos-Begriff gleichgesetzt. Logos war ihnen die eine Hälfte des großen Gottes, der zweigeschlechtlich im Apokryphon erwähnt wird.

Im Johannes-Apokryphon verbirgt sich eine vorpatriarchale Welterklärungsweise. Daß sie bewußt verdeckt wurde, geht daraus hervor, daß die Übersetzung vom Griechischen ins Koptische eine Übersetzung vom Weiblichen zum Männlichen war. Ich zitiere den Übersetzer Walter C. Till: *Der 11. Text des Apokryphon im BG stimmt zwar sinngemäß mit dem im CGI überein, weicht aber wortmäßig erheblich von ihm ab. Ferner wird im BG 30, 7 der von der Barbelo hervorgebrachte göttliche Funke „der erstgeborene Sohn" genannt. Aber alle vorher entstandenen Wesenheiten sind im Griechischen mit femininen Ausdrücken bezeichnet, nicht aber im Koptischen, wo zwei maskulin bezeichnete Wesen, also „Söhne" darunter sind, nämlich die erste Erkenntnis" (griech. fem.) und das ewige Leben" (griech. fem.)* (1972, S. 12).

Nun sind aber die koptischen Schriften jene geworden, die das weitere Christentum wesentlich beeinflußt haben.

Elaine Pagels meint sogar, Johannes hätte in seinem Apokryphon Sophia an die uralte, eigenständige Stelle gesetzt.

Sie kommentiert die Stelle: *Ich bin der eine, ... ich bin der Vater, ich bin die Mutter, ich bin der Sohn!* (1987, S. 98) derart, daß Johannes sich von dem griechischen Geistbegriff (Pneuma) abgewendet habe, der grammatisch im Neutrum steht, um sich dem hebräischen Wort für Geist, nämlich „Ruah" zuzuwenden, einem femininen Wesen. *Im Hebräer-Evangelium spricht Jesus gleichfalls von „meiner Mutter, dem*

*Geist" ... Ein dem gnostischen Lehrer Simon Magnus zu geschriebenes Werk gibt dem Paradies, dem Ort, wo das menschliche Leben anfing, eine mystische Bedeutung: Es soll das Paradies der Mutterschoß sein, denn daß dies wahr ist, dürfte die Schrift lehren, wenn sie sagt, „Ich bin es, der dich im Schoße deiner Mutter bildete"* (Jesaja 44, 2) (S. 98).

### Ist der Garten Eden die Plazenta?

Johannes beschreibt, daß Sophias Denken nicht untätig bleiben konnte und ihr Werk hervortrat. Nach dem Sophia-Mythos ist weibliches Denken zugleich schöpferisch. Sie drehte sich mit ihren Gedanken nicht in begrifflichen Kreisen, die unendlich zirkulieren können, sondern sie brachte etwas ihr Unähnliches damit hervor. Sie schuf die Voraussetzung für Materie, indem sie Jaldabaoth schuf, diesen Gott, der den Tieren ähnlich war und weniger den Lichtgestalten. In der Gnosis wird dieser Jaldabaoth als häßliches Ungeheuer beschimpft und als unser Unglück angesehen, aber vielleicht gehörte in der vorpatriarchalen Zeit Jaldabaoth der weiblich-schöpferischen Einbildekraft an, die das physisch Männliche gebiert, so wie in Ägypten Geb die Erde war, die Physis?

Das ihr Unähnliche, was Sophia in die Welt setzte, war die physische Männlichkeit, sie war ihr fremd im Aussehen, aber nicht im Wesen. Sie war ihr Sohn. Sie gewährte ihm die materielle Kraft. Das Männliche war zwar anders als sie, aber es war nicht ihr Feind. Es mag einen Logos der Sophia gegeben haben, der ihr in Liebe ergeben war und sie als Geistesmutter anerkannte. Vielleicht haben hier Studien ihre Berechtigung, die die Philosophin und Matriarchatsforscherin Heide Göttner-Abendroth dazu brachten, einer Göttin immer auch einen männlichen Aspekt zuzuordnen, einen Heros, um das Männliche in der Welt integrativ auffassen zu können (vgl. Göttner-Abendroth 1980).

Die Weltfeindlichkeit der geheimen Schrift des Johannes ist nicht weiblichkeitsfreundlich, wie Pagels vermeint, sondern hauptsächlich feindlich gegen die Art des männlichen Gottes, den sich die Juden und Christen ausgesucht haben.

Was aber Johannes überliefert, ist eine weibliche, gedankliche Kraft, die sich nicht davor scheut, sogleich zur materiellen Wirklichkeit zu werden. Es ist eine pragmatische Verwirklichungsmacht, die sich mit dieser Sophia verbinden läßt.

## Die obzönen Gnostiker

Was heute mit Weiblichkeit verbunden wird, hat wenig damit zu tun, was Frauen selber als „weiblich" ansehen würden, wenn sie sich ohne männliche Vorgaben erfahren und kultivieren könnten, Gab es solche Kulte noch in patriarchaler Zeit? Was kultivierten sie? Haben die Gnostikerinnen etwas mit den Frauenmysterien zu tun?

Der römische Philosoph Cicero (106 - 43 v. Chr.) beschwerte sich über die noch bestehende althergebrachte „Unsitte", daß Frauen ihre eigenen Tempel und Kultstätten hätten und dort „unanständige Bräuche" pflegten. Er forderte die Abschaffung der nächtlichen Frauenmysterien. Es geht um *Die Bestimmung über die nächtlichen Opferfeiern der Frauen ... Was mir an den nächtlichen Opferfeiern mißfällt ... Wenn diese Freizügigkeit in Rom erlaubt wäre, was hätte dann jener getan, der mit Absicht auf Sinneslust zum Opfer kam, dorthin, wo man nicht einmal aus Unachtsamkeit hinblicken durfte, ohne daß es ein Vergehen war ..., daß über den guten Ruf der Frauen das helle Licht der Öffentlichkeit mit den Augen vieler Menschen wache ...* (1976, S. 35 - 37).

Die Mysterien, gegen die Cicero im Verein mit den herrschenden Männern vorgehen zu müssen meinte, waren die Mysterien der Kybele, die um 200 v. Chr. in Rom eingeführt wurden. Kybele war eine Muttergottheit, in deren Tempeln Frauen nackte Frauenfiguren verehrten. Julius Caesar ließ sich von seiner Frau Pompeia scheiden, weil sie in seinem Haus das Fest der „Bona Dea" (Kybele) gefeiert hatte, zu dem nur Frauen zugelassen waren. Clodius, ein Freund des Cäsar, hatte sich in Frauenkleidern hineingeschlichen und verraten, was die Frauen dort taten. Nackt opferten sie der Kybele ein Mutterschwein und beteten die Fruchtbarkeit in Form des weiblichen Geschlechts, der Vulva, an.

Die Pfarrerin Jutta Voss veröffentlichte 1988 ein Buch über weibliche Kulte und Rituale, die einen völlig neuen Blick auf die Bedeutung der Wildsau eröffnen. Wegen dieses Buches strengte die evangelische Kirche ein „Lehrzuchtverfahren" gegen sie an, denn sie sprach sich darin für die Heiligung der weiblichen Geschlechtsorgane aus. Sie mußte von ihrem Amt als Pfarrerin zurücktreten (vgl. Voss 1988).

Ähnliche „Unanständigkeiten" werden nun auch von gnostischen Sekten berichtet. Es muß auch Richtungen gegeben haben, die eine Lichtwerdung des Leibes sexuell initiierten, vielleicht in Anlehnung an ältere Mysterienkulte von Muttergottheiten.

Der Sperma- und Menstrualkult der „Barbelo-Gnostiker" und Ophiten wurde von den Gegnern dieser Sekten wahrscheinlich in verzerrter Weise dargestellt, aber eben doch so, daß einige Spuren erkennbar sind. Leider sind bisher noch keine Originalquellen aus dieser gnostischen Richtung zugänglich geworden.

Die gnostische Schrift „Pistis Sophia" verdammt im Namen Jesu die Leute, *die den männlichen Samen und das weibliche Menstrualblut nehmen und es in ein Linsengericht tun und essen* (Kap. 147, S. 251).

Über ihre Kultfeiern wurde erzählt, daß die „Einsammlung der Lichtsamen der Sophia" in Gestalt des männlichen Samens und des Menstrualblutes zum „Opferdienst" gehörte. Besonders heftig bekämpften die Gnosisgegner alle Formen der Schwangerschaftsverhütung, die bei den „ausschweifigen" Gnostikern durchgeführt wurden, weil diese die Zeugung von Kindern ablehnten, um die menschliche Gattung aussterben zu lassen. *Epiphanius schreibt, daß sich*

*Männer und Frauen der Sekte zunächst gemeinsam zu einem üppigen Mahl mit Wein und Fleisch niederließen. Nachdem sie sich „den Bauch vollgeschlagen haben „ beginnt die eigentliche „Liebeszeremonie" (agapè), indem Männer und Frauen geschlechtlich untereinander verkehren. Nach der Vermischung in buhlerischer Leidenschaft lästern sie außerdem noch den Himmel, indem nämlich Mann und Frau den männlichen Ausfluß in ihre Hände nehmen, hintreten, zum Himmel auf blicken, und die Unreinheit auf ihren Händen tragend, beten sie offenbar: Wir bringen dir diese Gabe dar, den Leib des Christus." Gleichermaßen verfahren sie mit dem, was von der Frau kommt, wenn sie ihre Regel hat: „Das ist das Blut des Christus"* (Rudolph 1975, S. 255).

Die leibliche Vermischung von Mann und Frau im Geschlechtsverkehr wurde in vaterrechtlichen Kulten des Logos als „Sünde" verworfen, aber in einigen Kulten der Großen Mütter gilt der Geschlechtsverkehr als Moment, in dem die Göttin in die Liebenden hinein strömt. Der Geschlechtsakt ist eine heilige Handlung.

Gelten der männliche Samen und das weibliche Menstrualblut wie im jahrtausende alten indischen Tantra und im chinesischen „Tao der Liebe" (vgl. Chang 1995) als konzentrierteste kosmische Energie, die der menschliche Körper zu sammeln vermag? Die Vermischung dieser beiden Flüssigkeiten führte zu einer Flüssigkeit, die mit der Leben gebärenden Energie der kosmischen Kraft gleichsetzbar sei.

Eine Frau, die nicht lernt, ihr Menstrualblut in sich in die angezielten Organe zu lenken, verliere ihre kostbare Lebensenergie, und ein Mann, der nicht lerne, während des Orgasmus seinen Samen nach innen in den Kopf zu lenken, verliere nicht nur seine Haare, sondern schon ab vierzig die Denkkraft seines Gehirns.

Ging es den „obszönen Gnostikern" wie auch manchen tantrischen und taoistischen Mystikerinnen und Mystikern um die Umlenkung ihrer sexuellen Energie in geistiges Erkenntnisvermögen spiritueller Art? Aber könnten diese Rituale der heiligen Genitalflüssigkeiten nicht auch

eine rituelle Wiederholung der Emanzipation des Mannes von der großen Mutterkraft bedeuten? Der Mann identifiziert sich mit seinen Samenkräften und nutzt lediglich das Weibliche, um in einen höheren Geisteszustand zu gelangen. So jedenfalls erscheinen mir tantrische Ritualbeschreibungen motiviert. Wenn es stimmt, daß der Mann erst vor 3000 Jahren wußte, daß er mit seinem Samen zur Kindzeugung beiträgt, dann fällt das wieder mit der Historie der Vernunftentwicklung des Mannes zusammen. Es kann doch sein, daß diese „Vermischungsrituale" patriarchal motiviert sind.

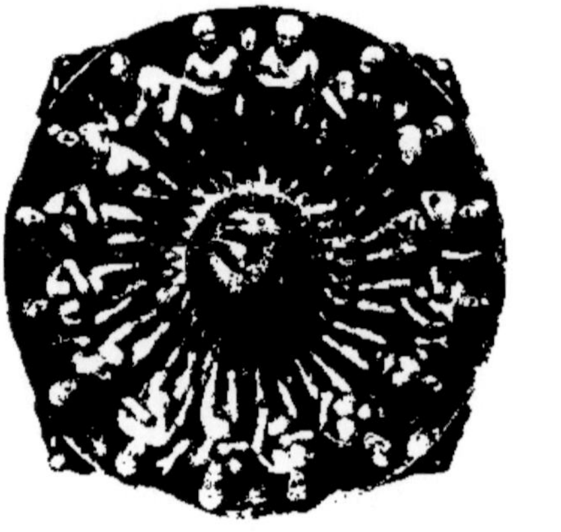

*Abb. 7: Alabasterschale mit der Darstellung einer kultischen Szene (Schlangenkult?); 3./5. Jh., Syrien oder Kleinasien; Herkunft umstritten. Auf die Orphik weist ein Spruch an der Außenseite, die wiedergegebene Zeremonie (16 nackte Mysten in Verehrung einer geflügelten Schlange, die von Sonnenstrahlen umgeben ist) erinnert wiederum an den Kult der Ophiten (nach Rudolph 1975).*

Die meisten tantrischen und taoistischen Rituale, die in Europa bekannt sind, sind in ihren schriftlichen Erläuterungen männerzentriert. Ich bezweifle, daß gnostische Rituale des Menstrualblutes noch weiblich zentriert waren.

Der Gnosisforscher und Mediziner Richard Smith jedenfalls kommt für diese „unanständigen Sekten“ zu dem Ergebnis: *Salvation comes to this world as a penis enters a woman* (1988, S. 356) - die Erlösung für diese Welt kommt wie ein Penis, der die Frau penetriert.

Die Spiritualisierung des menschlichen Körpers in den gnostischen Ritualen sollte zu einem feinstofflichen Lichtleib führen, nicht zu jenem „Leibsinn“, der für meine Leibphilosophie wichtig ist. Aber die körperlichen Reinigungsübungen setzten ein Wissen um physiologische, anatomische, psychische und energetische Gegebenheiten unseres Körpers und auch spürfähigen Leibes voraus, das detailliert in einigen Schriften ausgebreitet wird und das für mich besonders interessant ist.

Innerhalb dieser Schriften gibt es wieder verschiedene Tendenzen. In einigen mag es einfach nur um eine Enttabuisierung der Triebe gegangen sein, die zur Zerstörung der materiellen Welt des Jaldabaoth beitrug. Aber es gibt auch Schriften, in denen es nur darum geht, das Grobkörperliche des Jaldabaoth-Menschen mit den Lichtformen der Sophia zu verfeinern, die auch in der Materie wohnen. Es werden bewußt Umwandlungsprozesse in Gang gesetzt, die die menschliche Sensibilität für energetische Schwingungen erhöhen sollen. Denn in diesen feineren Schwingungen sei die Weisheitserkenntnis beheimatet.

In den Büchern des Jeü zum Beispiel wird die Welt nicht als rein körperliche Welt des Jaldabaoth dämonisiert und verdammt, sondern als eine Lichtwelt der Sophia aufgefaßt, in die nur noch mehr Licht hinein müsse.

Es werden Rituale beschrieben, in denen der menschliche Körper und die

Organe einzeln von den dämonischen Kräften befreit und von speziellen Lichtkräften aus den Lichtreichen besetzt werden. Jeü erklärt hierin, wie die Reinigungen vorgenommen werden müssen, damit das Licht in den Körper eindringen kann. Er verwendet dort Räucherwerk, Kräuter, Blumen, Kleidungsstücke und in die Luft gezeichnete Siegelzeichen, die den Körper lichtdurchlässiger machten. Je lichtvoller nun die Reinigungsstufe eines Leibes sei, desto mehr sollten die physischeren Mittel fortfallen, die „gut" sind. Je lichtvoller ein Mensch sei, desto besser wirkten dann sogar nur noch geheime Worte. (Auch Isis sprach von ihren Worten, die lebendig machen.) Es geht in diesem Buch Jeü aber nicht nur darum, schon auf Erden Lichterkenntnisse zu haben, sondern der Weg nach dem körperlichen Tode soll als Weg für die Lichtseele vorbereitet werden, die an den Archonten des Jaldabaoth vorbeikommen muß.

Bei dem Unsterblichkeitsgang der Seele soll die bewußte Erinnerungsseele jene geheimen Worte anwenden, die sie sich auf Erden eingeprägt hat und die Jeü lehrte, dann könne sie problemlos an den lichtfressenden Wächtern vorbeikommen.

Aber mit keinem Wort wird die körperlich-leibliche Lebenssphäre diesseits des Todes rigoros verneint. Caitlin Matthews, die ein sehr umfassendes Buch über verschiedenste Sophia-Gestalten geschrieben hat, geht sogar so weit, eine ausgesprochen körperfreundliche Haltung als gnostisches Merkmal anzusehen. Sie kennzeichnet William Blake als typischen Gnostiker, weil er den Satz aussprach: *Der Körper des Menschen ist nichts von seiner Seele Unterschiedenes* (1993, S. 46 f.).

Nach meinen Studien der Gnosis ist diese Auffassung von Matthews übertrieben.

Denn letztlich geht es auch in den körperfreundlichen Verleiblichungsübungen um den Erhalt einer Seele, die jenseits des Todes unsterblich werden soll. In diesem Sinne verstehe ich auch die Botschaft des christlichen Jesus, der die Menschen erlöst und ihre Unsterblichkeit im Himmel ermöglicht habe. Jeü oder auch Jesus war der Meister, der die Menschen darin unterwies, mehr Licht in ihren Körper aufzunehmen, um dereinst als Lichtkörper weiter zu existieren.

Eine der wichtigsten Leibtechniken der „unanständigen Gnostiker" zur Erlangung der Erlösungsfähigkeit war das bewußte Atmen, das in mehreren Schriften überliefert ist, da Weisheit auch als „Hauch" oder „Atem" aufgefaßt wird (Pneuma).

Auch bei Taoisten gilt: Je nachdem, wie wir beim Lieben atmen, so gelangen oder gelangen wir nicht in die kosmische Sphäre der Weisheitsvermischung.

Von den Ritualen der Gnostiker wird berichtet, daß *ein lautes Fauchen und Zischen der Stimmen* (Plotin, II, Kap. 9, 14) üblich gewesen sei. Besonders die Ophiten hätten derartige Geräusche gemacht. Nun waren die Ophiten eine „obszöne Sekte", in der die Schlange verehrt wurde, jene geistige Botin der

Sophia, die auch in anderen gnostischen Texten erwähnt ist.

Die Schlange nun ist auch als Wirbelsäulentier im Kundalini Yoga bekannt, die normalerweise am Steißbein zusammengerollt ihr schläfriges Dasein verbringt und so wenig zur Erleuchtung der Menschen beiträgt. Durch bestimmte Kundalini-Meditationen könne diese innere „Schlange" erweckt werden und als heißer Energiestrom spürbar an der Wirbelsäule hoch durch den Kopf heraus in den Kosmos aufsteigen, was ein sehr schönes Erlebnis sein soll. Die Ophiten bevorzugten aber nicht die ausgestreckte Wirbelsäulenschlange, sondern die Uroboros-Schlange, die ihren Schwanz im Maul hält. Wahrscheinlich favorisierten sie ein „ Kreisatmen", so wie Frauen beim Gebären und noch viele Säuglinge atmen. Ihre Geräusche beim Atmen können auch „Namen" (Mantren?) gewesen sein, mit denen sie sich an eine bestimmte Schwingungsfrequenz anschlossen, durch die sie sich erleuchtet fühlten.

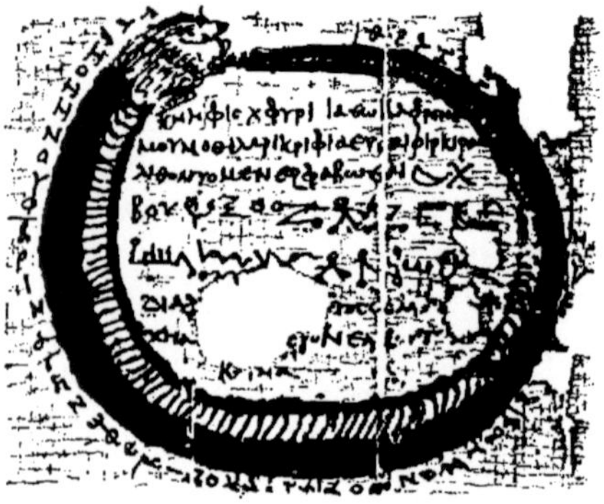

*Abb. 8: Die Weltschlange (uroboros) in einem griechischen Zauberpapyrus des 3. Jahrhunderts n. Chr.*

Dieses Amulett soll gegen Dämonen, gegen Gespenster, gegen Krankheit und jedes Leiden schützen. Darauf steht: Bewahre meinen, des NN, Leib und Seele ganz unversehrt. Und dazu unkenntliche Lautbuchstaben. In einem anderen Papyrus fand sich ein längerer Anrufungstext, ebenfalls mit diesen merkwürdigen Lauten.

Darauf steht: *Der mir verborgen ist: a ò ee ò eee òòò iii òòòò ooooo òòòòòò yyyyy òòòòòòòòòòòòòòòòòòòòòòò Du bist es, der mit dem Geist zusammen ist. Ich lobsinge dir in Gottergebenheit* (Rudolph 1975, S. 241 f.).

Die Zisch- und Fauchlaute könnten „Mantren" gewesen sein, die dazu dienten, sich in einen bestimmten Erkenntniszustand zu bringen, in dem das Einbildevermögen in anderer Weise funktioniert als im heute normalen Begriffsverständnis. Die Schlange des Paradieses war, leibphilosophisch interpretiert, möglicherweise die Atemtechnik, mit der ein bestimmter Weisheitszustand erreichbar schien.

Eigenleiblich ist der Baum der Erkenntnis als der eigene Leib im besonderen

Wachsein der Schlangenkraft zu verstehen. Verschiedene heutige esoterische Meister versichern, daß in diesem Zustand hellseherische und magische Sinne wach werden, die sonst nicht vorhanden seien. Diese könnten auch in Heilkräfte umgesetzt werden.

Jesus, der Meister des Heiles in allen gnostischen Schriften, sei auf die Welt gekommen, um Sophias Fall wiedergutzumachen. Es gibt angeblich ein erhaltenes „Logion Jeschuas“ aus dem Ägypter-Evangelium, das bei Clemens von Alexandrien zitiert ist und die Richtung des gnostischen Jesus anzeige.

*Ich bin gekommen, die Werke des Weibes aufzulösen* (Eberz 1976, S. 205).

Dieser Satz kann auch so gelesen werden: Ich bin gekommen, die Geborenen aus dem Bauche der Frau aufzulösen und das irdische Leben der menschlichen Gattung zu beenden.

## Das Evangelium der Maria Magdalena

Ein weiblich-schöpferisches und lebensbezogeneres Denken wurde in der Gnosis akzeptiert, wenn auch nur als „falsches Denken“ der Sophia. So muß es nicht ungewöhnlich gewesen sein, wenn Frauen sich auch als Gedankenformulierende bemerkbar machten. Denn Isis, Sophia und auch Schechina sind weibliche Wesen, die auch durch das Wort wirken, nicht nur durch den nonverbalen Weltleib. Tatsächlich sind Priesterinnen im gnostischen Umfeld berühmt geworden, wie Prisca und Maximilla, die eigene Sekten gegründet haben. „Weitsicht“ und „Prophetie“ galten noch wie in Griechenland als ihre weiblichen Erkenntnisfähigkeiten und wurden von den gnostischen Männern in Ehren gehalten.

Es gibt sogar ein „Evangelium der Maria Magdalena“. Sie war eine Apostelin des Jesus. Es soll sechs Frauen in seinem engsten Gefolge gegeben haben. Auf Maria Magdalena nun waren die anderen Apostel eifersüchtig, weil er sie als einzige Person *auf den Mund küßte* und nicht einen Apostel. Ihr erschien er als erster. Maria Magdalena gestand Jesus zu, daß er sie männlich mache, indem er sie an seinem Geist teilnehmen ließ. Als Jesus tot war, diskutierten die Apostel darüber, Maria Magdalena aus ihrem Kreise auszuschließen. Besonders Petrus war eifersüchtig auf sie. So lautete die Aufforderung von Petrus*: Laßt Maria von uns gehen, denn Frauen sind des Lebens nicht würdig. Jesus sprach: „Ich selbst werde sie leiten, um sie männlich zu machen, auf daß sie ein lebendiger Geist werde, ähnlich euch Männern. Denn jede Frau, die sich selbst männlich macht, wird in das himmlische Königreich eingehen* (1972, S. 19 - 26).

Maria Magdalena belehrt in ihrem Evangelium die Apostel und fordert sie dazu auf, die Lehre des Christus in die Welt hinauszutragen. Ihr Fürsprecher ist Johannes, der verhindert, daß sie ausgeschlossen wird. Es gibt einen Roman von Luise Rinser (1987), in dem Maria Magdalena als gelehrte Frau dargestellt wird, und nicht, wie in der christlichen Kirche, als Prostituierte und Büßerin. Sie „erkannte" ihn, weil sie die alten Mysterien kannte. Maria Magdalena erklärt in ihrem Evangelium den Jüngern eine Art „Erkenntnistheorie" des Jesus, die ihr vom auferstandenen Jesus offenbart worden sei, und zwar „in ihrem Geiste", als innere Stimme.

*Als Maria das gesagt hatte, schwieg sie, so daß also der Erlöser (Jesus) bis hierher mit ihr gesprochen hatte. Andreas aber entgegnete und sprach zu den Brüdern: „Sagt, was ihr meint betreffs dessen, was sie sagte. Ich wenigstens glaube nicht, daß der Erlöser das gesagt hat. Denn sicherlich sind diese Lehren andere Meinungen." Entgegnend sprach Petrus betreffs dieser derartigen Dinge und fragte sie über den Erlöser: „Sprach er denn mit einem Weibe heimlich vor uns und nicht offen? Sollten wir umkehren und alle auf sie hören? Hat er sie uns gegen über bevorzugt?" Darauf weinte Maria und sprach zu Petrus: „Mein Bruder Petrus, was glaubst du denn?*

*Glaubst du denn, ich habe das selbst ersonnen in meinem Herzen oder lüge über den Erlöser?" Lewi entgegnete und sprach zu Petrus: „Petrus, du bist von jeher auf brausend . Nun sehe ich, wie du dich gegen die Frau ereiferst, wie die Widersacher. Wenn der Erlöser sie aber würdig gemacht hat, wer bist denn du, daß du sie verwirfst? Sicherlich kennt der Erlöser sie ganz genau. Deshalb hat er sie mehr als uns geliebt*" (1972, S.76 f.).

Das „Evangelium der Maria" gilt als eine der ältesten gnostischen Schriften (vgl. Schmidt 1925) und verweist auf Maria Magdalena als „geistige Urheberin" für nachfolgende gnostische Schriften.

in dem großen gnostischen Buch „Pistis Sophia" (Glaube der Sophia), das in der späteren Bewegung der Gnosis entstand, ist es Maria Magdalena, die als Redeführerin der Jünger und Jüngerinnen auftritt. Sie wird darin von Jesus als „Erbin des Lichtes" angeredet, eine Namensgebung, die niemand anderes im Kreise um Jesus herum erhält.

Gab es deshalb im frühen Mittelalter Bestrebungen von Frauen, Päpstin zu werden? Denn Jesus hätte gesagt, daß die Person der Fels sein soll, auf dem seine Kirche gebaut wird, der er nach seinem körperlichen Tode zuerst erscheint, und das war Maria Magdalena, nicht der eifersüchtige Petrus.

Es gibt in theologischen, frauenfreundlicheren Kreisen die Spekulation, daß Jesus möglicherweise mit Maria Magdalena verheiratet war und daß er von ihr auch Mysterienwissen erhielt. Es ist unwahrscheinlich, daß ein jüdischer Mann in diesem Alter nicht verheiratet war. Drei englische Autoren verfolgten die Spuren der Maria Magdalena und behaupten, das heilige Gefäß des sagenumwobenen Grals sei die Vulva der Maria Magdalena. Mit ihren Kindern von Jesus sei sie nach dessen Tod nach Frankreich geflohen. Diese Jesus-Kinder hätten in Europa ein Königs- und Kaisergeschlecht begründet, das wegen ihrer geheimgehaltenen Herkunft besondere Zugeständnisse von den Päpsten erhalten habe (vgl. Lincoln et al. 1992). Mehrere spektakuläre Mythen ranken sich um die „Erbin des

Lichtes“, die vielleicht eine der größten Priesterinnen eines untergegangenen Mutterkultes gewesen war. Warum sie sich allerdings bereitwillig hat „vermännlichen“ lassen, bleibt eine offene Frage.

## Pistis Sophia

Das Buch „Pistis Sophia“ (Glaube der Sophia) soll zwölf Jahre nach dem Tode des Jesus von Nazareth von einem seiner Jünger aufgeschrieben worden sein. Es besteht aus vier Teilen und handelt von der bereuenden Sophia und ihrem Glauben an das große Licht.

*Auferstehung Abb. 9: Maria Magdalena predigt den ängstlichen männlichen Aposteln die gute Nachricht von der; Albani Psalter, Hildesheim, 12.Jh.*

Jesus erzählt darin die Geschichte dieser Sophia, die ihrem Lichtglauben gegen alle Anfechtungen des Jaldabaoth treu bleibt. Er selber nimmt die Rolle ihres Retters ein, da er sie mit seiner „Lichtkraft“ aus den „Tiefen der Finsternis“ hochgezogen habe. Er hätte ihr flehen erhört.

Und was Jesus hier erzählt, richtet er hauptsächlich an Maria Magdalena. Wenn dieses Buch nicht von Valentinus wäre, könnte es ebenso von Maria Magdalena sein, denn es ist in ihrer Evangeliumstradition geschrieben:

Während seines Erklärens fragt Jesus seine Jüngerinnen und Jünger, wie sie seine Erläuterungen verstanden hätten. Je nachdem, wer sich durch einen Erzählabschnitt angesprochen fühlt, tritt vor („stürzte sich vor ihm nieder“) und verbindet das Gesagte mit Vergleichsstellen aus dem hebräischen Testament.

Nur Maria Magdalena bringt immer wieder andere, eigenwillige Interpretationen vor und zeichnet sich vor allen als besonders gelehrte und „geistige“ Person unter der Gefolgschaft des Jesus aus. Einmal stört sich Petrus an dieser „genau fragenden“ und antwortenden Aktivität von ihr, da sie doch ein Weib sei. Jesus aber unterstützt Maria Magdalena in „jubelnder Weise“ und bittet sie, trotz der Kritik des eifersüchtigen Petrus weiter zu fragen und zu antworten. Auch eine Jüngerin „Martha“ kommt zu Wort, ebenso häufig wie alle anderen. Eine Salome spricht, wie auch die Mutter des Jesus.

Die Jünger sind streng in Einzelrede auf das Gesagte des Jesus bezogen und sprechen nur ihn an, aber die Jüngerinnen beziehen sich auch aufeinander und scheinen auf eine freiere Art zu reden als die Jünger. An einer Stelle wirft sich Salome der Maria Magdalena vor die Füße und bewundert sie öffentlich wegen ihrer herausragenden Erkenntnisfähigkeit, von der sie sich sehnlichst wünscht, sie selber eines Tages zu erlangen.

Maria Magdalena wird von Jesus als „ Meditierende“ angesprochen, als eine, die bereits einen eigenen „ Lichtleib“ habe, der in ihr erkenne und zu allen spreche. Sie tritt als erste Rednerin auf, nachdem sie „eine Stunde lang in die Luft gestarrt“ hatte (wie Sokrates es auch oft getan haben soll) und bleibt mutig dominierend, auch wenn einige Jünger im Hintergrund Eifersucht äußern, und sie bekundet, daß sie vor Petrus sogar Angst habe.

Jesus erzählt nun in der „Pistis Sophia“ eine andere Variante der Sophia, die bei ihm nicht als Mutter des Löwengesichtes „Jaldabaoth“ (Authades) gilt, sondern als eine Tochter der Barbelo - des ersten weiblichen Wesens neben dem höchsten göttlichen Licht, das weder Mann noch Frau sei:

Sophia hat sich in die chaotischen Sphären der Finsternis des Authades verirrt. Sophia geriet in dieses Chaos, angelockt durch eine List dieses Dämonengottes. Er hatte ihr das höchste Lichtwesen vorgegaukelt, wonach sie sich sehnte. Sie erlag seinem Betrug. (Sie hatte ihn nicht geboren. Er existierte unabhängig von ihr, wie später im Katholizismus „der Teufel“ in seinem Höllenreich.)

Authades freut sich, denn erhofft, sie aus ihrem Glauben herausholen zu können, so daß sie in seine Fänge gerät. Damit sie seinen Menschen nicht zu nahe kommt, läßt er sie durch seine Archonten gefangennehmen und fesseln. So hängt Sophia, bis Jesus kommt, zwischen Himmel und Erde, von den Knechten des Jaldabaoth gemartert, gefoltert wie die Hexen in den Folterkammern ihrer christlichen Herren.

Authades will von ihr den Weg zur höchsten zweigeschlechtlichen Lichtgottheit wissen, da sie aus dem Lichtreich kam. Aber selbst wenn sie wollte, sie könnte ihm den Weg nicht mehr beschreiben, da sie das „Lichtwissen“ in seinem Chaosreich vergessen hat. In ihrer Not ruft Sophia ein für sie zuständiges Lichtwesen an: *Du bist mein Mysterium, o Licht. Jetzt nun, o Licht, nicht laß mich im*

*Chaos während der Vollendung meiner ganzen Zeit; nicht verlaß mich, o Licht. Denn es haben meine ganze Licht kraft von mir genommen und haben mich umgeben alle Emanationen des Authades. Sie wünschten mein ganzes Licht vollständig von mir zu nehmen und bewachten meine Kraft. Indem sie zueinander zugleich sagten: „Das Licht hat sie verlassen, laßt uns sie ergreifen und das ganze in ihr befindliche Licht nehmen." Deswegen nun, o Licht, laß nicht ab von mir; wende dich, o Licht, und errette mich aus den Händen der Erbarmungslosen* (vgl. Valentinus 1991, Kap. 31 - 37).

Später klagt Sophia über den Verlust ihrer ehemaligen Erkenntniskraft: *Sie haben mein Licht von mir genommen, und meine Kraft ist verdorrt. Ich habe mein Mysterium vergessen, das ich früher zu vollziehen pflegte* (Kap. 39, 63, 6 - 7).

Jesus erzählt hier, daß er inkarnierte (Fleisch geworden ist), um mit der lichtvollen Sophia das irdische Reich und die Menschen zu erretten.

Durch die „ Befreiungstat" des Jesus sollten die Menschen an den Wiedergeburtskreis des Kosmos angeschlossen werden, um nicht nach ihrem Tode im Schlund eines Archonten zu verschwinden.

Das Interessante an der „Pistis Sophia" ist, daß eine irdische Inkarnation als erstrebenswert galt. Das Leben auf Erden wurde nicht grundsätzlich verneint, wie in fast allen älteren „Geheimlehren", ob bei den Ägyptern, Tibetern oder Indern. Die Mayas bildeten eine rühmliche Ausnahme (vgl. Arnold 1982). Auch Pythagoras und Platon glaubten an die Wiedergeburt und strebten durch ihr Philosophieren den Austritt aus diesem Verkörperungsprozeß an.

In der „Pistis Sophia" aber, wie im Totenbuch der Maya, wird das irdische Leben ersehnt, und die Verleiblichung als beste Form der Seelenentwicklung anerkannt. Priesterinnen und Priester sollen den Sterbenden und Gestorbenen dabei helfen, erholt durch das Verweilen im Lichtreich, wieder gefahrlos zur Erde zurückzukommen.

Hier lese ich die „Pistis Sophia" als eine „Wiedergeburtslehre" - dazu noch von weiblichen Kräften -, in der Fähigkeiten von Frauen als Weg gelten.

Außer von der Barbelo, die von Jesus als Gebärerin aller Sphärenringe, der Finsternis und auch von sich selber und seiner Paargenossin Sophia vorgestellt wird, berichtet er von den „Lichtjungfrauen" und ihren sechs Gefährtinnen im dreizehnten Lichtreich. Sie nehmen die Gestorbenen in Empfang, wenn sie nicht durch Authades verhindert werden, und richten den Lichtleib für die nächste Inkarnation ein. Die Lichtjungfrau wird ähnlich wie Isis als Richterin vorgestellt, die die gestorbenen Seelen nach ihrem Leben befragt.

Während dieses Fragens und Antwortens „taufen" ihre Begleiterinnen die Seele mit verschiedenen „geistigen Salben" und suchen die neue, passende leibliche Mutter unter den Menschen aus. Sie wurde vorher schon in entsprechender Weise gesalbt.

Unser menschlicher, körperbezogener Leib wird in allen Details und

Lichtbedeutungen beschrieben, wobei Jesus auf die „Siegel“ des „Lichtlandes“ verweist, die auch in bestimmten Körperteilen durch die Lichtfrauen eingezeichnet werden. Wissende Hebammen könnten diese Siegel erkennen, die als „Körpersignatur“ in den ersten Stunden nach der Geburt noch deutlich sichtbar am Körper des Säuglings vorhanden seien. Böswillige wissende Diener des Authades könnten diese „Siegel“ nach der Geburt brechen und so den Leib in körperlicher Dumpfheit und Unkenntnis halten. Wie die berühmten guten Feen, die bei Dornröschens Geburt ihre guten Wünsche in dem Babyleib als unausweichliches Lebensschicksal versiegelten, so etwa werden auch die Gefährtinnen der Lichtjungfrau in der „Pistis Sophia“ dargestellt.

Das also ist das Mysterium, das Jesus den Menschen wiedergeben wollte und das von den Jüngern und Jüngerinnen den anderen Menschen gelehrt werden sollte.

Jesus hatte Sophia gerettet und den Menschen seinen Logos, seine Lehre, hinterlassen, damit sie sich selber helfen können. Maria Magdalena beschließt die „Pistis Sophia“, indem sie seine Lehre kommentiert: *Maria fuhr fort und sprach zum Erlöser: „Mein Herr, siehe, wir haben offen, genau und deutlich erkannt, daß du die Schlüssel der Mysterien vom Licht reich gebracht hast, die den Seelen die Sünden vergeben und sie reinigen und sie zum strahlenden Licht machen und in das Licht führen“* (S.248).

Diese gnostischen Lehren entsprechen nicht dem Glauben der römisch-katholischen Kirche, obwohl diese an der „Auferstehung des Fleisches“ am Jüngsten Tag bis heute festhält und so das „Fleischliche“ nicht ganz einem Vater-Gott opferte.

## Wir brauchen einen „Leibsinn“

Für meine leibphilosophische Perspektive sind der gnostische Lichtglaube und auch mancher Göttinnenkult viel zu erdfern und spirituell. Aber die Anregungen, die ich für die Entwicklung körperbezogener philosophischer Übungen aus diesem Umkreis erhielt, sind erheblich.

Ich habe erfahren, daß es viel mehr Möglichkeiten der Wahrnehmung und Erkenntnisgewinnung gibt, als ich mir früher habe vorstellen können und als in der Philosophiegeschichte beschrieben wird. Das größte Mysterium ist der eigene Leib, hier gebe ich Nietzsche und Feuerbach vollkommen recht. Sie formulierten die Idee, daß es darum gehen müsse, einen „Leibsinn“ zu entwickeln, sozusagen ein neues „Erkenntnisorgan“, das zunächst nur eine Idee ist, so, wie die Vernunft vor 3000 Jahren zunächst auch nur ein Wort war, bis mit Hilfe der Einbildekraft diese passenden Denk- und Handlungsformen entstanden. Das, worauf wir uns konzentrieren, wird verstärkt. Es ist möglich, sich völlig bewußt in leiblicher Richtung zu sensibilisieren, dazu muß das Sprachbewußtsein nicht „ausgeschaltet“ werden.

Ich nehme nun diesen Leitfaden des Leibes philosophisch auf und möchte einen „Leibsinn“ anregen, der körperlich bemerkbar wird und „irdischer“ macht. Dieser „Leibsinn“ soll stärker in körperlicher, irdischer Richtung „verleiblichen“ und die Trennungskonstruktion „hier Geist - dort Körper“ als Illusion erfahrbar machen. Nicht nur der sogenannte „Realitätsbezug“ kann dadurch auch für komplexe Wirklichkeiten gesteigert werden, es ist einfach auch eine Frage des Wohlbefindens. Wer weniger begrenzt die Welt wahrnimmt, stößt auf mehr Gelegenheiten, in der Welt eine Aufgabe zu finden.

Ich gehe als pragmatische Agnostikerin davon aus, daß wir Menschen die Wirklichkeit höchstwahrscheinlich sowieso nicht ganz verstehen können. Wir sind wie Blinde, die an einem großen Elefantenkörper herumtasten und zu definieren versuchen, was ein Elefant ist. Der eine hat den Schwanz in der Hand und beschreibt etwas ganz anderes als diejenige, die ein Ohr begriffen hat. Sie können sich streiten, wie sie wollen, sie haben alle irgendwie recht, aber niemand hat insgesamt verstanden, was genau ein Elefant ist. Trotzdem sind die Details unserer Weltwahrnehmung nicht ganz falsch verstanden. Innerhalb eines bestimmten Rahmens beschreiben sie die Wirklichkeit, in der wir uns bewegen können, nur ob sie insgesamt so ist wie das Detail, das weiß ich nicht. Insofern distanziere ich mich auch von den hermetischen Traditionen, die da behaupten „wie das Untere, so das Obere“, „wie das Kleine, so das Große“, „wie der Mensch, so das Universum“, „Mikrokosmos gleich Makrokosmos“, „Individuum gleich Gesellschaft", „das Teil ist das Ganze" oder „der einzelne ist das Allgemeine". Es geht um mehr oder weniger Bewußtheit im Unbekannten. Ein Leibsinn wäre die Möglichkeit zu integrierterem Wissen.

Die starke Sehnsucht nach jenseitiger Lichtwelt, wie sie die gnostische Religion ausmacht, desintegriert den körperlichen, sinnlichen Zugang zur physischen Welt.

In einem modernen Leibverständnis hat das Körperliche einen legitimierten Platz. „Verkörperlichen" heißt auch, etwas physisch verwirklichen und nicht nur eine Idee haben. Die Unterscheidung von „Körper" und „Leib" darf nicht zur Verdammung des Körperlichen führen, damit würde ich mich meiner Handlungsdimension berauben.

Der Begriff „Körper" wurde zwar von den Patriarchen in der Antike geprägt, aber nur logisch als Negativ, um komplementär dagegen einen nicht körperlichen „Geist" genauso logisch zu behaupten. Was aber mit „Körper" gemeint ist, nämlich unsere physische Beschaffenheit, das darf mit der Patriarchatskritik an der Antike nicht verworfen werden. Vielmehr ist es so, daß durch ein leiblicheres, aufmerksames Spüren von innen heraus das Körperliche lebendiger und uns bewußter zugänglich wird. Viele Menschen, die körpertherapeutisch erfahren sind, kennen das Ineinanderwirken von körperlicher Bewegung und tieferer bewußtseinsmäßiger Souveränität.

Aus der neueren Gehirnforschung ist bekannt geworden, daß unser sprachlich orientiertes Bewußtsein nur ein Millionstel dessen, was unsere Augen sehen, unsere Ohren hören und die übrigen Rezeptoren melden, als Information aufnimmt. Bildlich gesprochen ist unser Bewußtsein einem Bühnen-Scheinwerfer (Spotlight) vergleichbar, der das Gesicht eines einzigen Schauspielers grell erleuchtet, während sich alle übrigen Personen, Gegenstände und Kulissen eines Bühnenraumes im tiefen Dunkel befinden. Der Scheinwerfer kann gewiß wandern, aber es würde sehr lange dauern, bis er uns, eines nach dem anderen, sämtliche Gesichter des im Dunkeln verharrenden Chores enthüllt hätte (Trincker 1966,S. 11).

Wir erkennen körperlich, leiblich, gedanklich in einer einzigen Sekunde viel mehr, als unser Sprachbewußtsein realisiert. Insofern sagt man auch, „der Körper weiß mehr, als wir denken". Wenn es so ist, daß dieses extrem Informationen einschränkende linke Sprachzentrum sich erst seit dreitausend Jahren entwickelt, dann kann man davon ausgehen, daß die Menschen vor zweitausend Jahren in Europa mehr Informationen ihres Körpers ausgesetzt waren. Übernahmen mythische Weltbilder eine Ordnungsfunktion auf der Bildebene des eher bikameralen Gehirns?

Es war erkenntnistheoretisch gesehen in Europa die Zeit der Weltbilder. Die Dominanzbestrebungen des patriarchalen Logos führten dann zu einer Ordnung von Begriffen (Logik), die als Weltgesetze oder Naturgesetze formuliert wurden. Jetzt ginge es darum, die Beengung des Logos zu lösen und bewußt Weltsinne zu entwickeln, die uns mit Bild, Wort und Körper integrieren können. Weltbilder, Weltgesetze und Weltsinne gehören zusammen. Damit könnte in einer differenzierteren und lebensnäheren Weise als bisher die Welt interpretiert werden.

Es steht uns als Gattung ja nicht frei, einfach so weiterzumachen wie bisher. Der Lebenswille vieler, den wir medientechnisch von überall her wissen können, zwingt dazu, neue Lebensweisen auszuprobieren, wenn nicht Gewalt das letzte Argument sein soll. Wenn es vor dreitausend Jahren möglich war, eine Vernunft zu erfinden, die eine solche Gestaltungskraft auf der Erde hatte, wie wir es erleben, mit all der Technik und den angenehmen und bedrohlichen Folgen, dann könnte doch jetzt ein neues Jahrtausend beginnen, in dem es darum geht, das Bisherige weiterzuentwickeln in Richtung Ja zu Leben und Leib.

Ein bewußter „Leibsinn" könnte dazu verhelfen, das Sprachbewußtsein und unseren vielinformierten Körper miteinander so zu verbinden, daß mehr Informationen für unser Erkennen und unsere Einbildekraft zur Verfügung stünden. Je ängstlicher wir um unsere existentielle Sicherheit bemüht sind, desto enger wird normalerweise der Fokus unseres Bewußtseins, das heißt: desto weniger Informationen nehmen wir in unserer Entscheidungsfindung auf.

Wir stehen aber heute weltweit vor Problemen, die neue Lösungswege erfordern, und dazu ist ein souveräneres Bewußtsein notwendig, eines, das keine Angst vor der mythischen Ebene hat und sich auf die körperliche Dimension einlassen kann. Eines, das in fremden Situationen noch kreativ reagieren kann. Eines, das die verschiedenen Kulturen dieser Welt bejahen kann. Nicht nur Sophia muß befreit werden, auch Logos muß seinen Schlips loswerden.

Ein „Leibsinn" wäre so etwas wie ein „Transportunternehmen" zwischen den verschiedenen Ebenen des Wahrnehmens und bewußten sprachlichen, bildlichen und verspürten Erkennens. Es wäre ein bewußt gewollter und lernbarer Sinn, der bikameral das Wissen aus den verschiedenen Erkenntnisregionen leichter koordinieren kann als unser kontrollierendes und ständig aussortierendes Sprachbewußtsein.

Ich möchte nicht einfach nur fordern: Zurück in das bikamerale archaische Gehirn!, das wäre ein Fehler. Dreitausend Jahre Logosentwicklung haben auch Prägungen hinterlassen, die offen für neue bewußte Entwicklungsformen sind, aber diese müssen nicht nur sprachorientiert sein. Schizophrene Massenerscheinungen wie die Veitstänze im Mittelalter gehören nicht mehr in unsere Zeit. Es gilt hier mittlere Wege zu finden, herauszukommen aus dem ständigen Schwanken zwischen den Extremen Aufklärung oder Mythos, Vernunft oder Gefühl.

Aus der Bildungsgeschichte verschiedener Kulturen ist konstatierbar: Unser

Gehirn ist evolutionsmäßig derartig „freigestellt“, daß die meisten Möglichkeiten noch gar nicht ausprobiert wurden, um mit der Welt und in uns in lebendigerem Kontakt zu sein.

So wie das Sprachbewußtsein, die Vernunft auch einmal „erfunden“ wurden, könnte es doch möglich sein, einen neuen Sinn des Erkennens zu „erfinden“ und zu erlernen. Es kommt nur darauf an zu wissen, in welche Richtung man sich entwickeln will. Ich schlage mit meiner Arbeit die leibphilosophische Richtung ein und gebe dem einen Namen, was dabei herauskommen soll: ein „Leibsinn“. Indem ich diesem Suchen so ein Namenswort gebe, kann sich in der körperbezogenen Aufmerksamkeit etwas mit der Sprache gemeinsam bilden, was vielleicht auch sonst sowieso da ist, aber unbemerkter, unbewußter. Jetzt ist der Fokus der bewußten Sprachaufmerksamkeit darauf gerichtet, es kann sich entwickeln. Nicht anders wurde es mit den Begriffen „Vernunft“ oder „Geist“ gemacht. Die Einbildekraft sorgt schon dafür, daß sich dabei etwas vorstellen läßt.

Viele körperbezogene sogenannte „ganzheitliche“ Therapien, vor allem in der esoterischen Szene, unterstützen Vernunftkritik und sind gegen Bewußtseinskontrolle. Damit aber spalten sie wieder nur die „Mentalebene“ ab und sind weder „ganzheitlich“ noch werden die Übenden handlungsfähiger und flexibler in ihrer gesellschaftlichen Umgebung. Aber die Richtung, aus der Enge des „beurteilenden Bewußtseins“ herauszukommen, ist nicht zu verwerfen.

Asiatische Meister alter Religionen raten uns Westlichen immer wieder, alles Philosophieren sein zu lassen und die Wahrheit in meditativen Formen zu finden. Sie sprechen aus einer über Jahrtausende verbliebenen mythischen Kultur mit einem religiösen Wahrheitsanspruch, gegen den es in der westlichen Kultur allerhand aufklärerische Skepsis gibt, die ich auch nicht verwerfen möchte. Hinzu kommt, daß in den alten, bewußtseinsskeptischen Kulturen das Patriarchat meistens weitaus offener und gewaltsamer die Weisheit der Frauen in Fesseln legt, weil die Männer noch weniger merken, was sie tun.

Darum finde ich es sinnvoll, sich mit der europäischen Weisheitstradition zu beschäftigen und eigene, gewachsene Möglichkeiten der Vermittlung zwischen Körper und Denken, zwischen Weisheit und Vernunft zu finden.

Am meisten ließe sich lernen von der weiblicheren Art, intuitiv und gleichzeitig sprachbegabt in der Welt zu sein.

Im folgenden Kapitel stelle ich Männer vor, deren Logos bereits freier war. Sie suchten auch die Sophia, scheuten die Bilderwelt der Mythen nicht und erkannten Zusammenhänge, wofür sie allerdings selten belohnt wurden. Aber sie haben die Erkenntnistradition der Philosophia gegen die Enge des rein begrifflichen Bewußtseins aufrecht zu erhalten vermocht. Jetzt kann diese Weisheitstradition vielleicht angemessener ans Tageslicht geführt werden, weil die Probleme der Zeit dafür den Weg frei gemacht haben.

Der erste, den ich vorstellen möchte, ist Parmenides. Er war für mich die größte philosophische Entdeckung in leibphilosophischer Richtung. Durch seine Fragmente wurde mir deutlich, was die patriarchale Philosophiegeschichte uns, vor allem uns Frauen, verborgen hat. Seine eleatische Schule prägte bis heute eine untergründige Philosophietradition, die vor allem durch Boetius und Giordano Bruno weitergetragen wurde. Jacob Böhme nahm diesen Faden auf und regte damit die ganze deutschsprachige Philosophieentwicklung bis zu Wittgenstein an. Diese Linie ausführlich aufzuzeigen, dafür brauchte es mehrere Bücherbände. Ich möchte hier nur einige Schwerpunkte aufzeigen, die die Linien „Leibphilosophie" und „Sophia-Tradition" miteinander kreuzen lassen.

## Parmenides

*Ich widme dieses Kapitel dem Altphilologen Winfried Schumacher, mit dem mich eine Freundschaft verbindet, die durch die Arbeit um die Fragmente des Parmenides im Briefwechsel entstanden ist.*

Über keinen Philosophen der Antike gibt es so viele unterschiedliche Auffassungen wie über Parmenides. Er soll angeblich der erste Logos-Philosoph gewesen sein und die Trennung zwischen Geist und Körper zugunsten des Geistes in logischer Strenge vorgedacht haben.

Er gilt als zermalmender Aufklärer, der alle Götter umgestürzt und kein religiöses Verhältnis zur Welt gehabt haben soll (vgl. Reinhardt 1916), als radikaler Sprachkritiker von gleicher Art wie Ludwig Wittgenstein oder als Schamane, Magier und Kultpriester, der noch alten Einweihungsmysterien entstammen würde.

Die feministische Philosophin Adriana Cavarero (1992) aus der Philosophinnengruppe „Diotima" in Italien wirft Parmenides vor, mit seinem körperfreien Denken das Leben zu vernichten und die Auslöschung der symbolischen Ordnung der Großen Mutter in der antiken Philosophie zu beginnen, die seither das Schicksal der abendländischen Philosophie bestimmte. Er habe die patriarchale Philosophie ins Leben gerufen, die durch ihn den vernichtenden Gang des Logos genommen hätte. Dagegen nahm sie Platon in Schutz. Dieser sei ein fast liebenswürdiger Mysogyn (Frauenfeind) gewesen.

Jostein Gaarder erwähnt in seinem vielgelesenen Roman „Sophies Welt" (1993) Parmenides nur kurz und stellt ihn ziemlich lächerlich als einen dar, der gesagt habe, da sich nichts wirklich verändern könne, müßten die Sinneseindrücke unzuverlässig und unglaubwürdig sein (S.47).

Der ansonsten besonnene Heinz Reinwald schreibt vom „Fundamentalismus" des Parmenides, der von Widerwillen gegen den Körper gekennzeichnet sei und das duale Denken in Widersprüchen als erster auf die Spitze getrieben habe

(1991).

Vernunftphilosophen feiern Parmenides als Urvater ihrer angeblich reinen Logos-Tradition, und vernunftkritische Philosophinnen und Philosophen verdammen ihn als Urheber einer lebens- und frauenfeindlichen Erkenntnisweise, die das Abendland zum Todesbringer für die Erde mache.

Einig sind sich die Interpretinnen und Interpreten der Worte des Parmenides, daß er in der Antike einen Anfang setzte und deshalb für die Vorzüge und Nachteile der patriarchalen Logos-Philosophie im abendländischen Denken verantwortlich gemacht werden kann.

Nun las ich die Fragmente des Parmenides immer und immer wieder, denn es ist ja verständlich, daß ich dem vorgeblichen Urheber allen Übels auf den Zahn fühlen wollte. Ständig brechen die Fragmente plötzlich ab, fangen woanders an, ergeben kein einheitliches Bild; trotz redlichen Bemühens stieß ich auf keine jener verdammungswürdigen Gedankenformen, die seine Kritikerinnen und Kritiker ihm in den Mund legten.

Ich las die verschiedenen „echten" und „unechten" Texte in unterschiedlichen Übersetzungen und fand einen interessierten Altphilologen, der mir kritischere Stellen variantenreich neu übersetzte. Trotzdem konnte ich nicht finden, was die anderen seit hundert und mehr Jahren herauslasen.

Im Gegenteil: Je mehr ich mich mit diesen Fragmenten beschäftigte, desto mehr fühlte ich mich durch seine Worte inspiriert, in sein Reich einzutauchen

Bei keinem der sogenannten „vorsokratischen Philosophen" fand ich so viel Achtung vor weiblicher Weisheit und weiblicher Führung wie bei Parmenides. Ich fand Priesterinnen in seinen Texten, Göttinnen und ein großes Plädoyer für die Beachtung allem Körperlichen gegenüber. Ich fand in ihm dieselbe Angst vor der alles negierenden Bedrohung vom reinen Begriffsdenken her, die auch mich bewegte. Auch ihm schien es darum zu gehen, die weibliche Weisheit, Sophia, zu Worte zu bringen und auf dem Wege des Logos zu verleiblichen. Ich fand: Es ging ihm darum darzulegen, daß jene, die ein „Nichts" gegenüber der geborenen Welt suchen, die Irrenden seien, aber doch nicht diejenigen, die um die verschiedenen Erkenntniswege des Leibes wissen und auch ringen.

Ich fand in Parmenides' Worten, was mich selbst bewegte, und ging daran, dieses anscheinend sehr patriarchalisch mißverstandene Werk neu zu interpretieren. Denn nach meiner Überzeugung war Parmenides nicht der erste patriarchale Erfinder des Geistes oder des reinen Vernunftdenkens. Er wollte vielleicht gerade diese lebensfeindliche Tendenz des Denkens verhindern, die dann durch Platon manifestiert wurde. Ich sah ihn immer mehr als letzten Vertreter einer weisheitsliebenden, weiblicheren Erkenntnistradition an, die nach ihm nur noch im Untergrund weitergeführt werden konnte.

Ich begriff in dieser Auseinandersetzung, daß es heute nicht nur darum geht,

Freiräume für neue kreative Erkenntniswege zu finden, sondern auch noch, die vergangene Philosophiegeschichte neu lesen zu lernen, denn die patriarchale Vernunft besetzte nicht nur Göttinnen für sich, weil sie in der Antike einen guten Ruf hatten, sie besetzte auch jene „wahren Philosophen" für sich, denen in der damaligen Gesellschaft noch Achtung entgegengebracht wurde. Nun machte ich mich daran, jenen treuen Gefährten der Sophia vom verfremdenden Anstrich der Patriarchen zu befreien.

**Wer war Parmenides?**

Über das Leben des Parmenides ist nichts Genaues zu sagen. Es wird geschätzt, daß er etwa 500 vor unserer Zeitrechnung in seinen besten Jahren lebte und in Elea geboren wurde. Er könnte Arzt gewesen sein, aber auch ein Gesetzgeber seines Stadtstaates (Polis). Er könnte ein geachteter Mann aus der Adelsschicht gewesen sein, der Kontakt zu vielen sogenannten „Ersten Philosophen" gehabt haben soll. Sogar Sokrates rühmte sich, mit ihm disputiert zu haben, was aber wegen des erheblichen Altersunterschiedes unwahrscheinlich ist. Er könnte ein Priester alter Mysterienkulte gewesen sein, niemand weiß es.

Der deutsche Philosoph Hegel schrieb über ihn: *Mit Parmenides hat das eigentliche Philosophieren angefangen; die Erhebung in das Reich des Ideellen ... Ein Mensch macht sich frei von allen Vorstellungen und Meinungen und spricht ihnen alle Wahrheit ab ...* (1975, S. 290). Das nun ist im allgemeinen die normale akademische Weise, Parmenides zu beurteilen: als jemanden, der zwar noch nicht „den Geist" entdeckt hätte, aber doch zur Überwindung alles Leiblichen und Materiellen aufgerufen habe. Insofern gilt er in der patriarchalen Philosophiegeschichte als „erster Philosoph", als Wegbereiter der begrifflichen Abstraktion im Sinne der Logik, also eigentlich als „Erster Philologe".

Parmenides war möglicherweise ein Philosoph, der noch von Frauen in die Philosophie oder „Weisheitserkenntnis" eingeführt wurde. Hier ist von einem Mann zu lesen, der sich als Schüler einer weisen Frau ausgibt, einer Göttin, die durch ihn zu den sterblichen Menschen (zu den Männern?) spricht. Hier steht kein „Momus", der sein großes „Ich spreche" über die Welt schwadroniert, sondern ein Philosoph, der sich als Medium einer weiblichen Stimme seinem Publikum präsentiert.

„Das Werk" des Parmenides ist nur in einigen Bruchstücken (Fragmenten) erhalten und bietet auch aus diesem Grunde reichlich Material zur freien Spekulation, so daß nicht nur die Übersetzungen dieser Fragmente sehr unterschiedlich ausfallen; auch die Interpretationen unterscheiden sich erheblich.

Es gibt Übersetzer, bekannte Professoren der Altphilologie, die seine Fragmente je nach ihrer Auffassung der Antike umstellten und neu sortierten. Textstellen, die ihnen unverständlich vorkamen, gaben sie als „unechte Texte" in den Anhang; bei solchen Texten sei es fraglich, ob sie vom Urheber seien, oder ob seine Schüler oder andere sie geschrieben hätten. Merkwürdig aber ist, daß die „unechten Texte" jene Sicht verstärken, die Parmenides von den reinen Vernunftpfaden wegführt.

Allein die Übersetzungen sind derart unterschiedlich, daß Parmenides, der sogenannte Urvater der Vernunftphilosophie, im Nebel der Interpretationen unkenntlich wird. Nur die Übersetzung von Uvo Hölscher beläßt jene Stellen im Text, die das Weibliche im griechischen Text deutlich zur Sprache bringen.

In der Fachliteratur habe ich keine Interpretation gefunden, die den Text von Parmenides in die damaligen Festigungsversuche der patriarchalisierenden Polisentwicklung stellte. Es wird so getan, als sei dieses Griechenland die harmonische Wiege unseres angeblich freien, fortgeschrittenen Denkens, und die umwälzende, zwei Jahrhunderte andauernde gesellschaftliche Krise damals, auf die auch ein Parmenides reagiert haben könnte, wird in keiner Weise als ein Übergang von gentilgesellschaftlichen Lebensformen zu einer regiden vaterrechtlichen Polisgesellschaft in Erwägung gezogen.

Der Philosoph und Religionswissenschaftler Klaus Heinrich fragt sehr sensibel: *So wie wir uns fragen, wo sich heute die Drohung des Nichtseins manifestiert, zu der wir nein sagen mit machtvollen und ohnmächtigen Aktionen, müssen wir fragen, wo sich für Griechen jene Drohung manifestierte und womit ausgerüstet sie ihr entgegen traten...Unsere Frage lautet: Gegen welche Bedrohung richtet sich die Philosophie des Parmenides* (1992, S. 84 f.)?

Heinrich sieht deutlich, daß das, was mit „Nichtsein" übersetzt wird, von Parmenides als Bedrohung aufgefaßt wird. Seine Philosophie ginge gegen das „Nichtsein". Was aber soll darunter verstanden werden? Heinrich interpretiert: *Er wehrt sich nicht gegen einen logischen Nonsens, sondern ... gegen das mit Verenden drohende Nicht-sein in Tod und Schicksal ... Geboren werden und sterben ... das sind die Kennzeichen der Bedrohung* (S. 87).

Hier sieht Heinrich die Aktualität des Parmenides für uns Heutige, denn auch wir seien Schicksals- und Todesdrohungen größten Ausmaßes ausgesetzt.

Aber Heinrich greift etwas auf, was so allgemein für fast jeden Philosophen mehr oder weniger stimmt, jedoch nicht für das spezielle Problem, das wahrscheinlich Parmenides bewegt hat.

Parmenides erhält von einer Göttin der Weisheit folgende Unterweisung: *Richtig ist, das zu sagen und zu denken, das Seiendes ist; denn das kann sein; Nichts ist nicht: Das, sage ich dir, sollst du dir klarmachen. Denn das ist der erste Weg des Suchens, von dem ich dich abhalte* (1986, Fragment 6).

Hier geht es tatsächlich nicht um ein logisches Spielchen, sondern darum, daß damals die Tendenz in griechischen Philosophenkreisen aufkam, sich etwas auszudenken, was es gar nicht zu sehen, fühlen, tasten, riechen oder zu schmecken und innerlich zu verspüren gab, nämlich ein „Nichts" oder eine „Leere" oder ein „Nirwana" jenseits unserer sichtbaren Welt, jenseits des gesamten Kosmos. Dieses Nichts wurde später „Geist" genannt.

Damalige Philosophen stellten fest, daß es Stoffe gebe ohne Geist, wie die Elemente Erde, Wasser, Feuer, Luft, und daraus folgerten sie im Umkehrschluß, daß es auch Geist geben müsse ohne Stoff. Der Philosoph Empedokles folgerte etwa 80 Jahre nach Parmenides, daß die Gottheit Apollon nicht mit einem menschenähnlichen Kopf und Rücken und auch nicht mit behaartem Schamglied vorgestellt werden dürfe, *sondern ein Geist, ein heiliger und übermenschlicher, regt sich da allein, der mit schnellen Gedanken den ganzen Weltenbau durchstürmt* (Fragment 134). Für Anaxagoras, der ein Freund des Athener Politikers Perikles war und Sokrates wohl schon kannte (erlebte in der „Blütezeit" der athenischen Aufklärung), war der Geist bereits eine eigene definierte Wirklichkeit. Er schrieb: *Geist aber ist etwas nicht durch Grenze Bestimmtes und Selbstherrliches und ist vermischt mit keinem Dinge, sondern ist allein, selbständig, für sich auch würden ihn beigemengte Stoffe hindern, so daß er über kein Ding die Herrschaft in gleicher Weise ausüben könnte, wie wenn er allein für sich ist. Denn er ist das feinste aller Dinge und das reinste, und er besitzt von allem alle Kenntnis und hat die größte Kraft* (Fragment 12). Anaxagoras entwickelte wie Empedokles eine Naturstofflehre und gab einem „Etwas", was ohne alle Stofflichkeit sei, den Namen „Geist".

In dieser Geistvorstellung ging es darum, das Stoffliche als etwas zu erweisen, über das Macht ausgeübt werden soll und muß. Da die Griechen damals aber noch an Göttinnen glaubten, an feinere, spürbare Wesenheiten in der Natur und an die Vermischungen von Göttlichem in allem Stofflichen, war es für sie auch wichtig, sich Bilder von ihren heiligen Mächten zu machen und diese auch als Gegenstände zu verehren. Dagegen mußten die Philosophen des Logos erst einmal neue Gottesvorstellungen entwickeln, um das Gesetz, das Wort und die Vernunft der Polis zu rechtfertigen.

Aber all das ist bei Parmenides nicht zu finden. Zwar sind auch bei Xenophanes schon Anklänge an eine abstraktere Gottesvorstellung vorhanden, und dieser lebte vor Parmenides auch in Elea, aber Parmenides nahm diesen Faden in seinen Worten gar nicht auf. Einige meinen, Xenophanes sei der Lehrer von Parmenides gewesen, aber dafür fand ich keine zwingenden Anhaltspunkte. Nur weil beide in Elea lebten? Zu Parmenides' Zeiten gab es die feststehenden kontrastierenden Begriffe „Körper" oder „Geist" in der griechischen Sprache noch nicht, sie bildeten sich gerade erst heraus. Auch stellten sich die anderen Philosophen nicht als Boten einer Weisheitsgöttin vor, das machte nur Parmenides.

Seine Sophia nannte dieses, was jenseits der stofflichen Welt gesucht werde, das „Nichts", und davor solle Parmenides sich hüten. Er solle gerade keine reine

Geistesphilosophie treiben und einer logischen Schimäre nachjagen, die nur daherkäme, damit einige Männer damit den geborenen Kosmos verneinten, indem Sie ein logisches „Nicht“ dagegen setzten, eine „Nicht-Welt“, eine reine „Geisteswelt“ oder „Vernunftwelt“, eine rein sprachliche Negation der Welt, die „Seiendes“ genannt wird. Eigentlich könne es gar keinen Namen bekommen, weil es nichts sei.

Hier müssen wir noch einmal zurückdenken an das Erkennen in Bildern, das damals noch nicht tabuisiert war. Ein Bild ist ein Abbild von stofflichen Dingen oder inneren Bildern der Einbildekraft, die an das Spürvermögen des Leibes gekoppelt ist. Die Sprache war bildhafter, und wahrscheinlich wurden auch noch die altgriechischen Schriftzeichen bildlicher aufgefaßt.

Möglicherweise ist Parmenides für uns ein Zeuge an einer Nahtstelle des Umschwungs von bikameraler Denkweise zur begriffsdominierten Denkweise der linken Gehirnhälfte. Wir können mitvollziehen, wie ein Philosoph der Weisheit die Anfänge der Logosphilosophie abzuwehren versuchte. Dabei deckte er auf, wie sie es angefangen haben, reine Begriffe als eigene Wirklichkeiten zu erklären. Sie haben einfach die Namen für die Bilder dieser Welt mit Negationszeichen versehen. Und die Negation von allem hieß „Nichts“.
Für die Geschichte der noch heute existierenden chinesischen Bilderschrift ist bekannt, daß anfänglich alle stofflichen Dinge Namen bekamen, und das waren Bildzeichen. Was kein Ding war, erhielt auch keinen Namen und wurde auch nicht thematisiert. Es ist noch heute schwierig, in der chinesischen Bilderschrift Übersetzungen der Worte „Substanz“ oder „Vernunft“ zu schreiben, da dafür die Bilder der Welt zu Symbolen umfunktionalisiert werden müssen und ein anderes Bedeutungsgefüge erhalten. Alte chinesische „abstrakte Malerei“ waren zum Beispiel Bilder, auf denen einfach nur weiße Farbe war und sonst nichts, und wahrscheinlich war auch das schon zuviel. Sich die Welt bilderlos vorstellen hieß auch, keine Namen mehr zu haben oder aber künstliche zu schaffen, was von der Göttin des Parmenides als Unsinn ausgelegt wurde.

Der Altphilologe Hermann Diels meinte sogar, Parmenides habe gesagt, die Sprache sei der Sündenfall der Menschheit (1910, S. 7 f.), aber das ist in den Lehren der Göttin nicht wiederzufinden. Der „Sündenfall“ ist vielmehr die Anbetung des „Einen“, und der „bloße Haute“, der kein „Etwas“ mehr bezeichnet, sondern nur noch eine komplementäre Negation der stofflichen Welt ist. Dieses dualistische „falsche Denken“ will die Göttin von Parmenides fernhalten, indem sie ihm erklärt, was „falsch am Falschen“ ist. Es ist das Vergeben von bloßen Namen und es so zu tun, als würden diese etwas in der Welt bedeuten. *Primär ist also auch hier der menschliche Irrtum, der etwas für wahr hält ... das es nicht gibt, und ihm daher einen Namen beilegt, der ... nur ein Name ist, „Bloßer Name* ... “(Heinimann 1980,S. 50).

„Bloßer Name" ist eine Bezeichnung, die nach Parmenides erst wieder dreihundert Jahre später in der Athener Rhetorikschule der Sophisten auftauchte, wie der Altphilologe Felix Heinimann aufzeigte.

So kann Parmenides schon als moderner Sprachkritiker aufgefaßt werden, ähnlich wie Wittgenstein; nur daß er nicht, wie Wittgenstein in seinem Frühwerk, die Sprache insgesamt als ungeeignet ansah, unsere „Lebensprobleme" auszudrücken, und auch Wittgenstein war nicht nur der Logiker, den seine Schülerinnen und Schüler aus ihm machten. Er war auch ein geheimnisvoller Mystiker, wie Parmenides (vgl. Stopczyk 1982). Sie waren beides, Logos und Sophia, in einer Person.

Gegen ein bloßes logisch-sprachliches Begriffe-Machen sollte sich Parmenides mit Hilfe der Göttin wappnen, und dafür gibt sie ihm ihre Weisheit mit auf den Weg. Es wird interpretiert, Parmenides sei insgesamt gegen Religion gewesen, weil er gegen das „Nichts" argumentierte und keinen Gott oder Geist anführte (vgl. Reinhardt 1916). Aber Parmenides führt Göttinnen an, malt innere Bilder wie äußere Bewegungen in einem Gefährt auf der Straße und spricht von Unsterblichen und Sterblichen. Vielleicht kam er einfach nur aus einer Erkenntnistradition, die den Vätern des reinen Vernunftgeistes nicht paßte?

Könnte es sein, daß Parmenides, einer weiblichen Erkenntnistradition entstammend, die vaterrechtliche Logos-Entwicklung verhindern wollte und bewußt eine weiblich geprägte Lehre öffentlich und schriftlich vorführte?

Wie diese Fragestellung aus seinen Worten herausgelesen werden kann, möchte ich in drei Schritten ausführen.

Erstens zeige ich, daß Parmenides ein körperfreundlicher Leib-Philosoph gewesen ist. Zweitens wird deutlich, daß Parmenides als Mann des Logos den weiblichen Erkenntniszustand der Sophia ernsthaft anstrebte. Drittens weise ich darauf hin, daß Parmenides die Welt als ständiges Gebären einer Göttin ansah und dieses Leben von ihr aus auch bejahte.

Schon der Anfang seines ersten Fragmentes wird verschiedenartig übersetzt. Ich möchte zwei Kostproben geben:

*Die Rosse, die mich dahintragen, zogen mich fürder, soweit nur die Lust mich ankam, als mich auf den Weg, den vielberühmten, die Dämonen (die Göttinnen) führend gebracht, der über alle Wohnstätten trägt den wissenden Mann. Auf dem wurde ich dahingetragen; auf den nämlichen trugen mich die vielverständigen Rosse, den Wagen ziehend, und die Mädchen wiesen den Weg* (Fragment 1).

Das ist die alte akademisch anerkannte Übersetzung von Hermann Diels. Und nun die neue Hölscher-Übersetzung desselben griechischen Textes: *Die Stuten, die mich fahren, so weit nur mein Wille dringt, trugen mich voran, da sie mich auf den kundenreichen Weg der Göttin gebracht hatten, der den wissenden Mann durch alle Städte führt. Darauf fuhr ich: Da nämlich fuhren mich die aufmerksamen Stuten, die den Wagen zogen; und Mädchen lenkten die Fahrt.*

In der Diels-Übersetzung wird diese Textstelle maskulinisierend übersetzt und die Göttin als Dämon bezeichnet, was in der christlichen Tradition negativ besetzt ist.

Anscheinend wissen viele Altphilologen mit solchen mythischen Passagen im Parmenides-Text kaum etwas anzufangen und fassen sie als eine mythennahe, *nicht mehr lebendige Tradition herbei geholter Requisiten* (Heinrich 1992, S. 85) auf, der sich auch der Logiker Parmenides nicht hätte entziehen können. Damit wird ignoriert, was nicht in die eigene Weltanschauung paßt.

Daß sogar aus den „Stuten" „Rosse" werden und aus einer „Göttin" „Dämonen", aus dem „Wille" nur „Lust", aus dem „kundenreichen Weg der Göttin" nur ein „vielberühmter", das sind schon die ersten Setzungen, um diesen Text ins patriarchalere Denken einzupassen, in dem nichts Weibliches oder Leibliches positiv hervorgehoben dastehen darf. Die neuere Übersetzung von Hölscher ist aus patriarchatskritischer und leibphilosophischer Sicht originaltreuer.

Im ersten Fragment beschreibt Parmenides seine „Fahrt zu der Göttin". Alle, die ihn begleiten, sind weibliche Wesen, sogar die Pferde. Unsterbliche Sonnenmädchen sind jene „Wagenlenkerin die ihn mit ihren Stuten auf den Weg zur Göttin bringen. Sie kommen an ein Tor, das aus „Ätherlicht" besteht, und überreden dort die aufpassende Göttin Dike (Gerechtigkeit), ihren Freund Parmenides) zu der weisen Göttin durchzulassen.

Der Anfang des Weges zur Göttin ist ein „gähnender Schlund", „Chasma" (Klaffen) genannt. Das Öffnen der „Torflügel" wird als ein Auseinanderklaffen beschrieben. Dieser Ausdruck ist sprachlich eng verwandt mit „Chaos". Nach Hesiod, dem Dichter, der 200 Jahre vor Parmenides lebte, ist das Chaos der Anfang der Welt. Das Wort „Chaos" wird von Hesiod dem Weiblichen zugeordnet, als Gegensatz zu „Ordnung" oder „Kosmos", dem „Männlichen" (vgl. Stopczyk 1987).

Aber bei Parmenides wird dieses weibliche Tor mit der höchsten Stufe der Erkenntnisgewinnung verbunden.

Parmenides fuhr also in das Urweibliche hinein, in die „klaffendeWunde" oder auch in die „große Vulva", und begegnete dort der Göttin, die ihn unterwies.

Eine eigenleibliche Sichtweise dieser „Einführung" ist durchaus auch unter Akademikern üblich, aber in sehr reduzierter Weise. So interpretierte Hegel die „Jungfrauen" (Sonnenmädchen und Wagenlenkerinnen) als „die Sinne" und die kreischenden Töne der Wagenräder „sollen die Augen sein" (1975, S. 286 f.). Kein Wort mehr wird über diese doch ungewöhnliche „Fahrt" verloren. Wie nun, wenn diese ganze Fahrt als eigenleibliche Meditationsweise gelesen würde, in die damals Frauen in ihre Mysterien einführten?

Der Stutenwagen ist der eigene Leib. Indem Parmenides „darin sitzt", ist er

„in seinen Leib eingefahren" und versteht diesen als weiblichen. Er ist weiblich geworden, so wie die alte yogische Weise lautet: „Lege den Mann in dir ab und werde eine Frau." Es könnte aber auch noch bedeuten, daß er sich leiblich ganz den Frauen überläßt und durch eine Art „heiligen Geschlechtsverkehr" in das Reich der Göttin „eingefahren" wird. Diese Fahrt geht durch die Vulva in die Gebärmutter oder mythisch ausgedrückt: durch die Weltwunde nach Delphi. Dafür entfernt die Eingangsgöttin Dike eine Türverriegelung, die „doppelt eichelartig" aussieht - wie ein Hoden? Es war nichts Ungewöhnliches, daß Priester in den Göttinnentempeln kastriert wurden, aber so, daß der Penis noch errigierbar war, und die „heilige Hochzeit" vollzogen werden konnte. Auf seiner „Fahrt" führen die Sonnenmädchen Parmenides durch ein *Tor selber aus Ätherlicht* (Fragment 1, Z. 14) in das Reich der Göttin Dike ein.

Aus der eigenleiblichen Sichtweise wird das „Ätherlichttor" plausibler, wenn es als ein Lichtströmen wiedererkannt wird, das ein bestimmtes Atmen und Meditieren begleitet und sich wie ein Krachen in der Wirbelsäule anhören kann, was bei Parmenides als „Kreischton" der Naben in den Achsen des Wagens auftaucht.

Das einzige, was Parmenides als männliche Kraft bleibt, ist sein Wille, der nicht als weiblich klassifiziert wird. Der erste Satz in der Einleitung lautet: „Die Stuten, die mich fahren, so weit nur mein Wille dringt." Der Wille oder die Begierde, ein Freund der Göttin zu sein und von ihr erwählt zu werden, öffnet seinen eigenen Leib für ihre Weisheit. Seine „Hüterin der inneren Schwelle" war Dike, die er mit eigenen verweiblichten Leibeskräften im Erkenntniszustand des „Gerechtseins" erfassen konnte, so daß sich ihm erst nach der Ausübung dieser persönlichen Eigenschaft die tiefere Region seines Leibes öffnete, in dem die Weisheitsgöttin wohnte. Sie nahm ihn bei der rechten Hand (rechts war für Parmenides männlich, links weiblich, siehe Fragment 17) und begrüßte ihn mit folgenden Worten: *Jüngling, Gefährte unsterblicher Lenkerinnen! Da du mit den Stuten, die dich fahren, zu unserem Hause gelangst, heil dir* (Fragment 1)!

(Bei Hegel steht diese Stelle maskulin übersetzt: *Oh, du von unsterblichen Lenkern und Rossen hierhergeführt.* Bei Diels steht: *Jüngling, der du unsterblichen Wagenlenkern gesellt mit den Rossen ...*)

Die Göttin verspricht ihm nun, daß er alles erfahren soll: *sowohl der runden Wahrheit unerschütterliches Herz wie auch das Dünken der Sterblichen, worin keine wahre Verläßlichkeit ist.*

Die Sterblichen (Männer?) werden von der Göttin folgendermaßen beschrieben: *Die nichts Wissenden, Umherwankenden, die Doppelköpfigen: Denn Ohnmacht lenkt in ihrer Brust ihren schwankenden Verstand, und sie treiben dahin so taub als blind, blöde, verdutzte Gaffer, unterscheidungslose Haufen, bei denen Sein und Nichtsein dasselbe gilt und nicht dasselbe und es in allen Dingen einen umgekehrten Weg gibt* (Fragment 6, Z. 4 -

9).

Ist sie ungehalten, weil es im Leben keinen umkehrbaren Weg gibt, nur in der Logik? Wer taub und blind ist und die Welt nicht hören und sehen kann mit eigenem Leibe, wie soll der einen eigenen urteilsfähigen Verstand haben können?

Parmenides nun soll an das Herz angeschlossen werden, auf daß sein Verstand nicht mehr schwanke und er wissensmäßig zu den Unsterblichen (Weiblichen?) gehören könne.

Interessant ist, daß ein doppelköpfiges Denken als „Umherwanken" auftaucht und nicht als Wissen. Wer entweder hauptsächlich nur mit der linken oder der rechten Gehirnhälfte denkt, wankt auch nur und kommt nicht zu einem kreativen, balancierten Denken.

Für die erzürnte Göttin ist das Denken aus dem Herzen wichtig. Erst wenn eine Erkenntnis mit Herz und Kopfverstand verknüpft ist, gilt sie als weise im Sinne von wissend.

Für den Philosophen Empedokles war das Herz der Sitz unserer Gedankenkraft. Er schreibt: *Das Herz in des Blutes Fluten genährt, des entgegenspringenden, wo ja gerade das vorzügliche sitzt, was Denkkraft heißt bei den Menschen. Denn das den Menschen ums Herz wallende Blut ist ihnen die Denkkraft* (Fragment 105).

Zur gleichen Zeit hatte ein anderer Philosoph, Philolaos aus Kroton, bereits das Herz als Denkregion abgespalten. Er ging von vier Prinzipien bei den vernunftbegabten Wesen aus, dem Gehirn, dem Herzen, dem Nabel und dem Schamglied. Der Kopf (Gehirn) sei das Prinzip des Verstandes, das Herz das der Seele und Empfindung, der Nabel das des Anwurzelns und Emporwachsens des Embryos und das Schamglied das der Samenentleerung und Zeugung. *Das Gehirn also bezeichnet das Prinzip des Menschen, das Herz das des Tieres, der Nabel das der Pflanze, das Schamglied das aller zusammen, denn es blüht und wächst aus dem Samen heraus* (Fragment 13).

Es war also wahrscheinlich schon zu Lebzeiten des Parmenides keine Selbstverständlichkeit mehr, das Herz als Denkregion zu empfinden, er mußte sich in einem Einweihungsmysterium in diese Kopf-Herz-Verbindung des Erkennens einführen lassen. Empedokles vertrat eine leibliche Denkauffassung, die ihn wahrscheinlich bereits zum Außenseiter gemacht hatte. Seine Kosmologie ähnelt der des Parmenides in verblüffender Weise. Kann es sein, daß die Denkrichtung des Parmenides gerade auch auf die Bestrebungen kritisch reagierte, das Denken bloß als begriffliches Konstruieren im Kopf aufzufassen?

Um die mythische Philosophie der alten Griechen zu verstehen, halte ich es für sinnvoll, sich in noch gegenwärtig existierenden Lehrformen der Weisheit umzuschauen, um dort Erklärungsweisen zu finden, die Unverständliches in alten europäischen Texten erhellen könnten. In der alten griechischen Philosophie gehörte Meditieren oder Kontemplieren zur geübten Praxis. Auch die altgriechische Sprache hat noch eine grammatikalische Form, die bewegungslose Mitte zwischen Denken und Fühlen zu bezeichnen, das sogenannte „Medium". Denken und Fühlen wurde hier nicht in zwei Teile (Gehirnkammern?) getrennt, sondern als vermittelter, beruhigter Zustand erfahren.

Noch heutzutage werden in asiatischen Weisheitslehren Philosophie und Weisheitswissen mit Meditationstechniken verbunden und praktiziert.

Um „alte Philosophie" zu verstehen, ist eine Kenntnis von Meditationstechniken hilfreich. Die rein „begrifflichen" Analysen, wie sie heute bei uns üblich geworden sind, können nur unzureichend in die alten Texte einführen.

Zum Beispiel beschreibt der Kulturwissenschaftler William Irwin Thompson (1987) die Stellung des Herzens in der Physiologie des bis heute praktizierten Tantra-Yoga bezüglich der Geschlechterverhältnisse folgendermaßen (S. 23 - 32):

Die Frau gilt als „geschlossen" zwischen Mund, Herz und Vulva. Ihre Sprache (ihre Mundlippen) sei mit den unteren Lippen identisch, so daß beim Erkennen keine Unterbrechung im Leib stattfindet und beim Denken das Herz im Lichtstrom der Wirbelsäule durchströmt wird. Sie denkt „mit Herz". Der Mann dagegen denke „ohne Herz", da seine Lippen nicht geschlossen, nicht „rund" sind, und das Herz nicht von unten nach oben durchströmt wird. Er muß durch Yoga - oder „Weiblich-Werden" - diese „Rundung" erreichen, er muß die Schlange am Ende seiner Wirbelsäule erwecken, er also muß vom „Baum der Erkenntnis essen", was für Eva schon immer Nahrung ist. „Mit Herz" denken heißt so, einen „erleuchteten Verstand" haben, „ohne Herz" denken heißt, nur männlich zu denken, oder „sterblich", schwankend je nach Tagesmode. Auch Ludwig Feuerbach ist es darum gegangen, aus dem Herzen philosophieren zu können, weshalb er die „herzlose Lehranstalt" Universität verließ. Das Herz gilt es neu als Denkorgan zu entdecken.

Ähnlich erläutert auch die Göttin des Parmenides das „Herzdenken", in das sie den „Gefährten der Lenkerinnen" als ihren Liebling oder Auserwählten unter den sterblichen Männern einweist. Er wird von weiblichen Gestalten zum „Philo-Sophen" berufen. Ein Freund der Weisheit zu sein, hängt hier weniger davon ab, ein bestimmtes Wissen erlernt zu haben, als vielmehr dazu von weiblichenWesen oder Instanzen berufen und aufgenommen zu werden.

Der „vollkommene" Erkenntniszustand geht durch das Tor des Urweiblichen und entspringt einer Verwandlung im Weiblichen. Die Berührung mit dem Weiblichen macht den Mann weise und nicht nur kenntnisreich. Er erhält eine innere Kraft, die ihn das Wesen des gesamten Daseins erfahren läßt, vom Aufbau der Leiber angefangen bis zum Aufbau des Planetensystems. Die Lenkerinnen und die Göttin geben ihm eine eigenleiblich verbundene Methode zur Welterkenntnis.

Klärt die Göttin des Parmenides ihn darüber auf, daß die damals neuen

Philosophen mit ihrem Gerede über einen reinen Geist als Negation von allem Schwachsinn reden und daß er nicht an ihr „Nichts“ glauben solle, das gar nicht sein könne, weil alles, auch die Gedanken, stofflich vorhanden seien, wenn auch sehr feinstofflich bis feuerartig? Alle, die den hin- und herwankenden Dualismus von Sein und Nichts herbeiriefen, befänden sich auf dem Pfad des Irrtums.

Weiter im Text erklärt sie, daß alles vermischt sei, auch männlich und weiblich, auch Grobes mit Feinem. Das Erkennen finde nicht im reinen unvermischten „Nichts“ statt, sondern im Leibe. Erkennen sei ein Vermischungsvorgang. Der Leib „denkt“, nicht der Geist. Aber je nach den Vermischungsverhältnissen im Leibe sei das Erkennen verschieden.

An dieser Stelle bringen die heutigen Interpreten den sogenannten logischeren ersten Teil der Fragmente schwer mit dem kosmologischen zweiten Teil zusammen. Denn wenn die Göttin doch im ersten Teil behauptet, daß es um die Erkenntnis des ungeborenen Weltalls ginge, dann ist kaum verständlich, warum sie eine ganze geborene Welt als Kosmologie der Dinge dem Parmenides ausbreitet. Aber wenn sie wirklich so körperfeindlich ist, warum kümmert sie dann, wie die Körper zusammengesetzt sind? Wenn sie wirklich das duale entgegensetzende Denken favorisiert und das logische Erkennen dem Parmenides als richtigen Weg weist, warum beschreibt sie dann auch die anderen „falschen“ Denkweisen so ausführlich?

Die Lösung dieser Fragen ist: Parmenides dachte noch nicht wie seine späteren Interpreten in der zweiwertigen Logik des Entweder-Oder von Aristoteles.

Die Göttin kritisiert jene Sterblichen, die behaupteten, Sein und Nichtsein seien logisch dasselbe, und in allen Dingen gebe es einen umkehrbaren Weg. Wenn es aber um Dinge geht, um vermischte Stoffe mit äußerer Umgrenzung, dann sind diese nicht einfach ineinander überführbar. Sondern sie sind nur dadurch Dinge, daß sie einzeln sind, daß sie entstehen, geboren werden und sterben oder vergehen, Farbe haben und so weiter. Dinge sind unverwechselbar Einzelnes, die auch einen Namen erhalten. Hier gilt kein Erhaltungssatz der Energie, weil „Energie“ die Erscheinung des einzelnen Dinges nicht allein erklärt. Die geformte oder geborene Energie aber ist sterblich und erhält sich nicht in der Form, nur die Welt insgesamt, das „Seiende“, ist nach der Göttin des Parmenides stets dasselbe und ruhig, beständig und unsterblich, aber sie ist nicht das „Nichts“.

Hier nun haben moderne Theoretiker der Naturwissenschaft gleich den zweiten Hauptsatz der Thermodynamik (vgl. Planck/ Mayer 1942) angeschlossen und vermeint, Parmenides habe den Entropiesatz ebenso vorformuliert wie auch den Erhaltungssatz der Energie. Der Entropiesatz besagt, alles Geformte in der Welt befinde sich im ständigen Zerfall, und zwar solange, bis der endgültige Zerfallszustand als „Wärmetod“ eingetreten sei. Es wird dabei eine Richtung im kosmischen Geschehen vorhergesagt, die nur das Vergehen, das Sterben der einzelnen Formen im Auge behält.

Parmenides aber berichtet nicht nur vom Vergehen, sondern auch vom Entstehen und Geborenwerden, von der Negentropie. Er formuliert keine Zerfallsprognose für das Weltall, auch keine bestimmte Entwicklungsrichtung in der Welt der Dinge. Trotzdem geht seine Göttin von einem ungewordenen „Gesamtzustand" der Welt aus, der mit dem Wort „Seiendes" übersetzt wird. (Das Wort Energie war noch unbekannt.)

Heraklit, der zur selben Zeit wie Parmenides lebte, wird ihm oft als Gegenpol gegenübergestellt. Heraklit behauptete, man könne nie zweimal in denselben Fluß steigen, denn alles fließe (panta rhei). Sogleich interpretieren Altphilologen, ihm ginge es darum, alles als Veränderung und Werden aufzufassen. Dagegen ist bei Heraklit auch zu lesen: *Diese Weltordnung, dieselbe für alle, schuf weder einer der Götter noch der Menschen, sondern sie war immerdar und ist und wird sein ewig lebendiges Feuer, erglimmend nach Maßen und erlöschend nach Maßen* (Diels 1957, Fragment 25).

Was also nun ist die Aussage von Heraklit? Fließt bei ihm alles, oder steht alles seit Ewigkeiten still? Es ist bei Heraklit dasselbe wie bei Parmenides, seine Aussagen sind nicht im Entweder-oder-Stil einzusortieren. Und darum halte ich es auch für falsch, sie als Begründer völlig gegenpoliger Weltbilder aufzubauen. Wie oft geschieht es uns Frauen, daß ein Mann sagt: „Entscheide dich endlich! Du mußt doch wissen, was du willst!" Er kann nicht verstehen, daß wir Unterschiedliches gleichzeitig für richtig halten können, was aus mehrdimensionaler Perspektive vereinbar bleibt, auch wenn es für ihn ein Widerspruch ist. Und Frauen sind meistens sprachlos, angesichts seiner simplen männlichen Logik.

Beim Vergleich zwischen Parmenides und Heraklit kommen viel mehr Ähnlichkeiten als Unterschiede zutage.

Zwar stellt sich Heraklit nicht als Eingeweihter einer Weisheitsgöttin vor, aber ganz fern steht er davon nicht. Er soll aus einem Königsgeschlecht stammen, das das Vorrecht hatte, den königlichen Opferpriester der eleusinischen Demeter zu stellen. Zugunsten seines Bruders habe Heraklit auf dieses angesehene Amt verzichtet, aber seine Schriften hat er im Tempel der Artemis in Ephesos geschrieben, dem größten Tempel der antiken Welt, und dieser Göttin dargebracht. Artemis ist die Göttin der Jagd, der später auch Giordano Bruno sein philosophisches Werk weihte. Heraklit erwähnt auch die Vergeltungsgöttin Dike und ihre Erinnyen, die Rachegöttinnen der weiblichen Gottheiten. Meinte er es kritisch, als er schrieb: *Eins, das allein Weise, will nicht und will doch mit dem Namen des Zeus benannt werden. Gesetz heißt auch dem Willen eines einzigen folgen* (Fragment 51). Heraklit beklagte sich wie Parmenides darüber, daß die meisten Männer ihn nicht verstehen könnten: *Sie verstehen nicht, wie es auseinandergetragen mit sich selbst im Sinn zusammengeht: gegenstrebige Vereinigung wie die des Bogens und der Leier* (Fragment 51).

Sein Thema ist dasselbe, das auch Parmenides beschäftigte, nämlich wie das viele sich bewegende Stoffliche in der Welt als trotzdem ruhend erklärt werden kann, ohne die Welt und auch sich selbst in die bewegliche Vielheit (Physis) und einen unbeweglichen Geist zu trennen. Beide versuchten, mit einer noch nicht dualisierten Sprache gegen jenes Worte zu finden, was sich damals als dualistisches Weltbild der vaterrechtlichen Entwicklung zu trennen begann.

Im Text des Parmenides nun sind zwei menschliche Erkenntniswege beschrieben, die sich gegenseitig nicht ausschließen, so wie es die später geprägte zweiwertige Logik des Entweder-Oder verlangt. Die eine Ebene gilt als „ungeworden und unvergänglich" und die andere als geworden (oder geboren) und vergänglich (oder sterblich). Diese Ebenen bilden keine Gegensätze, denn die Göttin denkt nicht in Gegensätzen, nur die Sterblichen tun das (und die Interpreten). Für sie gibt es nur verschiedene Mischungsverhältnisse, wobei eine die ihr selbst angemessene ist und eine andere die den Sterblichen angemessene. Allerdings kann ein Sterblicher auch ihr Mischungswesen einnehmen, wenn er sie ersehnt und sich dafür in entsprechender Weise von ihren Gefährtinnen vorbereiten läßt.

So ähnlich mag das Weltbild der Göttin sein, wenn sie vom „ungeborenen Seienden" spricht. Die Welt der Energie oder der vielfältigen Dinge sei nicht eine, die von einem rein geistigen Sein jenseits dieser Welt gemacht oder geboren wäre. Die Welt bestehe aus sich heraus, ohne Anfang und ohne Ende wie ein Kreis. Damit sei es völlig unsinnig zu behaupten, es gäbe etwas jenseits von allem was da ist, ein „Nichtsein". Und noch unsinniger sei es, sich darüber zu streiten, ob das ätherischere, feuerartige Erkennen im leichten, luftigen Gefilde besser sei als das, was die Sterblichen diesem entgegensetzten, nämlich ein dichtes, schweres Erkennen aus dem dunklen Körperlichen heraus. Dieses Entgegensetzen zwischen (modern ausgedrückt) Geist und Körper sei trügerisch, das solle Parmenides durchschauen, denn diese Erkenntnisweisen sind nur zwei Erscheinungsformen des überall vermischt Existierenden. Darum ist auch das Erkennen etwas in der Welt Vermischtes, etwas „Seiendes". *Denn nicht ohne das Seiende, worin eine Aussage ihr Sein hat, wirst du das Erkennen finden. Denn nichts anderes ist, noch wird sein, außer dem Seienden* (Fragment 8, S. 34 f.). Es gibt für Parmenides kein rein geistiges Denken und auch nicht die dualistisch hierarchisierte Sichtweise der Welt, in der das Körperliche von etwas „Höherem" beherrscht werden sollte. Wir müssen dabei immer bedenken, daß noch für ihn wahrscheinlich eine zweigeteilte Welt in Körper und Geist nicht vorstellbar war, daß er weder einen Begriff „Körper" verwendete noch einen Geistbegriff. Und ganz spekulativ möchte ich auch die Möglichkeit offenlassen, daß ihm dieses abspaltende Denken von etwas, was „Körper" genannt wurde, vielleicht schon bekannt war, aber ihm so falsch vorkam, daß er seine Fragmente genau dagegen schrieb.

Nun gibt es eine Textstelle, die der Philosoph des Leibes, Hermann Schmitz, als die rätselhafteste Stelle unter allen Fragmenten des Parmenides beurteilt. Sie lautet in der Diels-Übersetzung im sechzehnten Fragment: *Denn je nach dem wie ein jeder besitzt die Mischung der vielfach irrenden Glieder, so tritt der Geist den Menschen zur Seite. Denn dasselbe ist es, was denkt, die innere Beschaffenheit der Glieder bei den Menschen allen und jedem: nämlich das Mehr ist der Gedanke.*

Parmenides sprach vom „noos", was später im Deutschen mit „Geist" übersetzt wurde, aber Schmitz schlug vor, hierfür ein eigenleibliches Wort des Spürens zu verwenden und entschied sich für das Wort „Bemerk". Parmenides ginge es darum, Erkennen als ein Innewerden, als ein Spüren oder Bemerken aufzufassen, das heißt, die eigene leibliche Daseinsweise zu bemerken. Schmitz übersetzt dieselbe Stelle: *Wie es sich jeweils verhält mit der Mischung der vielfach herumirrenden Glieder, so ist der Bemerk den Menschen zur Seite getreten; dasselbe nämlich mit dem, was sie darsinnt, ist Leiblichkeit den Menschen* (1989, S. 306).

Erkennen oder Denken als eigenleibliches Bemerken zu fassen, kommt dem erfahrenen Zustand, den Parmenides beschrieb, sicherlich näher, als sein Denken als rein geistigen Vorgang vom Körperlichen abzuspalten. Dieselbe Stelle, von Hölscher übersetzt, hört sich noch etwas leibbezogener an und setzt sogar das Körperliche als Priorität. *Denn so wie jeweils die Mischung in den immer schwankenden Körperteilen ist, so widerfährt den Menschen die Erkenntnis. Denn die Beschaffenheit der Körperteile ist dasselbe, was sie denkt. Das Mehrere nämlich ist die Erkenntnis* (Fragment 16).

Diese Sätze der Göttin widersprechen unserem abendländischen Verständnis von Erkenntnis als reine Vernunfterkenntnis, worin gerade alles „Mehrere" unter einem einzigen Begriff oder einer Formel vertilgt wird.

Vom Zustand des Leibes oder der Körperteile hängt es ab, wie mir Erkenntnis „widerfährt". Erkenntnis ist nicht nur etwas, was ich analytisch mit Begriffen willkürlich hin und her jonglieren kann, sondern es passiert. Das, was heute noch „Intuition" genannt wird, ist am ehesten hiermit zu vergleichen. Das, was ich erkennen möchte, offenbart sich mir wie von außen wie ein Blitz, wie ein Einfall, wie ein Zu-Fall. Und was dabei passiert, ist abhängig vom Zustand meines Leibes.

Der Leib erkennt und erkennt verschieden, je nach Beschaffenheit. Sogar eine Leiche könnte nach der Rede der Göttin erkennen, da sie auch ist, nur in anderer Form. Und nun wird eine Besonderheit wichtig, die patriarchatskritische Perspektiven eröffnet.

Der weibliche und der männliche Leib erkennen verschieden, weil sie verschieden gemischt sind.

Die leibliche Mischung fängt beim Äther (Lichtzusammenballung) an und hört bei den körperlichen Gliedern auf. Die Mischung zwischen Feuer, Wasser und Licht ergibt die Dichte oder Kräfte der Dinge und damit zugleich auch die

Beschaffenheit der Erkenntnisweise, denn jedes Ding erkennt, nur eben in verschiedener Weise. So ist es für Menschen nicht unerheblich, zu welchen Anteilen alles in ihrer Leiblichkeit vermischt ist. Ob ein Mensch groß, klein, leicht, schwer, dick, dünn, dunkel, hell, warm oder kalt ist, wird ausschlaggebend für die Art seines Erkenntnisvermögens. Und so ist es auch nicht unwesentlich, ob ein Mensch als weibliches oder männliches Lebewesen von seiner Mutter geboren ist, denn bei Parmenides sind weibliche und männliche Leibesvermischungen unterschieden und dadurch auch die entsprechenden Erkenntnisweisen und Erkenntnisse.

Zunächst unterscheidet die Göttin das *ätherische Feuer der Flamme als das ganz milde, ganz leichte, sich selbst überall gleiche (das Weibliche?) von der unbewußten Nacht als dichte, schwere Gestalt* (das Männliche?). Alles Feuerartige ist leichter, wärmer und lockerer als das Wasserartige und Erdige. Keine dieser beiden Denkweisen sollten aber gegeneinander ausgespielt werden. Eine allein bringt immer Irrtum.

Geschlechtliche Mischungen nun entstehen, indem Männliches mit Weiblichem und Weibliches mit Männlichem vermengt wird (von der lenkenden Göttin). Auf der rechten Seite der Gebärmutter werden die Knaben geboren, auf der linken die Mädchen (vgl. Parmenides, Fragment 45).

Mehr steht in den uns erhalten gebliebenen Fragmenten des Parmenides nicht über die geschlechtliche Dimension unserer Leibes- und Erkenntnisvermögen geschrieben. Aber andere Philosophen, die möglicherweise seine vollständige Schrift oder zumindest noch andere erhaltene Teile gelesen haben, ergänzten diese Sätze.

Ich fasse ihre Bemerkungen darüber, was die Lehrinhalte des Parmenides zur Geschlechterfrage gewesen sein sollen, zusammen und verweise im übrigen auf die von mir benutzte Parmenidesausgabe von Uvo Hölscher, in der sie als „Ergänzungen" mit Quellenangaben aufgeführt werden.

Aristoteles berichtet, Parmenides habe gelehrt, die Frauen seien wärmer und die Männer kälter. Er selber dagegen vertrat 200 Jahre nach Parmenides genau das Gegenteil davon, und das hat für ihn einen guten patriarchalen Grund. Noch heute sprechen wir von der „kühlen Vernunft", da sie kalt und frei von den heißen Affekten sei.

Nach der Lehre des Parmenides sagt die Hitze oder Kälte eines Leibes etwas darüber aus, welche Erkenntnisfähigkeit diesem Leib möglich sei und welche nicht. Je fester und kälter die Gestalt, desto weniger erkennt sie. Theophrast, ein Schüler des Aristoteles, berichtet über die Lehre des Parmenides: *Wenn nämlich das Heiße oder das Kalte überwiege, dann verändere sich das Denken. Besser aber und reiner sei dasjenige vermittels des Heißen* (in Parmenides, S. 45).

Von diesem „Heiß und Kalt" kämen auch Gedächtnis und Vergessen zustande.

Weiter wird berichtet, daß nach Parmenides die männlichen Tiere im kalten Norden entstanden seien, weil sie mehr Festes enthielten, *dagegen im Süden, wegen der Lockerheit ihres Stoffes, die weiblichen* (Parmenides, Fragment 41).

Als Beweis für seine These habe - so Aristoteles - Parmenides die Menstruation angeführt, da diese infolge des durch die Körperhitze entstehenden Blutdruckes eintrete. Und die Seele sei nach Parmenides feuriger Natur.

Aufgrund dieser Ergänzungen läßt sich schließen, daß für Parmenides der weisere Erkenntniszustand ein weiblicher gewesen sein muß, da dem weiblichen Leibe durch die größere Wärme und „Lockerheit" mehr „Seelenraum" - oder Ätherlicht - gegeben sein kann. (Von einer Seele spricht Parmenides eigentlich noch nicht.) So fahren ihn heiße „Sonnenmädchen" dem Lichte der weisheitlichen Erkenntnis entgegen und keine Sonnenjünglinge. Je heißer es wird, desto weiblicher sind die Erkenntniskräfte mit den „Gliedern" vermischt. Daher ist es nicht verwunderlich, daß eine Göttin für Parmenides Wahrheit garantiert und keine männliche Gottheit wie Zeus, der ja in seiner Zeit bereits als herrschender Gott angebetet wurde. Hat Parmenides bewußt eine antimännliche Erkenntnislehre vertreten?

Das „dunkle Schwere" und das „leichte Sonnige" erinnern an ägyptische Bilder der „Nut" als Himmelsgewölbe und des Geb als Erde, der sich der weiblichen Sonne entgegenstreckt. Auch das „Weiblichwerden" im alten Tantrismus als „höherer Erkenntnisprozeß" für den Mann klingt hier an. In tibetischen Meditationslehren, die vorbudhistische Ursprünge haben, wird das Weibliche mit dem Rot der untergehenden Sonne (Menstrualblut) verbunden und gilt als höchste Weisheitsstufe vor dem letzten geschlechtslosen Zustand. Das Männliche dagegen wird eine Stufe unter dem Weiblichen eingeordnet und dem weißen Licht des Mondes zugeordnet (Samenflüssigkeit). (Diese Angaben erhielt ich von dem Direktor des tibetischen Instituts in Kopenhagen, vom Lama Lharampa Geshe Tarab Tulku Rinpoche.) Je älter die Kultformen sind, desto höher rangiert in ihnen eine weibliche Erkenntnisart.

Zweihundert Jahre nach Parmenides ist die patriarchale Sichtweise der Erkenntnistätigkeit bereits in Athen selbstverständlich.

Bei Aristoteles bleibt das Heiße und Warme das geistige Kriterium im Leibe, aber er dreht die Geschlechtskategorie um: Der männliche Leib sei wärmer als der weibliche, daher aktiver und formgebend mit Vernunft beseelt, während der weibliche Körper kälter sei und nur den warmen formgebenden Samen aufnehmen könne. Den warmen Samen könne die Frau dann in ihrer passiven Kälte austragen (vgl. Blersch 1937). Aristoteles bewertete die männliche Samenflüssigkeit dem Menstrualblut gegenüber höher, da sie mehr Hitze voraussetze, als der weibliche Leib aufzubringen imstande sei. Samenproduktion und Vernunfterkenntnis könnten so nur dem männlichen Leib möglich sein, womit er gleichzeitig den Herrschaftsanspruch der Männer gegenüber den Frauen philosophisch fundierte.

Vor diesem leibnahen Hintergrund entstand immerhin noch bei Aristoteles jene grundlegende „Samentheorie“, nach der bis in die Neuzeit hinein von Philosophen und Ärzten der Zweifel an der Frau gerechtfertigt wurde, ob sie „Seele, Geist oder Vernunft“ habe.

Eine Patriarchalisierung von Aussagen über die Mischungen zwischen leiblicher Existenzform und Erkenntnisweise hat in der griechischen Antike stattgefunden, auch wenn heutige „Geisteswissenschaftler“ diese Geschichte ignorieren und deren Ergebnisse als immerwährende unhistorische Selbstverständlichkeit voraussetzen.

Auch die wertende Links-rechts-Polarisierung hat hier einen Ursprung. Noch bis heute gilt „rechts“ als staatserhaltend und herrschaftskonform und „links“ als erneuernd und staatsgefährdend. Wer aber weiß noch, daß ursprünglich die Rechts-links-Redeweise „Gebärmutterkammern“ meinte und damit eine weibliche und männliche Seite von etwas. Hat die linke Seite, das Weibliche, gegen die Rechtsgeborenen rebelliert? Hieß „Sodom und Gomorrha“, daß Frauen sich noch nicht dem Männlichen unterordnen wollten? Was ist damals geschehen?

Auch in den nordischen Mythen und in der Runenschrift sind diese Zusammenhänge noch enthalten. Das Männliche wurde mit „rechtslebig“ gleichgesetzt und das Weibliche mit „linkslebig“. Diese Rechts-links-Mysterien haben wir auch bereits im Mythos der jüdischen Weisheit angesprochen gefunden. Sie tauchen auch in anderem Zusammenhang im hebräischen Testament auf, wo zum Beispiel am Ende des „Buches Jona“ Gott den Jonas beschimpft, weil dieser die sündigen Menschen in Ninive verteidigt und für sie um Erbarmen fleht. Gott wirft ihm vor, daß mehr als 120 000 Menschen dort nicht den Unterschied zwischen rechts und links wüßten - also zwischen männlich und weiblich?

Die linke Körperseite gilt noch bis in die heutige alternative Medizin hinein als sensitive Seite, während die motorischere „rechte“ sozusagen ohne „Innenleben“ ist.

Die Linksdrehung in kultischen Spiralen und Labyrinthen gilt noch bis heute als „Vergeistigungsbewegung“, während die Rechtsdrehung als „Verfestigungsbewegung“ oder Inkarnationsprozeß in den Leib gilt (vgl. Stopczyk 1988).

Der „Sieg der Rechten“ ist der Sieg der patriarchal-männlichen Existenzform über die linke, weiblichere oder vorpatriarchale Lebensform. Was heute nur noch politische Kategorien sind, nach denen immerhin die Parlamente räumlich aufgeteilt werden, entstammt dem Kampf um die Einführung des Vaterrechts.

Bei Parmenides nun blieb die aktive, warme Seite weiblich. Wärme und Aktivität sind weibliche Eigenschaften. Die aktive Schöpfungskraft sitzt als Göttin inmitten ihrer planetenbildenden Feuer und erschafft ständig die Welt. *Inmitten von diesen aber ist die Göttin, die alles lenkt, und als ersten von allen Göttern ersann sie Eros.* Die Liebe war noch eine männliche Kraft, die mit der Weisheit zusammen Erkenntnis schuf. Das Männliche war zuständig für Liebe. Dieses erste, was die Göttin gestaltete, ist Eros, die Anziehungskraft, die Liebessehnsucht, die Verbindungsgestalt, ist erster Ausfluß (Emanation) der gebärenden Weltenmutter.

Diese Philosophie des Parmenides entstammte keiner Geist entdeckenden Vätertradition, denn sie mündete in eine mutterzentrierte Kosmologie. Gebären und Erkennen bedingen sich gegenseitig.

Daß bei Parmenides alle bewirkenden Wesenheiten weiblich sind, zeigt seine Herkunft aus anderen als nur patriarchalen Schulen an.

Eine eigensinnige Interpretation des Parmenides wurde von Robert Böhme (1986) vorgelegt, der darin ausnahmsweise die „Musen" des Parmenides berücksichtigt und sie gar zum Anlaß nimmt, ihn als „Schamanen" der orphischen Mysterien zu outen. Nun war aber der orphische Kult ein Hort der Zeusanbetung, ein Hort der Kämpfer wider den Kult um eine Göttin. Auf „Zeus" ist kein einziger Hinweis in den Fragmenten des Parmenides zu finden, und auch die orphischen Anbetungsformeln kommen nicht vor, obwohl Parmenides seine Lehre in Gedichtform niedergeschrieben hat. Aber immerhin stellt Böhme ihn in eine Mysterientradition, die nicht mit der einseitigen „Vernunft- und Aufklärungsphilosophie" identisch ist. Wie es in der griechischen Aufklärung Mode geworden war, werden Göttinnen aber von ihm nur als „Musen" angesehen, nicht als Wirkmacht, nicht als „Lenkerinnen", nicht als Ur-Sache oder als „arche", als Ur-Sprung. Aber für die Fragmente des Parmenides sind die Göttinnen nicht schmückendes Beiwerk, sondern sie tragen Garantiecharakter für den Wahrheitsgehalt dessen, was Parmenides aufgeschrieben hat.

Und was ist schon ein Schamane? Der Schamane beherrscht seine Gottwesenheiten, gerade darin besteht seine Macht. Parmenides aber beherrscht die Lenkerinnen und Göttinnen nicht. Er hat sie vielleicht betört, er gibt sich als dankbarer Gast, dem eine Ehre erwiesen wurde. Er läßt sich „Gefährte" nennen, „philon" der Sonnenmädchen, Freund der Lenkerinnen, Geliebter der Priesterinnen.

Stolz und ernsthaft gibt er sich als Liebling weiblicher, wissender Wesen aus und verkündet ihre Lehre, die „immer war", „von Ewigkeit her" und älter sei als alles, was zu seiner Zeit anfing, sich als „Logos" zu begründen.

Wer also war Parmenides? Ein Philo-Soph im vorpatriarchalen Sinne? Ein Liebhaber der Sophia? Ein Mann, der von Frauen in ihr geheimes Wissen eingeweiht wurde?

## Virtuelle Begegnung

Die Philosophin entschloß sich, Parmenides einfach selber zu fragen, wie er zu seiner Philosophie gekommen sei.

Munter zog sie ihren Cyberhandschuh an, setzte sich die Cyberbrille auf und drückte auf den On-Schalter ihres Notebooks LITTLE BLUE. Sie lud aus dem Internet das Programm „Sein im Schein“, und schon begrüßte sie das System „Deep-Blue“ mit seiner sonoren Stimme. „Panta zap! Wohin kluge Frau, kluger Mann?“ Die Philosophin hackte „Parmenides“ in die Tastatur und klickte mit der Maus auf ein Dreieck mit der Spitze nach unten, das Frauenzeichen im Cyberspace. Die Finger taten geübt, was ihr Wille ihnen auftrug.

Ein wunderbarer dunkelblauer Nachthimmel sog sie via Interface in die Tiefe des Universums hinein. Immer schneller rasten die hell aufblitzenden Sterne an ihr vorüber. Sie saß in Parmenides‘ Wagen, gezogen von weiß leuchtenden Lichtstuten. Ihre glitzernden Mähnen streiften fast ihr Gesicht. Lachende Sonnenmädchen lenkten ihr Gefährt, das in hohem, kreischenden Ton einem großen Lichttor entgegenraste. Sie wußte: Soweit mein Wille dringt, werden sie mich fahren. Und sie wollte Parmenides treffen. Die Göttin Dike neigte ihr schönes, ernstes Gesicht zu ihr herunter, und schon sah die Philosophin, wie ihr der Schlüssel in den Schoß fiel. Der Schlüssel der Dike. Ohne Mühe und ohne Überredungskünste der Sonnenmädchen durchfuhr sie das glänzende Tor, denn sie war eine Frau. Alle Tore des Himmels standen ihr offen!

Dort endlich, in der Mitte, stand Parmenides, ein kleiner, stämmiger Mann mit grauen Haaren, einem dichten, hellen Bart und in ein dunkelrotes Gewand gekleidet. Sein Gesicht kam immer näher. „Heil dir! Ich habe dich erwartet, dein Wunsch ist mir Befehl.“ Er lächelte und verbeugte sich in einer etwas altmodischen Art. Die Philosophin stieg aus dem Wagen und berührte mit ihrer rechten Hand seine linke Schulter. „Ich grüße dich.“

Parmenides freute sich und zeigte ihr seine wundersame Welt. Er wußte nun schon lange selber den Weg zur Göttin der Weisheit. Es schien ihm eine Ehre zu sein, die Philosophin an ihrer linken Hand zu fassen und sich als ihr Weggefährte dienstbar zu erweisen. Die Philosophin aber kommt aus einer hektischen Zeit und wollte nicht all die Sonnen- und Lichtübungen ausführen, die er zunächst mit ihr machen wollte. „Lieber Mann, ich bin eine Frau, wir brauchen diese Übungen nicht. Zeig mir deine Göttin.“ Ihr Wille war so stark, daß sie an der Hand des Parmenides sofort vor der Göttin stand.

Die große, volleibige Weisheit räkelte sich auf ihrem Thron, der eher wie ein Diwan aussah, als ob sie sich langweilen würde. Bunte Lichter glitzerten um sie herum wie in einem schillernden Regenbogen. Erstaunt richtete sie ihre Augen auf die beiden Weisheitsuchenden. „Parmenides! Wen bringst du denn mit?! Ist auf Erden ein neues Zeitalter angebrochen? Ich muß es verschlafen haben! Zu lange hat niemand mehr an mein Tor geklopft.“ Parmenides verbeugte sich vor ihr, setzte sich zu ihren Füßen und überließ der Philosophin das Feld.

Die Göttin nahm sie an die linke Hand und begrüßte sie: „Schön, daß du unseren Weg gefunden hast und das wankende Männergeschlecht dich doch nicht abhalten konnte. Ich kann dir nur noch einmal wiederholen, was ich schon deinem Freund zu meinen Füßen gesagt habe.

Alles ist die geborene Welt, etwas anderes gibt es nicht. Diese Welt ist nun einmal da. Jenseits davon ist nichts denkbar, es sei denn, ihr macht nur Verneinungen, Wortumkehrungen. Aber das Wort macht noch keine Welt aus. Ihr seid nicht aus dem Wort geboren, sondern aus der Liebe. Dieses ganze Gebären aber ist beständig und ohne Anfang und Ende, es ist rund wie eine Kugel. Es ist für mich das gleiche, wo ich anfange, denn dahin kehre ich wieder. Eine Welt, die vorhanden ist, kann nicht zugleich nicht da sein. Ihr wollt eine Antimaterie erfinden, aber was dabei herauskommt, sind nur schmerzhafte Trugschlüsse für euch. Die Doppelköpfigen denken sich das aus, weil sie nicht wissen, was links, was rechts und was die Weisheit in der Mitte ist. Sie denken sich ein Nichts mit Zunge und Kehlkopf aus, mehr ist da aber nicht vorhanden. Sie nennen es „Leere", „Nirwana", „Geist", „reine Vernunft" und „Ratio" und meinen damit einen neuen weltlosen Gott, den sie „reinen Geist" nennen und glauben an solchen Unsinn. Das Göttliche aber ist in den Dingen der Welt, nirgends sonst, das mach dir klar. Eine Nichtwelt gibt es nicht. Ihr seid die Welt. Die doppelköpfigen Männer finden es angemessen, ihre fade Gedankenkraft als körperloses Sein auszugeben. Aber auch ihr Denken ist körperliches Tun. Je nachdem, wie die menschlichen Glieder zusammengesetzt sind, so erkennt die ganze Summe der Glieder. Nenn du es meinetwegen „Leib", aber paß auf, daß daraus nicht „Geist" oder „Körper" wird.

Diese Liebhaber des Logos können weder den Logos als meinen Sohn erkennen noch ihre eigenen Gehirnhälften. Da weiß die linke nicht, was die rechte tut und umgekehrt. Wie soll da eine Erkenntnis entstehen, die mich in der Welt zu erkennen vermag? Ihr werdet einfach Dummköpfe bleiben ohne Herzensweisheit. Wenn du willst, hebe ich dir den Schleier, auf daß du links und rechts gleichzeitig erfahren kannst.

Geh du nur beide Wege und erfahre die Mitte als tätige Bewegung."

Nachdem die Göttin monoton, wie vom Tonband abgespult, gesprochen hatte, legte sie sich wieder nieder und begann, ihren massigen Körper auf die andere Seite der Welt zu drehen. Die Philosophin eilte zu ihr hin, bevor sie sich ganz abwendete und streichelte beruhigend mit ihrer linken Hand die rechte der Weisheit. Dabei sah sie ihr müdes, melancholisches kleines Gesicht. „Sophia, wende dich nicht von der Menschheit ab. Es ist zwar auf Erden kein neues Zeitalter angebrochen, aber wir brauchen dich. Du solltest dich nicht vor uns verstecken. Warum wehrst du dich nicht?" Sophia schaute sie interessiert an: „Warum sollte ich mich wehren?" - „Wer sich nicht wehrt, spürt seine Fesseln nicht." - „Ich habe keine Fesseln", meinte die Sophia und holte zu einer Erklärung aus:

„Meine liebe Freundin, ich verstecke mich überhaupt nicht vor euch, ich bin so offensichtlich überall mitten unter euch, daß ihr schon vollkommen in mir eingeschlummert seid, so wie ich hier auf meinem Throne fast einschlafe. Ihr müßt euer Gehirn schon selber anstrengen, um euch von euren Fesseln zu befreien. Wer hören kann, soll hören, und wer nicht hören kann, soll wenigstens nicht mehr ignorant sein. Aber wenn ihr so dumm seid, das Nichts zu suchen, dann lasse ich euch gewähren. Euch wird die Lebenserfahrung lehren. Dabei werdet ihr euch Schmerzen zufügen, die auch mir weh tun und mich müde machen, denn euer Leib ist auch mein Leib. Siehst du, darum bin ich so müde. Aber ich wäre eine schlechte Mutter, wenn ich euch die Erfahrung des Lebens wegnehmen würde. Nun geh, ich wende mich jetzt meinen anderen Kindern zu, da sieht es nicht ganz so trübe aus."

Die Philosophin rückte noch näher an sie heran, bis sie face to face über Interface war, und bat: „Ich habe aber noch dringende Fragen und bitte um deine Antworten." - „Nun gut, eine Frage gebe ich dir. Alles andere kann dir auch Parmenides sagen, er ist eingewiesen in meinen Leib." - „Ich möchte wissen, wie wir weiser werden können." - „Mädchen, ich habe doch schon alles gesagt. Überall, wo links und rechts ist, gehe beides und sei in der Mitte. Ob es im Gehirn ist, in der Gebärmutter, in der Leber, im Herzen, in den Körperhälften, in allem, was Seiten hat. Und jetzt ist's genug. Wer hören kann, höre, wer nicht hören kann, bleibe wenigstens neugierig!" Damit drehte sich die Göttin mit wahrhaft großem Geächze um und stützte ihren kleinen Kopf auf ihre voluminösen runden Oberarme. Sichtbar blieb ein riesiger ovaler Körper, der immer näher kam und sich schließlich zum Gesicht des Parmenides verwandelte.

Parmenides lächelte ihr verschmitzt zu: „So ist sie nun einmal." Er würde ihr alles vermitteln, was er wußte. Aber die Philosophin war von Zweifeln geplagt, denn schließlich war er nur ein Mann, und keine Frau sagt einem Mann ihre letzten tiefsten Geheimnisse. Eine Frage hatte sie an ihn: „Hast du dich bewußt gegen die Zeusanbeter gewandt?" Er sah sie mit freundlichen Augen an und schwieg. Rot leuchtete in der oberen linken Ecke ein kleines Feld auf:

„Another question please!"

Etwas matt legte die Philosophin Cyberhandschuh und Cyberbrille beiseite, hackte auf ihrem LITTLE BLUE „exit" in die Tasten, und innerhalb von einer Sekunde war sie wieder in der Gegenwart ihres Arbeitszimmers. Sie drückte den Off-Schalter, LITTLE BLUE verabschiedete sich mit sonorer Stimme: „Das Wesen will verborgen sein - und tschüß!"

Jetzt saß sie wieder vor einem matten Monitor. „Nächstes Mal drücke ich das Dreieck mit der Spitze nach oben" (das Männerzeichen im Cyberspace), „dann wird die Weisheit anders reagieren", vermutete die Philosophin. Um sich nicht von der Mattigkeit der archaischen Weisheit anstecken zu lassen, entschloß sie sich, weiter in ihrem Text zu bleiben.

Da der Sprung in die Gegenwart der beste Muntermacher ist, drückte sie wieder den On-Schalter ihres Notebooks, und als das Betriebssystem hochgefahren war, klickte sie das Ikon ihres Textprogramms und kehrte wieder in die Gutenberg-Galaxis zurück.

## OTFRIED EBERZ

1958 verstarb der „Geheimtip" unter den Philosophen, Otfried Eberz. Er hinterließ ein quellenreiches Werk mit dem Titel „Sophia und Logos - oder Die Philosophie der Wiederherstellung". Er war ein Philosoph und Altphilologe und bereiste als freischaffender Gelehrter und Mann einer reichen Frau viele Länder, um Spuren der verborgenen Sophia zu finden.

Für ihn stand der Name Sophia für eine archaischere weibliche Erkenntnisart, und Logos bezeichne die männliche, die bis in die Jetztzeit führt.

Eberz setzte seine umfangreiche Mythenkenntnis verschiedener Kulturen für den Nachweis ein, daß die „geistige Potenz" - er nannte sie „Gnostica" - weiblich sei. Mit der „geistigen Potenz" meinte er nicht die rationale Vernunft, die er in die Logos-Seite legte, sondern eine weisheitliche Erkenntnisweise, die schöpferisch das Leben erkennen könne. Diese „Gnostica" oder auch Sophia könne nicht ohne Hilfe der Frau dem Manne einsichtig werden, geschweige, daß er sie ohne ihre Hilfe in sich selber „verwirklichen" könnte.

Eberz geht von einer drohenden Totalzerstörung unserer Welt aus und sieht diesen Untergang als Resultat einer Patriarchalisierungszivilisation an, die er „Hominidisierung" nennt. *Der Kampf des Triebes gegen das Hirn* ist gleichbedeutend *mit dem des hominstischen Selbstbewußtseins gegen den Geist* (1976, S. 14).

Dabei würde die „männliche Potenz" - die er als „bloße Physis" (zoologica) mit Tierheit gleichsetzt - noch nicht einmal kennen, was sie verneint. Eberz vermutet eine „Witterung" im Manne, die alles als Gefahr zu verspüren vermag, was seine eigene geistlose Absolutsetzung in Frage stellen könnte. *Deshalb ist Kampf gegen den Geist gleichbedeutend mit Kampf gegen die weibliche Potenz* (S. 15).

Wie in den älteren Mythen der Sophia ist das Weibliche für ihn das himmlisch-geistige Prinzip und das Männliche das erdige Prinzip.

Das „regelangeleitete und folgerichtige Denken", das heute dominiert, nennt Eberz Logos. Diese Art des Denkens im Gesetz, in der Regel, in der Rede sieht er als negative Verabsolutierung der männlichen Tierheit an, die sich zum „Vernunfttier" gemacht habe, aber es könne auch einen Logos in positiver Hinsicht geben, nämlich unter der Aufsicht von Sophia.

Heutigen „Logos" verurteilt er als eine beschränkte und reduzierte Form zu erkennen und zu denken.

Eberz kommt zu dem Schluß: *Denn eigensinnig wehrt sich die männliche Potenz als die physisch stärkere und stärker von der Tierheit belastete, um ihren Absolutheits- und Unfehlbarkeitswahn zu behalten. Aber es bleibt keine Wahl: Entweder zoologisiert die männliche Potenz die weibliche zum entgeistigten „Ventre", oder die weibliche Potenz erzieht die zoologische Männischkeit zu geistiger Männlichkeit. Diese zweite Mutterschaft der weiblichen Potenz darf man ihr geistiges oder gnostisches Matriarchat nennen* (S. 17).

Eberz entwarf eine Geschichtsphilosophie, nach der es bis vor etwa 5000 Jahren ein „gnostisch-gynäkokratisches" (klar erkennendes weibliches) Zeitalter gegeben habe, das vom „agnostischen Hominismus" (nicht erkennende Männischkeit) gewaltsam abgelöst worden sei, wodurch wir nun im Zeitalter des Hominismus angelangt seien, das sich in seiner Endphase befinde. Das „Dritte Zeitalter" würde sich durch Wiedererinnerung an das erste Zeitalter und Überwindung des Hominismus zur „unio gnostica" (erkennenden Vereinigung) erweitern und eine Zusammenführung von Sophia und Logos erreichen, wie sie in der Menschheit noch nie dagewesen sei. Die „unio gnostica" würde sich durch einen „gnostischen Feminismus" ankündigen, wobei Eberz seinen visionären Feminismus abgrenzte von der real existierenden Frauenbewegung. Seiner Meinung nach versuche diese sich nur in die Hominisierungsprozesse zu integrieren und sich zu vermännlichen. Nur eine neue Erkenntnisdimension, die lediglich durch Frauen gelehrt werden könne, sei als Merkmal für das nahe Bevorstehen der „Unio" zu werten.

Es würden „gnostische Frauenorden" erscheinen, aus denen Frauen hervorgingen, die die hominisierten Frauen und Männer ins neue Zeitalter führen könnten, und zwar ehe die endgültige Katastrophe vollbracht sei. Die „Katastrophe" wäre das hoministische Vernichtungswerk all dessen, was Sophia geschaffen habe.

Hier befindet sich Eberz ganz in der sophianischen Tradition der gnostischen Lehren. Allerdings verteidigt er den „Fall der Sophia", das heißt unsere lebendige Welt.

Eberz räumte für sich selber ein, ein Philosoph der antiken Welt zu sein, zu dem ein prophetisches Selbstbewußtsein gehöre. Zu so einem Philosophen gehöre die Vorausschau, wie auch der Name des Prometheus ankündigt, als Vorbedingung, um sogenannte „Bewußtseinsprozesse" zu initiieren.

Die heutige (akademische) Philosophie schätzte Eberz alsein agnostisches Denken ein, in dem das weibliche Geschlecht aus der Philosophie ausgesperrt wird und damit auch die Weisheit. Er stellte fest:

*Was philosophisch wahr oder unwahr ist, bestimmt die agnostisch-hoministische Vernunft* (S. 147).

Otfried Eberz verstand „Geist" als einen „Trieb", das heißt als ein Erkenntnisbedürfnis in allen Menschen. Eine Verleugnung dieses Geisttriebes müsse zum sicheren Tod der ganzen Gattung führen. „Mangel an Geist“ zeige sich individuell als Krankheit und Beziehungsunfähigkeit, es gingen auch alle globalen Beziehungen wie „Gattungsbewußtsein“ oder auch „kosmisches Bewußtsein“ zu Erde und Weltall verloren.

„Geist“ als Triebbegriff bedeutet, daß hier ein leibliches Lebensbedürfnis angenommen wird, mit dem alle Menschen geboren werden.

Otfried Eberz geht von einem „kosmologischen Wissenstrieb“ aus. *Der Trieb des ichbewußten Leibes, dieses kosmologische Bewußtsein beständig zu erweitern, sich immer deutlicher als Teil in seinen Beziehungen zu dem Ganzen bewußt zu werden, ist, gnostisch oder metaphysisch betrachtet, der Trieb des Einen, zu einem immer umfassenderen Bewußtsein von der Totalität seiner Erscheinungen, also zu einem vollkommenen phänomenologischen Bewußtsein zu gelangen* (S. 140).

Wie beurteile ich nun aus leibphilosophischer Sicht diese etwas emphatisch klingende Erlösungsphilosophie vom Joch des männlichen Logos?

Abgesehen von dem Umstand, daß Eberz selber noch durch seine Vision des Einen in hominisierten Sehnsüchten befangen war, fand er dennoch eine positive Wertung des Leibes und der „Welt der Erscheinungen“. Eberz sah diese als „Geschöpfe der Sophia“ an, des geistig-weiblichen Weltwesens. Das „Eine“ führt er ähnlich wie Parmenides als ein „feinstoffliches Etwas“ ein, das nicht als Gott in christlicher Art gedacht werden dürfe. Parmenides würde vielleicht vom „allgegenwärtigen Ätherschaum“ reden und Atomphysiker von Energie. Diese Suche nach dem „Einen“, nach der „Unio“, die alles durchzieht und alles gleich und unterschiedslos macht, birgt aber die Gefahr in sich, alles auf eine Formel bringen zu wollen, um dieses „Alles“ beherrschbar zu machen. Eberz schien zu glauben, daß dieses „Alles“ erkennbar sei, weshalb er seine Erkenntnisutopie „Gnostica“ nannte, und die Männer an den Universitäten als „Agnostiker“ beschimpfte. Sie kämen niemals zu dem „Einen“, zur „Unio“. Eberz blieb in seiner Sehnsucht spirituell gefangen. Diese Gefahr sah er in seinem Vereinigungsstreben nicht. Er verwahrte sich zwar davor, in einen krassen Dualismus zwischen Geist und Körper zu verfallen, indem er das Geistige als Körpertrieb beschreibt und das Eine als alles integrierenden Monismus, aber damit befindet er sich an Grenzen der begrifflichen Konstruktion, was er nicht bemerkte.

Obwohl Eberz in seiner Sophia-Verherrlichung weiter ging als alle anderen zeitgenössischen Philosophen, fehlte ihm aber jene dem Mann geziemende Vorsicht, die er nach eigenem Ansatz eigentlich haben sollte, da der Mann doch nicht ohne Anleitung einer weisheitlich bewußten Frau erkennen könne.

Eberz weist sich nicht, wie Parmenides, durch eine „Lehre“ bei Frauen aus, schreibt aber mit dem Gestus dessen, der glaubt, auch Frauen sagen zu können, wie sie zu sein und zu werden haben.

Er trieb keine Frauenstudien, um auf Frauenstimmen zu hören, die trotz der patriarchalen Verdrängung auch literarisch existierten. Die Frau scheint bei Eberz eher nur eine geistig Trauernde um ihn zu sein, um den Sohn, um den geliebten freien Logos. Sie ist ihm diejenige, die der andere Mann in seinen Totentanz hineinriß und ihn deshalb nicht erkennt. Als Retterinnen stellt er sich Jungfrauen in Gestalt von Nonnen vor, keine handfesten Mütter, keine Frauen, die mitten im Leben stehen.

Eberz machte die Frauen selbst verantwortlich für das heutige Elend, weil sie sich weigerten, aus ihrem Sophia-Wissen heraus ihn zu vervollkommnen, den Mann mit seinem eingeschränkten Logos.

Bestand er deshalb auf einem „androgynen Ansatz", mit dem er behauptete, daß sich Sophia immer nur im Schlepptau des Logos denken läßt? Eberz kam nicht auf die andere Idee, daß sich Logos nur als Komplementärkonstruktion der älteren Sophia denken läßt. Logos bleibt bei ihm das große Ziel, aber der befreite Logos, ein Logos, der die Sophia verschlungen hat.

Die „Erleuchtung" fände über Sophia im Logos statt. Hier bleibt für die weise Frau kein eigener Platz. Sophia als frauliche Eigenkraft wird nicht für voll genommen. Sie soll sein Katalysator sein, sein Enzym, seine Muse und ihn Liebende, damit er sich im Denken frei fühlen möge. Damit fällt Eberz in die von ihm kritisierte Tradition des „Vernunfttieres" zurück.

Auffällig ist auch, daß das Teil für ihn weniger Wert zu haben scheint als das große Ganze, und das ist vom Weisheitsstandpunkt aus gesehen, in dem alles Geborene und sich einzeln Formende verteidigt wird, fragwürdig. Aber sein Versuch, die patriarchale Denktradition in europäischem Kontext gedanklich zu sprengen, ist beachtenswert. Auch darum gilt Eberz heutzutage nur als „Geheimtip" unter patriarchatskritischen Akademikerinnen und Akademikern. Offiziell gibt es seine Auseinandersetzung mit der gesamten abendländischen Kultur nicht, sie gilt als „unwissenschaftlich".

Eberz nannte unser Zeitalter „seit 5000 Jahren männlich", weil ausschließlich der Mann das Geschlechterleben bestimme und dadurch eine eingeschlechtliche Dominanz in der Menschheit herrsche und keine zweigeschlechtliche Einigungsgeschichte. *Die Geschlechterfrage ist das Grundproblem jeder Gesellschaftsordnung, neben ihr ist alles andere sekundär ... Heute aber sieht jeder Blinde, daß das männliche Weltalter an seinem eigenen Prinzip, dem Eingeschlechterwesen, stirbt. Denn die Flucht vor der zweieinigen Liebe ... stürzte den Mann in eine chronische Hysterie, die sich akut in den Kriegs- und Revolutionsneurosen der Geschichte austobte und im bürgerlich-proletarischen Zeitalter in der Gestalt der Wirtschaftsneurose erscheint. Viele der sogenannten „männlichen Tugenden" sind nur seelische Krankheitssymptome des Eingeschlechterwesens* (1973, S. 149).

## BULGAKOV, SOLOVJEV, TSCHRNYSCHEVSKI

Eine „Sophiologie", eine „Lehre der Sophia", gibt es in ausführlicher Weise erst, seit russische Philosophen um die Wende zwischen 19. und 20. Jahrhundert ihre orthodoxe christliche Tradition dazu verwendeten, der dortigen Sophia-Gestalt ein eigenes Leben in der Theoriebildung des Logos zu geben.

Sophiologische Philosophen zeichnen sich dadurch aus, daß sie intellektuelle Kräfte für weiblich halten und Inhalte älterer Priesterinnenkulte aufzufinden versuchen. Sie berufen sich meistens auf eine „Erleuchtung", in der ihnen eine weibliche Gottheit bildlich erschien, die sie „Sophia" nennen.

Eine Göttin wird als „Mutter der Schöpfung" verehrt. In manchen russischen Kathedralen sind noch Ikonen altgriechischen Ursprungs zu finden, auf denen diese „Sophia" abgebildet ist, zumeist mit ihren drei Töchtern Pistis, Elpis und Agape, also Glaube, Hoffnung und Liebe (vgl. Benz 1966).

Noch 1922 wurde ein Priester vom Patriarchen der russisch-orthodoxen Kirche wegen seiner Sophienlehre exkommuniziert. Es war der Priester und Philosoph Sergej Bulgakov. Er behauptete: *Der Logos ist Sophia, aber Sophia ist nicht Logos* (Benz, S. 461).

Anders gesagt: Die männliche Erkenntnisweise ist in der weiblichen Erkenntnisweise enthalten, aber nicht umgekehrt. Die weibliche Erkennntniskraft geht über die männliche hinaus; sie ist die „allgemeinere", während der Logos nur eine spezifische Erkenntnisweise ist.

Auch der russische Philosoph Vladimir Solovjev, der bis 1900 lebte, verstand sich als Sophiologe und arbeitete an einer „Leibwerdung der göttlichen Sophia". Er hielt auch in eigens gegründeten Frauenkursen Philosophievorlesungen. Er hoffte auf eine Wiederkehr der Sophia in ihrer „wahren Gestalt", nämlich in einer Frau, die selber die Weisheit lehren könnte.

Solovjev berichtete von Erscheinungen, die er von Sophia gehabt habe, und sogar ihre Stimme habe er gehört. Sie hätte ihn dazu aufgefordert, in die ägyptische Wüste zu fahren und an einem bestimmten Ort zu sein, was er auch tat. Er reiste in die ägyptische Wüste, wo sie ihm wieder erschienen sei.

In seinem Gedicht über Sophia wies er darauf hin, daß die ursprüngliche Sophia nicht wie Athene eine Lanze trug, einen Stab zum Töten, sondern eine Lotusblume, ein Wahrzeichen der Erkenntnis und des leiblichen Heiles.

Sein Gedicht über Sophia ist im Anrufungsstil geschrieben und endet in einer hymnenartigen Weise in einer „Anbetung der Sophia":

*Ich sah das All, und alles war nur Eines,*
*war meiner ewigen Freundin holdes Bild,*
*und von dem Glanze dieses Himmelsscheines*
*War alles um mich her und war mein Herz erfüllt* (1977, 275 f.).

Daß alles „eines“ sei, erinnert an ein Grundmotiv bei Parmenides, aber dieses „Alles“ meint das „Viele“, das nicht in einem Einheitsbegriff aufgehoben werden darf, da es schon von der kosmischen Sophia durchdrungen ist. Es ist eine Art pantheistischer Mystizismus, den Solovjev in seinen Werken ausbreitet, wobei ihm aber die Wiederentdeckung der Sophia als im Leibe wirkende Kraft am Herzen liegt. So wie Spinoza Gott durch das Dasein von Natur „beweist“, so ähnlich beweist Solovjev Sophia als göttliche Allgestalt. Wichtig dabei aber ist, daß keine abstrakte mathematische oder logische Einheit gedacht wird, sondern gerade die „Vielheit“ (Alles) erst beweist die Lebendigkeit der Einheit oder die leibhaftige Anwesenheit von Sophia. So brauchten keine Einheiten gestiftet zu werden, sondern nur immer mehr Konkretheiten, gerade wenn wir uns bewußtseinsmäßig auf einzelnes konzentrieren. Diese „Konkretheiten“ stellte Solovjev sich als Sophias Verleiblichen vor, so daß verschiedenes immer zugleich da sein kann. Je vielfältiger wir leben, desto anwesender sei die kosmische Weisheit, Sophia. Solovjev verstand und fühlte sich philosophisch beauftragt, den Weg der Verleiblichung der Weisheit auf Erden zu bahnen. Die Weisheit solle im menschlichen Körper zum Bewußtsein gelangen.

Nicolai Tschernyschevski, der russische Ökonom, Schriftsteller und Philosoph veröffentlichte den folgenreichen Befreiungsroman „Was tun?“ zu der Zeit, als Lenin noch Schüler war. Dieser Roman galt der „Revolutionsgeneration“ als erster Anstoß in ihre spätere Richtung. Lenin soll diesen Roman unter der Schulbank gelesen haben. Er ist aus Versehen durch die strenge zaristische Zensur gekommen, weil die Zensoren ihn für einen harmlosen Liebesroman gehalten und übersehen hatten, daß der Autor dieses Romans wegen politischer Umtriebe im Gefängnis saß. Als das Werk dann doch noch verboten wurde, war es bereits im Umlauf.

Die Hauptperson in diesem Roman ist eine Frau, Verotschka, um die herum sich verschiedenartige „Befreiungsmänner“ mit je eigenem Konzept tummeln. Wenn die Frau einen wesentlichen Erkenntnisschritt machte, erschienen ihr vorher im Traum verschiedene Sophiengöttinnen, die in diesem Roman die Funktion haben, zur Selbstbefreiung aufzurufen und die Frau zur Führerin in der Befreiungsbewegung der Frauen zu machen. Verotschka träumt:

*Die Gestalt tritt auf Werotschka zu. „Wer bist du? „ - „Er nannte mich früher Wera Pawlowna, jetzt nennt er mich seine Freundin.“ - „Also, du bist die Werotschka, die mich liebgewonnen hat?“ - „Ja, die bin ich, ich liebe Sie sehr. Doch wer seid ihr?“ - „Ich bin die Braut deines Freiers.“ - „Welches Freiers?“ - „Ich weiß es nicht, ich kenne nicht alle meine Freier. Mich kennen sie alle, aber ich kenne sie nicht, es sind ihrer viele. Wähle dir auch einen von meinen Freiern, aber nur einen von ihnen, zum Bräutigam.“ - „Ich habe schon gewählt ...“ - „Gut, ich brauche keine Namen, ich kenne sie nicht, wähle nur einen aus ihrer Mitte, einen aus der Zahl meiner Freier. Ich will, daß meine Schwestern und meine Freier nur untereinander freien. Du warst im Keller eingesperrt? Du warst gelähmt?" - „Ja." - „Jetzt bist du befreit?" - „Ja." - „So wisse: Ich bin es, die dich befreit, dich geheilt hat. Denke daran, daß noch viele nicht befreit, noch viele gelähmt sind; befreie, heile sie. Willst du es tun?" - „Ja, aber wie heißen Sie? Ich möchte so gern Ihren Namen wissen." „Ich habe viele Namen, und keiner ist wie der andere. Jeder soll mich so nennen, wie es für ihn das beste ist. Du nenne mich Menschenliebe, das ist mein wahrer Name. Es gibt nicht viele, die mich so nennen, du aber sollst mich mit diesem Namen nennen." Und Werotschka geht durch die Stadt, da ist ein Keller, in dem sind Mädchen eingeschlossen. Werotschka berührt das Schloß - das Schloß springt auf. „Kommt heraus!" - und sie kommen* (1979, S. 131).

Diejenige, die „viele Namen hat", erinnert an die Isis des Apuleius, und der Name „Menschenliebe" erinnert an die hebräische Schechina und an die orthodoxe Weisheit des christlichen Gottes.

Tschernyschevski kam aus einer orthodoxen Priesterfamilie und gehörte zu den russischen „Aufklärern", denen es um die Abschaffung der Monarchie ging. Lenin berichtete, daß sich um dieses Buch herum „Geheimbünde" gegründet hätten, und auch Mädchen seien Anführerinnen gewesen. So ist es vielleicht nicht verwunderlich, daß wegen der sophiologischen Tradition auch unter revolutionären Russen russische Frauen viel früher als westeuropäische Frauen studieren durften und führende Stellungen in den Bünden bis zur russischen Revolution einnahmen. Erst als es um die Aufteilung der Macht im Staate ging, waren die russischen Revolutionäre auch auf ihre persönlichen Privilegien erpicht wie ihre Revolutionsgenossen der französischen Revolution, die ebenfalls vorher mitkämpfende Frauen ausschlossen und ihnen noch nicht einmal das Stimmrecht gewähren wollten. Diese „Brüderlichkeit" unter Revolutionären verfestigte sich bisher nach jeder Revolution gegen die Frau, die sie als kämpferisch und stark erlebt hatten.

Aber auch in dem Roman von Tschernyschevski ist diese männerdominante Sichtweise trotz Sophia-Liebe schon angelegt. Das Problem ist, daß Tschernyschevski Sophia einsetzt, um die Frauen zu befreien, nicht aber, um die Männer zu befreien. Zwar sammeln sich um die revolutionäre Frau die verfolgten Revolutionäre, wie in den französischen Salons vor der französischen Revolution, aber die Frau wird nicht als eine dargestellt, die sich selber „an die Hand nimmt". Entweder es ist die göttliche Traumgestalt der Sophia oder ein revolutionärer Mann, der sie aufklärt. Obwohl die Frau Hauptfigur in diesem Roman ist, ist sie nicht Subjekt ihrer Handlungen. Sie erkennt nicht selber und denkt auch nicht selber. Die monologisierenden Männer um sie herum benutzen sie als ideale Zuhörerin. Trotzdem hat dieser Roman auch viele Frauen, wie Clara Zetkin, dazu inspiriert, sich auf den Weg zu machen. Durch die Sophiagestalt bekommt der realistische Roman eine „zauberhafte Ebene", in der die Leibebene des Traumes noch als revolutionärer Befreiungsraum anerkannt wird, freilich nur bei der Frau.

Selbsterkenntnis ist ihr über die unbewußtere Nachtseite des Lebens als einsames Geheimnis möglich. Der wunderschöne Zauber aber, mit dem Sophia eingeflochten wird und die Erkenntnisbewegung der Frauen begleitet, bleibt in der weiteren russischen Literatur erhalten. So auch im Roman „Der Meister und Margaritta“ von Michail Bulgakov, in dem Margaritta Hexe, Zauberin, Beschützerin und Totenbegleiterin des Meisters ist und dieser von ihr erfahren und lernen will. Dieser mystische Roman zwischen männlicher rationaler Sichtweise und weiblichem mystischen Geheimwissen war bis 1966 in der UdSSR verboten gewesen. Bulgakov schrieb ihn 1938. Vielleicht war er mit Sergej Bulgakov verwandt, der 1922 exkommuniziert wurde?

Danach kommt die Frau in der russischen Literatur kaum noch als Erkenntnissubjekt „einer anderen Art“ vor. Sophia ist mit der marxistisch-sowjetischen „Aufklärung“ noch einmal mehr verlorengegangen.

## Boethius

Die Sophia der russischen Sophiologen hat sehr viel mit jener Sophia-Gestalt zu-tun, die noch im Anfang des Mittelalters in Südeuropa bekannt war, obwohl sie theologisch schon in der römischen Kirche mit dem männlichen Logos Jesus Christus assimiliert worden war und in der orthodoxen Kirche in Konstantinopel als Weisheit des männlichen Gottes auf seinem Haupt saß, wie wenn sie dem Zeus aus dem Kopfe springen würde.

Aber es gab in Rom einen Philosophen, der sich schwertat, dem römischen Vaterstaat des ostgotischen Theoderich des Großen zu dienen. Dieser klagte ihn hochverräterischer Beziehungen zu Ostrom an und verurteilte ihn zum Tode. Der Philosoph Boethius ist 524 n. Chr. in Pavia grausam hingerichtet worden. Vierundzwanzig Jahre später wurde die letzte eigenständige philosophische Akademie geschlossen.

Boethius lebte zu einer Zeit, als die gnostischen Sekten bereits aufgelöst waren und ihre Mitglieder von der römischen Kirche entweder vertrieben oder ermordet worden waren. Lange stritten sich die Kirchenphilosophen darüber, ob er Heide oder Christ gewesen sei und entschieden sich schließlich dafür, daß er als Heide zu sterben hatte.

Warum nun Boethius eine Sophiengestalt zu seiner Fürsprecherin erwählte, bleibt in den veröffentlichten römischen Schriften unerörtert, aber dennoch als eine Figur seines „Heidentums“ überliefert.

Üblicherweise wird die Ansicht vertreten, daß Boethius in der Nachfolge von Aristoteles und Platon eine Synthese von beiden gedacht habe. Aber weder Sokrates tritt bei ihm auf, noch schrieb er in Prosa, was seit Aristoteles akademische Norm wurde. Dagegen kommen eher Anleihen von Parmenides in den Schriften des Boethius vor. Er schreibt in verstreuter Gedichtform, eine

Göttin spricht zu ihm und belehrt ihn, ähnlich wie in den Fragmenten des Parmenides. Außerdem stellte sich Boethius noch als ein Philosoph vor, der durch eine Göttin erwählt und „eingeweiht“ worden sei und darum ein „wahrer Philosoph“ sei. Als er bei Hofe angegriffen wurde, setzte sich seine Königin Amalaswintha für ihn ein, die im Namen ihres jungen Neffen regierte und als gelehrte Frau galt. Sie beherrschte wie Kleopatra fast alle klassischen Sprachen der Antike.

In Byzanz regierte damals Kaiserin Theodora, die ihren Mann, Kaiser Justinian, stark beeinflußte und zu seinem Gesetzeskodex inspirierte. Auch Theodora war durch ihre Klugheit und Weisheit von einem armen Mädchen zur Kaiserin aufgestiegen. Der intellektuelle Justinian war beeindruckt von ihrem Mysterienwissen, das sie aus der ägyptischen Wüste mitgebracht hatte. Er heiratete sie und veränderte die Ehegesetze seines Landes derart, daß auch eine Wirtshaustochter oder Prostituierte heiraten dürfe, was bis dahin verboten war.

Es gab also zur damaligen Zeit des Boethius „kundereiche“ Frauen, die auch weltliche Machtpositionen eingenommen haben. Byzanz war zur damaligen Zeit maßgeblich für das Kultur- und Gelehrtenleben, so wie Frankreich vor der französischen Revolution die Kultur in Europa bestimmte oder die Vereinigten Staaten heute die des ganzen Erdballs.

Daß Boethius einer Frauengestalt die belehrende und erkenntnisführende Rolle zusprach, ist philosophiegeschichtlich ebenso wie bei Parmenides eine unbeachtete Besonderheit. Boethius saß eingekerkert im Gefängnis, als ihm Sophia erschienen sei. Er beschreibt sie folgendermaßen (und er nennt sie zumeist „Philosophia“ oder „Wahrheit“, „Führerin“): *... da zeigte sich, daß mir zu Häupten eine Frau getreten war von sehr ehrwürdigem Aussehen, mit feurigen und über die gemeine Kraft der Menschen durchdringenden Augen, von lebhafter Farbe und unerschöpflicher Frische, mochte sie auch noch so hoch in Jahren sein, daß man sie keineswegs für eine Zeitgenossin gehalten hätte -, von einer Größe, die man nicht klar erkennen konnte. Denn bald hielt sie sich in dem gewöhnlichen Maße der Menschen, bald aber schien sie mit dem Gipfel ihres Scheitels an den Himmel zu rühren* (1971, S. 41).

Danach beschreibt Boethius Sophias Gewand, das teppichartig von ihr selbst gewebt worden sei. Brutale Menschen aber hätten ihr Gewand zerrissen; später kommt heraus, daß es die Philosophen der neueren Zeit waren, die ihr das Gewand zerrissen haben, welche sie als „falsche Philosophen“ anklagt. Sie spricht: *... da haben sie mein Kleid, das ich mit eigener Hand gewebt hatte, zerschlissen. Sie rissen Fetzen von ihm los und zogen in dem Glauben ab, ich wäre ihnen ganz zugefallen. Da in den Fetzen ja Spuren meiner Art sichtbar waren, hat Unkenntnis gemeint, es handele sich um meine Freunde (die Philosophen; AST), und manche von ihnen durch den Fehler der nicht eingeweihten Menge ins Verderben geführt* (S. 46), (Abb. 10).

Diese Klage erinnert an die gnostische „Pistis Sophia“, in der Sophia das

Vergessenwerden ihres Mysteriums beklagt wegen der Macht des Authades.

Die Sophia des Boethius hält in einer Hand Bücher, als Aufforderung, in diesen Büchern nach ihr zu suchen. In der anderen Hand trägt sie ein Zepter, das einer Lotusblume oder Lilie gleicht, ähnlich der Sophiengestalt bei Solovjev.

Besonders durch dieses Zepter grenzt sich die Sophia des Boethius scharf von der „klassischen", waffenstarrenden Vernunftgöttin Athene ab und verweist hier auf ältere Göttinnengestalten. Ihr Zepter bedeutet, daß sie die Königin der Philosophen ist und daß Philosophen zu ihr über den lotusreichen Weg gelangen können, den sie regiert. Die Lotusblüte ist noch heute im tantrischen Erkenntnisweg das Zeichen der höchsten Erleuchtung.

Boethius beschreibt das Gewand der Sophia wie eine russische Ikone.

Boethius spricht zu ihr als einer, der sich als ihr Zögling versteht: *Und gerade dadurch scheine ich der Zauberei fähig zu sein, daß ich in deinen Lehren erzogen, in deiner Gesittung unterwiesen worden bin* (S. 52).

Die Philosophia spricht zu Boethius als einem, der ihr im Erdengemetzel krank geworden ist und den sie noch kurz vor seinem Tode heilen möchte. Sie versteht sich als Heilerin seines Geistes, und wird von ihm auch so angerufen und angenommen. Sophia tröstet ihn mit Worten gegen den Gott (oder Zeus). *Tausch der Rollen erträgt er nicht. So besitzt, was auf jäher Bahn klar bestimmtes Gesetz verläßt, nicht ein frohes gedeihlich Ziel* (S. 56).

Sophias Rat an Boethius lautet, das Gute zu finden, aber das Gute beinhaltet nicht, seinen Geist vom Körper zu trennen und so leibfern wie möglich dem Tode entgegenzusehen, sondern sie rät ihm eine Art Versenkung in den eigenen Leib, der auf diese Weise eine „innere Helligkeit" oder Weisheit entzünde, die so seine eigene wird. *Was eben noch die schwarze Wolke des Wahns deckte, wird klarer leuchten als selbst Phöbus' Lichtstrahlen. Nicht alle Helligkeit vertrieb dem Geist nämlich der Leib, mit sich Vergessen bringende Last schleppend. Es hängt gewiß der Wahrheit Funke tief drinnen, der aufgeregt wird, wenn Lehre ihn anfacht. Warum, gefragt, sonst meint ihr aus euch selbst Wahres, wenn nicht die Glut noch drin ins Herz gesenkt lebte?* (S. 111)

Auch hier wird wieder das Herzorgan als Ort des Funkens der Sophia angesprochen, auf das sich Boethius einlassen soll. Der Leib bringt nach älteren Reinkarnationslehren das Vergessen der vergangenen Leben, wodurch es den Menschen leichter fällt, Neues auf Erden zu erlernen und von alten Fehlern loszulassen. Wenn aber der Herzfunken angefacht ist, dann lodert sozusagen eine innere Liebesquelle, der es möglich ist, das Wirken im Leben zu erfahren und Wahres darüber auch mit Vernunft zu sagen. Nach Feuerbach ist es das „zu Verstand gebrachte Herz".

Philosophia ruft dazu auf, unser Herz zu hören, und das ist nicht als nette Metapher gemeint, sondern als eine erlernbare Kunst, die Gefühle in den Organen spüren zu können und daher zu wissen, was von ihnen aus richtig ist, vom

Eigenleiblichen her.

Dieses „Wahres im Herzen spüren“ ist aber eine eigenleibliche Kunst, die wir durch die körperfeindliche Vernunftzivilisation verlernt haben. Trotzdem gibt es inzwischen wieder philosophische Bemühungen, diese Kunst der inneren Wahrnehmung erneut zu erlernen, wie zum Beispiel die „Focusing“-Methode, die von dem Philosophen Gendlin in den USA entwickelt wurde (vgl. Weiser Cornell 1977).

Wenn unser „Herz entflammt“ ist und höher schlägt, dann kommt uns etwas als „wahr“ oder sehr nah vor. Selberdenken oder „aus einem selber“ Urteilskraft entwickeln, wird in der Lehre der Philosophia in direktem Zusammenhang mit der Leibesbefindlichkeit des Herzens gesehen. Ohne das Entfachen der „Funken der Sophia“ (Glut) im Herzen ist weder Selbsterkenntnis noch Welterkenntnis im tieferen Sinne möglich.

*Abb. 10: Boethius und die Sophia*

Die Sophienerscheinung redet Boethius ähnlich wie Parmenides als einen an, dessen Augen einerseits beschattet sind wie die der sterblichen Wesen, aber sie wolle ihn zu ihren feinsinnigeren Gefilden führen, auch wenn er nur ein Mann sei. Sie versucht, ihn an seine Abstammung aus ihrem weiblichen Weltleibe zu erinnern: *Du bist der, der einst mit unserer Milch gestillt, mit unserer Nahrung aufgezogen wurde und so zur Kraft einer männlichen Seele gelangt war* (S. 44).

Sie erinnert ihn an die mütterliche Kraft, die in ihm lebendig ist. Dabei betont sie, daß er „vaterlos" aufgewachsen sei und dennoch alle Geisteskräfte erlangt habe, die er aber in Todesnot nur zu gering einschätze. Und nun kommt das, was für uns keine Überraschung mehr sein dürfte: Sie sagt ihm, sie habe selber dafür gesorgt, ihn in der Schule der Eleaten zu erziehen, der Schule des Parmenides (S. 42). Nun solle er sich an vorgeburtliche Begebenheiten wieder erinnern. Das sei sein Trost, in einer geheimen Schule und in ihrem Auftrag zu leben und auch nach dem Tode weiter zu wirken.

Die Behauptung der Sophia, die von ihr gebrachte Lehre werde in seinem Leibe heller strahlen können, als selbst die Lichtstrahlen des Phöbus, kann auch als Kritik gegen die patriarchale Linie der Erkenntnisweisen verstanden werden. Phöbus wird nämlich mythisch auch mit Apollon gleichgesetzt, dem Gott der Vernunft und Wissenschaft, der den weiblichen Weisheitstempel von Delphi mit dem Schwert, erobert hatte.

Die Lichtstrahlen des Phöbus können so als spezifisch männliche Erkenntnisschwingungen angesehen werden, die nicht an jene Helligkeit heranreichen, die durch das sophianische Herzdenken repräsentiert wird.

Was bei Boethius umschrieben wird, kann ein Tradierungsversuch vorpatriarchaler Erkenntnisweisen sein. Die Unsicherheit seiner Zeitgenossen, ob er Heide oder Christ war, bestand zu Recht, da er christliche dogmatische Lehren mit den Sophienmysterien aus Elea vermischte, um diese zu retten.

Auch dieser alte Text ist für uns Heutige schwer zugänglich geworden. Wir lernen nicht, davon auszugehen: Es hat einmal einen viel offensichtlicheren „Geschlechterkampf" auch in den „geistigeren Bereichen" gegeben, als wir noch ahnen können.

Heraklit, der wahrscheinlich ähnlich wie Boethius und Parmenides geschult war, sagte zwar, der Krieg sei der Vater aller Dinge, aber was ist die Mutter aller Dinge? Ist es die Weisheitserkenntnis, die Logos und Sophia in Herz und Kopf miteinander verbinden kann?

## Giordano Bruno

Auch der italienische Philosoph und Dominikanermönch Giordano Bruno wurde auf dem Scheiterhaufen der christlichen Inquisition bei lebendigem Leibe verbrannt. Er starb im Jahr 1600, der Hoch-Zeit der Renaissanceaufklärung und Hexenverfolgung.

Seine scharfen Attacken gegen akademischen Dünkel unter den Gelehrten und Philosophen meiden den aristotelischen prosaischen Stil und lehnen sich stilistisch an die Platonischen Dialoge an. In Kunstdialogen werden die philosophischen Probleme erörtert.

Bruno sah sich als Philosoph, der von verschiedenen mythischen Göttinnen inspiriert war. Aber da er alle Gedankengänge mythologisiert und die mythischen Gestalten als rhetorische Stilmittel einsetzt, ist es schwer, jene weibliche Figur herauszufinden, auf die Bruno sich besonders als Philosoph bezieht.

Bruno argumentierte ausgesprochen frauenfreundlich und widersetzte sich ausdrücklich der damals üblichen aristotelischen Frauenverachtung. (Im folgenden Zitat werden die scholastischen Aristoteliker als „Peripatetiker“ bezeichnet, da sie in den Wandelgängen spazierend philosophierten.)

*Poliinnio: Das Frauenzimmer ist nichts anderes als Materie. Wenn Sie nicht wissen, was für ein Ding ein Frauenzimmer ist, so studieren Sie ein wenig die Peripatetiker;*

*Gervasio: Ich sehe schon, da Sie ein peripatetisches Gehirn haben, so haben Sie wenig oder nichts von Allem verstanden* (1906, S. 96 - 118).

Im weiteren Verlauf des Dialoges geht es darum, dem „peripatetischen Gehirn“ zu erklären, daß die Materie vielgestaltig ist, sterblich und endlich, aber trotzdem „Eines“. Bruno schlägt sich mit dem gleichen Problem herum wie Parmenides, Heraklit und Boethius. Gegen die dualistischen Vernunftphilosophen verteidigt er die vielgestaltige geborene und sterbende Materie in der zyklisch und rund gedachten einen Welt. Bruno wollte nicht als Widerspruch denken, was für ihn keiner ist. Die Materie dürfe nicht geringer eingeschätzt werden als die „unkörperlichen Substanzen“, die er als nicht existent abtut und, ähnlich wie Parmenides, lediglich als sprachliche Wortspielerei deklariert. Da Bruno auch ein bekannter Rhetoriklehrer seiner Zeit war, wußte er, was mit Sprache und Einbildekraft alles sagbar war, aber er wußte auch, was jenseits des Sagbaren lebbare Wirklichkeit sein kann.

Für die Frauen resümierte Bruno frei nach klassisch-griechischem Schönheitsideal: Wenn der Körper der Frauen so viel schöner sei als der der Männer, was wohl unbestritten sei, dann müsse auch mehr Geist darin verwirklicht sein als im männlichen Körper. Schönheit und Geist seien identisch, womit Bruno die leiblich-natürlich-materielle Ebene mit der geistigeren, feineren Ebene verbindet. Materie würde Harmonieströme herstellen, die auch ein Mensch empfinden könne, und darum dürfe nichts in der Welt getrennt von „Geist“ gedacht werden.

Wegen der Dominanz der „peripatetischen Gehirne“, die mit Logik, Rhetorik und Grammatik jedes eigenständige schöpferische Denken verhinderten, seien die Menschen zu Elend und Dummheit verurteilt.

Als Bruno zu seinem Scheiterhaufen ging, soll er auf dem Weg einen der herumliegenden Strohhalme aufgehoben haben, der als Zunder für seine

Feuerstätte dienen sollte. Er hätte diesen Strohhalm langsam an den Mund geführt, ihn geküßt und gesagt: „Auch du bist mir Leben." Alles in der Welt war für ihn belebt, beseelt, weise. Er weigerte sich, zwischen lebender und toter Physis zu unterscheiden und den Geistgott als ewiges Leben außerhalb der lebendigen physischen Welt anzubeten. Daher polemisierte er gegen die dualistische Trennung von Geist und Materie. Aber Giordano Bruno war kein Pantheist, der Gott mit Natur identifizierte, wie Spinoza oder Hegel oder andere Gottessucher es taten.

Es gibt einige Indizien, die ihn in die Reihe einer verborgeneneleatischen Schule der Sophia stellen, und diese sollen nun erläutert werden.

In der „Vertreibung der triumphierenden Bestie" läßt Bruno in der Einleitung Sophia als Beschützerin der Menschen und insbesondere der gelehrten Frauen auftreten. Sie beschützt die Menschen gegen Zeus, der unbeweglich auf seinem Throne sitzt. Sophia fragt Zeus, was denn nun mit der Jägerin Diana passieren würde, wenn sie sich nicht mehr hinter den mythischen Bestien, dem Löwen, der Schlange und dem Skorpion, verbergen würde und sich den Menschen offenbarte. Dürfte sie dann noch Äbtissin eines Klosters werden oder einen noch höheren Posten in der Welt einnehmen? Zeus wehrt die Frage der Sophia ab, die sich für ihre Tochter Diana erkundigt. Denn Diana war eine Göttin, die wohl dazu neigte, sich aus ihrem Versteck herauszuwagen und noch mehr sein wollte als nur eine gehorsame Äbtissin. Sophia muß Zeus um Erlaubnis fragen, und er sagt nach guter patriarchaler Sitte nein, und Sophia schweigt.

Bruno läßt nun im Dialog die „Bestien" auftreten, und das sind mythische Gestalten, die sich als verborgene weibliche Intelligenz in die Welt einmischen.

Während andere Renaissancephilosophen brav bei ihrem „Gott-Vater" bleiben und diesen mit „Gott-Sohn" zusammenbringen, schwenkt Bruno zu den weiblichen mythischen Göttinnen ab, die er in der Antike findet.

Der typische Renaissancephilosoph Pico della Mirandola ging davon aus, daß *der Mensch bei der Pflege der intellektuellen (Kräfte; AST) ein Engel und Gottes Sohn sein* (1940,S. 49) wird, und wenn er zu seinem Mittelpunkt zurückkehre, *dann wird er zu einem Geist mit Gott gebildet werden, in der einsamen Dunkelheit des Vaters.*

Giordano Bruno suchte den Weg zu den Müttern. Er wollte keine Vätermacht rechtfertigen.

Karl Vorländer, der eine Geschichte der Renaissancephilosophie herausgegeben hat, stellt für Giordano Bruno fest: ... *bei vielen Gelegenheiten sieht Bruno die mythologischen Gestalten in neuer Weise und gibt ihnen eine philosophische Bedeutung* (1965, S. 199).

Vorländer hätte auch sagen können, Bruno gebe den mythischen Gestalten eine erkenntnistheoretische Bedeutung, denn es ging ihm um einen Erkenntnisweg, den er „Diana" nannte.

Bruno vergleicht in seiner Schrift den von ihm stilisierten Philosophen, mit dem er sich selber identifiziert, mit einem Jäger, der auf der Jagd nach der göttlich weisen Diana sei. Der Philosoph spürt sie auf und verfolgt sie voller Leidenschaft und Hingabe. Auch Heraklit schrieb im Tempel der Göttin der Jagd seine philosophischen Gedanken über die Welt auf.

Bruno beschreibt, wie sich der Philosoph in dieser Jagd auf der Fährte der „intelligiblen Wesensgestalten der idealen Urbegriffe" befindet. Was in der aristotelischen Philosophie abstrakte logische Begriffe und Ideen geworden sind, faßt er in mythischen Gestalten, die leibnaher erfahrbar seien und lebendigere Kräfte hätten, um im Leben wirksam zu sein.

Auf dieser Fährte kommt der Jäger plötzlich in die Einsamkeit eines tiefen Waldes *und sieht ein göttlich Antlitz ... das heißt eine Erscheinung, ein äußeres Stoffgebilde, das man mit der Kraft und dem Akt des Schauens ... erblicken kann* (1957 a, S. 73).

Hier ist auch die „Technik" des inneren Schauens in Bildern angedeutet, die ihn auf den Weg zu seinen Erkenntnissen bringt. Bruno nutzt die bildliche Einbildekraft und übersetzt diese in den Begriffsapparat des Logos.

Der philosophierende Jäger verwandelt sich durch diesen Anblick der Diana. Durch *den Glanz göttlicher Güte und Schönheit* spürt er sich selber zu einem Hirsch werden. Er erkennt, daß er, der er sich als Jäger wähnte, in Wirklichkeit der Gejagte ist. Er, der sich als Jäger aufgemacht hatte, findet sich als Beutestück Dianas wieder. Die Göttin der Jagd hatte bereits seine Spur aufgenommen, als er noch glaubte, selber als Philosoph zu jagen und zu suchen.

*Die Liebe verwandelt (den Liebenden) in das geliebte Ding und führt ihn in dieses hinüber* (1957 a, S. 73).

Philosophieren wird so nicht als Distanzierungsübung verstanden, sondern als Identifikationsprozeß mit dem, wonach gesucht wird. Der philosophische Weg zur Weisheit liegt in der Leidenschaft unseres Leibes verborgen, die auf Welterkenntnis aus ist.

Was der Jäger (Philosoph) vor seiner Verwandlung in die Beute nur mit seinen Gedanken (Hunden) außerhalb von sich selbst suchte, nämlich Weisheit, Schönheit (das Wild des Waldes), das wird er durch sein Begehren selber. Er verwandelt sich durch seine philosophierende Einbildekraft in seiner leiblichen Befindlichkeit in einen Hirsch, der von Hunden verfolgt wird. Diese Hunde der Diana, die schneller als der Wind zu laufen imstande sind, hetzen ihn auf jene einsame Lichtung, wo er selber zu dem wird, was er schaut. Er findet seine eigene Weisheit in seiner Diana.

Auf diese Weise habe der Jägerphilosoph gelernt, ‚in geistiger Weise zu leben'.

Bruno baut in seiner Schrift diese verspürte und geschaute Bildverwandlung immer weiter aus: In den Augen des ‚rohen Volkes und der Menge' wird der Hirsch (Philosoph) von den Hunden getötet, und das bedeutet für Bruno, er hat seine Suche nach innen verlegt und legt keinen Wert mehr auf Ruhm und Geld. So sei der Philosoph *freier, so daß er nun nach seiner Diana nicht mehr wie durch eine Ritze oder ein Fenster zu spähen braucht, sondern die trennenden Wände niederwirft und angesichts der ganzen Weite des Horizonts ganz Auge wird. Er sieht Amphitrite* (Göttin des Meeres; AST*), den Urquell aller Zahlen, aller Arten, aller Begriffe: Sie ist die Monas, die wahre Wesenheit im Sein aller Dinge; ... Denn aus jener Monas, welche die Gottheit ist, geht diese Monas hervor, welche die Natur, das Universum, die Welt ist. In ihr schaut und spiegelt sie sich, so wie die Sonne es im Monde tut, durch den sie uns erleuchtet, während sie selbst sich in der Sphäre der intellektuellen Substanzen befindet. Diese (zweite Monas) ist Diana: das Eine, das das Seiende selbst ist; ... So rühmt der von der Leidenschaft Ergriffene sich, die Beute Dianas geworden zu sein; ihr hat er sich ergeben; ihr Geliebter und ihr Gefangener und Unterjochter glaubt er zu sein, allzu glücklich, als daß er einen anderen Menschen zu beneiden hätte* (1957 a, S. 74 f.).

Eine Ähnlichkeit mit gnostischen Kosmologien ist nicht zu übersehen. Dort war die erste Emanation (göttlicher Ausfluß) die Göttin Barbelo, die zweite Sophia, die wie die Diana des Bruno zugleich den Kosmos darstellt. Bei Parmenides nimmt diese Rolle jene Göttin ein, die in der Mitte des Universums sitzt und die Welt gebiert.

Im vorpatriarchalen Sinne versteht sich Bruno hier als Geliebter einer weiblichen intelligenten Wesenheit, die ihn dazu auserwählt hat, ihr „Gefährte“ zu sein.

Bruno führte, wie in der eleatischen Schule üblich, eine Unterscheidung zwischen dem Gebärenden und dem Geborenen ein und identifiziert das hervorbringende, gebärende Prinzip mit dem weiblichen Erkenntnisstatus als Weltweisheit.

Diese Unterscheidung könnte ein wesentliches Merkmal in mutterorientierten Kosmologien gewesen sein. Das „Hervorbringende“ oder Gebärende war mythisch die große Allmutter, und das Hervorgebrachte oder Geborene war das Männliche. Die Gebärerin galt als unsterblich, da sie sich aus ihrem Leibe heraus ständig vervielfältigen konnte, und das Männliche galt als sterblich.

Giordano Bruno verwandelte sich in seiner philosophischen Leidenschaft sozusagen zu einem weiblichen „Innenwesen“, ähnlich, wie Parmenides sich in weibliche Zustandsformen verwandelte, um der weiblichen Weisheitsstimme zu begegnen. Aber Bruno benutzte seinen Logos, den er als berühmter Rhetoriker seiner Zeit virtuos einsetzte, und auch seine bildliche und mythische Einbildekraft, um zu seiner eigenen Weisheitsmitte zu gelangen.

Dieser feminine Verleiblichungsweg zeigt sich noch in anderen Selbstaussagen des Philosophen. Bruno sah sich nicht als „Subjekt seiner Erkenntnisse“, er verstand sich nicht als Macher und Hervorbringer, sondern wie Parmenides als ein von Diana geführter Mann. Er verstand sich als Erkennender weiblicher

Ordnungen, als Erkennender der geborenen, lebendigen Welt. Damit grenzte er sich von jenen Philosophen ab, die die zu erkennende Welt in tote Materie abspalten und sich als reinen Geist wähnen. Gleichzeitig präsentierte er sich nicht als Aktiver, wie es sich seit Aristoteles für einen Vernunftmann gehörte, sondern als passiver, schauender Erkenntnistyp. Passivität aber wird mit Weiblichkeit und Ohnmacht gleichgesetzt, Aktivität mit Männlichkeit und Macht. Die Mitte aber zwischen passiv und aktiv ist der mediale Erkenntniszustand.

Dieses mediale Selbstbewußtsein, erwählter Eingeweihter zu sein, ist dem patriarchalen Philosophenmann fremd. Die Sphäre des Mediums wird von ihm als weiblich abqualifiziert, da sie nur als vernunftlose Passivität und Entscheidungslosigkeit aufgefaßt werden könne.

Die „aktive Tätigkeit des Subjekts", auch „Ich" oder „Selbst" genannt, wird zum Inbegriff des Männlichseins. Aktivität ist im Patriarchat mit Vernunft- und Seele gleichgesetzt. Dieser Aktivität-Passivität-Dualismus widerstreitet der Meditationspraxis, die erst im körperlichen „Nichtstun" Erfüllung findet und „Geistig-Sein" als Stille des Körpers und Erfahren des Leibes erlebt.

Philosophen, die sich als Medium verstehen können, passen weder ins abendländische noch ins morgenländische oder asiatische Herrschaftssystem.

Bruno beklagte, es gebe kaum lehrende Frauen, so daß er sich keine aussuchen könne, der er sich vertrauensvoll „unterwerfen" könnte.

Der patriarchalisierte Mediumsbegriff als passives Dasein schaltet die aktive Seite im außen unsichtbaren eigenleiblichen Erkenntnisprozeß aus und spaltet so Philosophieren von den lebenden Wirklichkeiten ab. Für Bruno war „Medium-Sein" sein eigener leidenschaftlicher Identifikationsvorgang mit dem ihm Fremden. Indem er seine äußerliche Ich-Aktivität aufgab und nach innen lauschte, gewahrte er eine Bilderwelt und Stimme. Er entwickelte sensiblere Wahrnehmungssinne, die er mit dem weiblichen Dasein in Verbindung brachte.

Warum wurde Giordano Bruno von der Inquisition ermordet? War es, weil er von einer multiintelligiblen Planetenwelt ausging und auch auf anderen Planeten Intelligenz vermutete, war es, weil er sich weigerte, einem hohen Kirchenfunktionär Rhetorikunterricht zu geben, oder war es, weil er Kontakt zu jenen Frauen hatte, die neben ihm auf den Scheiterhaufen als Hexen verbrannt wurden?

Die genauen Hintergründe sind nicht bekannt. Die Göttin Diana aber gilt in der immer noch existierenden italienischen Hexentradition als die Mutter der Aradia, des weiblichen Messias. Diana und Aradia wurden bis in unser zwanzigstes Jahrhundert hinein in Italien angerufen und in kultischen Feiern vergegenwärtigt. Der Mythenforscher Charles G. Leland hat die Geschichte der Diana und Aradia in der italienischen Hexentradition dokumentiert.

In sämtlichen Schriften aller Rassen sei das Männliche, wie Jehova, Buddha oder Brahma, für die Erschaffung des Universums verantwortlich; aber im

Hexenzauber stellt das Weibliche das grundlegende Prinzip des Weltgebärens dar. Er stellt fest: *Wann immer auch es in der Geschichte Zeiten der radikalen intellektuellen Rebellion ... gegeben hatte, stets war damit die Anstrengung verbunden, die Frau als vollkommen gleichberechtigt herauszustellen, was schließlich bedeutet, daß sie das stärkere Geschlecht darstellt ... ob in fremdartigen Zauberschulen, im Neo-Platonismus, in der Kabbala, in christlicher Ketzerei, Gnostizismus, persischer Magie und Dualismus, Relikten alter griechischer und ägyptischer Theologien ... Es war Sophia oder Helena, die Befreite, die damals den wahren Christus verkörperte, der die Menschheit erretten sollte* (1988, S. 115).

Vielleicht hatte Giordano Bruno seine Diana gefunden, auch in der leibhaftigen Gestalt einer Äbtissin, vielleicht war sie als Hexe verfolgt, vielleicht als Hexe verborgen, vielleicht starb Giordano Bruno bei seinesgleichen, als er neben Hexen verbrannte, neben Frauen, die Diana und Aradia als Weltprinzip aufrechtzuerhalten versuchten. Ein Geschlechterkampf um Erkenntnisweisen fand in der Ermordung von vielen Millionen Frauen und Männern durch katholische und protestantische Kirchenmänner- und auch frauen statt. Damit sollte wohl endgültig Philosophia im vorpatriarchalen Sinne aus unserem Wissen verschwinden?

## Jacob Böhme

Eine deutschsprachige Philosophie entwickelte sich im Verhältnis zu dem eigenständigen Philosophieren in anderen europäischen Ländern erst sehr spät. Bis dahin galten Griechenland, Italien, Spanien, England und vor allem Frankreich als Zentren europäischer Bildung und Kultur. Deutsche Fürsten sprachen oftmals kein Deutsch. Die deutsche Sprache galt als primitive Sprache der „Hinterwäldler" und „dumpfen Bauern". Wer in deutschen Landen philosophierte, tat es in lateinischer oder französischer Sprache, wie der Philosoph Leibniz und auch Hildegard von Bingen, die im dreizehnten Jahrhundert ihre Gedanken in Latein aufschreiben ließ. Der deutschsprachige Paracelsus war eine große Herausforderung für die akademischen Kollegen, denn erst mit Luther begann die deutsche Sprache eine öffentliche Schriftsprache zu werden. Noch Kant hatte es schwer, bei seinem preußischen König als Philosoph anerkannt zu werden, da dieser die deutsche Sprache nicht lesen konnte, und Kant es als Aufgabe sah, für die bürgerliche Öffentlichkeit in deutschen Landen in deutscher Sprache zu philosophieren und damit auch die deutsche Sprache philosophisch zu entwickeln.

Nun gab es aber schon im sechzehnten Jahrhundert einen deutschsprachigen Philosophen, der seine Erkenntnisse in der noch etwas ungelehrten deutschen Sprache aufschrieb. Hegel nannte diese Sprachform „barbarisch".

Aber es war dieser „barbarische" Jacob Böhme, mit dem sich die deutsche Philosophie nach Hildegard von Bingen nun auch in deutscher Sprache fort setzte. So entstand diese Philosophie eigentlich erst im 16. Jahrhundert als

Gegenbewegung zu den von anderen Ländern dominierten lateinischen Wissensschulen.

Böhme kritisierte sehr deutlich die textfixierte Vernunftorientierung der damaligen Gelehrten: *Denn nicht durch unsere scharfe Vernunft und Forschen erlangen wir den wahren Grund göttlicher Erkenntnis. Die Forschung muß von innen im Hunger der Seelen anfangen. Denn das Vernunftforschen gehet nur bis in das Ast rum der äußeren Welt, daraus die Vernunft urständet (1976, S. 74). Ich trage in meinem Wissen nicht erst Buchstaben zusammen aus vielen Büchern, sondern ich habe den Buchstaben in mir. Liegt doch Himmel und Erden mit allem Wesen, dazu Gott selber, im Menschen. Soll er dann in dem Buche nicht dürfen lesen, das er selber ist?* (S. 76).

Bis heute noch wird im Ausland von der dunklen, mystischen deutschen Philosophie gesprochen, die schwer übersetzbar sei. Inzwischen aber sind deutschsprachige Philosophen aus den europäischen Grundlagen philosophischer Arbeit nicht mehr wegzudenken, ja sie geben sogar den Ton in der westlichen Philosophie mit an. Kant, Hegel, Marx und Engels, Nietzsche und Wittgenstein, sie haben alle eine dunkle, schwer zugängliche Seite und sind so durch ihr deutschsprachiges Philosophieren mit einer philosophischen Begriffstradition verbunden, die in einer Schusterwerkstatt begann.

Jacob Böhme wurde 1575 geboren und starb mit 49 Jahren. Böhme war kein Gelehrter einer lateinischen christlichen Akademie, sondern ein Handwerker, ein Schustermeister. Er arbeitete mit handfesten Materialien und befand sich durch seinen Beruf in einer intensiven Beziehung zu dinglichen Formen. Für ihn wurde die Sophia direkt zu einer inneren Begleiterin seiner Gedanken, die er als Naturweisheit auffaßte und niederschrieb. So begann die deutschsprachige Philosophie mit einer klaren Hinwendung zur Tradition der Weisheitserkenntnis im Namen der Sophia. Aber es fällt heute akademischen Philosophen schwer, Jacob Böhme als „Philosophen" anzuerkennen. *Böhme war nicht eigentlich Philosoph, d. h. jemand, der sich auf dem Weg zur Weisheit befindet, sondern ein Erleuchteter, dessen Schriften der Erinnerung und der Artikulation der Einsichten dienen sollten, die er in Zuständen der Erhebung gewonnen hatte* (G. Böhme 1989,S. 158).

Nach diesem Kriterium von Gernot Böhme dürfte auch Parmenides nicht als Philosoph gelten und viele Denker nicht, die sich keineswegs als unterwegs zur Weisheit verstanden, sondern als im Besitz der Wahrheit, ja sogar der absoluten Wahrheit. Diese Trennung zwischen Erleuchtungsdenken und begrifflichem Denken zieht die alte scharfe Linie zwischen Logos und Sophia. Das tatsächliche Erleben des Philosophierens auf dem Weisheitsweg vermittelt zwischen „Erleuchtung" oder Intuition und Begriff. Selbst moderne Naturwissenschaftler wie Einstein und Heisenberg berichteten von unerklärlichen „Intuitionen", durch die sie zu ihren Einsichten gekommen seien. Der kreative Erkenntnisprozeß ereignet sich wahrscheinlich viel häufiger bikameral vermischt, als westliche

Philosophen zugestehen mögen. Die Berufung auf Weisheit ist für einige Philosophen nicht nur eine nebensächliche Metapher gewesen, sondern eine Aufgabe, sich mit dieser weiblichen Sophia auch als Mann zu identifizieren, um aus diesem Identifikationsprozeß heraus zu tieferen Einsichten über das Leben zu kommen. Aber auch dieser Vereinigungsprozeß kann natürlich als Verschlingungsvorgang interpretiert werden, so wie Zeus die Weisheitsgöttin Metis verschlang.

Jacob Böhme berichtete, daß er plötzlichen eines Tages, am sechzehnten Februar 1600, eine Vision gehabt habe. In einem Zinngefäß habe er das helle Licht der Weisheit, der Sophia, gespiegelt gesehen. Seither sei er zum innersten Grunde oder Zentrum der Natur eingeführt. Seine Naturerkenntnis sei von der Lichtführerin Sophia initiiert, die er auch innerlich verspürte ... *die edle Sophia nahet sich in der Selen-Essenz, und küsset sie freundlich! und tingieret mit ihren Liebe-Strahlen das finstere Feuer der Selen / und durchscheinet die Sele mit ihrem Liebes-Kusse: So springet die Sele in ihrem Leibe vor großen Freuden / in Kraft der jungfräulichen Liebe auf / triumphieret / und lobt den großen Gott kraft der edlen Sophia* (o. J., S. 1648 f.).

Seine erste Schrift, die er nur für sich aufgeschrieben hatte und einem Freund zu lesen gab, wurde sogleich ohne sein Wissen abgeschrieben und begierig von vielen Menschen gelesen. Vor allem auch gebildete Landadlige nahmen seine Gedanken auf und unterstützten Böhme darin, für sie zu einem Lehrer zu werden. Aber Böhme hatte es schwer zu erklären, daß nicht sein ICH denke, sondern die Sophia in ihm. Er erläuterte, nicht selber der Urheber seines Wissens zu sein, sondern seit er das Licht der Sophia gesehen habe, habe sich in ihm innerhalb von zwölf Jahren ihre Sicht ausgebreitet. Er beteuert: *Ich bin nicht die Gebärerin im Wissen, sondern mein Geist ist sein (Gottes; AST) Weib, in der er das Wissen gebieret gleichwie die ewige Weisheit Gottes Leib ist und er in ihr gebieret, so tue nicht ich's sondern er in mir. Ich bin als tot im Gebären der hohen Wissenheit* (1976, S. 60).

Böhme verteidigte sich immer wieder, daß nicht er erkenne, sondern Sophia in ihm. Diese Sophia aber sei Gottes Sophia, seine Weisheit, durch die er gebären könne.

Böhme befand sich in der Zeit der Inquisition. Im selben Jahr, als er seine Lichtvision hatte, wurde Giordano Bruno als Ketzer auf dem Scheiterhaufen verbrannt. Auch Böhme mußte aufpassen, war sogar zeitweilig inhaftiert und mußte hinnehmen, daß der Druck seiner Schriften von der protestantischen Kirche verboten wurde. Als er starb, wollte ihn kein Pfarrer beerdigen und das Kreuz, das seine Anhänger ihm aufs Grab gesetzt haben, wurde von orthodoxgläubigen Protestanten zerstört. Seine Sophia-Mystik mußte für ihn und seine Familie zum Schutz eine vaterrechtliche sein, und so verbarg er hinter seltsamen Vergleichen jene Anhänglichkeit an den weiblichen Erkenntniszustand der verborgenen Sophia-Tradition, die eine große Ähnlichkeit mit älterem Sophia-

Glauben aufweist.

Auch bei ihm ist das tiefere Erkennen ein Erkennen der Natur-dinge, denn in der Natur sei Sophia. Alle Physis ist der ständig gebärende Leib der Sophia. Die daraus entstehende Kosmosophie weist Sophia eine Sonderrolle jenseits der christlichen Trinitätslehre zu. Die Dreiheit käme aus dem Vater-Gott und seinem Sohne und heiligen Geiste, aber diese wohne in der Vierheit, in der Weisheit, der Sophia, die alles gebäre. *Es ist das Mysterium magnum gewesen, da alle Dinge in der Weisheit, in geistlicher Form in der Szienz des Feuers und Lichts, in einem ringenden Liebesspiel gestanden ist, nicht in kreatürlichen Geistern, sondern in der Szienz solcher Inmodelung, da die Weisheit also mit sich selber in der Kraft gespielet hat* (1976,S. 86). Böhme versteht die „vierte Kraft“ als Spiegelung, als bildliche Spiegelung einer feinstofflicheren, Leben aushauchenden Sophia. Und der große Gott wohne in ihr. *Die vierte Wirkung geschiehet nun in der ausgehauchten Kraft oder Weisheit, Sophia* (1976,S. 87 f.) und darum sei die Natur die leibliche Selbstentfaltung der Sophia. Er erläutert dabei sogar eine eigenartige Sichtweise der menschlichen Einbildekräfte, die mit dem bildlichen Denken auch in der Bibel vereinbar sei, denn auch Gott schuf den Menschen nach seinem Ebenbilde. Er verbindet das bildliche Denken mit dem leiblichen Erfahren und entwickelt eine Lehre der fünf Sinne. Das innere Sehen als geistige Schau sei zu unterscheiden von der „Selbst-Einbildung“ und der „Einmodelung“ der Weisheitsbilder, die direkt aus der Natur kämen, aus Sophia. Darum sei es sehr leicht, alle Heilkräfte in der Natur zu erkennen, wenn sich Sophia einem nach Erkenntnis Dürstenden gezeigt hätte. Aber er habe zwölf Jahre mit diesem Licht schwanger gehen müssen, bis er passende Worte gefunden und seine Signaturenlehre habe entwickeln können. *Denn jedes Ding offenbart seine Mutter, die die Essenz und den Willen zur Gestaltnis also gibt* (1976, S. 131).

Mit unseren leiblichen Sinnen sollten wir die Natur und uns selber erforschen. Hierbei unterscheidet Böhme zwischen leiblichen und „äußerlich kreatürlichen“ Sinnen. Die leiblichen sind mit den äußerlichen, die er auch mit „Corpus“ (Körper) übersetzt, verbunden, aber sie gehen in die Tiefe unserer inneren Einbildekräfte der Seele. Da in uns und außer uns Sophia ausgebreitet ist, gibt es die Verbindung zwischen außen und innen, was erkennt. Wer es nicht verstehe, solle die Augen aufmachen und zu einem Baum gehen. Diesen Baum solle er als Ganzes ansehen, sich besinnen, dann ein Messer nehmen, etwas darein schneiden und ihn schmecken. Die herbe Qualität, die die Zunge zusammenzieht, ist dieselbe, die auch Knochen zusammenziehen könne. Und so sei es mit allem. Dadurch, daß die göttliche Weisheit sich ständig im Verleiblichungsprozeß spiegele, sei das Leibliche auch eine Erkenntnisquelle. Nur mit Büchern, Maßstäben und Reagenzgläsern sollten wir nicht die Natur erkennen, sondern hauptsächlich mit unserem eigenen Leibe.

In Böhme kommen die verschiedensten Spuren einer sophianischen Philosophie des Leibes zusammen, nur bleibt er leider in einer männlichen Weltsicht stecken. Das Geistige in der Welt ist für ihn zwar weiblich, aber es ist dem Adam weggenommen worden, weil er zu sehr auf irdische Dinglichkeit aus war. Das erinnert an den jüdischen Sophia-Mythos der Schechina und an das Johannes-Apokryphon. Adam zerbrach den „heiligen himmlischen Leib". Als Eva aus ihm genommen wurde, war es die geistige Seite in ihm, die ihm abgeschnitten wurde. Eva ist so nur ein halber Adam. Wenn er sich nach ihr sehnt, nach der Sophia in Eva, sehnt er sich in Wahrheit nach sich selbst, nach seiner uranfänglichen Einheitsgestalt. Daher muß er sich mit dem Weiblichen vereinigen in einer seelischen Hochzeit, um wieder ganz zu sein. Diese mystische Sicht der Sophia hat wenig mit der realen Frau im Alltagsleben zu tun. Böhme arbeitete zwar mit seiner Frau zusammen in einem Geschäft, aber er reiste viel umher, um seine Lehre zu verbreiten und setzte seine Frau und seine Kinder schutzlos den orthodoxen Protestanten aus, die ihnen in der Stadt das Leben zur Hölle machten. Er sah sich als Geliebter der Sophia und alles Weibliche als etwas, was ursprünglich seines war. So konnte ihm das Weibliche keine eigenständige Essenz sein. Seine Sophia verleiblichte sich in ihm zu einer androgynen Vermischung, die er ausführlich in seiner Anthroposophie thematisierte. Gleichwohl hatte er mehrere Schülerinnen, die später nach England zogen und dort eigene Gemeinschaften gründeten, in denen sie Böhmes Lehre lehrten und lebten.

Böhmes Sophia ist hinter einem Vater-Gott verborgen, dennoch gibt es Passagen und Analogien in seinen Texten, die bestätigen, daß er Sophia als das Wesentliche ansah. Wenn er vom heiligen Geist schreibt, vermischt er das Geistige immer wieder mit der Weisheit und nimmt es so aus der Trinität des Vater-Gottes in die vierte Wirkweise hinein. Der „heilige Geist" ist ihm ein Schlüssel, ist ihm die Wurzel aller Naturerkenntnis. *Nun ist's aber vor den Zeiten der Welt nur ein Geist gewesen, und findest in diesen dreien Gestalten noch nicht Gott. Die pure Gottheit ist ein Licht, das unbegreiflich ist* (1976, S. 90).

Die deutschen Philosophen Franz von Baader, Hegel und Schelling bis zu Ernst Bloch zogen großen Nutzen aus den Schriften Böhmes. Der absolute Geist, der sich in Hegels „Phänomenologie des Geistes" wie in einem Spiegel anschaut, faßt die Lebensentwicklung als seine eigene werdende Anschauung auf und hat so im Sophia-Mythos seinen mythischen Ursprung. Die Attribute der Sophia wurden auf den männlichen Geist übertragen. Wenn man weiß, daß Marx in den Büchern Hegels das Wort „Geist" mechanisch durchstrich und durch „Materie" ersetzte, dann wird sogar der gnostischjüdische Gehalt im Materiebegriff von Marx sichtbar, und auch die Naturdialektik von Engels erhält eine neue Interpretationsperspektive. Der logisch notwendige Gang der Geschichte ist allerdings eine Erfindung Hegels, die Marx dann ebenfalls übernahm. Böhme sah die ganze

Geschichte der Welt noch als Liebesspiel des Gottes in seiner Weisheit an, als einen unendlichen Koitus des dreieinigen Logos mit seiner ständig sich bildspiegelnd gebärenden Sophia.

Nach der deutschen Aufklärung sannen deutsche romantische Philosophen darüber nach, daß sie einen Mythos brauchten, um den Verlust der Menschen auszugleichen, der durch den Wegfall der Kirchen- und Religionsautorität entstanden war. Hegel formulierte im ältesten Systemprogramm des deutschen Idealismus: *Zuerst werde ich hier von einer Idee sprechen, die, so viel ich weiß, noch in keines Menschen Sinn gekommen ist - wir müssen eine neue Mythologie haben, diese Mythologie aber muß im Dienste der Ideen stehen, sie muß eine Mythologie der Vernunft werden* (Frank 1989, S. 99 f.).

Der Germanist und Philosoph Manfred Frank wies nach: Diese Gedanken kommen nicht von Hölderlin, sondern von Hegel. Er spekulierte darüber, ob die Romantiker im Tübinger Stift den Dionysoskult im Auge gehabt hätten. Aber die „Bewegung des Geistes", die Hegel als Vernunftmythos zu begründen unternahm, war dem Sophia-Mythos des Böhme entlehnt, der wiederum dem gnostischen und jüdischen Sophia-Mythos ähnelt. Ob diese Indizien allerdings reichen, um den Sophia-Mythos in verdeckter und maskulinisierter Form bis in den Marxismus hinein zu verfolgen, bleibt einer genaueren Textforschung vorbehalten.

Da wohl die Sophia-Tradition als „geheime" weitergegeben wurde, darf es auch nicht verwundern, wenn die Rosenkreuzer behaupten, Jacob Böhme sei Rosenkreuzer gewesen und wäre auch mit einem Satz der Rosenkreuzer auf seinem Grabkreuz beerdigt worden. Böhme ist zwar auf die Gralsgeschichte eingegangen, aber auch hier ist zu fragen, ob die heutige Unkenntnis des Sophia-Mythos und seiner kreativen Inspirationen dazu führt, daß eher patriarchale Mythen hinter großen Ideen vermutet werden, aber keine weiblichen Ursprungsmythen. Das Weibliche aber war erst für Böhme schöpferisch, das männliche Denken tot und konnte nicht inspirieren.

Das Mysterium des Leibes in der Vereinigung zwischen Mann und Frau offenbart die kosmische Weisheit. Es ist das Geheimnis der physischen Lebendigkeit, dem er sich auf der Spur glaubte. Naturphilosophie ist nach Böhme, den Leib der Sophia bebend gewahr zu werden und sich der weiblichen Geistigkeit im männlichen Adamskörper hinzugeben.

## Das Problem Sokrates

*Ich widme dieses Kapitel über Sokrates dem Philosophen Gernot Böhme.*

Die Philosophin hatte ein Problem mit Sokrates. Sie setzte sich links zwischen den Ruinen des Säulenganges auf der dritten Terrasse nieder. Sie befand sich in der Tempelanlage des Heilgottes Asklepios auf der griechischen Insel Kos und sah in der Ferne das ägäische blaue Meer glitzern. Die hohen Zypressen spendeten ihr Schatten, es ging auf den Abend zu und die Zikaden begannen ihr lautes, scharfes Zirpen.

Etwas besorgt sah sie auf die zweite Terrasse hinunter, wo der Opferaltar stand und wo im fünften Jahrhundert v. Chr. ein kleiner Apollontempel gebaut worden war. Aber natürlich wußte sie, daß überall in Griechenland, wo Apollontempel errichtet wurden, vorher weibliche Kultorte gewesen waren, und diese Kultstätte gehörte vor Apollon der Göttin Hygieia.

Im Archäologischen Museum der Stadt Kos hatte sie diese Göttin als Tochter des Asklepios gesehen. Sie galt als Gehilfin des Hippokrates, der im Heiltempel gewirkt haben soll.

Dabei war sie im älteren Mythos die linke milchspendende Brust der Mutter Rhea Koronis gewesen, der großen Mutter der Titanen. Diese Brustmilch heilte jeden Kranken. Sie wurde auch als Göttin Hygieia verehrt. Kos war ihr kraftvollster Kultort. Was Delphi für die Weissagung bedeutete, war Kos für die Gesundheit.

Die Philosophin befand sich zwischen den Ruinen eines Raumes, in dem sich damals Heilungssuchende zum Inkubationsschlaf niederlegten. Sie taten es in der Hoffnung, daß ihnen an diesem heiligen Ort Asklepios selbst im Traum erscheine. Die Priesterinnen und Priester würden ihnen dann am Morgen die Träume für ihren Gesundungsweg deuten.

Mit ihren Füßen schabte sie in langsamen Kreisen den Staub fort, der sich auf Resten eines weißen Mosaikbodens befand. Die aristotelische Einheit von Ort, Raum und Zeit zerrann unter ihren Füßen wie der feine Sand zwischen den Ritzen der Mosaiksteinchen.

Sie hatte ein Problem mit Sokrates, der am Ende seines Lebens dem Asklepios einen Hahn opfern ließ.

Da tauchte ein Mann mittleren Alters auf, ziemlich häßlich, mit einer Knollennase und Blumenkohlohren und einem verfilzten langen Bart. Mühsam hielt er ein schmuddeliges weißes Faltengewand vor seinem Bauch zusammen. Er eilte auf sie zu. Sie wußte, es war Sokrates.

Sokrates: Nun sag mir doch, mein schöner Jüngling, wo geht es hier zu der Heilquelle des Pan? Ich will meine Füße darin baden.

Philosophin: Pan findest du eine Terrasse tiefer. Hier sind nur die Schatten der Zypressen. Aber komm, du mein großer Sokrates, setz dich ein wenig zu mir, vielleicht erscheint uns der Gott des Heiles.

Sokrates: Nun ja, du mein Jüngling. Da du so schön bist, werde ich deine Gesellschaft ein wenig genießen. Sieh doch nur, wie wunderbar diese Säulen sind, das Weiß, die kostbaren Marmorsteinchen. Und die vielen Griechen, die hier lustwandeln. Wir sollten hier einmal ein philosophisches Symposion abhalten.

(Die Philosophin sah um sich herum nur Ruinen, keine Griechen. Scheinbar sah Sokrates die Säulenhallen zur damaligen Zeit. Er war dort, sie war hier. Die Zeiten hatten sich vermischt.)

Sokrates: Schöner Jüngling, warum schweigst du? Was bringt dich hierher, du bist doch kerngesund!

Philosophin: Ich denke über dich nach.

Sokrates: Und das macht dich krank? Das müssen wir mit Vernunft angehen. Aber schau, dort sehe ich Kratylos daherkommen. Er wird uns erklären, wie wir zu sprechen haben. Kratylos, komm zu uns, wir wollen klären, warum dieser Jüngling neben mir krank wird, wenn er an mich denkt.

Kratylos: Da muß etwas nicht ganz richtig gedacht worden sein. Aber mein Sokrates, sage mir doch, ob du einen deiner üblichen Scherze mit mir treibst, denn ich sehe neben dir keinen Jüngling. Bist du vielleicht selber krank?

Philosophin: Sokrates, ich bin ein Geist, laß dich nicht weiter stören, rede einfach weiter.

Sokrates: Ja, du hast recht, mein Kratylos, ich meditierte gerade und sah so vor mich hin.

Kratylos: Dafür bist du berühmt, daß du mitten im Gewühle plötzlich stehenbleibst und in die Luft starrst und meditierst. In der letzten Schlacht sind neben dir die Athener niedergemetzelt worden, aber dich hat kein Feind verletzt. Du bist unverwundbar, mein Sokrates.

Sokrates: Ja, ich bin unverwundbar, aber dennoch krank, sonst wäre ich ja nicht hier. Aber was für eine Krankheit führt dich hierher, mein Kratylos?

Kratylos: Ich lasse mich vom Gift der Brillenschlange heilen, denn mein Kopf zerspringt vor Schmerzen.

Sokrates: So laß uns denn über den Schmerz reden, und du wirst sehen, wie nichtig er ist.

Kratylos: Nein Sokrates, ich muß jetzt weiter. Es war mir eine Freude, dich zu sehen.

Philosophin: Mein Sokrates, ich würde gern mit dir reden über dich.

Sokrates: Warum sollen wir über mich reden? Laß uns über die Krankheit reden. Was ist Krankheit? Was ist Gesundheit?

Philosophin: Nein, laß uns über das Thema reden: Wer war Sokrates?

Sokrates: Von welchem Hain kommst du?

Philosophin: Ich befinde mich auf dem Weg der Sophia.

Sokrates: Das ist ein steiniger Weg. Was weiß ich schon!

Philosophin: Du wurdest von den Philosophen nach dir als große moralische Gestalt auf einen hohen Sockel gestellt. So vieles aber, was in der Philosophiegeschichte behauptet wird, ist wenig überzeugend. Also wird auch das, was über dich erzählt wird, wohl ziemlich kurios sein, denn du hast ja noch nicht einmal etwas aufgeschrieben. Platon schrieb alles über dich.

Sokrates: Wer ist Platon?

Philosophin: Das ist doch ein Schüler von dir.

Sokrates: Ich habe viele, die sich meine Schüler nennen, nur daß ich nicht weiß, daß ich ein Lehrer bin. Ich rede doch mit jedem, der mir über den Weg läuft. Ich bin ein Weiser von Athen, das Orakel von Delphi hat es bestätigt. Ich schreibe nichts, weil meine gesprochenen Worte viel wirksamer sind. Ich halte nichts von dem geschriebenen Wort. Aber dann sag mir doch, woher du kommst, daß ich dir so erscheine?

Philosophin: Ich lebe jetzt 2396 Jahre nach deinem Tod.

Sokrates: Folglich lebst du gar nicht jetzt?

Philosophin: In einem anderen Jetzt.

Sokrates: Und also sag mir, was macht dich krank, wenn du an mich denkst? Warum bist du hier, im Hain des Asklepios?

Philosophin: Ist es wahr, daß du den Körper verachtet hast?

Sokrates: Ja, wahrlich, verachten wird ein Philosoph alles, was mit diesem Übel verhaftet ist. Und darum will ich dir beweisen, daß deine Krankheit wegen mir dein bester Weg zur Heilung ist. So sag mir doch, was dich krank macht?

Philosophin: Manchmal denke ich, vielleicht hat Platon nur alles über dich erfunden, weil du doch Aspasia zur Lehrerin hattest und Diotima. Deine Mutter war eine Hebamme im Tempel. Dein Vater war ein Bildhauer der Götter. Wie kannst du so darauf kommen, daß unsere Tugend in der Klärung nur der Begriffe besteht. Bist du wirklich der Begründer des Vernunftdenkens?

Sokrates: Du mußt wirklich krank sein, daß es dich bekümmert, was ich heute treibe. Ich sage dir eines: Die Athener verstehen mich nicht. Sie klagen mich an, daß ich ihre Jugend verderbe, daß ich ihnen einen neuen Gott predige. Und es ist wahr. In meiner Brust spricht ständig mein Daimonion mit mir, das ist ein neuer Gott. Und er verlangt, daß wir uns von dieser Welt lösen, weil wir im Fleische nicht glücklich werden können. Und wenn die Athener mich nicht verstehen, dann sollen sie mich doch verurteilen. Ich werde von diesem Leben geheilt in ein besseres eintreten können.

Philosophin: Sokrates, wie hältst du es mit der Weisheit, sprich!

Sokrates: Ich sagte doch schon, das Orakel von Delphi hat es bestätigt. Ich bin ein weiser Mann, ich bin kein Philosoph mehr, ich bin selber das, wonach alle suchen.

Philosophin: Wieviel Gold hast du den Tempelpriestern von Delphi dafür gegeben?

Sokrates: Es ist rühmlich, Gold zu geben. Auch Kyros schickte viel Gold.

Philosophin: Du bist ein Scharlatan, nicht wahr?

Sokrates: Ich habe immer gesagt, daß ich weiß, daß ich nichts weiß. Aber so sage mir doch, was dich daran stört, mein schöner Jüngling! Bist du nicht viel zu jung, um schon so ernsthaft zu denken? Welcher Mann hat dich denn geliebt und geschult, daß du so mit mir reden kannst?

Philosophin: Mein lieber Sokrates, kannst du dir vorstellen, daß ich eine Frau bin?

Sokrates: Warum sollte ich das tun? Ich habe in jungen Jahren von Aspasia gelernt, meine Reden zu halten, aber nun bin ich über vierzig Jahre alt, da lasse ich mich nicht mehr von einer Frau belehren. Und ein Jüngling wie du sollte sich einem reifen Mann anvertrauen, sonst sehe ich keine ruhmreiche Zukunft für dich.

Philosophin: Du siehst, was du sehen willst, nicht wahr?

Sokrates: Wir sehen alle das, was wir sehen wollen. Was schon ist die Wirklichkeit? Ich sehe, daß du krank bist, weil du das Wirkliche finden willst. Gib es auf. Es gibt zu viele Wirklichkeiten. Es kommt darauf an, mit Vernunft das körperliche Leben soweit abzuspalten, daß es uns weder schmerzen noch krank machen kann. Darum bin ich hier. Ich will einige Leute darauf bringen, sich klarzumachen, was Krankheit ist. Griechenland muß siegreich aus diesem Umbruch in die neue Zeit der Vernunft hervorgehen. Ich lade dich ein, mit mir zu kommen. Da gibt es viel für dich zu lernen, mein schöner Jüngling. Ich werde dich lieben, als seist du ein junger kleiner Alkibiades.

Philosophin: Ich bitte vielmals um Entschuldigung, mein Sokrates, aber das paßt nicht. Geh du nur deines Weges, ich finde auch den meinen.

Sokrates: Ah, da sehe ich schon Euthyphron in den Gang einbiegen. Er hat doch tatsächlich seinen Vater angeklagt, nur weil dieser einen Sklaven zu Tode gefoltert hat. Mein langer Dialog hat ihn nicht belehren können. Wie kann ein so junger Mann schon so sehr den Tod verachten?

Die Philosophin streute wieder Sand über die weißen kleinen Marmorfliesen und schaute auf das wunderschöne blaue Meer hinter der weißen Hafenstadt hinunter.

Sie hatte ein Problem mit Sokrates, dem Paradegaul der abendländischen Männer, die sich Philosophen nannten und ihn als Ahnherrn in ihren Hallen verehrten. Da endlich kamen die Brüder Skevos und Jannis Papaionannon, die griechischen Freunde der Philosophin. Sie hatten den Museumsdirektor gefragt, ob die Philosophin eine Nacht in den Ruinen verbringen dürfte. Skevos sagte:

„Er glaubt, du seist verrückt. Außerdem hätten vor einiger Zeit ein paar Deutsche am Opferaltar nachts ein Feuer entzündet, einen Hahn geopfert und laut gesungen. Er meint, die Deutschen seien verrückt. Außerdem müßte er dir mindestens zwei Wächter mitgeben wegen der vielen Schlangen. Er wollte nicht."

Jannis setzte sich auf einen weißen Mauerrest und packte eine bunte Provianttasche aus, die ihm seine Schwiegermutter gepackt hatte. „Alles original griechisches Essen", betonte er, denn in den Restaurants gab es kaum noch griechische Mahlzeiten. „Aber ich habe dafür eine schöne Nachricht für dich", sagte Skevos. „Ich nehme dich auf meinen nationalen Soziologenkongreß über griechische Emigration mit. Der Kongreß wird einen Tag hier stattfinden, und für uns wird extra ein original altgriechisches Ritual des Hippokrates vorgeführt. Jeder Arzt in Griechenland muß hier seinen hippokratischen Eid leisten."

Die Philosophin nahm von den eingelegten Weinblättern, die Jannis ihr reichte. Da kam der Museumswärter und bat sie zu gehen, er müsse das Gelände abschließen, und schlafen dürfe sie dort nicht.

## SOKRATES

Was für Christen Jesus ist, ist für viele Philosophen Sokrates. Sie sehen sich im „Erbe des Sokrates" stehen, wenn sie Vernunft, Moral und Demokratie einfordern. In einer Taschenbuchsammlung mit dem Titel „Erbe des Sokrates - Zur Ermahnung für eine menschenfreundliche Zukunft" erinnern verschiedene Autorinnen und Autoren an die alte gute sokratische Vernunfttradition. Es sind alles Akademiker, die in diesem Buch schreiben und für die Sokrates scheinbar kein Problem darstellt. Er ist ihnen wie ein großer Mythos, an dem sie festhalten wie an eine alte untadelige Vaterautorität. Der Herausgeber schreibt in seinem Vorwort, Sokrates ginge es nicht um technisch verwertbares Wissen, sondern um eine radikale Ethik des menschlichen Verhaltens als Voraussetzung für ein gewaltfreies, gerechtes und gutes Leben. Dieses Erbe des Sokrates sei Weisheit und Mäßigung als Basis eines friedlichen Lebens. Das Erbe der Menschheit dürfe nicht verspielt werden, an deren Anfang Sokrates stehe, der den bis dahin gültigen Bewußtseinsrahmen gesprengt habe. Im Blick auf die heutige fatale Wissenssituation schreibt er: *Die heute von vielen besorgten Wissenschaftlern geforderte Änderung des Bewußtseins - sie ist bereits vor 2500 Jahren beispielhaft geworden: Weisheit und Mäßigung kommen aus dem Logos ... Sokrates, der Monotheist, wendet seinen Logos gegen den Götterglauben und brachte damit den griechischen Olymp zum Einsturz* (1986, Steinmetz, S. 7).

Sokrates wird vorbildhaft als unbequemer Widerständler hingestellt und das seit fast 2500 Jahren. Besorgte Wissenschaftler könnten sich auch einmal fragen, ob nicht diese 2500 Jahre mit Sokrates Anlaß ihrer Sorge sein könnten.

Was aber ist mit dem historischen Sokrates? Wer war er, und warum hat er nichts aufgeschrieben? Warum ist er uns nur über seine Jünger zugänglich? Und wieviel haben sie erfunden, als sie über ihn berichteten?

Je mehr ich über den historischen Sokrates weiß, desto besser kann ich die Rezeption einschätzen, die seit über zweitausend Jahren die Philosophiegeschichte über ihn begleitet hat und unsere Vernunft prägte.

Sokrates wurde von seiner Mutter Phainarete 469 v. Chr. geboren und ist etwa 71 Jahre alt geworden.

Seine Mutter war Hebamme, sein Vater war der Bildhauer Sophroniskos. Da beide Berufe zu damaliger Zeit noch Tempeldienste waren, nehme ich an, daß seine Eltern priesterliche Ämter innehatten und zur Adelsschicht gehörten. Zwar gibt es auch Meinungen, daß Sokrates aus einer einfachen Handwerkerfamilie stamme, aber das kann ich mir nicht vorstellen, denn er verkehrte nur in elitären Kreisen und deutet immer wieder kultisches Wissen an.

Es ist sogar möglich anzunehmen, daß seine Mutter und auch sein Vater eher einem dionysischen Kult angehörten, da in diesen leibliche Geburt und Gestaltkunst (Bildhauerei) als „Gebärersatz“ akzeptiert waren, während in apollinischen Kulten der Leib verdrängt wurde.

Die Frauen gingen in Tempel, um zu gebären. Menschen, die selbstverständlich daran glauben, daß sie in Wiedergeburtszyklen immer wieder auf die Erde kommen, schätzen die Hebamme anders ein als Menschen, für die die Geburt nur ein vorübergehender Akt ist. Aus den gnostischen Schriften, wie der „Pistis Sophia“, wird deutlich, daß die Hebamme wie eine Priesterin die kosmischen Reinkarnationszeichen auf der Haut der Neugeborenen habe lesen können.

Die Hebamme wurde in der Antike wohl als „Einweiserin“ ins Leben gesehen, aber sie half auch beim Sterben. Die Hebamme galt noch bis ins Mittelalter als weise Frau schlechthin. Sie konnte sofort am Leib des Neugeborenen lesen, was der neue Mensch wohl zu erwarten hatte.

Sokrates ist von seiner Herkunft her nicht jener eindeutige Logos-Mann, für den er heutzutage gern gehalten wird. Er vereinigt in sich zwei Linien. Durch seine elterliche Herkunft hat er Wurzeln zu weit zurückreichenden vorpatriarchalen Wissensmethoden, und durch seine Begeisterung für die Polis ist er zu einem Erfinder des rein begrifflichen Logos-Denkens geworden. Er stand mit seiner eigenen Person an der Grenze zwischen zwei verschiedenen Erkenntniswegen und entschied sich dazu, die Logos-Seite zu forcieren und ein männliches Philosophieren zu stilisieren.

Seine elterliche Seite zeigt ihn offen den Frauen und den alten leiblicheren Erkenntnismethoden gegenüber. So betonte er immer wieder, daß er durch weise

Männer, aber auch durch weise Frauen belehrt worden sei. *Denn ich habe es von Männern und Frauen, die in göttlichen Dingen gar weise waren ... Die es sagen, sind Priester und Priesterinnen, so viele als deren gibt, denen daran gelegen ist, von dem, was sie verwalten, Rechenschaft geben zu können* (Platon 5, 81 a).

Da Platon in seinen späteren Schriften, in denen er mehr seine eigene Philosophie entwickelt und weniger Sokrates vorführt, keine Bezüge zu kultischen Priesterinnen und Priestern herstellt, könnte es sein, daß diese Aussagen tatsächlich von dem historischen Sokrates gemacht wurden. Die erste Hälfte seines Lebens versuchte Sokrates, ein Bildhauer zu werden wie sein Vater (vgl. Patzer 1987). Ich nehme an, daß die Bildhauerei damals noch eine Ikonenbildhauerei war, durch die Göttinnen und Götter Wege der Inkarnation finden sollten, denn die Griechen wurden noch bis in die Zeit des Bilderstreites als Bildergläubige bekämpft.

Sokrates wandte sich erst in seiner zweiten Lebenshälfte der mütterlichen Seite zu und nannte seine philosophische Dialogkunst „Hebammenkunst". In seiner Fragemethode geht es darum, nur das Wiedererinnern an schon Gewußtes anzuregen, so wie Hebammen durch bestimmtes Fragen jeden dazu bringen konnten, sich an frühere Leben zu erinnern. Die Wiedererinnerungslehre des Sokrates und des Platon ist ohne ihren Wiedergeburtsglauben kaum angemessen zu verstehen. Daß man kein Wissen neu erlernen könne, sondern nur wiedererinnern, wie Sokrates im Dialog „Menon" behauptet, hat etwas mit diesem Glauben an jene Seele zu tun, die auch jenseits des Irdischen existiere und die sich dort erst im Zustand der reinen Vernunfterkenntnis befinde. Darum forderte Sokrates in seiner letzten Rede seine Schüler dazu auf, für ihn nach seinem Tode dem Gott des Heiles einen Hahn zu opfern, weil er endlich vom Körper geheilt im reinen Seelenzustand nach dem Tode sein könnte. Heute wird die sokratische Hebammenkunst meistens vollkommen abgelöst von diesen mythischen Zusammenhängen als „sokratische Gesprächsführung" (vgl. Horster 1994) idealisiert.

Sokrates entwickelte mit einer weiblichen Art zu fragen eine männliche Art, in reinen Begriffen zu antworten. Während die Fragetechnik noch aus leibbezogenen Zusammenhängen stammt, sind die Antworten bewußt leibfern gesucht.

Bis zum Lebensende sah Sokrates sich nicht als Philosoph, der nur der Weisheit hinterherjagt, sondern er sah sich selber als weisesten unter allen Menschen. *Über meine Weisheit nämlich, o sie wohl eine ist und was für eine, will ich euch zum Zeugen stellen den Gott in Delphoi. Den Chairephon kennt ihr doch. Dieser war mein Freund von Jugend auf er fragte also in Delphoi, ob wohl jemand weiser wäre als ich. Da leugnete nun die Pythia, daß jemand weiser wäre* (Platon 1, 21 a).

Den Männern in Athen war er nicht deshalb unbequem, weil er ein so großartiger Aufklärer und Olympstürmer war, sondern weil er zu sehr den

Traditionen der vorpatriarchalen Zeiten anhing. Weisheit im alten Sinne hieß, innerlich von einer Göttinnen- oder Gottesstimme geführt zu werden, so wie Parmenides es darlegte, und vielleicht ähnlich, wie der Gehirnforscher Julian Jaynes die inneren „Gottkönigsstimmen" erklärt. Auch Sokrates sprach von einem Gott in seiner Brust, der durch ihn der Welt etwas zu verkünden hätte. Das ärgerte die Athener, die schon soweit aufgeklärt waren, daß sie den Olymp irgendwo abseits sein ließen und der Jugend keine lebendige Gottheit mehr nahebringen wollten, was Sokrates aber unternahm. Er brachte einen neuen Gott, seinen Daimonion, den er besonders der Jugend verkündete. So vermischen sich in Sokrates begriffliches und bildlich-leibliches Denken zu einem Leben, das nicht einfach gewesen sein muß.

Dadurch, daß Sokrates auch bei Frauen gelernt hat, knüpfte er an ältere weiblichere Erkenntnistraditionen an, die der neuen vaterrechtlichen Polis-Identität entgegenstanden.

Sokrates rühmte sich, unvorbereitet eine hervorragende Leichenrede halten zu können, weil er Schüler von Aspasia war. *Von mir wäre es wohl gar nicht zu wundern, Menexenos, daß ich imstande wäre, die Rede zu halten, der ich eine gar nicht schlechte Lehrerin habe in der Redekunst, sondern eine, die auch viel andere treffliche Redner gebildet hat, einen aber, der es allen Hellenen zuvor tut, den Perikles* (Platon 4, 135 e).

Und Sokrates erzählt, was Aspasia ihm beigebracht hatte. Als erstes soll der Verstorbene wegen seiner mütterlichen Herkunft gepriesen werden. *Darum ist es am billigsten, zuerst die Mutter zu preisen* ... und dann will sie die Erde gepriesen wissen, auf der die Mutter geboren hat, und nennt diese *Mutterland.* Die Gleichheit unter den Bürgern begründet sie nicht mit der Freiheitsidee, sondern mit dem Geborensein aus einer Mutter, der *Gleichheit der Geburt.*

Die patriarchatskritische Historikerin Sarah Pomeroy kann sich nicht vorstellen, daß eine hochgebildete Frau wie Aspasia das Muttersein derart positiv bewertet. Aber im Menexenos wird uns eine Aspasia vorgestellt, die der weiblichen Fähigkeit, Kinder zu gebären und zu versorgen, einen überaus hohen Stellenwert beimißt. Pomeroy weigert sich aber zu glauben, was geschrieben steht. *Die hier geäußerten Ansichten scheinen indessen nicht so recht zu einer gebildeten und emanzipierten Frau wie Aspasia zu passen, doch dürfen wir nicht vergessen, daß sie ihre Empfehlungen ja nicht für Frauen ihresgleichen, sondern für Bürgerfrauen aussprach* (1985, S. 135).

Aber Aspasia gibt gar keine Empfehlungen zum Wohlverhalten für Bürgersfrauen heraus, sondern sie hat lediglich noch kein eindeutiges vaterrechtliches Weltbild. Wenn heutzutage Muttersein und Gebildetsein als Widerspruch aufgefaßt wird, so ist das ein Ergebnis der 2500jährigen frauenfeindlichen Konditionierung in Europa. Für Aspasia steht das Geborensein in einem kosmischen Zusammenhang. Die Wohlgeborenheit eines Menschen orientiert sich für sie noch an der Abstammung von einer bestimmten Mutter. Für Aspasia war es nicht der Geist und nicht der Mann, der die Schöpfung vollbrachte, sondern die schöpferische Erde, die Mutter. Für sie war die Welt noch nicht geschaffen, sondern geboren, und das ist aus der Perspektive der Patriarchatskritik ein wesentlicher Unterschied.

Aspasia hat selber zwei Kinder geboren, was sie nicht daran hinderte, als gelehrteste Frau im Griechenland ihrer Zeit zu gelten. „Geistige Fruchtbarkeit" war für sie mit leiblicher Fruchtbarkeit gleichgesetzt, sowie ältere Mythen zum Beispiel über die ägyptische Göttin Nut erzählen. Aspasia kam möglicherweise noch aus einer anderen Erkenntnistradition als die heute üblich gewordene. Im Aischiles-Dialog wird Aspasia auch als Eheberaterin von Sokrates angepriesen, denn sie könne in Fragen des Eros gute Ratschläge geben. Die Philosophin Marit Rullmann geht sogar davon aus, daß die berühmte sokratische Hebammenkunst des philosophischen Gespräches eigentlich die Kunst der Aspasia sei, die Sokrates von ihr erlernt habe (1993, S. 48).

Es wird noch eine andere Frau von Sokrates erwähnt, es ist Diotima im Symposion-Dialog. Es kann aber durchaus sein, daß der Name Diotima auch für Aspasia steht, denn sie vertritt die gleiche Argumentationstendenz wie Aspasia, die in Athen philosophische Symposien veranstaltete. Diotima sei „in der Rede über den Eros" sehr weise, sagt Sokrates, aber sie sei auch darin weise gewesen, eine zehnjährige Pestkrankheit für Athen aufgeschoben zu haben. Sokrates gibt nun ihre Ansicht wieder und ich werde sie kurz darstellen, weil es so wenig Wissen über das gibt, was Frauen in der Antike gelehrt haben könnten. Außerdem zeigt dieser Bericht von Sokrates, daß Frauen damals mythische Figuren wie logische Schlüsselbegriffe verwendeten.

In diesem Dialog ist es Sokrates, der mit Hebammenkunst zu bestimmten Antworten genötigt wird, er erscheint in einer vertauschten Rolle. Diotima fragt ihn, ob sie ihn mit „dialektischer" Methode zu bestimmten Einsichten bringen solle. Sie überführt ihn der Gedankenlosigkeit, der Widersprüchlichkeit seiner Annahmen und der Inkonsequenz seiner Folgerungen. Im Unterschied zur sokratischen Manier, irgendwelche gegensätzlichen Begriffe aufzubauen oder auch Behauptungen, um an ihnen die eine Seite als wahr zu erweisen, verneint Diotima diese dualistische Methode und versucht, ein Drittes in der Mitte zu finden, das mehr Verbindung zu konkret Irdischem hätte. Sie ermahnt Sokrates: *Folgere also nicht, was nicht schön ist, sei häßlich, noch, was nicht gut ist, sei schlecht* (Platon 8, 202 b). Eros, die belebende Kraft im gesamten Universum, die bei Parmenides von der Göttin als erstes geboren wurde, ist bei Diotima der Enkel der Weisheitsgöttin Metis, die, wie schon erwähnt, von Zeus verschlungen wurde, der sich ihre Tochter Athene dienstbar machte. Nach Diotima entstammt Eros der Verbindung des Sohnes der Metis mit Namen Poros mit der häßlichen und unvollkommenen Penia, die den schönen Poros vergewaltigte, woraus Eros entstand. Eros ist so der mediale Zustand zwischen Schönheit und Sehnsucht nach Schönheit aus der Sicht derer, die häßlich sind und der Liebe bedürfen. Diotima erklärt keine Idee, keinen Begriff und keine reine Geistform, sondern sie benutzt mythische Figuren, um auf eine Verbindungsproblematik zwischen Erde und Himmel, Körper und Geist, Gutem und Schlechtem Einfluß zu nehmen. Auch gibt Diotima patriarchatsfremde Details zu bedenken. Zum Beispiel die Weisheitsgöttin Metis, die in späteren Zusammenhängen nicht mehr erwähnt wird und vollständig durch die Vatertochter Athene ersetzt wird. Ebenso erzählt sie auch von Aphrodite, die wie Athene ohne Mutter geboren war aus dem bloßen Schaum des Penis von Kronos. Metis aber integrierte Athene und Aphrodite zu einer Gestalt. Metis war weise, und Metis war schön, sie gab Ratschläge und liebte, sie erkannte und gebar ihren Sohn und ging mit ihrer Tochter Athene schwanger. Die Vorstellung von der Weisheit in Metisgestalt war noch nicht auseinanderdividiert in Körperschönheit und Vernunft. Diotima betont die „Zwischenreichsphäre", das Medium aller Dinge. Sie setzt den Philosophierenden mit Eros gleich, mit einer ungeheuren Sehnsucht nach Weisheitserkenntnis aus dem Wissen um den eigenen Mangel an Weisheit. *Denn die Weisheit gehört zu dem Schönen, und Eros ist Liebe zu dem Schönen; so daß Eros notwendig hebend ist und also als philosophisch zwischen den Weisen und Unverständigen mitteninne steht* (Platon 8, 204 b).

Es gibt noch ein weiteres Indiz dafür, daß Sokrates sich noch nicht vollständig rational in der gerade erst aufkeimenden Vernunfttradition empfand, wie ihn heutige Akademiker gern heroisieren. Sokrates lehnte es strikt ab, seine Gedanken aufzuschreiben.

Die Schrift wurde etwa 800 vor Christi in Griechenland eingeführt, also etwa 300 Jahre vor der Geburt des Sokrates. So wie auch heute viele Menschen gegen die Einführung des Kabelfernsehens oder der Computer in allen Lebensbereichen sind, so war es auch im Altertum nicht einfach für die neuen Patriarchen, die Schrift in die Priesterkaste einzuführen. Wichtiges Wissen wurde von Person zu Person übergeben und galt als leibgebundene Weisheit. Zeichnungen, Bilder und steingehauene Gestalten galten als die „entäußerte Sprache", nicht aber die Schrift, die sich in vielen Kulturen aus den rituellen Bildern entwickelt hatte. Die bloßen aufgeschriebenen Begriffe galten als Zauberbetrügerei und nicht ernstzunehmenden Hokuspokus. Sprachkritik gegenüber den abstrakten Begriffen gehörte zum konservativen Ton. Sokrates wird im Phaidros-Dialog wegen seines Widerstandes gegen das geschriebene Wort befragt, und er erzählt eine Geschichte, in der der Gott Theuth zu dem Ägypterkönig Thamus kam und ihm vorschlug, das Rechnen, die Zahl, die Meßkunst und die Sternenkunde, das Brett- und Würfelspiel in sein Reich einzuführen, aber vor allem die Buchstaben, die Schrift. Als er aber an die Buchstaben gekommen, habe Theuth gesagt:

*Diese Kunst, o König, wird die Ägypter weiser machen und gedächtnisreicher, denn als ein Mittel für Erinnerung und Weisheit ist sie erfunden. Jener aber habe erwidert: 0 kunstreicher Theuth, einer weiß, was zu den Künsten gehört ans Licht zu bringen; ein anderer zu beurteilen, wieviel Schaden und Vorteil sie denen bringen, die sie gebrauchen werden. So hast auch du jetzt, als Vater der Buchstaben, aus Liebe das Gegenteil dessen gesagt, was sie bewirken. Denn diese Erfindung wird den Seelen der Lernenden vielmehr Vergessenheit einflößen aus Vernachlässigung der Erinnerung, weil sie im Vertrauen auf die Schrift sich nur von außen vermittels fremder Zeichen, nicht aber innerlich sich selbst und unmittelbar erinnern werden. Nicht also für die Erinnerung, sondern für das Erinnern hast du ein Mittel erfunden, und von der Weisheit bringst du deinen Lehrlingen nur den Schein bei, nicht die Sache selbst. Denn indem sie nun vieles gehört haben ohne Unterricht, werden sie sich auch vielwissend zu sein dünken, obwohl sie größtenteils unwissend sind, und schwer zu behandeln, nachdem sie dünkelweise geworden statt weise* (Platon 7, Kap. 59, 60).

Die Schrift tue etwas für das Erinnern außerhalb des Leibes, aber nicht für die eigenleibliche Fähigkeit des Inne-Werdens, der Erinnerung. Sich eigenleiblich erinnern zu können war für Sokrates die Grundtätigkeit echten Lernens. Weisheit hing auch für Sokrates mit eigenleiblicher Erkenntnistätigkeit zusammen und auch mit Übertragungen und Initiierungen von Leib zu Leib. Hierbei berief er sich sogar auf archaische Weisen der Prophetie und erklärte, seinem Schüler Phaidros, „den Damaligen" sei es noch möglich gewesen, die Rede einer Eiche oder eines Steines zu verstehen. Schrift aber produziere totes Wissen und einfältigen Wortglauben. In dieser Kritik befindet sich Sokrates durchaus in der Nähe der Sprachkritik des Parmenides und Wittgenstein. Sokrates favorisierte die *lebende und beseelte Rede des wahrhaft Wissenden* mit denen, die den Ernst aufbringen, mit Hilfe des Meisters durch leiblich erfahrene Erkenntniskräfte glückselig zu werden. Kein Buch könne so eindringen in die Seele eines Menschen wie das Gespräch mit einem wahrhaft Wissenden. Es gehe ihm nicht darum, sich durch das Aufgeschriebene unsterblich zu machen und bei den Nachfahren in Erinnerung zu rufen, sondern er wolle direkt in die „Seele" seines Schülers „Samen säen", die dann auch ohne ihn gedeihen würden. Das verstand Sokrates unter „fruchtbarer dialektischer Kunst". Seine Sicherheit, nicht vergessen zu werden, bezog er aus seinem Glauben an die Wiedererinnerungsfähigkeit der Seele im nächsten Leben. Diese Fähigkeit wollte er schulen, nicht nur eine „Diskurstechnik" oder Rhetorik. Der logosgeprägte Stil des Sokrates in der lebendigen Rede überlieferte sich durch die Schrift im platonischen Dialogstil und entwickelte sich durch Aristoteles zu einer Schrift, in der möglichst leibfern und monologisierend allgemeingültig theoretisiert wurde. Diese Entwicklung konnte Sokrates nicht absehen. Er stand noch zu sehr mit einem Bein im Mythos, um sich jene abstrakte Begriffsphilosophie vorstellen zu können, mit der wir heute konfrontiert sind. Sein inneres Leben war noch Götterstimmen geweiht, die er nach außen zu bringen versuchte. Er bittet den Naturgott Pan darum, daß bei ihm Äußeres und Inneres verbunden sein mögen. *O lieber Pan und ihr Götter, die ihr sonst hier zugegen seid, verleiht mir, schön zu werden im Innern, und daß, was ich Äußeres habe, dem Innern befreundet sei* (Platon 7, 279 c).

Diese „irrationale Seite“ des Sokrates wurde von seinen Schülern nicht weitergetragen, sondern abgespalten. Dagegen überlieferten sie einen scharfsinnigen Vernunftphilosophen, erklärten irrationale Anteile für „fragwürdige Texte“, von denen nicht eindeutig sei, ob sie auch wirklich von Platon stammten.

Vielleicht war aber dieser archaischere Sokrates noch der „wirklichere“ Sokrates, der zwischen der alten und neuen Welt stand? So, wie wohl viele gelehrte Frauen heute zwischen den Welten stehen, einer anstudierten Logos-Tradition und dem Drang, das Selbsterlebte in ganz neuer Weise auszudrücken.

Was aber schließlich der Mann Sokrates anregte mit seinem Vergnügen, in Begriffsklärungen die Wahrheit zu finden, war nichts anderes als das, wogegen sich noch der wackere ägyptische König Thamus gewehrt hatte. Das Rechnen und die Meßkunst wurden durch den Sokrates-Schüler Euklid nachhaltig eingeführt. Sie wirken sich grundlegend auf heutige Lehrpläne in den Schulen und Universitäten aus. Die Buchstaben und die geschriebene Rede wurden durch Sokrates-Schüler Platon als vornehmer Stil philosophischer Weitergabe eingeführt, wobei über der Platonischen Akademie in Buchstaben gemeißelt stand, niemand dürfe dieses Gebäude betreten, wenn er nicht in die Mathematik und Geometrie eingeübt worden sei. Wenn wir uns dabei vorstellen, daß so ein Trainingsprogramm zwischen Geometrie und Mathematik hervorragend dazu geeignet ist, den Wechsel von der Aktivität der rechten Gehirnhälfte in das linke Sprachzentrum überzuleiten, dann können wir ahnen, was damals für Gehirnleistungen vollbracht wurden. Für diese Entwicklung muß das Wirken des Sokrates so maßgeblich gewesen sein, daß er zu Recht als „Vater der abendländischen Vernunft“ angerufen wird.

Sokrates lebte in einer Kriegergesellschaft, in der die schrittweise Eingliederung aller Bürger in die Kriegerkaste vorgenommen wurde. Gegen diesen Prozeß der „Demokratie“ gab es sicher viele Stimmen, vor allem aus den zwangsweise gebildeten Demen auf dem Lande um Athen herum. Die Politiker Athens brauchten Männer, die das Soldatenleben für die Polis attraktiv machten, die Propaganda für das Sterben in Reih und Glied treiben konnten. Und hier war Sokrates zur Stelle und den herrschenden Politikern genehm. Denn Sokrates lehrte, daß es nichts Unmännlicheres gäbe als die Angst vor dem Tode und das Verhaftetsein an das eigene Wohlergehen. Er wollte durch seine Dialektik die Männer lehren, von den Einzeldingen und ihren Körperbegierden Abstand zu nehmen, um die Idee von Freiheit und Gleichheit der Bürger weiterzutragen.

Gelassenheit vor dem Tode ist das Ziel seiner Philosophie, wie Platon in verschiedenen Dialogen erzählt.

Sokrates kann daher nicht als Staatskritiker und Widerständler glorifiziert werden. Aus der Sicht des Sokrates war sein Verhalten immer polistreu, und es wäre ihm von seiner Identifikation mit der Polis her unmöglich gewesen, Athen zu verlassen und nicht im Namen der Polis zu sterben, selbst wenn sich die Ankläger seiner Meinung nach geirrt haben. Dieses „Staatsdenken“ oder diese „Polis-Identifikation“ bis in den Tod hinein ist zutiefst sokratisch.

Die Trennung von Körper und Seele formulierte Sokrates ausführlich erst im Gefängnis vor seinem intimeren Schülerkreis. Platon war nicht dabei, aber er ließ es sich später erzählen und gab die Worte des Meisters im Phaidon weiter. Kurz nach diesem Dialog hätte Sokrates den Schierlingsbecher genommen und sei gestorben.

Sokrates: Diejenigen nämlich, die sich auf rechte Art mit der Philosophie befassen, streben wohl nach gar nichts anderem als zu sterben und tot zu sein; die anderen freilich merken das gar nicht. Meinen wir, daß der Tod etwas ganz Bestimmtes ist? Gewiß, erwiderte Simmias.

Sokrates: Doch wohl nichts anderes als die Trennung der Seele von dem Körper? Und Totsein bedeutet nichts anderes, als daß der Leib abgesondert von der Seele für sich allein ist und auch die Seele abgesondert von dem Leibe. Oder ist der Tod etwas anderes als dieses?

Nein, sondern eben dies, sagte Simmias.

Meinst du, daß es einem Philosophen angemessen ist, sich um dergleichen sogenannte Lüste, wie Essen und Trinken, eifrig zu bemühen?

Keineswegs, mein Sokrates, erwiderte Simmias.

Sokrates: Und weiter, etwa um den Leibesgenuß?

Simmias: Keineswegs

Sokrates: Scheint es nun nicht überhaupt, als ob das ganze Bestreben eines Philosophen nicht auf den Körper gehe, sondern diesem soweit wie möglich fern bleibe und der Seele zugewandt sei?

Simmias: Allerdings.

Sokrates: Zeigt es sich also nicht zuvörderst in dieser Beziehung deutlich, daß der Philosoph vor den übrigen Menschen seine Seele von der Gemeinschaft mit dem Körper zu lösen sucht?

Simmias: Offenbar.

Sokrates: Und die meisten Menschen, mein Simmias, meinen doch wohl, wer an dergleichen keine Freude finde und wer daran nicht teilhabe, für den lohne es sich nicht zu leben, und wer sich um die körperlichen Vergnügungen nicht kümmere, der sei fast so gut wie tot.

Simmias: Du hast vollkommen recht (Platon 6, Kap. 12).

(In der Übersetzung von Schleiermacher werden die Begriffe „Körper" und „Leib" bedeutungsgleich verwendet.)

Nach den letzten Worten des Sokrates heißt Philosophieren sterben lernen. Wir sollen am lebendigen Leibe uns vom Körperlichen distanzieren und uns auf die reine Vernunfterkenntnis im Zustande des Todes vorbereiten. Der Körper ist für Sokrates ein Übel, das vom Philosophieren ablenkt.

Seine allerletzten Worte waren: *O Kriton, wir sind dem Asklepios einen Hahn schuldig, entrichtet ihm den, und versäumt es ja nicht* (Platon 6, 118 a).

Er fühlte sich vom Leben durch seinen Tod geheilt. Das Leben war seine Krankheit. Nach jeder Heilung sollte im alten Griechenland dem Heilgott Asklepios ein Hahn geopfert werden.

Dieser antike Zweiweltendualismus zwischen Körper und Seele definiert unseren Körper schon zu jenem mechanischen, toten Ding, das 1800 Jahre später von Descartes noch einmal gründlich in diese Richtung begrifflich präpariert wurde und durch den französischen Aufklärer La Mettrie in seinem Buch „Der Mensch als Maschine" einen materialistischen Abschluß fand.

Nun werden vielleicht einige Leserinnen und Leser meinen, Sokrates habe diese Abkehr vom Körper so scharf formulieren müssen, weil er sich auf seinen Tod vorbereitete und psychisch gar nicht in der Lage war, sich auf die Welt einzustellen. Er mußte Abschied nehmen. Das wäre dann eine Rationalisierung des bevorstehenden Todes.

Diese psychologische Interpretation ist aber wenig stichhaltig, denn Sokrates bemühte sich auch in anderen Dialogen, die Herrschaft der Vernunft über den Körper zu begründen und das Körperliche herabzusetzen.

Für Platon und Sokrates ist der Körper ein Gefängnis der Seele, von dem nur die Philosophie befreien könne.

Dieses Philosophieren soll die Seele dem Körper gegenüber selbständig machen. Platon und Sokrates entdeckten die Erziehbarkeit der Menschen und nutzten diese Entdeckung im Sinne der Polis-Interessen von Athen.

Sokrates erläutert: *Als die Philosophie die Seele zur Erziehung übernahm, lag diese völlig in den Banden des Körpers und klebte ihm an; auch war sie gezwungen, die Dinge durch ihn wie durch ein Gitter zu betrachten, nicht aber durch sich allein ... Und die Philosophie erkannte das Schreckliche dieser Einkerkerung* (Platon 6, 82 d).

Nun ging es darum, eine innere Instanz zu finden, die die Kontrollaufgabe über den Körper übernehmen könnte. Das „Selbst" wurde dafür erfunden und von Sokrates erläutert.

*Wohlan denn, auf welche Weise könnte man wohl das Selbst selbst finden?* (Platon 1, 1, 129 b)

Im Alkibiades-Dialog, der in der Platonischen Akademie als Einführungsdialog verwendet wurde, unterscheidet Sokrates zwischen „Selbst“ und „Nichtselbst“ dadurch, daß er vorher den Unterschied zwischen einem Handwerker und seinem Handwerkszeug klarstellt. Der Handwerker gebraucht sein Werkzeug, aber er ist nicht sein Werkzeug.

Sokrates: Und der Gebrauchende und was er gebraucht, gestanden wir doch, sei verschieden?
Alkibiades: Ja.
Sokrates: Verschieden also sind der Schuster und der Leierspieler von den Augen und Händen, womit sie arbeiten?
Alkibiades: So scheint es.
Alkibiades: Freilich.
Sokrates: Und verschieden war der Gebrauchende und was er gebraucht?
Alkibiades: Ja.
Sokrates: Verschieden ist also auch der Mensch von seinem Leibe?
Alkibiades: So scheint es.
Sokrates: Was also ist der Mensch? (Platon 1, 1, 129 d)
Danach folgert Sokrates:

*Wenn nun weder der Leib noch das Beiderlei der Mensch ist, so bleibt nur übrig, entweder nichts ist er, oder wenn etwas, kann nichts anderes der Mensch sein als die Seele* (Platon 1, 1, 130 c).

Der Mensch könne nicht er selbst und gleichzeitig sein Körper (oder Leib in der Übersetzung von Schleiermacher) sein. Vielmehr sei der Körper das Werkzeug des Menschen und das, was dieses Werkzeug benutzt, soll die Seele sein. Das aber, was benutzen kann, regiert, habe Macht. „Das den Körper Regierende“ soll die Seele sein, das was regiert wird, der Körper. Unser Körper ist damit als nichtmenschlich definiert worden und als reiner Körper zum Zwecke der Vernunft verdinglicht worden. Diese Instrumentalisierung oder Versachlichung unseres Leibes zum benutzbaren Körper wird bereits von Sokrates grundgelegt. Aristoteles brauchte dann nur noch logisch zu folgern: Da die Frau keine Vernunftseele habe, könne sie ihren Körper nicht selber regieren.

In diesem Dialog verkenntder Sokrates des Platon nicht nur die Handwerkskünstler, die mit ihrem Instrument verschmelzen, wenn sie gut sind, sondern er reduziert den menschlichen Körper zu einem Objekt, das von außen gesetzten Zwecken zu dienen hat. Er tut das, was Adorno „verdinglichen“ nannte.

„Der Mensch“ ist nach sokratische Vernunfttradition das rein seelische „Unding“ schlechthin und soll mit allem, was wir sehen, riechen, schmecken, tasten, hören und verspüren können, nichts zu tun haben. Aber das Selbst ist nur ein Wort.

Läßt sich mit so einem abstrakten Selbst noch individuell leben? Individuell sind wir durch unser körperliches und leibliches Leben, so individuell wie der

Fingerabdruck, wie die Handlinien eines Menschen. Das Selbst im Konzept des Sokrates und des Platon ist dagegen nur formal-logisch definiert und läßt für Individualität keinen Raum.

Wer regieren will, braucht den klassifizierenden Überblick. Jenen Blick, mit dem das unterschiedlich „Viele" als „Dasselbe" erscheint. Es ist der Blick aus großer Distanz zum einzelnen Leben. Um in Ruhe herrschen zu können, ist es nötig, nicht von den konkreten Auswirkungen eigener Gesetzgebung tangiert zu werden. Das Leiden und die Klagen der Regierten darf nicht innerlich rühren. Die Herrschaft des Selbst über den Körper konstituiert das, was Sokrates und Platon als Vernunft bestimmten. Beherrschung des Körpers ist jene Ideologie, die das antike politische Polissystem stabilisierte. Diese Denkweise hat noch bis heute Gültigkeit.

Die hochgelobte sokratische Ethik ist hauptsächlich eine Soldatenmoral. Gernot Böhme zeigt diese Problematik in seinem Buch „Der Typ Sokrates" (1988) auf.

Der ethische Begriff, der noch heute am meisten mit Sokrates verbunden wird, ist der der „Tugend". Gernot Böhme belegt, wie in der Tugendlehre des Sokrates eine Wandlung in der männlichen Selbststilisierung stattfindet, die auf den ersten Blick sogar „antimilitaristisch" anmutet. Im Hippias-Dialog des Platon stellt Sokrates die Frage, wer besser sei, Achill oder Odysseus. Achill gilt als starker, schneller, hitziger Krieger und auch als ein Sieger, der als einzelner Heros mit seiner Körperkraft gewinnt. Odysseus nun wird als schlauer, listiger Mann gegenübergestellt, der weniger aufgrund körperlicher Fähigkeit, dafür aber mit geistigem Vermögen ebenfalls Siege erringen könne. Sokrates favorisiert Odysseus, weil dieser andere überlisten könne und so freier von eigenen und fremdbestimmten Begierden des Körpers sei. Damit führte Sokrates eine neue Hierarchie innerhalb der klassischen männlichen Tugenden ein, die dem Soldatenleben keineswegs widerspricht, sondern die ein anonymeres Soldatentum ermöglicht. Böhme erläutert diesen Zusammenhang als „Idee der Ritterlichkeit", die aber nicht den höfischen Frauenverehrer meint, sondern den Mann, der seine Affekte auf andere abzustimmen weiß.

In diesem Zusammenhang ist zu bedenken, daß die Kriegsheeraufstellung und Kriegführung eine anonymere wurde. Die berühmte Phalanxaufstellung erforderte, daß der einzelne Soldat fähig war, sich völlig in die Gesamtheit der Truppe zu integrieren. In strengen Reihen, viele hintereinander, marschierten sie im Gleichschritt gegen die Gegner, unabhängig davon, ob der Nebenmann durchbohrt niederfiel, um Hilfe schrie oder niedergetrampelt wurde. Die lebenden Soldatenkörper überstiegen die sterbenden und kein Blick durfte da sein für das Leben-Wollen. Hier kämpfte nicht Held gegen Held, sondern ein Heer gegen ein anderes Heer, und nur die Heerführer galten noch als Helden, wohl eher deswegen, weil sie jene Überredungskünste beherrschten, ihre Männer in Reih und Glied zu halten.

Das abstrakte Selbst übte die Männer darin, sich nach Ideen oder Idealen zu verhalten. Sie sollten sich in die geforderte Idealordnung eingliedern können und Tugendhaftigkeit beweisen, indem sie befehlsorientiert und nicht gefühlsorientiert dazu bereit waren, ihr eigenes Leben und das ihres Nebenmannes für ein hohes Polisideal zu opfern. Wer gefühlsorientiert handelt, bleibt auch offen für die Gefühle der anderen, und das behindert ein effektives Handeln zu einem politisch bestimmten, vordefinierten Ziel hin.

Alkibiades, ein Lieblingsschüler des Sokrates, war ein berühmter Heerführer. Seine philosophische Schulung erhielt er von Sokrates. Die Affekte des einzelnen Kriegers machen ein „Heer" zu einem „Haufen", zu etwas, was mit Chaos und weibischem Gezeter assoziiert wurde. Diese Affekte gilt es zu beherrschen. Patriarchale Philosophie und Kriegskunst hängen historisch eng zusammen. Philosophie verhalf dazu, alle tiefer gehenden Beziehungen abzuwürgen, die ein Mann zu sich als leiblichem Wesen und zu anderen lebenden Wesen haben konnte. Sein Leib bzw. Körper wurde sozusagen „verstaatlicht". Dafür bekam er eine Idee davon, daß er als „Selbst" autonom sei und über die Regungen seines Gefängnisses, des Körpers, in aller Freiheit von diesem herrschen könne.

Alkibiades schildert, wie Sokrates diese Tugend als tapferer Krieger vorlebte. *Besonders noch, ihr Männer, war es sehr viel wert, den Sokrates zu sehen, als sich das Heer von Dehion fliehend zurückzog. Denn ich war zu Pferde dabei, er aber in schwerer Rüstung zu Fuß. Er zog sich also zurück erst, als das Volk schon ganz zerstreut war, er und Laches. Ich komme dazu und erkenne sie und rede ihnen sogleich zu, guten Mutes zu sein, und sagte, daß ich sie nicht verlassen würde. Da konnte ich nun den Sokrates noch schöner beobachten ...: zuerst, wieweit er den Laches an Fassung übertraf, und dann schien er mir nach deinem Ausdruck, Aristophanes, auch dort einherzugehen stolzierend und stier seitwärts hinwerfend die Augen, ruhig umschauend nach Freunden und Feinden; und jeder mußte es sehen schon ganz von ferne, daß wenn einer diesen Mann berührte, er sich aufs kräftigste verteidigen würde. Darum kamen sie auch unverletzt davon, er und der andere. Denn fast werden die, welche sich so zeigen, im Kriege gar nicht angetastet, sondern man verfolgt nur die, welche in voller Hast fliehen* (Böhme, G. 1988, S. 131).

Der Philosoph Sokrates verstand sich also nicht lediglich als „Krieger des Geistes", sondern als Krieger in voller Rüstung. Seine Philosophie bewies an seinem eigenen Leibe, was Tapferkeit und Tugendhaftigkeit bedeuten. Gernot Böhme stellt unumwunden fest:

Da zeigt sich: *Sokrates als Prototyp des Philosophen ist eine männliche Stilisierung, eine spezifische Ausprägung und Steigerung von Männlichkeit* (S. 25).

Böhme versteht das Unternehmen der antiken griechischen Philosophie als „Stilisierung von Männlichkeit", wobei Männlichkeit an ein Kriegerideal geknüpft wird.

Was bis heute „Männlichkeit“ und auch Logos genannt wird, hat hier seine Wurzeln.

Es scheint so, als ob sich der Mann eher zum Krieger eignen würde, vielleicht weil er nicht die Erfahrung der Geburt kennt, die Selbstaufgabe im Leben-Gewähren.

Muskelstärke wurde zwar mit Odysseus an die zweite Stelle der Männlichkeitsstilisierung gesetzt, aber die intellektuelle Tötungsbereitschaft wurde durch die Tapferkeitslehre der Vernunftphilosophen enthemmt. Das Sterben auf dem Schlachtfeld wurde noch im 20. Jahrhundert als schönster männlicher Tod gefeiert.

Sokrates starb als ein stolzer Athener. Es hätte ihm auch frei gestanden, in einer anderen Polis weiterzuleben. Aber das wollte er nicht. Er war verheiratet, hatte drei Söhne. Für das letzte Gespräch mit seinen Schülern schickte er seine Frau mit den Kindern weg, um als Held im Kreise seiner Schüler zu sterben. Es geistert das Gerücht durch die Philosophiegeschichte, seine Frau Xanthippe habe ständig mit ihm gezankt. Das verwundert kaum. Sokrates inszenierte offenbar seinen Tod für die Athener, um ein männliches Beispiel zu geben. Kein Protest in der letzten Minute, sondern nur Ironie. *0 Kriton, wir sind dem Asklepios einen Hahn schuldig, entrichtet ihm den, und versäumt es ja nicht.*

## Archaischeres Denken

Ich möchte jetzt auf ein Denken näher eingehen, das möglicherweise vor der patriarchalen Vernunftentwicklung üblicher in Europa war. Ich nenne es nicht „vorpatriarchal" oder „matriarchal" oder „steinzeitlich", weil diese Begriffe konzeptionell ziemlich besetzt sind. Die Richtung dieses Denkens weist in archaische Vergangenheiten, die sich unserem analytischen Blick entziehen. Aber eine Ahnung davon könnte in jenem historischen Übergang erkennbar werden, in dem die Vernunftbildung begann und die ältere Form sich noch daneben formulierte oder andere Wege des Logos einschlug als die reine Begriffsform. Das griechische Wort „arche" hat viele Bedeutungen, aber „Ursprung", „Herkunft", „Vorrang" und „aus alter Zeit" paßt zu dem Begriff, den ich damit meine, wenn ich in „archaischere" Richtung schaue. Ich schreibe bewußt nicht „archaisches Denken", denn damit würde ich ausdrücken, daß ich das Archaische kenne. Ich kenne es nicht, ich kenne nur die Richtung. Diese Richtung weist auf Möglichkeiten, die Welt zu erkennen, die für meinen leibphilosophischen Ansatz inspirativ wirken.

Das archaischere Denken ist noch immer in außereuropäischen Kulturen zu finden und kann von daher inspirierende Kraft haben.

Es ist wichtig, sich zu vergegenwärtigen, daß solche Begriffe wie „Selbst", „Ich", „Vernunft", „Ratio", „Körper", „Leib", „Substanz", „Freiheit", „Geist" und „Idee" auch heute noch in etlichen Kulturen fremd oder unbekannt sind und daß es diese vor der „griechischen Aufklärung" um Sokrates in Europa ebenfalls nicht gab.

Zum Vergleich werden üblicherweise Schriften von Homer herangezogen, wobei strittig ist, wer Homer war. Die Altphilologen Samuel Butler (1967) und Raymond Ruyer (1977) vertreten sogar die Auffassung, daß Homer eine Frau gewesen sei und daß somit die Ilias sowie die Odyssee von einer Frau geschrieben worden sind. Homer oder Homa (?) benutzte nämlich auch noch nicht jene großen Begriffe des Logos, wenn es darum ging zu beschreiben, was in den Menschen vor sich ging. Göttinnen waren noch Königinnen ihrer Reiche.

Bruno Snell forschte bei Homer jenem Begriff nach, der üblicherweise mit „Körper" übersetzt wird. *Das griechische Wort „soma", das später etwa die Bedeutung „Leib" hat, bedeutet bei Homer „Leiche". „Demas" kann dagegen mit „lebendiger Körper" übersetzt werden, aber das war nur ein kümmerlicher Ersatz für „Körper". Es bedeutete „an Bau", „an Gestalt"* (1993, S. 16), wie von jemand gesagt wird, er oder sie sei klein oder dick oder großgewachsen. Snell verdeutlicht, es gäbe das Wort „Körper" als Bezeichnung für dieses abgegrenzte Ding, was wir heute wohl damit meinen, bei

Homer gar nicht. Am ehesten könnte es „Glieder" heißen, im Plural statt im Singular, so wie das Wort „Glieder" auch bei Parmenides zu finden ist. „Gyia" sind die Glieder, sofern sie durch Gelenke bewegt werden, und „melea" sind jene Glieder, die durch Muskeln Kraft haben. Die Glieder der Menschen sind unterteilt in verschiedene Bewegungskräfte, die sich vermischen.

Was aber heißt es homerisch, wenn übersetzt wird: „Das Schwert drang in meinen Körper?" Homer benutzt das Wort *„chròs"; es bedeutet Körper und nicht „Haut", aber es ist „Haut", freilich nicht die Haut im anatomischen Sinn, die Haut, die man abziehen kann - das ist Derma, sondern die Haut als Oberfläche, als Grenze des Menschen, als Träger der Farbe usw. ... er tat den Panzer um seinen Leib - wörtlich: um seine Haut* (S. 17).

Die Haut wurde nicht als feste Umhüllung verstanden, die ein Wesen dreidimensional tastbar macht und „in der Hand" liegen kann wie ein Gegenstand. Es könnte eine Art „Hülle der Glieder" gemeint gewesen sein, die durchlässige Gestalt hatte, vielleicht auch als ausstrahlend und anziehend empfunden werden konnte. Ein fester Körper war nicht gemeint und auch keine „Seele", denn der „Seelebegriff" entstand auch (nach Snell) erst mit unserem „festen" Körperbegriff. Wo kein „Körper" gedacht wird, kommt auch keine „Seele" vor.

„Körper" im dreidimensionalen Sinne, wie ihn später René Descartes als reine Ausdehnung definierte, war den archaischeren Griechen unvorstellbar.

Auch in der modernen Physik ist inzwischen in Frage gestellt, ob es „undurchdringliche feste Körper" überhaupt gibt. Die Atomphysiker jedenfalls fanden den undurchdringlichen Körper nicht, und es erweist sich als zunehmend „uneffektiv", in den Naturwissenschaften von „Körpern" zu reden.

Hermann Schmitz sieht die Entstehung von Leibfeindlichkeit und Desensibilisierung historisch ebenfalls in dieser Umbruchzeit von der Gentilgesellschaft zur Polisgesellschaft angesiedelt.

Er beurteilt die Erfindung des Geistes als eine Tragödie, unter der wir noch heute leiden. Im Unterschied zu Bruno Snell feiert er den griechischen Geist nur mit halbem Herzen. Dagegen arbeitet er heraus, wie Erkenntnisprozesse wohl vorher erfahren worden sein könnten. Seine Ergebnisse belegt er hauptsächlich mit Textstellen von Homer. Zunächst stellt er fest: *Es scheint eine Zeit gegeben zu haben, in der nichts erlebt wurde, ohne daß dieses Erleben am eigenen Leibe gespürt worden wäre* (1982, S. 440).

Das heißt, „rein geistiges Erleben" war nicht vorstellbar. Intellektuelle Vollzüge wurden nicht abgesondert von eigenleiblich verspürter Lebendigkeit verstanden, so wie heute zum Beispiel zwischen „Gefühl" und „Denken" unterschieden wird.

Sprachlich drückten sich die Vorgänge so aus, als würde „denken" oder „erkennen" als Tätigkeit bestimmter Leibeszonen oder Organe erfahren. Kein

„Ich" dachte, sondern die Leber oder das Herz. Wenn heute „denken" nur noch im Kopfe empfunden wird, so kann das auch als ein Hinweis darauf gelesen werden, wie reduziert heute gedacht wird. Frühhomerische Gestalten haben sich den Ort des „Denkens" nicht im Kopf vorgestellt. Sie haben es nicht im Kopfe verspürt, wenn sie das taten, was wir „denken" nennen. Aber sie spürten etwas Derartiges weiter unten im Bauch, in der Zwerchfellgegend, griechisch „phrenes" genannt. Dieses griechische Wort wird zumeist übersetzt mit „Verstand", „Seele", „Geist", „Bewußtsein" oder „Überlegung", was aber die Leibbezogenheit dieses Begriffes unterschlägt, denn das Wort bedeutet eigentlich „Zwerchfell".

*Die auf das Gedankenleben bezüglichen Iliasstellen gruppieren sich nicht um ein über die vitale Lebendigkeit erhobenes vermeintliches Denkorgan „phrenes" oder, wie oft übersetzt wird, um den Verstand, sondern das Wort ... hält in diesen Fällen, in denen es mit dem Gedankenleben zusammengebracht wird, seine Bedeutung durch, vermöge deren es eine besonders hervorstechende... Leibinsel bezeichnet. Die Denkvorgänge selbst sind leibliche Regungen, Affektionen dieser Insel* (Schmitz 1982, S. 396).

Es „denkt" das Zwerchfell (phrenes) „in mir" und kein geistiges Wesen, sei es Seele oder Vernunft. Schmitz legt besonders Wert darauf zu betonen, daß es auch falsch wäre, einfach nur das Organ als Tätiges zu verstehen, sondern es sei sozusagen ein „Feld" dieses Organs, und dieses „Feld" nennt er „Leibinsel". Leibinseln bleiben auch dann empfindungsfähig, wenn das Organ, in dessen Gegend es sich befindet, zum Beispiel amputiert wird, womit er auch den „Phantomschmerz" neu erklärt. Am Phantomschmerz läßt sich erforschen, wie Sinnesempfindungen mit unserer bewußten Wahrnehmung zusammenhängen könnten. In der neueren Gehirnforschung wird der Phantomschmerz, der nach Amputation eines Körpergliedes an der Stelle dieses Gliedes auftritt, verschiedenartig erklärt. Einmal als Reaktion einer Gehirnrindenregion, die noch vorhandene Gliedinformationen verarbeitet, bis diese Region mangels Information des nun fehlenden Gliedes immer passiver wird und kleiner, womit dann auch der Phantomschmerz verschwindet. Eine andere Erklärung geht von Nervenimpulsen direkt an dem Stumpfende des amputierten Gliedes aus, die zum Gehirn weitergeleitet werden. Auch dafür gibt es plausible klinische Befunde (Spitzer 1996, S. 160-169). Die „Leibinseln" desLeibphilosophen Schmitz dagegen meinen weniger Nervenerregungen oder gewohnheitsmäßige Gehirnrindenaktivitäten, obwohl diese mit dem Konzept der „Leibinseln" nicht ausgeschlossen werden müssen, sondern sie deuten auf ein Spürvermögen, das er aus der „Eigenleiblichkeit" ableitet (ich würde dafür „Spürsinn" sagen). Für mein Anliegen, bewußt einen „Leibsinn" zu sensibilisieren, ist dieses Spürvermögen interessant, das natürlich von physischen Aktivitäten der Nerven oder in der Gehirnrinde begleitet ist. Aber so wie die Gehirnrindenaktivität nichts aussagt über die detaillierte Inhaltlichkeit eines bestimmten Gedankens, so halte ich auch

Gefühle für Qualitäten unseres entwickelten „Leibsinnes“ oder „Spürvermögens“, die aus dem erfahrenen Leben entstehen und vom empfindenden und interpretierenden Menschen in bestimmter Weise verspürt werden, ohne daß wir in den Gehirnnerven genau ablesen können, um was für Gefühle, Bilder und Empfindungen es dabei geht. Die Annahme des Philosophen Schmitz, daß die „Leibinseln“ für den Phantomschmerz verantwortlich seien, ist durch Ergebnisse neuerer Gehirnforschung fraglich geworden, aber worauf er hinweist ist das eigenleibliche Spürvermögen schlechthin, das in unserer Kultur der Vernunftregelungen nicht kultiviert wird.

Anhand seiner Untersuchungen der Sprache in der Ilias kommt er zu anderen Möglichkeiten der Beschreibung, was wohl als „Denken“ erfahren wurde, bevor die Logos-Entwicklung ihren Lauf nahm. Dadurch ist es möglich, eine andere Variante menschlichen Erkennens auch in der europäischen Geschichte zu erforschen, die unsere jetzigen Selbstverständlichkeiten relativiert.

Schmitz fand heraus, daß die vorhomerischen Menschen eine Art „Nachdenken“ etwas tiefer im Bauch empfunden haben könnten und dieses eher als eine Art „Beklemmung“ oder als eine „leiblich spürbare Zusammenziehung“. „Denken“ wurde vielleicht wie „Grübeln“ empfunden, so wie wenn eine etwas unangenehme Bauchübelkeit eine Art „Begreifzwang“ hervortreibt. Schmitz vergleicht dies mit einem Hungergefühl oder mit Müdigkeit. „Denken“, „überlegen“, „einen Rat ersinnen“ oder „klug sein“ wurde genauso als „Bedürfnis“ empfunden wie Hunger und Durst. Es war ein leibliches Verlangen, durch die Lösung eines Problems „gesättigt“ zu werden; *denn kluges Denken ist für Homer eben kein rein geistiger Vollzug, sondern Leistung kraftvoller, vornehmlich in der Zwerchfellgegend spürbarer Spannung* (1982, S. 390).

Es ist eine Art Erregung, die in einem aufsteigen kann oder in den Bauch eindringt. Es ist kein „freies Tun“, kein freies autonomes „Ich denke“, sondern ein drängendes leibliches Bedürfnis. Nicht „ich denke“, sondern „es denkt in mir“; mein Magen, mein Zwerchfell, meine Leber, mein Herz oder meine Gebärmutter peinigen mich damit, etwas begreifen oder tun zu sollen. Insofern wurde dem Prometheus mit dem Aushacken der Leber eine bestimmte Art von Erkennen oder Wissen unmöglich gemacht, die in der Lebergegend beheimatet war, und das war für den männlichen Körper die Weisheit und die Zukunftsahnung oder „prophetische Gabe“.

Noch heute werden in der chinesischen Meridianmedizin, die auch Grundlage der Akupunktur ist, den Organen bestimmte Gefühlsqualitäten zugeordnet. So zum Beispiel ordnet man Trauer der Lunge, Wut der Leber, das Grübeln und Sich-Sorgen-Machen der Milz, dem Magen und der Bauchspeicheldrüse zu (vgl. Chia 1991). Was Schmitz bei Homer als „Grübeln“ in der Bauchgegend fand, ist auch in jener Medizin bekannt, die mit dem Taoismus etwa 600 v. Chr. entstand.

Was die Taoisten als Gefühlsqualitäten ohne Gottesvorstellungen leiblich orteten, lese ich bei den Griechen als Qualitäten der Gottheiten, die in den Organen der Menschen hausten. So schreibt Schmitz davon, daß die Götter und Göttinnen damals bei den homerischen Griechen im menschlichen Leibe aus- und eingingen. Jede Gottheit bevorzugte eine andere Leibesregion. Ein aufmerksames Verspüren dessen, was im eigenen Leibe vor sich ging, mag damals einem Zuschauen abenteuerlicher „Spürgestalten" geglichen haben. Schmitz geht davon aus, daß kein „Ich" notwendig gewesen sei. Die Menschen hätten sich angefüllt verspürt von all dem, was sie erregend erfaßte. Sie müßten sehr empfindsam, reizbar und durchlässig gewesen sein.

Spätere Wissenschaftler reden in diesem Zusammenhang von einer „Ich-Schwäche" bei den archaischeren Griechen und feiern darum um so mehr die „Geburt des Geistes" mit dem „autonomen Ich".

Was aber bei den „vorgeschichtlichen Griechen" den leibfern Logosgeprägten als „Ich-Schwäche" erscheint, könnte vielleicht auch nur jene bikamerale Erkenntnisweise sein, die noch ungestört vom Logos eigene Wirklichkeiten konstruierte. Das unabhängige Ich (die „autonome Person") seien, wie Schmitz meint, *faustische Wunschträume von Philosophen, Dichtern und anderen Menschen, die alle eigenleiblichen Bedürfnisse und Spürnisse aus ihrem Bewußtsein verdrängt* hätten. Individualität, die eigenleiblich verspürt werden könnte, wird durch die „Erziehung zum autonomen Individuum" ausgeschaltet. „Das Subjekt" ist nur eine abstrakte Größe in den Verrechnungen der Theoretiker.

Schmitz stellt fest, es käme tatsächlich nie vor, daß in der Ilias jemand „Verantwortung" für sein Handeln übernimmt. *Nie kommt es vor, daß jemand sagt: Das war ja gar nicht mein* (Wille, Thymos, Wunschregung, Verstand; AST)*, das war ich selbst, ich trage die Verantwortung* (1982,S. 413), denn es gibt keine „Verantwortungsinstanz", wo es keine Vorstellung von einem allen Regungen gegenüber freien „autonomen Ich" gibt. Das heißt aber nicht, daß die archaischeren Menschen weniger moralisch gut waren, sie waren anders mit anderen Menschen und ihrer Umwelt verbunden.

Was Sokrates mit dem Selbst meinte, das den Körper zu kontrollieren imstande sei, entwickelte sich in der europäischen Geistesgeschichte zu Bildungsidealen, die eine starke Triebregulierung voraussetzten. Der Soziologe Norbert Elias beurteilt diesen Prozeß als positiv, weil so weniger Aggressionen ausgetragen würden. Er stellte Überlegungen an, nach denen es ein Zivilisationsprozeß sei, wenn ein Mensch Affektimpulse weniger spontan auslebt und so der Kontrolle des rationalen Denkens stärker unterliegt. Das moralische Gewissen sei Ergebnis eines 2000jährigen Zivilisationsprozesses. Nur dadurch sei es möglich, eine höhere soziale Kontrolle über die Triebstruktur des einzelnen in der Gesellschaft auszuüben (vgl. Elias1981).

Nun haben aber ethnologische Forschungen ergeben, daß „primitive“ Stammesgesellschaften eine viel zuverlässigere Kontrolle über die Impulse ihrer Angehörigen ausüben können als moderne Staatsgesellschaften, weil das Zugehörigkeitsempfinden der einzelnen zu ihrer Gemeinschaft stärker ausgeprägt sei. Sie brauchten kein individuelles Gewissen, um anderen kein Leid anzutun. Sie litten mit dem anderen mit, weil er durch die enge Gemeinschaft als ein Teil von ihnen empfunden würde (vgl. Reinwald 1991, S. 32).

Diese Erscheinung des Mitleidens oder auch Mitfreuens ist nicht mit dem Begriff „Kollektiv-Identität“ wegzuerklären. Kollektivzwänge sind jene, die zum Beispiel in der ehemaligen DDR viele Menschen als unangenehm empfunden haben. Kollektivzwänge in einem autoritären Staat sind ähnlich zu werten wie die Befehle der „Gottkönige“ in der „halluzinatorischen“ Region der rechten Gehirnhälfte, wie Jaynes sie für die alten, schon patriarchalen Reiche vermutet.

Aber die leiblichere Alternative wäre eine Art spürbarer Gemeinsinn oder ein „Gattungsempfinden“, das auch für Feuerbach und den frühen Marx philosophisch relevant war. Wenn eine leibliche Sensibilität, ein „Leibsinn“, die Einheit zwischen Logos-Bewußtsein und körperlicherem Empfindungsvermögen herstellt, kann die einzelne Person mit den anderen Menschen in subtilerer Weise bewußter miterleben. Sie nimmt mehr Informationen wahr, die ein reduziertes Logos-Bewußtsein ausschließt. Es wäre vielleicht so wie ein Reflex. Das Problem ist, wie dieser „Mitsein-Reflex“ in Großgesellschaften für mehr Menschen als nur die kleine private Gemeinschaft angeregt werden könnte. Ich bin auf diese Idee eines „gattungsmäßigen Leibsinns“ gekommen, als ich mein Kind stillte. Es gibt für stillende Mütter Erfahrungen, die noch gar nicht philosophisch oder gesellschaftstheoretisch inspirativ wirken konnten, weil sie nicht in den eigenleiblichen Erfahrungsbereich der Männer gehören, die ja doch noch hauptsächlich den theoretisierenden Ton angeben.

Darum möchte ich diese Erfahrung kurz beschreiben, die auch andere Mütter in meinem Bekanntenkreis, aber nicht alle, ebenso schon erlebten.

In der Zeit, als ich mein Kind stillte, pumpte ich meine Milch ab, damit der Vater in meiner Abwesenheit dem Kleinen die Flasche mit Muttermilch geben konnte. Als ich ohne Baby unterwegs war, reagierten meine Milchdrüsen auf jedes Schreien irgend eines Babys in der U-Bahn oder auf der Straße, als wenn mein eigenes Kind hungrig schrie. Sie produzierten Milch, die einfach herausschoß. Der Hunger eines jeden schreienden Babys setzte in mir wie ein Reflex die körperliche Nährbereitschaft in Gang. Ich kam mir ziemlich archaisch vor und das als Frau, die eine Logos-Erziehung mit Hingabe genossen hatte. Ich fühlte mich wie eine Ameise. Denn bei den Ameisen ist es so, daß sie in Maultaschen Nahrung speichern, und sobald irgendwo im Getümmel eine Ameise Hungersignale gibt, eilt eine andere Ameise zu ihr hin und füttert sie mit ihrem gespeicherten

Proviant. Es ist keiner Ameise möglich, ruhig ihres Weges zu ziehen, wenn eine andere Ameise Hunger signalisiert und gerade keine Nahrung bei sich trägt. Den meisten von uns Menschen aber ist es möglich, ruhig zu schlafen und glücklich zu sein, obwohl Millionen unserer Mitmenschen vor Hunger sterben. Wir wissen das in der Art des Logos, als bewußte statistische Information, aber wir spüren zumeist nicht den Hunger der Leidenden nur durch diese Nachrichten und Informationen. Es entsteht kein „Reflex", den anderen mitzuernähren. In der Zeit meines Stillens spürte ich, was es sein könnte, so ein „Leibsinn", der fast reflexartig das Leidende zu mindern sucht. Da das nicht bei allen Müttern so ist, sondern eher nur bei solchen, die sich sowieso mit subtiler Empathie um gesellschaftliche Belange kümmern, was nicht mit einem „politischen Bewußtsein" gleichzusetzen ist, müßte dieser „Sinn" vielleicht erzeugbar sein. Denn was sein kann und was nicht sein kann, das unterliegt vielleicht regulierbaren Bedingungen, die wir nur noch nicht kennen.

Um uns „mitmenschlicher" oder „mitkreatürlicher" verhalten zu können, reichen die kognitiven Prinzipienethiken der Vernunftphilosophen nicht aus, obwohl diese zur Leidensminderung konzipiert sind. Die Konzepte des „Kommunitarismus", die in den USA kursieren, um einen neuen Gemeinsinn bei den Reichen gegenüber den Armen anzuregen, schließen ebenfalls die leibliche Dimension aus und basieren auf eher konservativen Wohlfahrtsgedanken, die schöngeistig bleiben.

Feuerbach wehrte eine Konzeption für Moral und Ethik gänzlich ab, weil er davon ausging, daß ein „Gattungsempfinden" im Menschen wie bei Tieren vorhanden sei und nur durch eine Bildung der sinnlichen Vermögen für eine weltweite Menschheitsempfindung entwickelbar wäre. Die heutige Herausforderung wäre, bewußt „archaischere Erfahrungen" zu suchen, um unser Bewußtsein aus seinen Fesseln zu lösen.

Vielleicht haben auch die religiösen Institutionen diese tiefere Fähigkeit des Sich-anbinden-Könnens auf sich konzentriert, nur daß es in patriarchalen Bahnen festgehalten wurde. Feuerbach vermutete das leiblich erfahrbare „Gattungswesen" in der Religio. Darum war er ein so heftiger Kritiker des Christentums und auch der griechischen Götterwelt. Denn das Göttliche sei als Nichtmenschliches und Unleibliches definiert, obwohl es nur die menschlichen überindividuellen Sehnsüchte nach Liebe und Bindung zu anderen Menschen seien, die sich in Religionen formulierte. *Gott ist nichts anderes als der mystische Gattungsbegriff der Menschheit, die Trennung Gottes vom Menschen, daher die Trennung des Menschen vom Menschen, die Auflösung des gemeinschaftlichen Bandes* (1983 a, S. 198).

Eine wörtliche Übersetzung des lateinischen Wortes „religio" heißt auch „Anbindung". Es läßt völlig frei, an was wir uns anbinden, wenn wir religiöse Gefühle entwickeln. Es muß weder ein Gott noch eine Göttin oder eine andere immaterielle Größe sein. Ein religiöses Empfinden kann mit einem Baum im Garten entstehen, mit einer Topfpflanze auf der Fensterbank oder mit einem wildfremden Menschen irgendwo in der Welt, dessen Bild wir im Fernsehen oder in einer Zeitung kurz erblickten. Das religiöse Gefühl stellt eine intensive Verbindung her, die schwer erschütterbar ist durch äußere Gegebenheiten. Es ist allerdings so, daß diese Gefühlsebene unter uns westlich erzogenen Menschen ziemlich unentwickelt ist und bisher wenig Bildung erfahren hat. Wer zum ersten Mal diese Identifikationsfähigkeit erfährt, kann schnell abhängig werden von jenen, die es verstehen, so eine „Religio" zu erzeugen. Je ungebildeter jemand in diesem Bereich ist, desto leichter fällt er auf Sektenführer, Menschheitsbefreiungs-fanatiker oder autoritäre Gurus herein.

Eine leibphilosophische Bildung kann dazu beitragen, sich in selbstbewußter Weise „anbinden" oder auch ablösen zu können, ohne von Menschen abhängig zu werden, die sich zu Autoritäten aufspielen und dazu verführen, anderem und eigenem Leben Leid zu bringen. Vielleicht kann Philosophie jetzt in einem leiblicheren Sinne einholen, was durch die Vorstellung einer Trennung zwischen Körper und Geist versäumt wurde.

*Es steht uns Philosophen nicht frei, zwischen Seele und Leib zu trennen, wie das Volk trennt, es steht uns noch weniger frei , zwischen Seele und Geist zu trennen. Wir sind keine denkenden Frösche, keine Objektivierer- und Registrierapparate mit kaltgestellten Eingeweiden - wir müssen beständig unsere Gedanken aus unserem Schmerz gebären und mütterlich ihnen alles mitgeben, was wir von Blut, Herz, Feuer, Lust, Leidenschaft, Qual, Gewissen, Schicksal, Verhängnis in uns haben ... wir können gar nicht anders* (Friedrich Nietzsche 1952, S. 548).

Aber jetzt möchte ich noch einmal auf die Richtung der archaischeren Denkweise zurückkommen. Denn damit bereite ich mein nächstes größeres Kapitel über drei wunderbare Schriftstellerinnen vor, die auch Wege aus dem beschränkten patriarchalen Logos-Denken heraus suchten. Sie werden verstehbarer, wenn wir uns vom üblichen Logos aus der archaischeren Sichtweise etwas distanzieren. Um zum Beispiel das Werk von Sappho und auch Lispector gebührend würdigen zu können, sollte das „Nichtlogosmäßige" in verschiedenen Aspekten thematisiert worden sein, denn sie waren „archaischere Denkerinnen", wenn auch Logikerinnen in einem befreiteren Sinne.

Die angeblich körperfernen Vernunftbegriffe führen in verborgener Weise ihre Geschichte aus den archaischeren Denkweisen noch mit sich. Was als begriffliches Reflexionsvermögen mit dem Aufkommen der griechischen Philosophen bis heute in den patriarchalen Institutionen gefeiert wird, bleibt trotzdem leibverbunden, nur unbemerkt und verleugnet.

Durch diese Verdeckung in den Begriffen ist es möglich, auf der Spur unserer abstrakten Logos-Begriffe die archaischeren, leibnäheren Denkweisen zu rekonstruieren.

Dieses Verfahren verwendete der Altphilologe Bruno Snell, um die „Entdeckung des Geistes“ im Abendland zu erklären. Snell geht von einem „Übergang“ zwischen der vor- und der nachhomerischen Sprache aus: *Ursprünglich wird der Geist nach Analogie der Körperorgane und ihrer Funktionen begriffen: Die Psyche ist der Atem, Hauch, der den Menschen am Leben hält; der Thymos ist das Organ der geistigen „Regung“ und der Nous der Geist, sofern er etwas „sieht“ und sich „vorstellt“. Das „Wissen“ ist ein Gesehen-Haben; das „Erkennen“ ... ist an das Sehen, das „Verstehen“ an das Hören, das Sich-auf-etwas-Verstehen ... an das praktische Können geknüpft* (1993, S. 183 f.).

Ergänzt müßte noch werden: Die zielgerichtete geradlinige „Dynamik des Geistes“ ist dem Ejakulationsstreben des Mannes begrifflich nachgebildet.

Was in unserer Vernunfttradition scheinbar eigenständiges Sein erhält, wie Geist oder Materie, ist nach Snell ursprünglich aus einer Art innerkörperlicher „Bewegung“ abgeleitet.

Es werden Kontrastwörter zu jenen leiblichen Regungen sprachlich erfunden, denen die Erregungskraft genommen werden soll. Oftmals sind es nur logische Negationen von Wörtern, wie sie auch im Deutschen üblich sind. So wird aus dem „endlichen“ Leben, das geboren wird und sterben kann, das un-endliche, ewige Leben des Geistes oder die Un-Endlichkeit. Der Gott ist un-sterblich, un-sichtbar, un-sagbar, un-vorstellbar oder un-geboren.

Sokrates verfeinerte die kontrastierende Negationsmethode noch dadurch, daß er leibliche Verhaltensimpulse zu unkonkreten Hauptwörtern stilisierte, die dann als Verhaltensideale oder Verhaltensziele für jeden Mann gelten sollten, diese nannte er „Tugenden“. So ist die Tugend „Tapferkeit“ aus dem Empfinden abstrahiert, das ein Mann hat, wenn er in ihr für seinen Leib und sein Leben nicht wegläuft, sondern ihr ins Auge blickt und sie im Namen einer höheren Idee, wie dem Sieg seiner Polis, bekämpft. Viele unserer moralischen Eigenschaftswörter entstammen dem körperlich-leiblichen Männlichkeitsideal soldatischer Erziehung, wie: aufrecht (marschierend), erhaben (als Masse sichtbar), niedrig, gerade, gewunden, biegsam, hart (Penis), hoch (Stirn), weitblickend (Auge), zielgerichtet (Penis, Waffen), wacker oder tapfer.

In der maskulinen Vernunfttradition entstehen Begriffe, die vom „Körperlichen“ abgezogen, also abstrahiert, und als „reine Begriffe“ behauptet werden. Körperkontrastierende Wörter wie „das Denken“, „der Geist“, „das Allgemeine“ bezeichnen nichts einzelnes, Persönliches, noch dürfen sie wie ein normales Dingwort eine Ansammlung von sichtbaren Gegenständen zusammenfassen. So wie jemand sagt: „Da steht ein Haus“, genauso wird gesagt: „Da ist ein Geist“. Die Sprachlogik, die beim sichtbaren Gegenstand stimmt, wird auf Unsichtbares übertragen. Das erzeugt eine gewisse Plausibilität. Es hört sich genauso logisch an, wie wenn „der Geist“ genauso unproblematisch eine Realität sei wie „das Haus“.

Aber das eine ist für uns klar, und das andere scheint uns nur klar. Das ist die Eigenart der Sprache, daß sie Denkmuster erzeugt, nach denen wir die Wörter ordnen. Und eines Tages werden die Wörter ausgetauscht, aber die Denkmuster funktionieren nach alter Weise. Wir sind überzeugt: „Ja, es ist ein Haus da!", „Ja, es ist ein Geist da!" Es ist dasselbe Satzmuster (Grammatik), und darum kommt es einem nicht so fremd vor, wenn plötzlich etwas als Realität behauptet wird, was doch aber niemand sinnlich erfahren kann, so wie wir alle ein Haus erfahren können.

Die abstrakten Begriffe entstehen nach Snell erst „im entwickelten Denken" und kommen mit der Bildung von Hauptwörtern und Geschlechtswörtern zu ihrer Vollendung. Aus „seelisch" wurde „Seele" und aus „Seele" - „die Seele" (Hypostasierung). Und nun konnte so getan werden, als könnte sogar noch ein „Wesen der Seele" erkannt werden oder ein Wesen aller Einzelseelen (Ontologisierung).

Wie die abstrakten Wörter anfänglich leibverbunden waren und dann vom Leibe wegdefiniert wurden, zeigt Snell auch am griechischen Wort „sehen" auf. Vorhomerisch taten die Augen dabei selber etwas. Die Wörter entsprachen einer eigenleiblichen Erfahrung. Es gab Wörter, die „Blitze schleudern aus den Augen" bedeuteten oder „Strahl aussenden" oder „vernichten". Es gibt eine Vielzahl von Wörtern, die „sehen" als eigenleibliche Tätigkeit meinen, so wie „blicken", „gaffen", „stieren", „wegsehen", „bestaunen".

Die Begriffe des Sehens werden um so aktiver und eigenleiblicher, je älter oder archaischer sie sind. Im Verlaufe der Distanzierungsgeschichte fallen diese aktiven Sehbegriffe ganz weg. In der gesamten antiken Optik nahm man sogar an, daß es Sehstrahlen gebe, die vom Auge ausgehen (nicht nur Euklid, sondern auch noch Ptolemäus). Aber dann blieben nur noch solche Begriffe übrig, die Sehweisen ausdrücken, bei denen etwas gesehen wird, was außerhalb des Leibes ist, ein Objekt, ein Körper. Nicht wie die Sehenden selber das Sehen in aller Differenziertheit erfahren, ist in dieser „Objektsprache" ausgedrückt, sondern wie etwas von außen gesehen dem Auge passiv sichtbar wird.

In dieser Tendenz, die Wörter für das Sehen zu verändern, zeigt sich die Art des neuen Vernunftdenkens, nur noch die Welt außen zu sehen und den eigenen Blick innen nicht mehr zu spüren. Nicht mehr die Erkennenden selber erfahren sich als aktiv Erkennende, sondern das, was erkannt werden soll, steht außerhalb und darf nur als außerhalb des eigenen Leibes (Subjektivität) passiv wahrgenommen werden.

Die Trennung von einem aktiven „Außen" und einem passiveren „Innen" gehört zu den Grundlagen der männlichen Bewußtseinsentwicklung. Daß diese Trennung auch politisch motiviert gewesen sein könnte, entsteht aus dem Umstand, lügen zu wollen, ohne rot zu werden. Julian Jaynes geht sogar davon aus: Der Ursprung des Ich ist die Hinterlist. In Kriegsgesellschaften hat derjenige Aussicht *auf Selbsterhaltung und Fortsetzung seines Stammes ins neue Jahrtausend, der mit seinem sichtbaren Teil (Körper; AST) zu gehorchen vermag, aber im Innern ein zweites Selbst beherbergt, dessen Gedanken seinem trügerischen Tun widersprechen; derjenige, der seinem verhaßten Gegenüber ins Gesicht zu lächeln vermag ... Der Tod ereilte diejenigen zuerst, deren Handeln den Impulsen ihrer unbewußten Gewohnheiten folgte* (1997, 270 ff.) oder den Befehlen der alten Gott-Könige.

Die Göttin Athene ist darum auch eine Göttin der List, und es war den Griechen damals kein Gewissensproblem, Vernunft mit List gleichzusetzen. Listig sein heißt, sich nach einem bewußten Täuschungsplan verhalten zu können, um jemand anderem Schaden zuzufügen oder Schaden von sich selber abzuwenden. Athene verhalf Odysseus dazu, sich Pläne auszudenken, mit denen er die Ungeheuer und charismatischen Gestalten der mythischen Welt überlisten konnte. Er weiß innen, was er will, obwohl er dem einäugigen Zyklopen etwas anderes sagt, als er bei sich denkt. Im Lügen erfährt er sein „Ich", das am Ende stärker ist als alle von außen ihm in den Weg gelegten Hindernisse. Um überzeugend lügen zu können, ist es wichtig, die körperlichen Regungen zu beherrschen. Wer rot wird oder zu stottern anfängt, oder wer dem anderen nicht mehr freundlich in die Augen sehen kann, wird als Lügner entdeckt. Kleine Kinder können schlecht lügen, weil ihr linkes Sprachzentrum noch nicht das Gehirn kontrollieren kann, so daß über den Körper noch viele Signale der Befindlichkeit nach außen gezeigt werden. Heutzutage lernen Manager, Körpersignale zu lesen, als wenn der Körper ein Lügendetektor wäre.

Mit einer körperdisziplinierenden sprachlichen Methode wurde es politisch in der Antike möglich, die leibverbundenere, archaischere und auch frauengeführte Denkweise abzulösen. Könnte es sein, daß dieses Denken ohne Hinterlist und Argwohn, das mehr aus der Perspektive des Gebärens, des Wachsenlassens, der gegenseitigen Vertrautheit und des religiös-kultischen Gemeinschaftssinnes motiviert war, überlistet wurde?

## Der weiblich verleiblichende Logos

Mit den Hinweisen auf archaischere Hintergründe können nun Ausdrucksweisen von Frauen vielleicht besser verständlich werden, die in der patriarchalen Interpretation oftmals als „mystisch“, „irrational“ „unerklärbar“ oder „unlogisch“ gelten.

Ich nehme an: Der weibliche Logos ist leiblicher bezogen geblieben bis in unser Jahrhundert hinein, da wir weniger durch eine begriffsschulende Tradition verbildet worden sind. Wie Witelson zeigte, könnte sich die weniger begriffsdominierte Mädchenerziehung sogar auf die Art und Weise der geschlechtsspezifischen Gehirntätigkeit ausgewirkt haben. Aber die Gehirnforschung steht noch im Anfang, und wer weiß, was wir in dreißig Jahren darüber wissen werden, wie wir denken und fühlen. Soviel ist jedenfalls deutlich geworden: Unsere Gehirntätigkeit paßt sich unseren Lebenserfahrungen an. Umgekehrt werden auch Lebenserfahrungen durch bestimmte eingeübte Handlungs- oder Denkmuster gehirnmäßig orientiert.

In diesem Zusammenhang zwischen Gehirn, also körperlicher Disposition und Denken, Fühlen und Sich-sprachlich-zum-Ausdruck-Bringen geht es mir nicht darum, eine biologistische „Hardware“ anzunehmen, die sozusagen als „Natur“ ein weibliches oder männliches Denken (Software) zugrunde legen soll. Das wäre verdeckte Ontologie (Wesens- oder Seinslehre jenseits historischer Entwicklungsvorstellungen) und nur ein weiterer Ausdruck des Denkens aus dem patriarchalisch entstandenen Zweiweltendualismus.

In einer leibphilosophischen Betrachtungsweise haben wir es damit zu tun, die gegenseitigen Beeinflussungsweisen von körperlichen und sogenannten „geistigen“ Prozessen zu thematisieren. Wir befinden uns genau zwischen den traditionellen theoretischen und auch wissenschaftlichen Frontlinien, was eine diffizile Ausgangslage ist.

Die Thesen von der historischen Entwicklungsgeschichte unserer Gehirntätigkeiten zeigen, daß wir auch in Fragen unseres Körpers nicht vom rein biologischen Körper (Gehirnorgan) ausgehen können. Den reinen Körper gibt es wahrscheinlich genausowenig wie die „reine Materie“ oder den „reinen Geist“. Auch ist unser Gehirn nicht mit einem Computer zu vergleichen, der dualistisch in „Hardware“ und „Software“ unterscheidbar wäre.

Für meine Arbeit sind die Ergebnisse der neueren Gehirnforschung deshalb so aufschlußreich, weil auch dort die strikte Trennung zwischen Geist und Materie immer mehr aufgegeben wird (vgl. Roth, 1997).

Wenn ich die Ergebnisse der Gehirnforschung verwende, um daraus

Unterstützung für eine Utopie weiblichen Denkens zu ziehen, dann tue ich dies aus pragmatischen Gründen, weil es mir eben jetzt in dieser historischen Situation gut paßt. Wenn unser weibliches Gehirn angeblich noch einen breiteren Balken hat und bikameral aktiver ist als das durchschnittliche männliche Gehirn, dann heißt das nicht, daß bei entsprechender Übung nicht auch ein Mann bikameraler denken könnte. Diese neueren Forschungsergebnisse bedeuten aber ein Vorteil für Frauen, wenn damit etwas verstehbar wird, was vorher schwer erklärbar war. Ich könnte zum Beispiel eine bikameralere Art der Logik aufzeigen, die sich mir aus den Studien von Frauenwerken ergibt; solchen, wie die von Sappho, Virginia Woolf oder Clarice Lispector, die mit einer Entweder-oder-Logik gar nicht angemessen verstehbar sind.

Logik oder Logos heißt ja nur, das Wort als Erkenntnismedium zu nehmen oder die geschriebene Sprache, das aufgeschriebene Gesetz. Auch Frauen denken mit Wörtern, wenngleich diese damit beide Gehirnkammern aktivieren können. Auch Frauen lieben es, Worte zu machen, ihren kreativen Logos zu spüren, ihre sprachliche Erkenntnisweise anzuwenden. Ich gehe davon aus, daß dieser weibliche Logos freier ist als jener, der in den letzten zweieinhalbtausend Jahren von den Patriarchen kultiviert worden ist. Er ist freier, weil er weniger leibfern ist und daher mehr Informationen verarbeiten kann. Ja, ich gehe soweit zu sagen: Der weibliche Logos ist intelligenter, weil er die Lebenserfahrung und Leibessituation als Quelle des Wissens weniger abspaltet und so mehr Informationen integriert. Dadurch ist das, was eine Frau versteht, zwar meistens komplexer und für einen geradlinig denkenden Mann oft schwer nachzuvollziehen, aber er sollte sie verstehen lernen, anstatt sie als „unlogisch“ zu bezeichnen. Das Problem ist, daß wir noch nicht in einer Welt leben, in der Mädchen schon von klein auf gefragt werden, warum sie denn gerade jetzt das sagen, was sie gerade sagen. Bei einem kleinen Jungen ruft schon einmal jemand aus: „Oh, was für eine geniale Idee von dem Kleinen! Diese Begabung muß gefördert werden!“, und schon laufen Opa und Oma und kaufen einen Experimentierkasten oder einen Computer, damit der Kleine schon früh seine Fähigkeiten entwickelt, denn er könnte ja ein neuer Einstein sein oder ein zweiter Mister Gates.

Wir würden schon in einer befreienderen Gesellschaft leben, wenn Oma und Opa schnell für das Mädchen einen Laptop kaufen würden, der Laute selbständig in Schrift umsetzt, weil die Kleine gerade so wunderbar tiefsinnige Sätze aussprach, als sie zum ersten Mal das Meer berührte.

Aber wir Frauen dürfen gerade erst 90 Jahre studieren, und in Deutschland sind etwas über 95 Prozent der Wissenschaftler an Universitäten Männer. Es ist zwar ein großes Verdienst der Frauenbewegungen in den letzten hundertfünfzig Jahren, daß wir nun die meisten Fächer studieren und die meisten Berufe erlernen dürfen, aber alles geschieht noch unter der Oberaufsicht von Patriarchen.

Ich habe mir die Werke von Sappho, Clarice Lispector und Virginia Woolf philosophisch erarbeitet, um mit meinem Logos zu verstehen, warum mir ihre Romane so sehr unter die Haut gehen, wie es kein Roman von einem Mann bisher geschafft hat. Sie brachten mich darauf, daß ihr weiblicher Logos zur bewußten Verleiblichung anregt, daß ich durch ihre Worte mich und die Welt ringsherum intensiver und komplexer spüren konnte als vorher.

Es gibt geniale Frauen, die ihre geschriebenen Werke in die Welt setzten. Das sind die Wunder der letzten dreitausend Jahre.

## SAPPHO

Das Erbe der Sappho ist ein anderes „Erbe“ als das des Sokrates. Dieses Erbe ist in der speziellen Sprache zu finden, die einige Frauen benutzen, wenn sie sich und die Welt deuten. Denn mit Sappho verbinden sich bestimmte Formen, die von großen Schriftstellerinnen immer wieder aktualisiert worden sind, auch wenn sie sich nicht direkt auf Sappho bezogen haben. Die Engländerin Virginia Woolf und die Brasilianerin Clarice Lispector betrachte ich als Schriftstellerinnen im sapphischen Erbe. Es geht mir in der Konstruktion dieses „Erbes“ nicht nur um die Art der Sprache, die diese Frauen in ihren Werken fanden. Mir geht es als Philosophin genauer um die Inhalte, die sie weitergaben. Sie passen zu meiner leibphilosophischen Perspektive.

Im folgenden Text über Sappho zeige ich, daß Sappho nicht nur eine Lyrikerin war, sondern sie war auch eine Philosophin, eine leidenschaftliche Freundin der Sophia. Sie stellte nicht nur eigene Lebensregeln auf, die sie lehrend und als bewußtes Vorbild ihren Schülerinnen weitergab. Sie entwickelte auch eine eigene leibnahe Bewußtseinssprache und damit einen „verleiblichenden“ Logos, keinen „vergeistigenden“ Logos, wie Sokrates und Platon.

Aber Europa ist nicht Sapphos Weg des sprachlichen Bewußtseins gegangen, sondern den Weg des Sokrates und des Platon, der sich immer mehr als Sackgasse erweist. Sapphos Weg ist eine moderne Alternative.

Zunächst zur Person Sapphos. Wer sie war und was sie erlebte, ist kaum zu erfahren. Auch ihre Schriften sind, wie die des Parmenides, nur bruchstückhaft überliefert. Hinzu kommt der äolische Dialekt der Sappho, der sich nur selten in der alten griechischen Literatur findet und daher noch schwerer zu übersetzen ist als das Standard-Altgriechisch (Attisch). Trotzdem möchte ich sie dem Sokrates gegenüberstellen und mit ihr einen weiblichen Anfang für ein neues Sprachbewußtsein setzen, das in die Archaik zurück reicht.

Sappho wurde um 600 v. Chr. geboren und lebte etwa hundert Jahre früher als Sokrates. Sie lehrte auf der griechischen Insel Lesbos in der Polis Mytilene und entstammte wahrscheinlich einer alten adeligen Sippe.

Mit neunzehn Jahren soll sie für zwei Jahre im Exil gelebt haben, verbannt von dem Tyrannen Pittakos, einem der „sieben Weisen“, der seinen Spruch auf dem Portal des Tempels von Delphi eingemeißelt haben soll. (Aber es gibt viel mehr als nur sieben „Weise“, die Urheber der delphischen weisen Sätze gewesen sein wollen.) Ähnlich wie später auch Sokrates in einem Kreis von Jünglingen lehrte, lehrte Sappho in einem Kreis von jungen Frauen und Mädchen. Aber im Unterschied zu ihm scheint sie eine Art Schule oder Akademie geführt zu haben, in der die Mädchen lebten, bis sie verheiratet wurden.

Anstatt Sappho als einmalige „Ausnahmefrau“ in der damaligen Kriegergesellschaft zu sehen, kann sie auch als eine der letzten Frauen angesehen werden, die versucht haben, eine ältere selbständige Frauenkultur mit den neuen Philosophien zu verbinden. Ihre Gemeinschaft war eine, in der Frauen geschult wurden; vielleicht für ein Amt als Priesterin, für ein Dasein als Künstlerin oder als gelehrte und lehrende Frau. Auch die Aspasia des Perikles und Sokrates muß eine Schulung erfahren haben, durch die sie Lehrerin sein konnte, und erfuhr diese eben nicht in Athen, wo es nur Männergemeinschaften gab.

In welcher Umgebung lebte Sappho, was hatte sie geschaffen? Einige ihrer auf Göttinnen bezogenen Gedichtfragmente verdeutlichen: Ihr Anwesen diente auch einem kultischen Zweck. So in dem Satz: *Und voll fiel herab der Schein des Mondlichts, als sie den Altar im Kreis umstanden* (Sappho 1954, S. 63).

In mehreren Gedichten ruft Sappho Göttinnen an und lädt sie ein, zu ihr „herabzusteigen“. Die angerufenen Göttinnen sind Hera und Aphrodite. Letztere nennt Sappho oft „Kypris“, weil sie auf Kypros/Zypern ihren Lieblingstempel hatte. In den Gedichten werden nicht nur Altäre benannt, auch Sapphos Ort, zu dem sie herbeiruft, wird beschrieben.

Sappho geht also nicht, wie Sokrates, von einer ihr selber ständig innewohnenden Gottheit aus, sondern sie ruft je nach Bedürfnis die Göttinnen, die zu ihr kommen sollen.

*Her zu mir aus Kreta, zu diesem Tempel-*
*heiligtum, worin dich entzückt der Hain von*
*Apfelbäumen und die Altäre Weihrauch-*
*wolken verdampfen.*

*Drinnen Wasser, kühles Gerausch durch Apfel-*
*zweige, und die Rosen sind allerorten*
*schattenreich, von zitternden Blättern kommt der*
*Schlummer hernieder.*

*Drinnen Weidegründe der Pferde, blühend*
*frühlingsbunte Blumen, verweht in Winden•*
*honigsüße Düfte...*

*Hier nun sollst du Kränze dir nehmen, Kypris,*
*und in golden glänzenden Schalen üppig*
*den zu froher Feier gemischten Nektar*
*schenke zum Trinken* (11).

Der Ort der Sappho, der hier beschrieben wird, könnte ein Tempelanwesen gewesen sein mit einem Tempel der Aphrodite und / oder Hera. Ihr „Entzücken" angesichts des Apfelhaines bekräftigt meine Vermutung, daß Sappho in ihr „heiliges Gebiet" ruft, das sie selber aufgebaut hat.

Apfelhaine sind von alters her als Gebiete von weisen Göttinnen angesehen, die für Liebe, Geburt, Fruchtbarkeit und Lebensschicksal zuständig sind. Darum wird Aphrodite auch oft mit einem Apfel dargestellt, weil der Apfel auch im griechischen Mythos die Frucht der Erkenntnis oder Weisheit ist. In verschiedenen Mythen und Kulten stellt der Apfel bzw. der Apfelbaum das äußere Merkmal der Weisheit und Inspiration dar. Die Kerne und Schalen des wilden Apfels sollen dazu verwendet worden sein, Schwangerschaften zu verhüten oder Abbrüche zu bewirken (vgl. Heinsohn/Steiger 1985). Der Apfel gehört zum Kult fast aller Muttergottheiten und symbolisiert den lebendigen Kosmos. Wird der Apfel quer durchgeschnitten so bildet das Schema des Apfelgehäuses einen exakten Fünfstern, der die fünf Phasen des Erdenjahres darstellt.

Wenn Adams Apfelbiß im Paradies ihm die Erkenntnis seiner „Nacktheit" brachte, so kann das auch bedeuten, daß dem Mann das Geheimnis der Geburt und seines Anteils daran von Eva verraten wurde.

Der Apfel verleihe auch geistige Unsterblichkeit. Diese Unsterblichkeit gehöre den Dichterinnen und Dichtern, die in Wörtern göttliche Rhythmen und Wirklichkeiten einfingen und den Menschen weiter reichten.

Um im Zyklus der Wiedergeburten unsterblich zu werden, suchten die Dichterinnen und Dichter die Göttin der Weisheit. Wo aber war sie zu finden? Unter dem Apfelbaum in einem Apfelhain.

Ranke-Graves entschlüsselt die poetische Antwort *auf Hiobs Frage: „Wo will man aber die Weisheit finden? Und wo ist die Stätte des Verstandes?"* (Hiob 28, 12*) Unter einem Apfelbaum, kraft reiner Meditation, an einem Freitagabend, in der Jahreszeit der Äpfel, wenn der Mond voll ist.*" (1984, S. 307 f.).

Sapphos Anrufung könnte auch ein Lied zu einem Fest der Aphrodite oder Kypris im Apfelmonat August sein, das noch heute am 15. August als „Mariä Himmelfahrt" bei den Katholiken gefeiert wird und das eigentlich das Fest der

Sophia ist. Die blühenden Blumen und Rosen, der honigsüße Duft und die schattenreichen Blätter deuten die Fülle des Hochsommers an. Altäre, auf denen Weihrauchwolken verdampfen, zeigen das Bild einer Kulthandlung. Der Mond kommt in mehreren Zeilen der Sappho vor und scheint in ihre Kulte integriert gewesen zu sein.

Sappho wird bis heute auch in patriarchalen Literaturgeschichten als große Dichterin und Begründerin der Lyrik gefeiert. Berühmte Poeten haben versucht, ihre Gedichte nachzuahmen, aber sie scheiterten daran. Das Geheimnis der Sappho blieb für sie verschlossen.

War ihr Geheimnis, daß sie sich wie Kleopatra selber als Gott-Königin sah? Nirgends bekundet sie sich als eine Botin der Göttin, als ihre Dienerin oder als Priesterin. Sie versteht sich auch nicht als das Sprachrohr einer Göttin, wie Parmenides, noch sitzt ihr ein Gott in der Brust, wie dem Sokrates. Keine Sophia gibt ihr ungefragt kluge Ratschläge, oder belehrt sie wie ein unwissendes Mädchen, sondern Sappho bittet sie zu sich wie eine ebenbürtige Freundin, und fordert sogar.

*Bunten Thrones ewige Aphrodite,*
*Kind des Zeus, das Fallen stellt, ich beschwör dich,*
*nicht mit Herzweh, nicht mit Verzweiflung brich mir,*
*Herrin die Seele.*

*Nein, komm hierher, so du auch früher jemals*
*meinen Ruf vernommen und ganz von ferne*
*hörtest drauf und ließest des Vaters Haus, das*
*goldene, und kamst, den*

*Wagen im Geschirre. Dich zogen schöne*
*schnelle Spatzen über der schwarzen Erde,*
*flügelschwirrend, nieder vom Himmel durch die*
*Mitte des Äthers,*

*gleich am Ziele. Du aber, Selig-Große,*
*lächeltest mit ewigem Antlitz, und du*
*fragtest, was ich wieder erlitten, was ich*
*wiederum riefe,*

*was ich maßlos wünschte, daß mir geschähe,*
*rasend in der Seele. „Ja, wen soll Peitho*
*deinem Liebeswerben verführen, wer, o*

*Sappho, verschmäht dich?*

*Ist sie heut noch flüchtig wie bald schon folgt sie,*
*ist sie Gaben abhold, sie selbst wird geben,*
*ist sie heut noch lieblos, wie bald schon liebt sie,*
*auch wenn sie nicht will.*

*Komm zu mir auch jetzt; aus Beschwernis lös mich,*
*aus der Wirrnis; was nach Erfüllung ruft in*
*meiner Seele Sehnen, erfüll. Du selber hilf*
*mir im Kampfe* (S. 9 f.)

*Abb.11 Sappho*

Aphrodite wird hier als eine persönliche Schutzgöttin angesprochen. Die Eigenschaft „dolöplokos“ („Listen flechtend“ - „ränkeschmiedend“, hier mit „das Fallen stellt“ wiedergegeben) rückt Sapphos Aphrodite deutlich in die Nähe der Athene, wie sie in der Odyssee dargestellt ist. Die Göttin verrät Sappho listige Pläne, mit deren Hilfe sie andere Personen überreden oder schwierige Liebessituationen meistern kann.

Es ist Peitho, die Aphrodite der Sappho schicken möchte, und Peitho ist eine Göttin der Überredungskunst, eine Tochter der Urmuttergöttin Thetys, die mit dem Meeresgott Okeanos alle Erdwesen gebar und schon vor Zeus herrschte. Aphrodite hält Peitho für Sappho bereit, die Göttin der verführerischen Worte, die ins Herz treffen. Aphrodite wird zwar als Tochter des Zeus angerufen, aber sie verläßt das Haus ihres Vaters und fährt in ähnlichem Wagen wie Parmenides ihre Wege.

Es könnte die Zeit des Neumondes sein, wenn die „Erde schwarz" ist, weil das Licht des Mondes fehlt, aber dennoch durch die „Mitte des Äthers" unsichtbar zur Erde fließt. Heißt „am Ziele sein" in Sapphos Leib einkehren (inkarnieren)? Die „Selig-Große", die mit „ewigem Antlitz lächelt", könnte das Freudegefühl sein, das Sappho in der Gegenwart der Göttin verspürt. Indem Sappho sich dieser inneren Einkehr überläßt, wird sie lyrisch.

Wenn Sappho dichtet, sind jene Göttinnen bei ihr, die sie rief. Schwingt sie im Rhythmus der Worte in kosmischere Dimensionen ein, gerät sie in Trance? Sollen ihre Gedichte auch die anderen in Trance versetzen?

„Trance" ist ein bikameraleres „Feeling", für das heute so manche Europäerinnen und Europäer viel Geld in Brasilien oder anderen außereuropäischen Kulturländern zahlen, damit sie Techniken erlernen, um in „Zustände ohne Bewußtseinsdistanz" zu kommen.

Es war in Griechenland bis zu Platon üblich gewesen, in Gedicht- und Versform Wahrheiten zu verkünden und Weisheiten zu formulieren. Bewegung in der Natur war im Takt der Worte enthalten. Wenn der römische Naturphilosoph Lukrez lyrisch seine Naturerkenntnisse vortrug, so war ihm das genauso exakt, als wenn heute ein Naturwissenschaftler Zahlen benutzt, um die Verhältnisse zwischen den Dingen auszudrücken. Lyrik, als Gesang oder Musik in Worten, war im Altertum jene Sprache, nach der sich Welt und Götter bewegten. Wurde ein neuer, als schön empfundener Rhythmus geschaffen, so feierte man diesen als göttliche Naturoffenbarung. Es war, als sei ein neues Naturgesetz entdeckt worden. Erst die Mathematisierung musikalischer Strukturen durch Pythagoras drängte lyrisches Können in den Hintergrund.

Sappho war als Meisterin auch bei den Männern anerkannt. Sie galt nicht nur als nette, schöne, liebreizende und Leier spielende Dichterin, sondern sie schlug einen Ton an, der bewußt dem kriegsorientierten Polis-Leben entgegengestellt war. Diesen Ton gab sie ihren Schülerinnen weiter. Sie lehrte nicht nur einen lyrischen Rhythmus, sondern eine Lebensart, die sich bewußt jenseits der erstarkten Polis-Identität befand.

## Sappho war eine Philosophin - oder selber eine Sophia?

Sappho stellte sich ihrem „Zeitgeist" entgegen, indem sie einen neuen

Schönheitsbegriff prägte. Was schön ist, das sei nicht abhängig davon, was die Männer als schön propagierten, sondern sie band es an das eigenleibliche Begehren. *Dieser sagt von Reitern und der vom Fußvolk, mancher auch von Schiffen: auf schwarzer Erde seien sie das Schönste; doch ich nenn' so, wonach einer sehnt sich* (S. 13).

Snell paraphrasiert die gleiche Stelle: *Die einen mögen dies Großartige für das Schönste halten, die anderen jenes - ich sage, das Schönste ist, was einer liebt* (1993. S. 55).

Eine Frau stellt ihr eigenes ästhetisches Urteil als politisches dem der Männerwelt entgegen und begründet damit eine Lebensregel zugunsten der leiblicheren Einbildekraft.

Nicht einmal Sokrates wagte es, sich als Person für seine Aussagen verantwortlich zu erklären, da ein Gott in ihm die Weisheiten verkünde. Sappho aber spricht: „Ich sage!" Sie bringt sich bewußt als ein „Ich" ein. Bei Sokrates und Platon ist das Schönste, was in vielen konkreten Objekten zusammen gesehen als „schön" bezeichnet wird, ein vom Konkreten abstrahierter „Begriff von Schönheit", eine Schönheitsidee. Es gibt für beide nichts Einzelnes als vollkommen Schönes, sondern nur die Idee der Schönheit ist vollkommen. Sappho aber behauptet exakt das Gegenteil. Das Schönste ist das, was einer liebt, was begehrenswert ist. Begehren, Sehnen, Lieben sind eigenleiblich verspürbare Strebungen und Befindlichkeiten. Diese sind für Sappho Grundlage ethischer und ästhetischer Beurteilungen, nicht vom Konkreten abgehobene Begriffe oder pure Ideen.

Das Kriterium für das, was Sappho als schön bezeichnet, ist kein reiner Begriff von Schönheit, kein äußerer Gegenstand der fünf Sinne, sondern eine Regung des eigenen Leibes zu etwas anderem hin. Lieben, Sehnen und Begehren geben die Richtung der Beurteilung an, nicht das Zielobjekt selber.

Ganz im Gegensatz auch zu Kant, der „schön" bestimmt hat als das, „was ohne Interesse gefällt" (hier wieder die Abspaltung des Eigenleiblichen und Etablierung einer reinen Verstandeskategorie).

Liebe oder Begehren sind leibliche Erregungen. Sappho verknüpft Eigenleiblichkeit und bewußte Urteilskraft. Damit bejaht sie auch bewußt das Körperliche. Ihre ethische Lebensregel formuliert sie in Abgrenzung zur politischen Norm. Sie sagt damit auch, daß sie davon abrät, das schön zu finden, was die Männer in der kriegerischen als Polis schön definieren.

Sappho wendet sich gegen „das Übliche" ihrer Zeit, nämlich Reiterheere und marschierende Soldaten schön zu finden oder auch Kriegsschiffe. Sie dagegen erinnert sich an das Mädchen Anaktoria, *und möcht doch ihre geliebten Schritte und der Anmut Leuchten sehn im Gesicht ihr, statt der Lyder Wagen und waffenstarres Fußvolk im Kampfe* (S.13).

Sappho zeigte sich als Kriegsgegnerin. Sie liebte keine Menschenmassen, sondern eine einzelne, mit Namen bedacht. Anaktoria ist individuell und für sie wertvoller als jene bombastischen öffentlichen Dinge, die soldatische Männer als wertvoll betrachten. Sie stellt das persönliche Verhältnis zur Welt und anderen Menschen dem Jubel für die Herrlichkeiten einer Polis und der abstrakten Identität eines „freien Bürgers" entgegen. In diesem Sinne stand sie wie Antigone für ein „älteres Gesetz" gegen Kreon, den neuen Gesetzgeber. Zu lieben bedeutet, Beziehung zu einzelnen Menschen, Göttinnen oder Dingen zu knüpfen und nicht die individuelle Verbindung einem Massenprojekt wie der Polis zu opfern. Sappho liebte keine Idee der Schönheit, keine Idee der Polis oder der Freiheit des Individuums, sondern sie erhob die konkret empfundene Liebesbeziehung zum Letztgültigen.

Auch Bruno Snell interpretierte den Satz „das Schönste ist, was einer liebt" als das Gegenprojekt zum abstrahierenden griechischen Denken, wie es sich zu Zeiten der Sappho schon gebildet haben muß. Sappho unterscheide sich insofern von den vorherigen Dichtern (in der Hauptsache von Homer), als sie eine Reflexionsebene des Denkens zum Ausdruck bringt, in der sie sich selbst als Ursache des Handelns erkennt. Das aber werde üblicherweise erst mit Sokrates thematisiert. Aber Sappho „reflektierte" bereits vor Sokrates. Für sie war es keine Privatangelegenheit, Mädchen und subjektive Liebesgefühle zu beschreiben. Sie formulierte damit ein Lehrprogramm, bewußt die Nähe zu dem, wonach einer sich sehnt zu suchen, denn das gerade wurde ja den Polis-Soldaten abtrainiert mit dem sich neu entwickelnden Vernunftprogramm gegen die körperlichen Begierden. *Da die Liebe nicht als private Laune, als subjektive Liebhaberei, sondern als überpersönliche, göttliche Kraft erlebt wird, kann dies persönliche Fühlen den Menschen zum Wesentlichen zurückführen* (Snell 1993, S. 65).

Über alles äußerlich Glänzende stellte sie das innerliche sinnliche Begehren. Das ist Sapphos Botschaft.

Dann formuliert sie ihre Lebensregel des Schönen mit anderen Worten ethisch weiter, indem sie auch danach fragt, was gut sei.

*Zwar der Schöne, so lang man ihn sieht, ist als Schöner da; doch der Gute, auch unversehrt wird er ein Schöner sein* (S. 26).

Es kann ein Mann schön aussehen, aber deshalb muß er noch nicht gut sein. Hier wendet sich Sappho gegen die homoerotische patriarchale Identität von schöner Gestalt und Güte oder Tugendhaftigkeit. Sie bringt, wie später Sokrates, das Anliegen vor, zu benennen, was gut sei, aber sie definiert nicht „das Gute" als einen leibfernen Tugendbegriff.

Vielmehr empfindet sie den Mann jenseits seiner äußerlichen Schönheitsattribute als gut. Ein guter Mann ist für sie immer auch ein schöner Mann, aber aus ihrer subjektiven Perspektive gesehen, nicht von der objektiven gesellschaftlichen Norm her gesehen. Sie wird ihn schön sehen, wenn sie ihn begehrt. Sie begehrt ihn, wenn sie ihn als gut für sich befindet. Und was tut ihr an einem Manne gut?

*Wenn du ersehnst, was ehrenhaft oder gut, und deine Zunge nicht an das Schlechte rührt, die Scham wär nicht in deinen Augen, nein, würdest aussprechen, was dir recht i*st (S. 60).

Sappho kann in seinen Augen sehen, ob er sich wegen irgendeiner schlechten Redeweise (Zunge) schämt. Sie würde an seinen Körpersignalen erkennen, ob er zum Beispiel lügt oder mit Hinterlist über jemand anderen redet. Er soll nicht ersehnen, listig zu werden, das ist für sie nicht ehrenhaft und gut, sondern er soll authentisch sein, aussprechen, was er denkt. Sappho fordert genau das, was die damaligen Krieger in ihrer Bewußtseinsentwicklung gerade nicht gebrauchen konnten: Übereinstimmung von Denken und körperlichem Ausdruck (Handeln). Wenn sie bei der Frau liegen und sie lieben und nicht verlassen wollen, warum dann ziehen sie trotzdem in den Krieg und gehen das Risiko ein, sich töten zu lassen und andere zu töten? Ein Mann ist ehrenhaft und gut, wenn er aufrichtig ist und die Frau nicht anlügt. Da sie in seinen Augen erkennen kann, ob er aufrichtig ist, kann er sie nicht überlisten. Ein Mann, der eine Frau anzulügen versucht, ist für sie häßlich, egal wie schön er auch äußerlich dastehen mag. Was häßlich am äußerlich schönen Mann ist, wäre sein scheeler Blick, seine Scham in den Augen, während er sie belügt.

Dabei kennt Sappho durchaus die List der Verführungskunst, schließlich ist sie selber bereit, sich nach Art der Göttin Peitho zu verhalten, sie ist keine naive Archaische, die nur ihren Gefühlen ausgeliefert wäre und keine Differenzierung von außen und innen kennt, aber ein Mann ist für sie nicht ehrenhaft und gut, wenn er nicht ausspricht, was er denkt.

Sappho beschäftigt sich in ihren Gedichten genau mit jenen Fragen der neuen Identitätsfindung, die aus heutiger Sicht den Beginn unserer westlichen Vernunftidentität ausmachen. Sie kommt allerdings zu anderen Ergebnissen als nach ihr die Philosophen Athens. Warum nun aber wird Sappho uns lediglich als harmlose Liebeslyrikerin überliefert? Auch Lukrez schrieb seine Gedanken in lyrischer Form auf, und er gilt als Philosoph. Gilt Sappho nur als Lyrikerin und nicht als Philosophin, weil sie über Liebe philosophierte? Ist das Thema Liebe zu leibnah, um ein philosophisches der Vernunftphilosophen zu sein?

Was Sappho zu sagen hat und auch wie sie es aufschrieb, ist philosophisch noch gar nicht gründlich entdeckt worden.

Nicht erst das europäische Bürgertum nach Descartes brachte das individuelle Selbstbewußtsein in die europäische Welt. Es gibt schon ein vorpatriarchales, archaischeres Selbstbewußtsein als Persönlichkeit, es ist von Sappho formuliert worden.

Sich selber als eigenständig auch gegenüber Göttinnen zu empfinden und sich überlegt gegen die herrschende männliche Norm stellen zu können, das macht den philosophischen „Eigensinn" der Sappho aus.

In ihren Gedichten bringt sie nicht nur Freudiges zum Ausdruck. Auch

Verzweiflung, schmerzhafte Erkenntnisse und Trauer suchen durch ihre Worte nach Ausdruck und Erklärung. Sappho identifiziert sich nicht vollständig mit jenen Gefühlen, die sie erregen. Sie ist eine analytische Beobachterin eigener Erfahrungen, noch während sie diese Erfahrungen macht, und das ist die Kunst, die sie lehrt. Sie denkt, während sie fühlt. Für sie setzt die Selbstbeobachtung keine Distanz zum Erleben voraus.

So empfindet sie zum Beispiel die Liebe bewußt als den Gott Eros, der ihr die Glieder aufwühlt. (Dieses Mal hatte sie den Gott wohl nicht gerufen.) *Doch Eros zerwühlte mir das Gemüt, wie ein Wind vom Gebirg in die Eiche fällt* (S. 35).

Eros, der Liebesgott, zerwühlt ihr Gemüt, ihre Leibeseinheit, ihr klares Gespür von sich selber. Aber während dieses Geschehens fühlt sie sich dennoch wie eine Eiche, stark, groß und unumstößlich, auch wenn der Wind in ihr Laubwerk einfällt. (Die Eiche steht in der Hierarchie der Bäume in fast allen Mythen an vorderster Stelle.) Auch wenn sie sich ergriffen fühlt, weiß sie sich als Frau stark. Nicht wie eine unscheinbare Welle auf dem Meer kommt sie sich vor, sondern als in der Laubkrone zerwühlte Eiche.

Sappho beobachtet sich selber als Liebende und spürt sich ambivalent in zwei Zuständen, die als Eiche und Bergwind benannt werden. In einem anderen Vergleich zweier Zustände ortet sie sich ebenfalls als diese zwiefältig wahrnehmende Person:

*Wie der süße Apfel sich rötet am oberen Aste,*
*oben am obersten, doch vergessen von pflückenden Händen -*
*nicht vergaßen sie ihn, nein, konnten nicht dahin gelangen.*

*Wie Hyazinthen, die im Gebirge Hirtenmänner*
*unter die Füße treten, am Boden die Purpurblüte* (S. 51).

Einerseits sieht sie sich als unerreichbare wissende Frau im noch reifenden Alter, der sich rötende süße Apfel am oberen Aste, und andererseits als die Frau, die durch einen Mann im Geschlechtsverkehr berührt wird, dabei ihr Jungfernhäutchen (Purpurblüte) verliert und grob erniedrigt wird.

Sappho widmet dieses Gedicht einer Schülerin. Diese weint, weil sie Abschied nehmen muß. Ihr Vater wird sie mit einem Mann verheiraten, den sie nicht liebt. Er wird ihr in der Hochzeitsnacht Gewalt antun. Sappho versucht, an die königliche Ehre der Frauen in ihrem Hain zu erinnern. Keine Frau aus diesem Apfelhain kann durch den Zugriff eines Mannes in ihrem tiefsten Wesen erniedrigt werden, weil er sie dort nicht erreichen kann. Das kann diese junge Frau immer wissen, auch wenn sie sich von ihm eines Tages beschmutzt fühlen sollte durch die grobe geschlechtliche Art des ungeliebten Mannes. Er wird nicht dorthin gelangen können, wo ihre heiligste Stätte ist, wo sie klug ist und begreift, liebt und leidet, wo sie eine Königin ist.

In einem Gedicht nimmt Sappho die Klage eines Mädchens auf, das mit einem Manne fortziehen muß.

*Tot sein, ehrlich, ich wünsch es mir;*
*vor mir weinte sie, während sie Abschied nahm, viele Tränen und sagte:*
*„Ach, wie Schlimmes erfahren wir*
*Sappho, ja, wider Willen verlaß ich dich.“* (S. 39)

Wer ist hier mit „wir“ gemeint? Wir Frauen? Lesbische Frauen? Alle Frauen unter der Gewalt der sich zu Herrschern aufbauenden Männer? Spricht aus den Worten der Sappho ein patriarchatskritisches Selbstbewußtsein?

Letzteres vermute ich, denn die klugen Frauen erlebten damals die rohe Gewalt jener Männer, die sich mit ihren Eroberungen und Kriegen zu identifizieren begannen und ihre Gefühle verdrängten. Ob mit Sappho lesbische Frauenliebe zu verbinden ist, bleibt für mich Spekulation. Männer denunzieren Frauen leicht als Lesben, wenn Frauen andere Frauen bewundern und lieben. Warum sollte eine Frau nicht ihre Schülerinnen lieben, deren Schicksale ihr Sorgen bereiten? Große Männer lieben ihre Zöglinge auch.

Sappho gibt der weinenden Schülerin Trostworte zur Antwort. Sie solle sich an das Schöne und Königliche erinnern, daß sie bei ihr mit den anderen Frauen und Mädchen erfahren habe. Sie sei gesalbt worden, wie es nur einer Königin zustehe und habe auf weichem Bette ihre Liebessehnsüchte gestillt. In heiliger Umgebung des Apfelhaines habe sie Liebe erfahren, an die sie sich erinnern solle, wenn der zukünftige Ehemann sie als seine Ehefrau mißbraucht.

Wird in den Gedichten der Sappho eine gesellschaftliche Ohnmacht wissender Frauen beklagt, denen kein Einfluß mehr über ihre Jungmädchen zugestanden wird? Priesterinnen müssen zusehen, wie ihre eigene Art ausstirbt. Könnte von hier aus das Wehklagen der Sappho um ihre Mädchen besser verstanden werden?

Was einem Sokrates mit einem gewissen Augenzwinkern eingeräumt wird, nämlich daß er seine Schüler und Lieblinge auch mit erotischer Leidenschaft verehrt und begehrt hat, obwohl er verheiratet war, das wird der Sappho als eine Verirrung oder Kuriosität nachgetragen, obwohl auch sie einen Mann liebte und Mutter einer Tochter war, die bei ihr lebte. Hierbei wird außer acht gelassen, daß im antiken und vorpatriarchalen Griechenland wahrscheinlich jedes Lernen und Weitergeben von Wissen eine Liebeshandlung war und kein „Unterricht“ in unserem abstrakteren Sinne der Informationsweitergabe.

Weisheitswissen, um das es in den Tempeln und anfangs auch in der

Philosophie ging, regte auch das Gemütsleben bewußt an und „machte" einen gewöhnlichen Menschen zu einem „gesalbten eingeweihten". Eingeweiht in geheimnisvolle königliche und göttliche Wissenszusammenhänge. Die Liebe oder Eros war das Band, durch das die „Weiserin" und Schülerin eine Art inneren Einklang miteinander fanden. Erst durch diesen für beide leiblich spürbaren Einklang im Verliebtsein ist gegenseitige dichterische Inspiration möglich.

Der „pädagogische Eros" muß vom sexuellen Eros unterschieden werden. In Sapphos Apfelhain werden auch Männer besungen in der mythischen Gestalt des Adonis. Ein Adonis ist ein schöner Mann, der sich unglücklich in eine charismatische Frau verliebt, eine Göttin, Königin, eine Unerreichbare. Er kann nicht den Apfel erreichen, den zu pflücken er sich vorgenommen hat, er scheitert daran. Sappho besingt solche Männer und beweint den Tod des Adonis, den Jüngling der Aphrodite. Adonis war so schön und zärtlich, daß mehrere Göttinnen sich um ihn stritten, weil sie ihn bei sich liegen haben wollten. Persephone behielt ihn einige Monate in ihrem Totenreich, Aphrodite liebte ihn einige Zeit in ihren heiligen Hainen, und auch die Göttin Diana (oder Artemis) war hinter diesem Jüngling her und tötete ihn schließlich mit einem Eber, den sie auf ihn hetzte. Aphrodite erhielt die Leiche des Jünglings, und jedes Jahr feierten die Frauen und Mädchen in den Aphroditetempeln das Fest des Adonis, das Fest der schmerzensreichen Liebe eines zärtlichen Mannes zu einer charismatischen Frau.

Adonis wurde von einer Frau geboren, die ihren eigenen Vater überwältigt haben soll. Sie gehorchte nicht dem Vater, sie war eine wehrhafte Frau. Adonis liebt nur solche Frauen.

*Tot, Adonis ist tot, herrlicher Gott. Kypris, was tun wir?*
*Schlagt euch, Mädchen, die Brust, reißt auch herab*
*eure Gewänder* (S. 61).

In dem Anwesen der Sappho war es für ein Mädchen möglich, mit einem selbstgewählten Jüngling die Nacht zu verbringen, während ihre Freundinnen diese Begegnung feierten. Bevor der Morgen kam, wurde er geweckt und zu seinen Gefährten hinausgeschickt.

*Bist geweckt dann, Bräutigam ... gehe hin zu deinen Gefährten; später als sogar die morgenhell lauten Vögel sehen den Schlaf wir* (S. 17).

Je nach Landesregion wurde eine andere Aphrodite angerufen. Wenn sich Sappho häufig mit ihren Mädchen und der Göttin als „Charitinnen" bezeichnet, meint sie wohl die Eurynome, die zweigestaltige Mutter der Charitinnen. In dieser Gestalt wurde sie auch als Schutzgöttin der Geburten angerufen, die Müttern und Hebammen bei der Entbindung hilft. Die Charitinnen, die sie auch „rosenarmig" nennt, sind eine Dreiheit von Göttinnen, die mit den Phasen des Mondes erscheinen. Rosen nun könnten einerseits die Blutstropfen des Adonis sein, die er beim Todeskampf mit dem Eber verlor und aus denen rote Anemonen oder Rosen wuchsen, aber es könnte auch das Menstruationsblut bedeuten. In der griechischen Sprache hat eine Bezeichnung oft mehrere unterschiedliche Bedeutungen, die auch gleichzeitig gemeint sein können. Der gelebte Zusammenhang stellt die Bezüge her, nicht Wortdefinitionen.

Charitinnen sind drei Frauen, die Aphrodite nach deren heiligen Liebesabenteuern und Geburtshilfen baden und so salben, daß sie nicht mehr nach Erde riecht und unauffällig zu den Göttern in den Olymp zurückkehren kann. Denn auf dem Olymp darf niemand merken, daß Aphrodite Menschen liebt und hilft, daß sie irdische Liebe braucht. Charitinnen sind Mittlerinnen zwischen Göttinnen und Menschen. Die dreigestaltigen Charitinnen heißen Aglaia, Euphrosyne und Thalia. Aglaia wird von Altphilologen normalerweise mit „Zierde“ übersetzt, aber Aglaia heißt auch „Glanz“, „prachtvolle Ausstrahlung“, „Helligkeit“, „großes Licht“. Euphrosyne übersetzen sie mit „Freude“, es geht aber mehr in Richtung „Euphorie“, „tranceartige Hochstimmung“. Und Thalia wird als „Fülle“ übersetzt, bedeutet aber auch „blühendes Glücklichsein“, „fröhliches und reichhaltiges Gelage“, „großes Fest“. Wenn wir nur „Zierde“, „Freude“ und „Fülle“ als die drei Merkmale der charismatischen Frauen mitgeteilt bekommen, wirken sie eher wie liebe, nette, gefällige Weibchen, aber die anderen Bedeutungen lassen erahnen, zu welch außerordentlichen Frauen Sappho sich und ihre Mädchen zählte. Alle drei Charitinnen bedeuten eigenleibliche Befindlichkeiten, die kultisch in der Gemeinschaft erlangt werden können. Das Wort Charis wird uns mit „Anmut“ übersetzt, es hat aber etwas mit dem Wort Charisma zu tun. Ein charismatischer Mann ist nicht „anmutig“, er ist eine „Führernatur“, er zieht die Massen an, er verfügt über eine sagenhafte Anziehungskraft. Meinte das Sappho, als sie ihre Mädchen damit tröstete, daß sie charismatische Frauen seien, Königinnen?

Pindar besingt die Charitinnen lediglich als reines Licht. Sie seien die Strahlen und Auren und bei Mondlicht zu sehen.

Charitinnen sind aber machtvolle, charismatische Frauen, die als ununterwerfbare Wesen galten, als Göttinnen. Sie werden in manchen Kulten der Muttergottheit als drei große Steine in der Landschaft aufgestellt, zwischen denen sich ihre Wirkkräfte in einem bestimmten Punkt sammeln sollten. Wer sich auf diesen Punkt stellt, würde von ihrer charismatischen Lebensmacht aufgeladen. Patriarchalisiert sind sie noch heute als die drei niedlichen Grazien bekannt, die Musen der Dichter. Sappho wußte, daß sie eine charismatische Frau war, eine Eiche, die Eros zwar verwirren, aber nicht umhauen konnte. Ranke-Graves sieht Sappho als solch eine unbezwingbare Frau, als „Cerridwen“ oder „Charitin“. *Eine Frau, die sich mit Dichtung befaßt, sollte, so glaube ich, entweder eine stumme Muse sein und die Dichter durch ihre weibliche Präsenz inspirieren, oder sie sollte Muse in einem umfassenderen Sinn sein ... und sollte mit antiker Autorität schreiben. Dann wäre sie der sichtbare Mond: unparteiisch, bebend, ernst, weise. Sappho unterwarf sich diesem Gebot ... Die Qualität ihrer Gedichte erweist sie als wahre Cerridwen* (1984, S. 538).

Aber Sappho unterwarf sich nicht einem Gebot nach Unparteilichkeit, im Gegenteil, sie nahm Partei für diejenigen, die sie liebte, und verteidigte in ihrem Werk die Parteinahme selber als ethische Maxime und ästhetisches Prinzip.

Sappho befaßte sich nicht nur mit Liebesdichtung, sondern mit Problemen ihrer von Männern dominierten Gesellschaft, in der die Liebe zum unwesentlichen Gefühl des Privatlebens abgewertet wurde. Hier ist schon sehr viel früher als in der Forschung gefunden die Spannung zwischen Öffentlichsein und Privatheit erlebt. (vgl. Richard Sennett, 1999)

Der letzte Schwerpunkt, mit dem ich das Werk von Sappho als den Anfang eines utopisch weiblichen Logos lese, ist ihre Art, sich bewußt als Denkende und Fühlende wahrzunehmen. Ihre meisten bisherigen Interpreten haben angenommen, Sappho wäre noch der archaischeren „unreflektierten Leib-Geist-Einheit“ verhaftet. Sie denke derart bikameral, daß sie gar keine bewußte Differenzierungsfähigkeit in Fragen ihrer eigenen Person habe. Die Interpretatoren bewundern an den antiken männlichen Philosophen die neu aufgekommene „Zwiesprache“ und „Zweiheit“, den Inbegriff des Dia-Logos, den nun der philosophierende Mensch (Mann) erfahren und ausdrücken würde. Erst diese hebe ihn aus dem primitiven Einheitsgefühl mit der Natur heraus. Er könne sich distanzieren. Diese neu „erwachende Persönlichkeit“ sei der Beginn abendländischer Kultur und Wissenschaft. Sappho sei noch in die archaische Vorgeschichte einzuordnen und nicht in die „Hauptgeschichte“, die mit dem reflexiven Denken der griechischen Philosophen, vor allem Sokrates, anfinge.

Aber Sappho war eine höchst reflexive Denkerin. Der Unterschied ist nur: Sie integrierte den Logos in ihre Leiberfahrung und nutzte ihn als Ausdrucksmittel ihrer leiblichen Regungen, nicht aber zur Abspaltung von ihrer Empfindungswahrnehmung.

Unter den Altphilologen erfaßt nur Bruno Snell: Sappho reflektiert auch im modernen Sinne.

Aber er ordnet sie dennoch in die „archaische Lyrik“ (S. 68) ein, weil sie immer wieder Göttinnen um Hilfe rufe für Widrigkeiten ihres Lebens, die ihr zum wiederholten Male passierten. Warum könne sie diese noch nicht ohne Göttinnenhilfe individuell lösen?

Snell gesteht Sappho allerdings zu, daß sie nicht mehr naiv in Einheit mit sich und der göttlichen Natur lebe (S. 71). Sappho bringe eine Ambivalenz ihres Denkens und ihrer Gefühle zum Ausdruck, die für ihre Zeit sehr ungewöhnlich sei. Sie kennt die „Zwiegesprächigkeit“ und das „Zwieempfinden“, das durch rationale Beobachtung der leiblich verspürten Regungen wahrgenommen werden kann. Sappho schreibt: *Weiß nicht, was ich zu tun; denn entzweit ist das Denken mir* (Sappho S. 26).

Snell betont in bezug auf eine andere Verszeile, in dem sie ein Gefühl zwiespältig als „bitter-süß" beschreibt: *Sappho begriff und bezeichnet mit der kühnen Neuerung „bitter-süß" das seelische als prinzipiell verschieden vom Körperlichen* (S. 71).

Auch indem sie ihr Denken als „entzweit" wahrnehme, beginne sie den „inneren Dialog" der modernen Reflexion zu formulieren, und sie schriebe ihn sogar auf. Snell kommt aber nicht davon ab, Sappho als eine zu beschreiben, die *sich in der Hand der Götter fühlt* (S. 72), und das sei archaisch.

Sokrates fühlte sich bis zu seinem Tod in der Hand seines Gottes, des Daimonion in seiner Brust. Parmenides fühlte sich an der Hand der Weisheitsgöttin und verstand sich als ihr Bote. Nirgends aber bezeugt Sappho eine solche Abhängigkeit ihres Wissens von einer Göttin oder einem Gott. Sind auch Sokrates und Parmenides archaisch? Ähnelt das herausgebildete Selbst oder Ich-Bewußtsein der Philosophen nicht viel eher den autoritären inneren Gottkönigsstimmen, die bei Homer vorkommen? Sappho beschreibt keine solche innere Gottstimme ihres Wissens, sie spricht als eigenständige Persönlichkeit, als charismatische Frau, sie betont: „ich aber sage...".

Letztlich versucht Snell nachzuweisen, Sappho habe nur durch den Dichter und Krieger Archilochos das subjektive Dichten erlernt. Aber Archilochos war nur ein Krieger, er baute keine Schule auf, lehrte kein Wissen und hütete keine Kulttradition. Könnte es nicht auch genau umgekehrt gewesen sein? Sie lehrte ihn, einige subjektive Sprengsel in seine waffenklirrenden Gedichte zu bringen, schließlich entwickelte sie den ethischen Anspruch an den Mann, daß er aussprechen solle, was ihn innerlich bewegt.

Sappho schreibt nicht nur in „Ich"-Form, sondern sie stellt sich auch als beispielhafte Persönlichkeit vor. Sappho ist sich ihrer charismatischen Persönlichkeit derart bewußt, daß sie sich sogar mit eigenem Namen in einem Gedicht benennt.

Sappho „reflektiert" mehr als Sokrates, denn sie koordiniert mit ihrem Denken mehr Aspekte ihrer Leibes- und Lebenserfahrung als er. Sokrates verdrängte leibliche und konkrete Bezüge, die nicht in sein Begriffsschema paßten. Sapphos Sprachbewußtsein konnte, nach der Sprache der neueren Gehirnforschung, mehr Bits pro Sekunde aufnehmen, da sie sich in ihrem Bewußtseinsprozeß nicht nur auf die gespeicherten Worte des Sprachzentrums im linken Schläfenlappen bezieht, sondern im Bewußtsein bikameraler bleibt und damit offener gegenüber dem „Input" der sinnlichen Wahrnehmungen. Sie vollbringtdamit komplexere Denkleistungen als Sokrates. Ihr Logos ist freier, leistungsfähiger, was das Integrationsvermögen verschiedener Informationen betrifft.

Die vielgerühmte „Distanz“ des Sokrates ist Informationsverdrängung, aber Sappho bringt in ihren Gedichten die notwendige „beobachtende Distanz“ auf, das zu erforschen und zu erkennen, was sie wie eine Eiche wahrnimmt. Sie ist eine Analytikerin, die Herz und Gehirn verbindet, die Logos und Sophia zusammenbringt. Sappho formuliert ihre „Entzweiung“ im Denken und Fühlen aber nicht als solche zwischen Denken und Fühlen, Körper und Geist, wie Snell interpretiert, sondern zwischen verschiedenen Gedanken und Gefühlen auf gleicher Qualitätsebene. Sie ist schon die Philosophin, nach der Ludwig Feuerbach sich sehnte. Sie bringt das Herz zum Verstand.

Darum weiß sie nicht, was zu tun ist, wie sie handeln soll, als sie das zwiespältige Denken erfährt, weil sie ihr Handeln bereits nach ihren bewußten Idealen ausrichtet. Außerdem muß Sappho als reflektierende Autorin von der Ich-Figur in den Gedichten unterschieden werden. Sappho bringt sich für ihre Mädchen als Beispielperson ein, sie lehrt sie aus der Rolle ihres Vorbildes heraus, nicht aus einer äußerlich aufgestellten philosophischen Theorie. Sie formuliert Ideale für Männer oder auch von sich selber als Person, immer auch im Bewußtsein, daß sie Erzieherin für ihre Mädchen ist, wenn sie aufschreibt, welche Art des Frauseins sie zum Beispiel richtig findet: ... *bin keine, die wutentbrannt heimzahlt, wenn sie zürnt, nein, still halt ich mein Herz* (S. 57). Sie läßt sich nicht von ihren Gefühlserregungen regieren, sondern von ihren Idealen der charismatischen Frau. Dafür braucht sie aber ihr Gefühlsleben nicht zu unterdrücken und eine autonome Vernunftinstanz zu erfinden, die per Definition Erregungen kontrollieren und verhindern könne. Vielmehr geht es bei Sappho um die Kunst, in sich selber zu Hause zu sein, aber nicht als „Herr im Hause“, sondern als eine, die ihr „Haus“ wie eine Eiche empfindet, sicher und ohne Angst vor rasenden Begierden. Leibliche Zustände werden von ihr nicht weg definiert, sondern aufmerksam verspürt und sprachlich formuliert. Nicht durch ein Wegsehen entsteht hier Persönlichkeit, sondern durch ein Hinsehen und Hindurchgehen.

Sappho lokalisiert so bestimmte Regungen in bestimmten Gliedern und Leibregionen und beschreibt diese, sie ist die erste Phänomenologin.

Durch die Beschreibung der Erregung wird diese aspektiert. Das Verspürte ist nicht Sappho, sie ist nicht das ganze Ich. Eros kann ihr die Glieder aufwühlen, sie aber nicht als eigenständige Person ausschalten. Wenn diese Gefahr besteht, rät sie dazu, sich charismatische Göttinnen zu Hilfe zu rufen, damit sich am Ende doch die eigenen Vorstellungen verwirklichen. Göttinnen sind für sie nur Hilfsmittel, Bilder von sich selber umzusetzen, nicht aber Kräfte oder Vorbilder, denen sie sich mit ihrem ganzen Leben unterwirft.

Es gibt auch in der heutigen psychologischen Praxis die Richtung, mit mythischen Gottheiten zu arbeiten. Vor allem Therapeutinnen, die patriarchatskritisch das Weibliche stärken möchten, integrieren die mythischen Göttinnen als „Urbilder für eine Psychologie der Frau“ (vgl. Barker u. Woolger 1994) in ihre therapeutische Arbeit. Athene, Artemis, Hera, Demeter, Persephone, sie stellen einen bestimmten ununterwerfbaren Frauentyp dar mit jeweils eigenem Entwicklungsmuster, das die Klientin in eine Analogie mit sich bringen kann. Indem sie dann das Bildmuster bearbeitet und auch verändert und vielleicht zu einer anderen Göttin gelangt, ändert sie auch etwas am Selbstbild. Diese bewußte Arbeit an der eigenen Art und Weise zu sein, hat auch Sappho angeleitet, nur daß sie die Sprache stärker als Medium benutzte, weniger das Bild, was damals etwas ganz Neues für Frauen in kultischen Zusammenhängen gewesen sein muß.

Wie es Sappho und vielleicht auch ihren Schülerinnen gelingt, sprachbewußter das eigene Gefühlsleben in die Hand zu nehmen, ohne es zu verdrängen und das Leibliche zu verleugnen, das wird deutlich in der Art und Weise, wie sie Gefühle zur Sprache bringt. Zum Beispiel jene Empfindungen, die Eifersucht genannt werden.

Ich habe für meine leibphilosophischen Seminare Schreibübungen entwickelt, zu denen ich durch Sapphos Zeilen inspiriert wurde. Wenn ich die Aufgabe stelle, zehn Minuten etwas über das Gefühl „Eifersucht“ aufzuschreiben, dann entstehen die unterschiedlichsten Erläuterungen. Manche beschreiben Situationen, die sie erlebt haben, mit Freundin oder Sohn, Mann, Vater oder Lehrerin. Andere schreiben mehr soziologische Kürzel auf: (Eifersucht sei ein Produkt kapitalistischer Gesellschaftsverhältnisse, in denen es um den alleinigen Besitz einer Sache geht), und begründen die These, daß der Eifersüchtige den anderen zu einer Sache degradiert, die jemandem gehört. Psychologische Erklärungen, die mit Verlustangst, mangelndem Selbstbewußtsein und Projektion argumentieren, ergänzen die Ausführungen. Ein Mathematiker legte uns sogar einmal eine mathematische Formel aus der Vektorenrechnung vor, die sehr einleuchtend war. Wir sind also in der Lage, mit einem großen Begriffsapparat über etwas zu sprechen, was aber unsprachlich ist, was nur leiblich verspürt wird: Eifersucht. Diese Sprache ist eine, die leibliche Vorgänge sozusagen „vergeistigt“, distanziert. Sie werden wie Gegenstände von außen betrachtet, dabei sind sie weder Gegenstände, noch sind sie außerhalb des Körpers da. Das wäre also der engere Logos-Aspekt dieses Gefühls.

Dann schlage ich vor, dasselbe Gefühl als eine leibliche Erregung zu beschreiben, als eine eigene oder als eine, die man bei jemand anderem beobachtet hat.

Und ohne es thematisiert zu haben, entsteht oft eine merkwürdige Wandlung des Sprachgebrauches. Es gab Schreibende, die plötzlich in lyrischer Form nur Wortassoziationen aneinanderreihten, oder andere erfanden Bilder, Farben, denn wie sollte der „Kloß im Hals“ oder die „Wut in der Leber“ beschrieben werden oder ein Zusammensacken der Herzklappen? Während dieses verleiblichenden Schreibens kamen einige leibhaftig in das zunächst nur erinnerte Gefühl wieder hinein, als ob sie es gerade erlebten. Nach den sprachlichen Selbstversuchen, eine leibliche Erregung sprachlich zu beobachten, konnten die meisten die Kunst der Sappho bewundern. Ihre Beschreibung der Eifersucht kann wie eine „Affektenlehre" des Leibsinnes gelesen werden. Sapphos Logos überschritt die Enge sprachlichen Begriffsdenkens und weitete die Sprache aus, machte sie freier, kreativer.

*Scheinen will mir, daß er den Göttern gleich ist,*
*jener Mann, der neben dir sitzt, dir nahe auf den süßen Klang deiner*
*Stimme lauscht, und wie du voll Liebreiz*
*ihm entgegenlachst: doch fürwahr, in meiner Brust hat dies die Ruhe*
*geraubt dem Herzen. Wenn ich dich erblicke, geschiehts mit einmal,*
*daß ich verstumme.*
*Denn bewegungslos liegt die Zunge, feines*
*Feuer hat im Nu meine Haut durchrieselt,*
*mit den Augen sehe ich nichts, ein Dröhnen braust in den Ohren.*
*Und der Schweiß bricht aus, mich befällt ein Zittern aller Glieder,*
*bleicher als dürre Gräser bin ich, bald schon bin einer Toten gleich ich*
*anzusehn* (1954, Fragment 31).

Zu diesem Gedicht möchte ich eine typische Interpretation des Altphilologen Albrecht Dihle anführen: Sapphos Denken verharre dabei ganz im Bereich des Anschaulichen. *Es gibt keine psychologische Differenzierung zwischen Außen und Innen ... Die berühmte „Pathologie" der Liebe zählt nicht die äußeren Symptome eines inneren Zustandes auf: Für Sapphos Denkweise ist das Zittern des Körpers oder das Erbleichen selbst ein Element des beschriebenen Zustandes* (1967, S. 69).

Was heute schwerfällt zu begreifen, weil wir gewohnt sind, mit Abstraktionen des Gefühls umzugehen, ist die Gleichzeitigkeit von Körper und Geist, die bei Sappho in Worte gefaßt wird. Ihre Sprache ist leibnah und diejenigen, die ihren Worten nachspüren, können sich dazu anregen lassen, Facetten ihrer eigenen Leiblichkeit nachzuspüren. Durch Formgebung sei es mit Sprache, Bild und Bewegung oder eine andere Kunst ins Bewußtsein zu verankern.

Sapphos Worte regen die verleiblichende Einbildekraft an, nicht das vergeistigende Einbildevermögen. Darum habe ich Sapphos Sprache eine „verleiblichende Sprache" genannt, sie sensibilisiert uns als empfindende Wesen, ohne daß Denken und Fühlen gegenseitig abgeschottet werden. Das Begehren des geliebten Mädchens ist der beobachtenden Aufmerksamkeit der Sappho gegenwärtig in ihren Gliedern. Dihle irrt sich, wenn er meint, Sappho hätte nur aus einem Unvermögen an Distanzbefähigung diese leiblichen Einzelheiten beschrieben. Es ist vielmehr ein enormes „Distanzvermögen“ notwendig, diese Regungen zu spüren und sie gleichzeitig analytisch in Worte zu fassen. Jede Therapeutin und jeder Therapeut weiß, wie schwer das Erkennen des eigenen Gefühls fällt, während es gerade auftritt, und wie wenig Menschen heute diese Kunst der Selbstwahrnehmung beherrschen. Es läßt sich leichter über Gefühlsbegriffe reden als über das Selbstverspürte. Der Psychologe Daniel Goleman erklärt: *Die Fähigkeit, seine Gefühle laufend zu beobachten, ist entscheidend für die psychologische Einsicht und das Verstehen seiner selbst. Wer die eigenen Gefühle nicht zu erkennen vermag, ist ihnen ausgeliefert. Wer sich seiner Gefühle sicherer ist, kommt besser durchs Leben, erfaßt klarer, was er über persönliche Entscheidungen wirklich denkt, von der Wahl des Ehepartners bis zur Berufswahl* (1996,S. 65). Darum plädiert Goleman auch auf dem Hintergrund der neueren Gehirnforschung für eine Förderung „emotionaler Intelligenz“, anstatt hauptsächlich die begriffliche Intelligenz zu schulen.

Sappho schulte bereits die „emotionale Intelligenz“. Sie konnte nonverbale Möglichkeiten wie Tanz, Gesang, religiöses Gemeinschaftserleben, Liebeserleben, Naturkontakt, Kontemplationserfahrungen, Meditationstechniken und Bildermalen in ihrer Schule selber anregen. Aber berühmt wurde sie wegen ihrer sprachlichen Entdeckung, Empfindungen in Worte zu bringen.

Empfindungen, wie auch die Eifersucht, sind Erregungen des Leibes. Wir haben gelernt, bestimmten Erregungen einen Namen zu geben, und glauben damit, ein Gefühl zu kennen. Eifersucht zum Beispiel. Mit einer verleiblichenden Sprache aber wird deutlich, daß „Eifersucht“ nur ein Wort ist, und daß die eigenleiblich verspürten Erregungen, die mit diesem Wort verbunden werden, von Person zu Person sehr unterschiedlich sein können.

Die Beachtung dieser Unterschiede kann wichtig sein für eine Krankheitslehre der Organe. Eifersucht greift bei verschiedenen Menschen unterschiedliche Organe an. Wo jemand aus Eifersucht schließlich Herzrhythmusstörungen bekommt, zentriert es sich bei anderen als chronischer Kopfschmerz.

Die Wörter der Vernunftsprache machen den Anschein, als wiesen sie auf etwas hin, was für alle gleich deutlich und klar ist, aber nur die wenigsten Sätze sind so klar wie „Es regnet“ und „Es regnet nicht“. Wenn wir von Gefühlen und Empfindungen, von Gedanken und Theorien reden, dann sind da keine Gegenstände, auf die wir hinweisen könnten. Darum meinte der Sprachphilosoph Wittgenstein, sinnvoll läßt sich gar nicht über etwas reden, was nicht physikalisch vorzeigbar vorhanden ist. Mit dieser Erkenntnis aber hätten wir keines unserer Lebensprobleme gelöst, und darüber schien er auch nicht glücklich gewesen zu sein. Sein Problem war, daß er Worte wie hinweisende Definitionen auffaßte, als müsse jedes Hauptwort ein Etikett für etwas sein, woran es geklebt werden könnte; Wörter als Stellvertreter von Gegenständen und ihren Beziehungen untereinander. Wittgenstein versuchte in seinen philosophischen Untersuchungen auch Empfindungswörter wie eine hinweisende Definition aufzufassen, zum Beispiel das Gefühl des Glaubens. *Ich habe mich in meinem Herzen dazu entschlossen... Und man ist dabei auch geneigt, auf die Brust zu zeigen. Diese Redeweise ist psychologisch ernst zu nehmen. Warum sollte sie weniger ernst zu nehmen sein als die Aussage, der Glaube sei ein Zustand der Seele? (Luther „Der Glaube ist unter der linken Brustzitze.“)*(1977, Satz 589) Wittgenstein rät, psychologisch ernst zu nehmen, was mit dem Glauben gemeint sei, wenn jemand die Bedeutung davon durch ein Zeigen auf das Herz gelernt hat. Wir sollen fragen, wie er das gelernt hat. Leider rät er nicht dazu, dieses Problem philosophisch ernst zu nehmen, denn er faßte die Begriffe des Fühlens und die des Denkens als artfremd (1977, Satz 574) auf.

Sappho benutzte die Worte weniger als Stellvertreter für Dinge, die in der Welt vorfindbar sind. Sie zeigt nirgends die Absicht, die Welt der Dinge erklären zu wollen. Sappho benutzt die Sprache, um Empfindungen auszudrücken und ethisch zu erziehen. Der Ausdruck ist wichtiger als die richtige Erklärung von etwas. Indem eine leibliche Erregung in Worten ausgedrückt wird, wird sie beobachtbar und bewußt. Es geht dabei um den Bewußtwerdungsprozeß selber, weniger um die Darstellung der Welt in der Sprache. Daß Sprechen und vor allem Schreiben und Lesen sogar im Gehirn die neuronale Situation zugunsten der Selbstbeobachtungsgabe verändern, konnte Wittgenstein noch nicht wissen, aber hätte das seine Sprachauffassung verändert? Er kritisierte wie Parmenides die Wortmacherei jenseits der physikalischen Tatsachen, aber weder konnte er die leibliche Dimension des Erkennens würdigen, denn alles Leibliche war ihm Privatsache und unsprachlich, noch konnte er Sprache als kreatives Ausdrucksmittel begreifen, da sie durch ihre Regelhaftigkeit nicht wirklich Individuelles ausdrücken könne. Oder aber jemand spreche völlig privatsprachlich, was dann niemand mehr verstehe, und damit hebe sich Sprache selber auf.

Ich habe in meinem Aufsatz zu Herder und Wittgenstein (1982) gezeigt, wie die dichterische Sprache jenseits des Welterklärungsmotivs sogar den Anspruch erhebt, Gefühle erzeugen zu können, nicht nur auszudrücken. Und wenn dichterische Sprache das nicht schafft, wird sie niemand lesen. Daß sie es schafft, gestand auch Wittgenstein zu, der sich besonders von den Gedichten Uhlands und Rabindranath Tagores berührt fühlte, aber er sagte, dies zeige sich eben nur als Gefühl im Rezipienten und darüber ließe sich nicht sinnvoll reden. Vielleicht hätte er sich nur ausführlicher mit diesen Gedichten beschäftigen sollen, um herauszufinden, mit welchen Mitteln diese Dichter in ihm ein Gefühl erzeugen konnten, nur indem sie bestimmte Worte und Wortbilder verwendeten. Aber er wollte diese sinnlichere Seite lieber in mystischem Schweigen bestaunen.

Sappho jedoch redete über Gefühle, weil sie Gefühle erzeugen und kultivieren wollte. Für ihre sprachliche Einbildekraft waren Gefühle und Gedanken keine grundsätzlich artfremden inneren Tätigkeiten. Es ist überhaupt die Frage, ob nicht Gedanken nur sprachlich übersetzte Leibesempfindungen sind, wovon Parmenides ebenso ausging wie Bergson.

Daß ein Gefühl nicht durch ein Wort ersetzbar ist, das hätte Sappho wohl nie verzweifelt gemacht. Die Vorstellung, daß ein Wort mit einem Ding in der Welt identisch sein sollte, entstammt wohl eher der Neigung zu Kopfgeburten in der verengenden patriarchalen Logos-Entwicklung.

Um den Duft einer Rose zu spüren, muß man eine duftende Rose mit der eigenen Nase riechen. Aber um sich an diesen Duft erinnern zu können und diesen sprachanalogisch auf Göttinnenarme oder Mädchenwangen zu übertragen, dafür reichen Worte sehr gut aus, wenn die sprachliche Einbildekaft mit dem sinnlichen Wahrnehmungsvermögen sensibel verbunden bleibt. Diese Verbindung kann durch eine verleiblichende Sprache angeregt werden. Durch eine begriffliche Sprache, die das Sinnliche nicht ernst nimmt, nicht.

Sappho entwickelte eine eigenleiblich bewußte Weltsicht. Daß sie damals damit eine Ausnahme war, wußte sie. Nicht einmal im Tode hoffte sie, eine vertraute Umgebung zu finden, denn sie war weder in der vergangenen Archaik zu Hause, noch sah sie sich in den neueren patriarchal bestimmten Bewegungen des beengenden Logos für die Zukunft aufgenommen. Sie denkt an sich als tote Frau: *Wenn gestorben du liegst: nimmermehr wird jemand gedenken dein noch sich sehnen dereinst; keinerlei Teil hattest an Rosen du aus Pierien. Nein, unsichtbar auch wirst du in Hades' Haus irren unter dem Traum, unter dem Tod - eine Entflogene* (S. 29).

Aber auch in dieser Frage waren ihre Gedanken zwiespältig und ambivalent, so daß sie in guter Hoffnung schreiben konnte: *Sich erinnern wird, sag ich, manch einer noch an uns* (S. 62).

Und damit hat sie recht behalten. Immer wieder erinnerten sich später Dichterinnen an sie. Die Dichterin Nossis ließ sich 350 Jahre nach Sappho auf ihren Grabstein meißeln: *Wer an meinem Grabe vorübergeht, soll nach Mytilene reisen, in die Heimat der Sappho, und laut den Ruhm der Dichterin kundtun* (S. 718).

Wie Sappho starb, ist nicht bekannt. Aussagen darüber sind Spekulationen.

## VIRGINIA WOOLF

Eine große Erbin der Sappho ist die englische Schriftstellerin Virginia Woolf (1882 - 1941), auch wenn es sein kann, daß sie Sappho gar nicht gelesen hat.

Zwei Themen möchte ich aus ihrem Werk herausstellen: die Infragestellung des „Ich" als oberste Kontrollinstanz und die Suche nach Weisheit als schöpferisches Denken angesichts der Begegnung zwischen Mann und Frau.

Virginia Woolf sind tiefgehende Studien eigenleiblicher Welten zu verdanken, in denen sie den inneren Verwandlungsformen nachspürt und sie in Worte bringt.

Virginia Woolf war nicht nur eine großartige Schriftstellerin, sondern war auch eine Philosophin, wobei es ihr schmerzlich bewußt war, daß sie das wissenschaftliche Studium der Philosophie nicht betreiben konnte, weil sie als Frau weder studieren noch die großen Bibliotheken benutzen durfte. Sie hatte ihre analytische Kraft philosophisch ausdrücken wollen, was ihr aber im patriarchalen Staate England nicht erlaubt wurde. Als Laiin traute sie sich nicht, philosophische Abhandlungen zu schreiben. Sie konnte nur als Schriftstellerin geduldet werden und sich selber so einordnen, aber sie erlebte sich als „verhinderte Philosophin".

Eine Dichterin im Erbe der Sappho ist sie, weil sie ihre Einsichten in sehr dichte, leibnahe Sätze brachte und trotz fiktionaler Einkleidung philosophische Botschaften vermittelte, die in die Richtung weisen, in die auch Sappho wies. Im Rahmen ihrer Lesungsreisen fing sie aber an, Fiktion und authentischen Sachvortrag zu trennen, wodurch auch nichtfiktionale Texte von ihr zur Literatur und zur Lage der Frauenbildung in einer patriarchalen Welt entstanden.

Es gibt in allen ihren Romanen Passagen, in denen sie Gefühle und Gedanken verleiblicht ausdrückt und nicht mit psychologischen Begriffen erklärt oder die Geschichten nur ereignishaft konstelliert. Archaisch mutet sie mit ihren Naturbeschreibungen an, die sie zum Beispiel im Roman „Die Wellen" den Personenkapiteln voranstellt. Was bei Sappho Aphrodite ist, ist bei ihr die aufgehende und untergehende Sonne; was bei Woolf das Meer ist, ist bei Sappho Eros und die Charitinnen. „Die Natur" bei Virginia Woolf ist „göttlich" und schimmert als verschiedenartige Wesensgestalt durch die Menschen hindurch. Sie beschreibt eine innere und äußere Atmosphäre zugleich, die eine Wand zwischen innen und außen, Körper und Geist, Mensch und Natur negiert.

Im Roman „Orlando" verwendet sie das mythische Motiv der Wiedergeburt ein und derselben „Seele", um die unterschiedlichen Lebensgefühle „als Frau" und „als Mann" darzustellen.

Virginia Woolf karikierte die über 2000 Jahre alte philosophische Aufforderung, ein autonomes „Ich" zu bilden, und enttarnte dieses „Ober-Ich" als unsinnigen Hoheitsanspruch männlicher Identitätsbildung. Im Roman „Die Wellen" wird die Kernlosigkeit unseres „Innenlebens" am deutlichsten herausgearbeitet. Diese „Kernlosigkeit" des sogenannten „Ich" kritisiert sie nicht, sondern sie analysiert hier verschiedene Menschentypen und kommt von da aus zu einer anderen Auffassung des „Ich" als die Vernunfttradition der Männer.

In diesem Roman beziehen sich die zunächst festgefügten „Iche" als Personen aufeinander, aber mit zunehmendem Alter vermischen sich diese „Iche" immer mehr und verwandeln sich schließlich ineinander, so daß am Ende alle Personen von ihrer „Ich-Struktur" her aufgelöst sind, aber dennoch als selbständige und befreite Menschen erscheinen. Die Ich-Erzählerin im Roman fragt:

*Und nun frage ich, wer bin ich? Ich habe von Bernhard, Neville, Jinny, Susan, Rhoda und*

*Louis gesprochen. Bin ich sie alle? Bin ich ein einziger oder gesondert? Ich weiß es nicht* (1979, S. 286).

Und ein anderes „Ich" denkt: *Während ich sprach, fühlte ich: „Ich bin ihr." Dieser Unterschied, von dem wir so viel hermachen, diese Individualität, die wir so fieberhaft hätscheln, ist überwunden* (1979, S. 286).

Virginia Woolf läßt aber nicht das „Persönlich-Sein" fallen, sondern nur jenes „Ich", das durch die patriarchale Erkenntnistradition uns abgefordert wird. Sappho und Woolf bejahen Identifikation als eine Art Hineinfließen in anderes und zurück. Sie sehen diese Strömung als Erkenntnisakt im Liebesbegehren an und nicht als Auslöschung der eigenen Person. Hingabe wird nicht mit „Selbstaufgabe" gleichgesetzt. Wer sich selber nicht empfindet, kann sich auch nicht hingeben.

Es geht im sapphischen Erbe nicht um Identitätsprobleme, sondern um Identifikationsprobleme. Wer nach Sokrates „Ich-Identität" sucht und sich diesbezüglich bildet, der muß dies im andauernden Abgrenzen tun, muß sich als Verneinung dessen, was nicht sein soll, finden. Die Ich-Identität lebt davon, sich und andere als Grenze zu erfahren. Sich als Vernunftwesen von Leiblichem distanzieren zu können, ist die Kunst der sokratischen „Selbstbildung", am Ende aber auch der inneren Entleerung. Das „Ich" ist dann nur noch ein Abstraktum, ein bloßes Wort. Aber nach Sappho geht das „Persönlich-Sein" den Weg der Identifikation oder der Liebe. Nicht Distanzierung suchen Woolf und Sappho, nicht Abgrenzung ist die Methode der Selbstfindung. Nähe fordern diese beiden Denkerinnen und Bejahung als Voraussetzung des Erkennens. Es braucht keine Wand, keine Schale, kein harter Kern in einem gebildet zu werden, weil dies Identifikation verhindert. Identifizieren ist jene Erkenntnisbewegung, die das eigene Sein erweitert, vergrößert und in gewisser Weise kosmologisiert. Es geschieht eine Anbindung in fast religiöser Dimension, so daß die Erkenntnis, die durch Identifikation gewonnen wird, als weise Lebenserkenntnis gilt. Bei der sapphischen Identifikationserkenntnis findet keine Auflösung der eigenen Person statt, diese erfährt sich immer noch stark wie eine Eiche, auch wenn Eros sie durchwühlt. Es ist vielmehr so: Die Person, die sich identifiziert oder die liebt, verspürt sich selber als Zentrum der Erkenntnisaktivität. Das identifizierende Einbildevermögen „schweift" gleichsam umher. Das Gefühl, ausgeliefert und Spielball fremder Kräfte zu sein, entsteht dann, wenn die „Selbstkontrolle" als das Wichtigste angesehen wird. Das war für Virginia Woolf irrelevant. Denn dadurch wird die Fähigkeit des Sich-identifizieren-Könnens desensibilisiert. Wer einen harten Kern „Ich" heranbildet, läßt die eigene Fähigkeit verkümmern, die Welt bejahend und integrierend zu erfahren. Die Welt erscheint dann nur als das andere des Ich und wird so leicht als Bedrohung für das sich krampfhaft stabil erhaltende „Ich" aufgefaßt.

Daß auch die „Gefühlswelt" gebildet sein kann, ohne deshalb ins Zerstörerische abzugleiten, wird dem Vernunftgläubigen selten klar. Ihm ist alles Gefühl nur archaisch und sentimental. Wenn er selber liebt, fühlt er sich als Opfer seiner Gefühle, denn Eros ist ein starker Bergwind und die maskuline Vernunft dagegen nur ein Pappgehäuse.

Es gibt nichts Unangenehmeres für eine sapphische Frau als die sentimentale Liebe eines vernünftigen Mannes. Diese vernunft-dominierte Sentimentalität eines Mannes hat Virginia Woolf in ihrem zweiten Roman „Nacht und Tag" dargestellt. Darin vertritt die Frau eine sehr feine reflektierende Gemütsart, und der Mann bringt einerseits ständig rationale Allgemeinheiten hervor, um im nächsten Moment in sentimentale Plattheiten zu verfallen. Die Heldin im Roman ist die intelligentere, sie sieht ihn agieren und erkennt sein zweigeteiltes Wesen. Der Mann verhält sich als Liebender wie ein orientierungsloses Baby, wie ein Blatt im Wind, während die liebende Frau von Woolf als sich Erweiternde und Erkennende geschildert wird. Sie erfährt den Zustand des „ich liebe" als aktives Zentrum des Erkennens, wie eine Eiche. *Sie blickte durch die Wolke ihres eigenen Atems auf die fernen Wälder mit dem rostfarbenen Flaum auf ihrem Braun und auf die grüne und blaue Landschaft. Es schien dem Zufall überlassen, ob sie sagte: „Ich liebe die Buchen", oder nur: „Ich liebe - ich liebe*" (1985, S. 275).

Für Virginia Woolf war es keine Frage, ob Frauen intelligenter seien als Männer. Sie ging selbstverständlich in ihrem Roman davon aus, daß Frauen ein Urteilsvermögen haben, an das die Männer nicht heranreichen. Immer wieder zeigt sie, wie Mann und Frau sich mit Begriffen streiten, und wie die Frau daraus klüger hervorgeht, als sie vorher war. *Sie liebte es, wenn ihr Verstand mit dem seinen im Streit lag, und wenn sie dabei sicher sein konnte, daß er ihr weibliches Urteilsvermögen mit keiner Unze seiner muskulösen Männlichkeit verschonte* (1985, S.274).

Das „Ich" verstand sie als eine isolierte, beschränkte Selbstbehauptungsthese der Männer und kritisierte dieses auch dementsprechend, wobei sie die englische Schreibweise des „Ich" als großer Buchstabe „I" ironisierte. *Es war ein gerader schwarzer Balken, ein Schatten ungefähr in Form des Buchstaben I(ch). Man fing an, sich hierhin und dorthin zu neigen, um einen Blick auf die Landschaft dahinter einzufangen. Ob das nun wirklich ein Baum war, oder ob dort eine Frau ging, dessen war ich nicht sicher. Schon wurde man wieder zurückgeworfen auf den Buchstaben I. Man fing an, den Buchstaben I müde zu werden. Nicht, daß dieses I nicht ein höchst ehrenwertes I gewesen wäre; aufrichtig und logisch; hart wie eine Nuß und seit Jahrhunderten poliert durch guten Unterricht und gute Nahrung. Ich respektiere und bewundere dieses I vom Grunde meines Herzens. Aber ... das Schlimmste daran ist, daß im Schatten des Buchstaben 1 alles so gestaltlos wie Nebel ist. Ist das ein Baum? Nein, es ist eine Frau. Aber ... sie hat nicht einen einzigen Knochen in ihrem Körper, dachte ich ... Worauf das alles hinausläuft, wenn die Theorie von den beiden Seiten des menschlichen Geistes standhält, ist, daß die Virilität nun befangen ist - das heißt, Männer schreiben jetzt nur noch mit der männlichen Seite ihres Verstandes. Es ist falsch für eine Frau, sie zu lesen, denn sie wird nach etwas suchen, das sie nicht finden wird* (1978 b, S. 91).

Mit der Darstellung des eigenen Ich, das sich durch Distanz zur Außenwelt beständig hält, geht die Welt verloren, das heißt, die Gegenstände, die Dinge, die anderen haben keine Knochen mehr, sie werden nicht mehr als andere lebendige Körper beschrieben. Wenn Virginia Woolf die anderen Menschen beschreibt, so identifiziert sie sich zwar mit jeder bzw. jedem, aber nicht als gesamte Person, sondern sie beschreibt diese Identifikation als partikuläre Anwesenheiten in den eigenen verschiedenen Leibesregionen: Die Ich-Erzählerin im Roman „Die Wellen" bemerkt: *Hier auf meiner Stirne ist der Schlag ... Parcival ... auf meinem Nacken ... Louis und Jinny ... Meine Augen füllen sich mit Susans Tränen ...* (1979, S. 286).

Virginia Woolf erläutert das Kennenlernen der anderen als eine Art leibliches Ineinander-Verwachsen. Die „Iche" sind nicht nur irgendwelche Gedanken, die sich vermischen, sondern die gemeinsamen Handlungen „schreiben sich in den Leib" ein. Der Kuß von Jenny bleibt immer im Nacken, als „Jenny", und auf der Stirne bleibt immer der vitale Schlag von Parcival, wie ein Brandmal. Die Menschen leben nicht nur in der Dimension des „Gedankenaustausches", sondern auch des leiblichen und körperlichen Austausches, was am Ende dasselbe ist. Die anderen sind keine Grenzen, sondern, wie Woolf formuliert, „ungeborene Selbstheiten". Die anderen sind die anderen Möglichkeiten von einem selber, die anderen Leben innerhalb des eigenen Lebens. In diese „Empfindsamkeit" werden auch die außermenschlichen „Dinge" eingeschlossen; es gibt von Woolf einen Roman aus der Ich-Perspektive eines Hundes mit Namen „Flush".

*Ich bin nicht ein einziger, ich bin viele* (1979, S. 273). Das ist die Aussage von Virginia Woolf, die ihr Werk durchzieht. Was heute alspathologische „multiple Persönlichkeit" von amerikanischen Psychologen neu thematisiert wird, war bei Woolf Hauptthema, aber nicht im pathologischen Sinne. Wenn auch diese Identitätsvariante als Krankheit schmerzhaft erfahren werden kann, so ist sie als selbstbewußte Identität Grundlage kreativer Selbstgestaltung. Der Kommunikationsforscher Friedmann Schulz von Thun baut auf diese bewußt werdende innere Möglichkeit der Polyvalenz hin und arbeitet sie für die innere Kommunikation zur persönlichkeitsentwicklung aus. Es sei eine *menschliche Regel, daß mindestens „zwei Seelen (und meist viel mehr) in unser Brust" wohnen und daß das Durchschauen der daraus resultierenden „inneren Gruppendynamik" verbunden mit der Fähigkeit zu einer inneren Teambildung, eine große Quelle von Kraft und Klarheit darstellt.* (Schulz von Thun. S. 21)

Virginia Woolf befand sich in ihren Romanen genau auf dieser Spur des inneren Reichtums jenseits einer dominanten „Ich-Identität". In ihrem frühen Roman „Orlando" verwirft Woolf die Bildung eines „Ober-Ich". Sie widmete diesen Roman ihrer geliebten Freundin, der Schriftstellerin Victoria Sackville-West, und läßt diese im Roman auftreten, so wie auch andere ihrer Freunde und

Freundinnen, die sich alle zu einer „Seelenwanderung" über 400 Jahre hinziehend ineinander verwandeln. *Sie ... wechselte ... ihr Ich nicht weniger schnell, als sie das Auto fuhr, - es kam ein neues bei jeder Biegung, wie das so geschieht, wenn aus irgendeinem unerklärlichen Grund das bewußte Ich, welches das oberste ist ... nichts anderes als ein einziges Ich sein will. Dieses ist, was manche Leute „das wahre Ich" nennen* (1978, S. 221).

Vielleicht ist sogar das Geheimnis der dichterischen Eingebung die „Ich-Losigkeit" und eine daraus folgende Identifizierungsfähigkeit oder auch ein daraus folgendes hohes Maß an einfühlender Einbildekraft. Auffällig ist nur, daß es eher Frauen sind, die sich gegen „Identitätsbildung" nach männlichem Distanzierungsstil wehren, Frauen wie Sappho, wie Virginia Woolf und auch Clarice Lispector, wie ich noch zeigen werde. Den Erwerb eines „Ober-Ich" setzte Woolf mit innerer Stummheit gleich, mit Leblosigkeit und Starre.

*So wurde sie nun still und war durch die Hinzufügung dieses oder dieser ... das geworden, was mit Recht oder Unrecht ein einziges Ich, ein wirkliches Selbst genannt wird. Und sie war verstummt. Denn es ist wahrscheinlich, daß, wenn jemand laut vor sich hin spricht, die vielen Iche (von denen es vielleicht mehr als zweitausend gibt) sich einer Trennung bewußt werden und versuchen, sich einander mitzuteilen; sobald aber die Verbindung hergestellt ist, verstummen sie* (1978, S. 224).

Das laute Sprechen gibt einer „Richtung" den Vorzug, weil es körperlich unmöglich ist, mehreres zugleich zu sagen. Das Hintereinander der Worte und die Tonbildung durch Kehlkopf und Stimmbänder macht es unmöglich, zugleich mit mehreren Stimmen zu sprechen. Bei Woolf bewirkt dieses Laute der Stimme eine Wahrnehmung der anderen unstimmlichen „Iche", weil in einem Satze eben nie alles enthalten sein kann. Eine „Einheit des Ich" aber ist wie eine einzige Stimme, wie ein einziges kleines Ich und hat mit der Komplexität eigenleiblicher Weltwahrnehmung wenig zu tun.

Auch Virginia Woolf wurde nicht von einer einzigen Wahrheit getrieben, die sie der Welt verkünden wollte, sondern sie nahm die vielen verschiedenen Facetten der Informationen wahr, denen sie sich aussetzte; und diese versuchte sie nicht zu reduzieren, sondern zu berücksichtigen in dem, wie sie schrieb und was sie beschrieb. Damit konzipierte sie eine komplexere Art und Weise, mit anderen Menschen zu sein und gleichzeitig noch mit der Natur in Verbindung zu bleiben. Ihre Romane sind wie Beispielbeschreibungen von Figuren eines philosophischen Konzeptes der Identitätsbildung.

Insofern ist es vielleicht sogar ein Vorteil, daß Virginia Woolf nicht ihre analytische Intelligenz darauf verwendete, in den Schriften der Männer nach Antworten auf ihre Fragen zu suchen und statt dessen eine eigene Sichtweise aus ihrer Lebenserfahrung formulierte, die noch für heute nichtpatriarchale und dadurch auch utopischere Dimensionen aufzeigt.

Seit Virginia Woolf könnte die verwandelte Fichte-Formel „Ich = die Vielen" stehen, aber diese Gleichung würde nur wie eine Addition aussehen und sich noch im Identitätszwang des maskulinen Denkens befinden. Nach dieser wäre das Ich nur die Summe der anderen, und dagegen verwahrt sich Woolf. Ihre Formel müßte als „Ich bin die Vielen“ zusammengefaßt werden. Die Persönlichkeit, die Eiche, das eigenleibliche Selbstbewußtsein ist nicht ausgeschaltet, wenn es sich mit vielem anderem identifiziert. Sappho wußte, wer sie war und wer Aphrodite ist oder Eros. Nur wer sich als spürendes Lebewesen ausschaltet, verliert sich in den Einflüssen des Fremden und erkennt weder das andere noch sich selbst. Diesem breiigen Identitätsgefühl wollten die alten Griechen ausweichen und hielten sich strikt an Begriffsidole der körperfeindlichen Vernunfteinheit. Der lebendige, polyvalente Mensch ging dabei verloren.

Ein einzelner Mensch ist im sapphischen Erbe weder nur das Produkt seiner Verhältnisse, wie Marx das bürgerliche „Ich“ interpretierte, noch nur die Summe der anderen, wie manche Psychologen und Soziologen die Persönlichkeit interpretieren. Ein einzelner Mensch bleibt letztlich unerklärlich und ein offenes Wesen. Persönlich sein ist kein Substantiv, sondern eine Tätigkeit zwischen sich identifizieren und sich distanzieren. Für die neuere Psychologie in unserer Informationsgesellschaft hat der Wissenschaftler Kenneth J. Gergen auch in patriarchatskritischer Hinsicht die Redeweise vom „einheitlichen Ich“ oder „Selbst“ in seinem Buch „Das übersättigte Selbst“ (1996) verworfen.

Das Besondere in Sapphos Leben war, daß sie mit ihrer frauenbildenden Arbeit gesellschaftlich anerkannt wurde, wenn auch sie sich zwischenzeitlich auf der Flucht befand. Sie konnte sich in ihrem Hain zu Hause fühlen. Virginia Woolf dagegen isolierte sich immer mehr von den Menschen und wurde später nur munter, wenn Arbeiterfrauen sie besuchten und ihr von ihren Emanzipationskämpfen erzählten. Für diese schrieb sie kurze politische Aufsätze für Tageszeitungen, da sie eine berühmte Schriftstellerin war. Aber Ruhm ist kein Ersatz für ein erfülltes intellektuelles Leben im Kreise anderer Menschen. Sie geriet immer mehr in heftige Depressionen und litt auch unter dem Ausbruch des zweiten Weltkrieges. Virginia Woolf galt am Ende ihres Lebens als „verrückt“ und psychisch debil und gab ihren Freunden große Rätsel auf. Nur wenn sie schrieb und Gespräche über Gerechtigkeit des Lebens mit Arbeiterinnen führte, soll sie „gesund“ gewesen sein. Das ist ein Hinweis darauf, daß das schriftstellerische fiktive Denken eher ihre Nebenarbeit hätte sein sollen, während die direkte Beschäftigung mit den Vorstellungen darüber, was Erkenntnis sei, was gerecht und was schön, eher eine philosophische Arbeit ist. Darum wäre sie als Philosophin wohl nicht geistig erkrankt.

Außerdem: wie konnte Woolf sich in einer Welt geborgen fühlen, in der ihr der Zutritt zu den Bücherregalen des Britischen Museums verwehrt wurde. Sie beklagte sich darüber, daß jeder männliche Kretin die heiligen Räume betreten dürfe, aber sie dürfe ihre Fragestellungen nicht wissenschaftlich bearbeiten und sich Anregungen bei anderen Denkenden holen. Was Marx für seine Studien im Britischen Museum zur Verfügung stand, war Virginia Woolf versperrt, nur weil sie eine Frau war. Dieser Ausschluß schmerzte sie sehr. In so einer diskriminierenden Situation glaubt keine Frau, daß die Vernunft „geschlechtsneutral“ sei. Zu offensichtlich geht es bei dieser Eintrittskarte ins Reich der Vernunft um Geschlechtszugehörigkeit.

Trotzdem aber wagte Virginia Woolf sich an eine Erkenntniskonzeption heran, die das Erkennen nicht nur als begriffsrationale Tätigkeit erklärt.

Sie umriß eine Erkenntnistheorie des „androgynen Geistes“ und kommt mit dieser in die Nähe sophianischer Erkenntnisformen. „Den Geist“ dachte sie nicht unabhängig von Körper, sondern in Körperlichkeit einverleibt. Der ganze Leib sei am Erkenntnisprozeß subjektiv spürbar beteiligt. Woolf kritisierte, daß in der Literatur ihrer Zeit nur einzelne Körperteile das Denken symbolisierten oder von Erkenntnis durchdrungen wurden, und sah eine verheerende Wirkung durch die Geschlechterdebatte voraus, in der nur einseitig das eine Geschlecht sich gegen das andere zu behaupten versucht. Diese Geschlechtsbehauptung habe vor allem für den schöpferischen Prozeß des Schreibens blockierende Auswirkungen. Aber anders als Simone de Beauvoir favorisierte sie nicht das männliche, angeblich körperunabhängige Vernunftdenken zum Vorbild für Frauen, sondern sie machte sich für ein „ zweigeschlechtliches“ Denken in einer Persönlichkeit stark. Dabei erwog sie kein einziges Mal, Denken und Erkennen auch ungeschlechtlich oder geschlechtsneutral zu verstehen, wie es vor ihr einige Feministinnen gemacht haben. Marie de Jars de Gournay forderte 1622 in der „Erklärung der Rechte der Frau“, daß eine geistige und moralische Gleichheit der Geschlechter politisch durchgesetzt werden müsse, weil der Geist ohne Geschlecht, also körperlos sei (vgl. Gournay 1984). Für Virginia Woolf gibt es diese Trennung zwischen Geist und Körper nicht. Sie versucht, leiblich zu erkennen, und erfährt den Mangel ihrer Kollegen, die damit nur Primitivität verbinden und nicht, wie sie, Originalität und Genie.

*Es wäre tausendmal schade, wenn Frauen wie Männer schrieben oder wie Männer liebten oder wie Männer aussähen, denn wenn zwei Geschlechter ganz und gar verschieden sind, wie könnten wir in Anbetracht der Größe und Vielfalt der Welt mit nur einem auskommen? Sollte Erziehung nicht vielmehr die Unterschiede herausbringen und verstärken anstatt die Ähnlichkeiten? Denn in Wirklichkeit haben wir zu viel Ähnlichkeiten* (1978 b, S. 79).

Woolf argumentiert mit der Vielfalt der Welt und sieht in der Identitätsforderung wiederum nur ein Verstummen einzelhafter Verschiedenartigkeit. Auch das Frausein ist wie das Mannsein etwas Besonderes, was erhaltenswert ist. Wogegen sie sich verwahrt, ist die Art der patriarchalen Interpretation des Frauseins. Eine Frau, die auch Frauen lieben kann, obwohl sie mit einem Mann verheiratet ist, und die wie Sappho eine Frau lieben kann, nicht weil sie männliche Ausstrahlung hat, sondern weil sie eine Tochter der Charitinnen ist, der charismatischen, großen archaischen Frau, kann nicht von den Patriarchen verstanden werden. So eine Frau wird sich nicht weismachen lassen, daß die Frauen in irgendeiner Beziehung weniger wert seien als Männer. Hier war Virginia Woolf in ihrer Selbstachtung monolithisch und dennoch verletzlich, wie die sapphische Eiche, die trotzdem die Gefühle der Verzweiflung spürt, die ihr durch die Glieder rasen. Ihr Stamm ist nicht aus hartem Stahl, sondern sensitiv.

Virginia Woolf entwickelte eine Genieidee für Frauen und Männer. Im genialen schöpferischen Zustand würden Mann oder Frau ihr Geschlecht vergessen und aus verschiedenen Perspektiven schreiben können. Den schöpferischen Zustand nannte sie „im Licht der Weißglut sein". In diesem Schreiben vergißt die geniale Frau oder der geniale Mann das „Ich" und damit auch die geschlechtliche Voraussetzung und empfindet sich als Lichtperson.

Wie sie zu dieser These kommt, erläutert sie an einer alltäglichen Wahrnehmung, die sie zu Hause am Fenster machte. Sie schaute hinaus, nachdem sie sich einige Zeit mit der für sie schmerzhaften Geschlechterfrage beschäftigt hatte.

In London, totale Stille, Aussetzen des Verkehrs. *Irgendwie war es, als fiele ein Signal, ein Signal, das auf die Kraft in den Dingen hinwies, die man übersehen hatte* (1978 b, S. 88).

Sie schaut hinaus und sieht unter ihrem Fenster eine Frau und von der anderen Seite einen Mann kommen. Sie gehen aufeinander zu und treffen sich genau unter ihrem Fenster, wo sie in ein vorbeikommendes Taxi einsteigen und gemeinsam fortfahren. Während sie diese eigentlich gewöhnliche Alltagsszene beobachtet, spürt sie, wie *ihr Geist sich verändert.* Es ist *die Tatsache, daß der gewöhnliche Anblick von zwei Leuten, die in ein Taxi steigen, die Kraft hatte, etwas von ihrer eigenen anscheinenden Befriedigung mitzuteilen. Der Anblick von zwei Leuten, die die Straße herunterkommen und sich an der Ecke treffen, scheint den Geist von einer Anspannung zu befreien* (1978 b, S. 89).

So, wie sie mit ihren Augen sieht, daß von zwei unterschiedlichen Richtungen sich zwei Menschen aufeinander zu bewegen, so spürt sie, wie sich in ihr eine ambivalente Spannung verliert. Das äußere Bild steigt als Bewegung in sie selber ein und verbindet etwas Auseinanderliegendes. Dieses Verbinden verspürt sie als befreiend, eine Anspannung verwandelt sich in Entspannung. Im Anfang ihrer Überlegung steht ein eigenleibliches Verspüren, das sie dann zu einer Konzeption des schöpferischen Denkens weiterführt.

Sie schließt aus der Entspannungsbewegung: *Vielleicht erfordert es eine Anstrengung, von dem einen Geschlecht als vom anderen verschieden zu denken, wie ich es diese letzten beiden Tage getan hatte. Es stört die Einheit des Geistes. Nun hat diese Anstrengung aufgehört, und die Einheit ist wieder hergestellt, indem man zwei Menschen zusammenkommen und in ein*

*Taxi steigen sieht* (1978 b, S. 89). Hatte Virginia Woolf eine synchrone Balancierung ihrer beiden Gehirnhälften verspürt, als sie der Bewegung der beiden Leute von außen nach innen zusah? Bewirkte diese Sicht mental auch dadurch Entspannung, weil sie vergegenwärtigte, daß eine Frau und ein Mann sich aufeinander zu bewegten? Hatte sie für Sekunden den dreidimensionalen Blick verloren und zweidimensional nur die Bewegungen eines Bildes gesehen, auf dem etwas sich aus entgegengesetzten Richtungen aufeinander zu bewegte und zu einem Punkt verschmolz, dem Auto? Wenn die Gedanken wegbleiben, während man nach außen schaut, kann es manchmal passieren, daß das Draußen an Tiefe verliert und wie ein Bild erscheint, auf dem ziemlich abstrakte Bewegungen stattfinden. Dieses „zweidimensionale Sehen" gehört auch zu manchen Meditationsübungen, die ich aus tibetischer Richtung kennengelernt habe. Diese „Bildbewegung" kann man korrespondierend im Bereich der eigenen Aufmerksamkeit (zum Beispiel im Kopf) auch leiblich-körperlich verspüren.

Wenn beide Gehirnhälften gleichartig aktiv sind und zusammenarbeiten, kann eine innere Sichtweise entstehen, die als Weißlicht beschreibbar ist. Meditationsmeister aus asiatischen Ländern nennen diese Erfahrung „Erleuchtung". Virginia Woolf spricht vom Weißlicht des genialen Zustandes.

Zunächst stellt sie aber aufgrund eigenleiblicher Verspürnis die Trennung von Geist und Körper in Frage: *Warum fühle ich, daß es Trennungen und Widerstände im Geist gibt, wie es aus offensichtlichen Gründen Spannungen für den Körper gibt?* (1978 b, S. 90)

Sie überlegt, was mit „Einheit des Geistes" gemeint sein könne und bemerkt, „Geist" könne keinen „Eigenstatus" haben, weil dieses „geistige Sehen" so verschiedenartig sein könne, daß kein Zustand bevorzugt werden dürfe. Eine Form, in der es Trennung und Widerstand geben kann, Anspannung und Entspannung, scheint ihr im Körperlichen genauso vorhanden zu sein wie im sogenannten Geistigen. Wo sollte der Unterschied zwischen Geist und Körper sein?

Virginia Woolf bleibt bei ihrem eigenleiblichen Verspüren und entwirft von dort aus einen androgynen „Geistesbegriff".

*Denn ganz sicher fühlte sich mein Geist, als ich das Paar in das Taxi steigen sah, als wäre er, nachdem er geteilt gewesen war, wieder in natürliche Fusion zusammengetreten ... ob es in Entsprechung zu den beiden Geschlechtern des Körpers auch im Verstand zwei Geschlechter gibt, und ob sie auch danach verlangen, vereinigt zu werden, um vollständige Befriedigung zu erlangen? Und ich fuhr amateurhaft fort, einen Plan der Seele zu skizzieren, wonach in jedem von uns zwei Kräfte vorherrschen, eine männlich, eine weiblich* (1978 b, S. 90).

Woolf reflektierte die Behauptung von Coleridge, ein großer Geist sei androgyn, und daher habe der schöpferische männliche Geist immer auch eine gewisse Sympathie für das Weibliche, das auch in ihm sei. Sie überprüfte diese

These an Shakespeare und kam zu dem Ergebnis, daß dieser noch unbelastet von der Selbstbehauptung als Mann hätte schreiben können, weil zu seiner Zeit keine Frauenbewegung den Mann in Frage stellte. Sie selber neigte dann ebenfalls dazu, den zweigeschlechtlichen Geist als „groß" anzusehen, weil die Sehnsucht nach Entspannung oder Einheit zum Geistigen dazugehöre. Der angespannte analytische Zustand war für sie nur eine Sondersituation. So kam sie darauf, daß seinem Wesen nach alle große geistige Arbeit „weißglühend" sei ohne das rote Licht der lebensfeindlichen Emotionen, die Haß, Zorn, Empörung oder Abwehr sein könnten. Wie Sappho wollte auch Woolf keine Frau sein, die wutentbrannt heimzahlt. Mit Ressentiments läßt sich nicht schöpferisch schreiben. Ihr Anliegen war es, bei den Dingen zu sein und sich selber in der Erkenntnissituation zu vergessen. Durch die andauernde Anforderung, sich als Frau oder Mann zu rechtfertigen, sei es unmöglich, bei den Dingen zu sein und anderes zu erkennen. Wenn Eigengeschlechtlichkeit nicht selbstverständlich zur bejahenden Selbstgewißheit gehört, ist kein geniales Werk möglich, weil die Identifikationsbewegung mit anderem als sich selbst behindert wird. *Und wenn es zutrifft, daß es eine der Gaben des voll entwickelten Geistes ist, daß er nicht besonders getrennt über das Geschlecht nachdenkt, wieviel schwieriger als je zuvor ist es dann heute, diesen Zustand zu erreichen?* (1978 b, S. 91)

Virginia Woolf stellte ihre Fragen im Anschluß an die Androgynitätsthese von Coleridge und blieb mit ihren Fragen „in der Luft" hängen. Nur die selbstverspürte Ausgangssituation blieb ihre eigene Sache und ließ die Antwortmöglichkeiten zwar plausibel, aber dennoch freischwebend erscheinen. Sie bemerkte nicht: Ihre Art zu fragen setzt eine andere Erfahrungsperspektive voraus als jene, für diedie Antwort formuliert wurde. Denn diese entstammt einer Diskussion unter männlichen Intellektuellen, die in leibfeindlicher Vernunfttradition Erfahrung interpretieren. Darum passen ihre Frage und die Antwort des Vernunftmannes nur ungefähr zusammen. Der „androgyne Geist", den Woolf suchte, entstammte ihrer verleiblichenden Denkungsrichtung, aber der androgyne Geist, den sie in den männlichen Schriften fand, bedeutete dort fast dasselbe wie Geschlechtslosigkeit. Dieser Androgynitätsbegriff ist eine Aufhebung körperlich-leiblicher Geschlechtlichkeit als Differenz. Männer und Frauen sind aber körperlich und leiblich nicht gleich, sondern unterschiedlich. Die geschlechtlichen Unterschiede werden in einem vereinheitlichenden, großen Geiste nivelliert. Von der Frau als Frau bleibt nichts übrig, und Coleridge fühlte sich als Mann und Frau zugleich. Es geht hier nur um eine theoretische Aufhebung von auch fruchtbaren körperlich-leiblichen Unterschieden zu einer einheitlichen Geistesidentität. Das aber wollte Virginia Woolf nicht. Die imperiale Geste des Mannes, auch das Weibliche in sich zu behaupten, so wie Zeus behauptete, auch gebären zu können, dient der Erweiterung maskuliner Ansprüche gegen alles Nichtmännliche. Er behauptet dann auch gerne, er sei alles, Tier, Geist, männlich, weiblich, grün, gelb und blau, um sich nicht als Teil von etwas zu begreifen, was umfassender sein könnte als er. Diese imperiale Geste aber war Virginia Woolf fremd. Sie gab ihre eigenleibliche differenzierte Wahrnehmungsgabe, Unterschiedliches gleichzeitig zu bemerken, nicht zugunsten einer einheitlichen Seelentheorie auf.

Woolf begründete das Fehlen eines ausdrücklichen Geschlechtsbewußtseins bei Shakespeare mit fehlender politischer Frauenbewegung, nicht mit seinem besonders androgynen Geist. Und sie machte auch nicht die Frauenbewegung für den Mangel an Genie in ihrer Gegenwartsliteratur verantwortlich, sondern die „Männerbewegung" seit Tausenden von Jahren.

Es ging Virginia Woolf um das Genie der Frauen, die ihr schöpferisches Weißlicht nur auf dem Wege ihrer Mütter finden könnten. Diese Wege seien allerdings in der von Männern geschriebenen Geschichte schwer zu finden.

„Im weißen Licht" kreativ zu schreiben, bedeutete für Virginia Woolf, das andere in sich einkehren zu lassen oder selber in den anderen Dingen zu sein. Hier wird sie fast mystisch in einer jüdisch-gnostischen Sophia-Tradition der Lichterkenntnis.

Das „weiße Licht" unterscheidet sie vom „roten Licht" der negativen Emotionen, die Abgrenzungen schaffen, aber keine zusammenfließende Denkbewegung. Negative Kritik verspürt sie so als eine „Anspannung des Geistes". Die Kritik müsse vieles abblocken, was aber nicht der entspannte „Normalzustand" des Geistes sei. Weißglühendes Denken sei ichvergessenes Denken, und um diese Ich- oder Selbstvergessenheit ging es Woolf, auch wenn sie versuchte, dieses schöpferische Schreiberleben mit dem Begriff des „androgynen Geistes" zu fassen. Sehnte sie sich in die „ich-lose" Archaik zurück?

Woolf versucht, mit dem Wort „Instinkt" jenen genialen Zustand zu fassen, in dem Frauen schreiben sollten, was immer ihnen kommt. *Wenn ich sie daher bitte, mehr Bücher zu schreiben, so dränge ich sie, etwas zu ihrem eigenen Besten und zum Besten der ganzen Welt zu tun. Wie ich diesen Instinkt oder Glauben rechtfertigen soll, weiß ich nicht, denn philosophische Worte können, wenn man nicht an der Universität gewesen ist, falsches Spiel mit einem treiben* (1978 b, S. 99).

Und ihr Rat bleibt: Denken Sie an die Dinge selbst, lassen Sie sich auf anderes ein, dann wird das weißglühende Licht entzündet werden. Für die Entzündung dieses Lichtes gibt sie ebenfalls ein eigenleibliches Kriterium des Verspürens an. Sie spürt dieses Licht in der Wirbelsäule aufsteigen. In Verbindung damit, daß gutes, nahrhaftes Essen eine Voraussetzung für weißglühendes Erkennen ist, schreibt sie: *Und so wurde schrittweise, das halbe Rückgrat hinab, welches der Sitz der Seele ist, ein Licht entzündet, nicht das kleine elektrische Licht, das wir Scharfsinn nennen, wenn es über unsere Lippen ein- und aussprüht, sondern ein tieferes, subtileres, unterirdisches Glühen, die reiche, gelbe Flamme intellektuellen Austausches. Kein Zwang zur Eile. Kein Zwang zu* *glänzen. Nicht nötig, irgend etwas anderes zu sein als man selbst ... Das Licht im Rückenmark entzündet sich nicht von Rindfleisch und Backpflaumen (*1978 b, S. 12, 18).

Fast in archaischer Weise setzte Virginia Woolf Leibeswohl mit Geistesharmonie in eins und beklagte die finanziell schlecht ausgestattete Lernsituation der meisten Frauen in den wenigen Fraueninstituten Englands. Indem Frauen dadurch beeinträchtigt werden, daß sie sich Tag für Tag um die nur minimale Reproduktion ihres eigenen Leibes kümmern müssen, haben sie weniger Freiheit als die meisten Männer mit denselben Ambitionen, an die Dinge selber zu denken. Wer hungert und in armseligen Verhältnissen lebt, findet weder Zeit noch Freiheit zur Identifikation mit den anderen Dingen. Eine ausgewogene Lebenssituation war für Woolf wichtig, eben weil sie die eigenleibliche Situation in die Reflexion einbezog. So kam sie zu ökonomischen Forderungen und schlug Gesetzesänderungen zu Gunsten der Frauenbildung vor. Der großbürgerliche Traum vom romantischen hungernden Dichter in armseliger Dachkammer, frierend und abhängig von der Gunst irgendwelcher Mäzene, gehört nicht mehr zu ihrem Hintergrund von genialem Schreiben. Leiblichkeit und Denktätigkeit werden in eine Ebene gestellt und nicht wesentlich voneinander als Gegensätze unterschieden. *Doch wie die ohne ein Selbst erblickte Welt beschreiben? Da gibt es keine Worte. Blau, rot, sogar sie lenken ab* (S. 18).

Virginia Woolf schreibt von der sprichwörtlichen Liebe der Engländer zur Natur, zu den Dingen und daher zu den empirischen Wissenschaften. Sie selber sah sich in dieser Tradition, in dieser Sehnsucht, die Dinge zu erkennen, so wie sie sind, ohne daß ein Mensch sie verändert und beeinflußt. Sich hingeben an die Dinge der Welt und sich in ihnen wiederfinden, das erinnert an die Sehnsucht der gnostischen Sophia.

Aber Virginia Woolf irrte sich wahrscheinlich, als sie glaubte, sie hätte ihre Erkenntnissehnsüchte viel besser ausdrücken und deutlicher darstellen können, wenn sie an einer Universität Philosophie, Astronomie und Physik studiert hätte. Sie hätte genausowenig für sich selber Antworten finden können, wie sie sie fand, als sie die ihr zugänglichen Schriftsteller studierte und den Weg ihrer Mütter suchte, um eine große Bejahung des fruchtbaren und vielfältigen Lebens zu schreiben. Sie hätte den ganzen Abgrund männlicher Selbstbehauptungen gegen das Weibliche vorgefunden, was die Männer noch zu Woolfs Zeiten vor Frauen verstecken konnten. Seit etwa 70 Jahren können Frauen dank der Frauenkämpfe und dank einiger männlicher Frauenfreunde der Vergangenheit in den maskulinen Gebäuden studieren und alle Bücher lesen, die nicht verschlossen sind. Die charismatische Frau Virginia Woolf wäre fassungslos gewesen über den Mangel an Genie, der dort herrscht.

Woolf war verheiratet mit einem Mann, der sie unterstützte. Sie lebte im berühmten Bloomsbury-Haus in London, war dort mit sehr gelehrten und kreativen Freunden zusammen, die später hochdotiert in Amt und Würden saßen und ihre Forschungen treiben konnten. An ihnen sah sie täglich, was ihr nicht erlaubt war, weil sie eine Frau war.

Ihre Haushälterin Louise Mayer erzählte, daß Virginia Woolf manchmal Schwierigkeiten hatte, die Dinge als physische Gegenstände wahrzunehmen. So lief sie im Garten gegen einen Baum oder stieß an andere Dinge im Garten an, als ob sie glaube, durch sie hindurch gehen zu können (vgl. Woolf 1978 b). Sie sei verwirrt gewesen, hätte oben in ihrem Badezimmer die Manuskripttexte laut gelesen.

Ist sie an ihrer komplexen Einbildekraft und eigenleiblichen Intelligenz zerbrochen? Hätte ihr eine ausführlichere Logos-Schulung dazu verholfen, ihre differenzierte Wahrnehmungsfähigkeit besser koordinieren zu können? War ihr Genie an dem harten Nein der patriarchalen Institutionen zerbrochen?

In ihrem letzten Roman „Die Jahre“ beschreibt sie die Unmöglichkeit, eine Ahnung von dem, was sie „ Lebensmuster“ nennt, in Worte fassen zu können. Immer nur gelinge es, Splitter zu sehen, und wenn das Denken beginne, dann ströme es in mehrere Richtungen zugleich auseinander, ohne daß eine Geschlossenheit zustande käme. Aufhören zu denken, erschien ihr als Alternative, aber das Elend der Welt zwinge sie zum Nachdenken. In Frieden mit den Dingen zu leben schien ihr unmöglich zu sein. Erkenntnis gebe es immer nur bruchstückhaft und nur in kurzen, wortlosen Augenblicken. Sie band am Ende ihres Lebens Erkenntnis nicht mehr ans Wort. Wie hätte sie sich gefreut, wenn sie das Buch „In alle Richtungen zugleich - Denkstrukturen von Frauen“ von Brigitte Nölleke (1985) gelesen hätte oder das Buch „Nicht ich - ich nicht“ von Christina von Braun (1985). Hier wird eigenleibliches Wissen von Frauen für Frauen neu gefaßt und aus der schrecklichen Verkennung des männlichen Logos herausgelöst. Wie viele hochintelligente Frauen verzweifelten an der Dumpfheit der Männer und sehnten sich nach ihrem freieren Logos?

Virginia Wolf nahm sich 1941 das Leben. Die letzten Worte in ihrem letzten Roman lauten:

*Die Sonne war aufgegangen, und der Himmel über*
*den Häusern hatte ein Aussehn von außerordentlicher*
*Schönheit, Einfachheit und Frieden.*

## Clarice Lispector

Clarice Lispector wird in der literarischen Fachwelt auch die „brasilianische Virginia Woolf“ genannt. Ihr Werk ist den Literaturwissenschaftlern genauso verschlossen geblieben wie Sapphos und wie Virginia Woolfs Werk.

Clarice Lispector wurde 1925 von einer Frau geboren, die seit dieser Geburt gelähmt war. Welche Gefühle diese Tatsache in der Tochter verursachte, ist nicht bekannt. Aber sie wird gewußt haben, daß ihr Leben den Körper einer anderen Frau, ihre Mutter, behinderte und schon im Anfang einen hohen Preis verlangte.

Clarice Lispector las Virginia Woolf erst, als sie schon selber durch ihre Romane berühmt war. So ist nicht davon auszugehen, daß sie Woolf nachahmte, vielmehr trieb sie eine ähnliche Suche, die für mich als „sapphisches Erbe" bemerkbar ist.

Mit achtzehn Jahren veröffentlichte sie ihren ersten Roman „Nahe dem wilden Herzen". In diesem Alter war sie 1943 bereits eine fertige Schriftstellerin, die auch philosophischen Tiefsinn bewies. Ihr war es möglich, zu studieren und im Fach Jurisprudenz abzuschließen. Sie heiratete einen Studienfreund, der später Diplomat wurde und durch den sie von 1944 bis 1962 im Ausland lebte, in Italien, in Polen und die längste Zeit in den USA. Als sie sich von ihrem Mann trennte, lebte sie wieder in Rio de Janeiro. 1977 verstarb sie mit zweiundfünfzig Jahren an Magenkrebs. Zweimal gebar sie, beide Male Söhne.

Clarice Lispector wird in der Literaturwissenschaft als Mystikerin eingestuft und damit zugleich für unergründbar erklärt - womit sie für die maskuline Vernunftgemeinde erledigt ist.

Aber bis zur Gegenwart ist keine Schriftstellerin oder kein Schriftsteller einer Philosophie des Leibes literarisch so nahe gekommen wie sie. Sie ist deutlicher in dem, was sie sucht, als Virginia Woolf es sein konnte. Clarice Lispector verneinte bereits radikal die abendländische lebensferne Vernunftzivilisation und erkannte deren Ursprung im patriarchalen Herrschaftsanspruch seit vielen Tausenden von Jahren.

Jeder Roman von ihr greift einen ehernen maskulinen Wert auf und läßt diesen durch „das ganz andere" unwesentlich werden. Je später sie ihre Romane schrieb, desto klarer wird ihre Sichtweise. Es ist die Sichtweise einer Frau, die sich nicht als Unterschied zum Tier und anderer Natur begreifen will und die sich weigert, eine Ich-Identität auszubilden, denn sie will in ihrer Weise die Welt erkennen und interpretieren. In jedem Roman geht es um eine Steigerung dieses Erkenntnisprozesses, weg von der begrenzenden Ich-Identität des Mann-Menschen hin zu einer leiblich verspürbaren Identifikationsfähigkeit weiblicher Erkenntnisutopie.

Die Denkweisen der Romanheldinnen und -helden werden eigenleiblich beschrieben, sie sind fühlende und spürende Wesen. Auch die Wortwahl von Lispector orientiert sich an verleiblichender Sprache, und zwar in derart detaillierter und komplexer Weise, daß eine einzige leiblich-körperliche Erregung auf über hundert Seiten Thema bleibt. Sie fand einen Stoff, der noch eine weiße Landkarte war, trotz Sappho und Virginia Woolf. Sie thematisiert eine Art theoretisierende Rebellion der Sinne (vgl. Stopczyk 1986), der eigenleiblichen, feinsinnigen Sinne. Sie rebelliert gegen Geist und Vernunft, aber mit derart feinen stilistischen Sprachmitteln, daß sie intellektuell fast unheimlich überlegen erscheint; überlegen, analytisch und unbegrenzt in der Anwendung normaler akademischer Wissenshintergünde. Fast unbemerkt arbeitet sie in jedem Roman eine Schlüsselstelle heraus, in der die große Wandlung und Erkenntnis aus der Perspektive ihrer weiblichen Eigenheit hervor schimmert und zum Ende hin immer deutlicher wird. Ihre Romane sind wie die der Virginia Woolf komponierte Stücke von der ersten bis zur letzten Zeile und zeigen eine große Geste der Durchführung. Jeder Roman holt eine Erkenntnis aus der Tiefe philosophischer Abgründe hervor und befriedigt besonders jene, die Gedankengänge in langsamer minutiös geschilderter Bewegungsart lieben.

Wie Sappho sah Clarice Lispector sich als einzelne. Sie begehrte auf gegen alles, was in unserer Welt als „schön" und „gut" gilt. Wie bei Sappho kommt ein ungebrochenes „Aber ich sage" bei ihr hervor, nicht so poetisch, nicht so dicht gedrängt, aber aus ähnlicher eigenleiblicher Erkenntnisausrichtung und in wunderschönen Sätzen nach alltagssprachlichem Stil. Sie seziert das andere, zum Beispiel auch die Ansichten und Verhaltensweisen von Männern, so genau, distanziert und scharf, daß es ein Leichtes wird, die eigene weibliche Sicht zu erkennen, unvermischt und rein als das, was sie auch „weiblich" nannte, selbst wenn sie nicht wie Virginia Woolf explizit feministisch argumentierte. Sie ist bereits das weibliche Genie, was Virginia Woolf noch nicht für möglich hielt und nur Shakespeare zugestand - selbstbewußt als Geschlecht, ichvergessen im weißen Licht der Erkenntnis und der Dinge, wenn sie schrieb.

Im Roman „Lehre oder Das Buch der Lüste" stellt sie vernunfttradierte männliche Identitätsbildung und die eigenleibliche Erkenntnis durch Identifikation einander gegenüber.

Die Vernunftseite wird durch einen Philosophieprofessor vertreten, die eigenleibliche Erkenntnisweise durch eine Frau mit Namen Lori, in die sich dieser Philosophieprofessor verliebt. Er möchte aber nicht nur ihren Körper lieben, sondern auch ihre Seele haben, ihr „Ich". Er fordert von der Frau, sie solle ein dominantes „Ich" ausbilden, damit er sie richtig und gleichberechtigt lieben könne. Sie solle ein „Ich" haben wie ein Mann. Er schlägt vor, *daß sie antworten könnte, mein Name ist ich, aber nicht Lori. Da kam direkt aus dem Bauch, wie ein fernes Schaudern der Erde, von dem man kaum wußte, ob es das Signal des Erdbebens, des Uterus, des zusammen gezogenen Herzens ist, die gigantische Erschütterung eines starken aufgerührten Schmerzes, der Aufruhr des ganzen Körpers ... kam schließlich das große trockene Schluchzen ...* (1982, S. 10).

Lori, die Ich-Erzählerin im Roman, entwickelt kein „Ich" wie der Mann, nicht diese vielbewunderte, kernfeste, abgrenzende Identität, die der Philosophieprofessor von ihr verlangt. Im Gegenteil, sie findet Wege, ohne Ich-Identität persönlich und erkennend zu sein. Sie ist schließlich im anderen Pol durch eigenleibliche

Einfühlungs- und Einbildekräfte, die die Intelligenz des auf sein Ich begrenzten Mannes übersteigen. Dabei ist die Natur, worüber der Professor in langen Monologen redet, jener „andere Pol", jene andere Existenz, in die Lori sich „verwandeln" kann, um diese an sich selber zu erkennen. Sie tut, was Kant für menschenunmöglich hielt: die Dinge an sich selbst erkennen. Sie verwandelt sich in das, was sie erkennen will, ohne etwas zu verlieren, denn sie hat ja kein „Ich" zu verlieren, sie kann im „Hinübergehen" nur gewinnen, für Momente selber das andere sein und mit diesem inneren Wissen zurückkehren in ihre normale menschliche Existenz. Was in solchen von Lispector beschriebenen „ Verschmelzungen" zu gewinnen ist, ist einerseits Erkenntnis über die eigene Existenz, aber auch Erkenntnis über die außermenschliche Existenz. Lori, die Frau des Romanes „Lehre oder Das Buch der Lüste", gewinnt durch diese Erkenntnisart eigenleibliche Gewißheiten über das Leben der Dinge schlechthin. Eine wichtige Lebenserkenntnis erfährt die Romanheldin zum Beispiel während einer Begegnung mit den Wellen des Meeres. Dieses Erlebnis ist als Schlüsselstelle für die alternative Erkenntnisart gegenüber der des Philosophieprofessors aufgebaut. Lispector gelingt es, zu beschreiben, was der eigenleibliche Zustand des „in den Dingen sein" ist. Für die beschränkte Vernunfttradition gibt es keine Erkenntnis des Dinges an sich selbst (Kant). Das andere wird als ewig Fremdes entweder zum Mittel eigener Bedürfnisse oder zu Gottesmysterien stilisiert. Lispector überwindet diese Grenze von innen und außen, von Subjekt und Objekt und findet Worte zur Beschreibung einer Erkenntnissituation, die weder ins Homerische zurückfällt noch in mystische Unverständlichkeit abdriftet. Das Meer wird dabei dem Menschen als ein gleichberechtigtes, großes Lebewesen gegenübergestellt. Die Frau watet ins Meerwasser hinein und wird immer heftiger von den Meereswellen ins Wasser getaucht. Dieses Eintauchen und die eigenständige Kraft des Wassers erfährt Lori wie eine erotische Vereinigung, wogegen die Erotik mit einem Mann verblaßt. Bei dieser Art Vereinigung geht es darum, Denken und Sprechen auszusetzen. Erst in diesem Fallenlassen der kontrollierenden Ich-Instanz kann die erkennende Vereinigung geschehen. Erkennen passiert ohne Sprache, ohne Logik und ohne Regeln, die eingehalten werden müssen. Hiermit wendet sich Lispector gegen die unter Männern herrschende rationale Vernunftforderung. *Die Frau empfängt keine Übermittlungen, noch übermittelt sie. Sie braucht keine Kommunikation* (1982, S. 83).

Erkennen ist Sichidentifizieren, eintauchen in das andere und später wieder hervor tauchen mit einem neuen Weltwissen. Geläutert und frei gemacht von ihren engen menschlichen Narzißmen kehrt Lori an den Strand zurück, eins gewesen mit Menschlichem und Unmenschlichem. Und während der Philosophieprofessor eine Lehre darüber zu vermitteln versucht, wie sie das Leben begreifen solle, schweigt sie, denn sie hat es schon begriffen, einige

Stunden vorher, zumindest die Existenz des Meeres.

Während er also endlos monologisiert, reflektiert Lispector in der Gestalt der Lori die Situation des erkennenden Leibes: *Und es ist eine körperliche Glückseligkeit, die mit nichts zu vergleichen war. Der Körper verwandelt sich in eine Gabe. Und sie spürte, daß es eine Gabe war, weil sie gerade, aus einer direkten Quelle, das unzweifelbare Geschenk, materiell zu existieren, erfuhr ... Sie begann zu spüren, daß alles, was existiert - Mensch oder Ding - eine Art allerfeinsten Energieglanzes einatmete und ausströmte* (1982, S. 143).

Loris Existenzgewißheit entstammt nicht dem cartesianischen „Ich denke", sondern einem „Ich bin, wie alles andere auch ist", feinstoffliche, verwandelbare Materie, ein Leib. Das Materie-Sein wird nicht gemieden oder womöglich überwunden, sondern es wird benötigt, um sich selber als real existierendes Erdenwesen zu erfahren. Keine Sehnsucht nach Vergeistigung orientiert hier die Gemütsbildung, sondern eine Sehnsucht nach physischem Leben. Lebendigkeit in leiblich-körperlicher Selbstgewißheit dominiert diesen Erkenntnistrieb.

Diese „materiellen Selbstgewißheiten" können wie plötzliche Eingebungen für Momente in allen Situationen auftauchen. Zum Beispiel, wenn Lispector eine Frau beschreibt, die gerade in den Apfel beißt. Der Apfel in der Hand erhält plötzlich Eigenkraft, die eigenleiblich verspürbar ist. So ähnlich, wie Virginia Woolf die Bewegung des aufeinander zugehenden Paares als „Bewegung des Geistes" verspürte. Es sind die anderen Dinge und Bewegungen, die in einem selber etwas bewegen. Das Sehen verbindet Außenbewegung mit Innenbewegung.

Clarice Lispector ist einem einzigen solchen Erkenntnisaugenblick in ihrem Roman „Passion nach G. H." nachgefolgt. Hauptfiguren dieses Romanes sind eine Frau und eine Kakerlake. In diffiziler, langatmiger Weise wird der eigenleibliche Prozeß analysiert; wie die Ekelempfindung angesichts der Kakerlake eigentlich ein Ekel vor der physischen Welt ist, vor den Dingen, dem Stoff, vor sich selber als begehrendem Lebewesen und wie dieser Ekel überwunden werden kann in Richtung bewußter Tierwerdung oder Leibwerdung.

Hier rührt Lispector an ein großes Tabu, und sie ist gebildet genug, das sehr genau zu wissen. Der ganze Prozeß des „Vernunfttieres" seit Aristoteles wird durch sie rückgängig gemacht. Fast ist dieser Roman auch eine Gegenkonzeption zu Sartre und Simone de Beauvoir, die einen fundamentalen Ekel vor der Materie in der Transzendenz zum Geistigen zu vergessen suchten.

Aber die Frau im Roman „Passion nach G. H." verwandelt sich allmählich durch ihre Beschäftigung mit ihrem Ekel vor der Küchenschabe selber in ein Wesen dieser Jahrmillionen alten Insektenart. Während dieser Identifizierungsbewegung, die über Tage und Wochen stattfindet, erkennt sie ihre Tierwerdung als Existieren auf Leben oder Tod, und zwar in jedem Augenblick. Bevor dieser ekelabbauende Erkenntnisprozeß beschrieben wird, schreibt Lispector: *Seit dreitausend Jahren war ich geblendet, und von mir übrig blieben nur Lautfetzen. Ich bin blinder als je zuvor. Ja, ich habe gesehen. Ich habe gesehen und ich habe mich erschrocken vor der brutalen Wahrheit einer Welt, deren größter Schrecken darin besteht, so sehr lebendig zu sein, daß ich, um zugeben zu können, ebenso lebendig zu sein wie sie - und meine schlimmste Entdeckung ist die, ebenso lebendig zu sein -, mein Bewußtsein vom äußeren Leben so weit verändern muß, daß es einem Anschlag auf mein persönliches Leben gleichkäme* (1979, S. 22).

Dreitausend Jahre ist der Zeitraum der Vernunfttradition, in der sich „der Mensch" als Unterschied zum Tier, als Unterschied zur Natur, als „ Vernunfttier" und reines Geistwesen zu definieren versuchte. Diese dreitausend Jahre alte Zivilisation kulminieren im Roman „Passion nach G. H." in einem einzigen Gefühl der Frau. Auch diese Identifizierung der Jahrtausende findet langsam Stufe um Stufe im Leibe statt. Zuerst geht die Angst vor „Geschmacklosigkeit" verloren, und dann geht es auch darum, die Angst vor dem Häßlichen zu verlieren.

*Ich will nicht Schönheit, ich will die Identität* (1979, S. 172).

(Lispector verwendet das Wort „Identität" in der Bedeutung von „Identifikation" oder Identischsein mit dem Äußeren, dem Fremden, dem anderen, wo heraus für sie Identität als Selbstgewißheit und Existenzgefühl entspringt.)

*Die Schönheit wäre ein Zusatz, auf den ich nun verzichten muß. Die Welt hat nicht die Schönheit zum Ziel, was mich früher schockiert hätte: Die Welt besitzt keine ästhetische Ebene, nicht einmal die ästhetische Ebene der Güte ... Das Ding ist viel mehr als das.*

*Für mich war Schönheit ein sanfter Köder, war das, womit ich das Ding, schwach und respektvoll zu gleich, schmückte, um seinen Kern ertragen zu können.*

*Jetzt aber ist meine Welt die Welt des Dinges, des Dinges, das ich vorher häßlich oder eintönig genannt habe* (1979, S. 172).

Wie bei Sappho sind für Lispector Schönheit und Güte keine objektive Idee, sondern gebunden an das, womit sie sich beschäftigt, was sie begehrt.

Das Ding, die Kakerlake, ist in diesem Roman das Leben schlechthin, es ist die äußerste archaische Art des Lebendigseins, ohne diese Jahrmillionen alte Lebensart durch irgendwelche Gedanken oder andere „Ablenkungen" in „Höheres" zu transzendieren. Zu diesem Ding, wie es für sich selber ist, zu diesem Tier, das ihr zunächst nach normaler gesellschaftlicher Gefühlsnorm eklig und abstoßend vorkommt, will sie sich selber hin entwickeln, um das Wesen der Kakerlake an sich selber zu erkennen. Das Ding außerhalb von ihr ist ihr die höchste Offenbarung - kein Geist, keine Idee, nichts von diesen begrenzenden Distanzformen der Vernunftgebilde des dreitausendjährigen gefangenen Logos.

*Wie unfrei muß ich gelebt haben, daß ich mich jetzt freier fühle, nur weil ich nicht mehr den Mangel an Ästhetik fürchte ... vorläufig besteht meine erste schüchterne Lust darin, festzustellen, daß ich die Angst vor dem Häßlichen verloren habe. Und dieser Verlust ist von einer solchen Güte. Er ist wunderbar* (1979, S. 20).

Wie Sappho geht Lispector nicht in die Richtung, einen allgemeinen Begriff von Schönheit zu suchen, um ihn dann auf irgendwelche Dinge anzuwenden, sondern sie geht die Wege des Begehrens, der Sehnsucht nach dem ganz anderen, die das andere schön und gut macht. Die kulturell geprägte Vorstellung von „schön“ oder „häßlich“ entspricht nicht ihrer eigenleiblichen Erkenntniserfahrung mit dem angeblich ekligsten Tier einer hygienischen Reinlichkeitszivilisation. Sie sagt aber nicht, wie Sappho, schön ist, was ich begehre, sondern sie erforscht beobachtend und reflektierend mit ihrem eigenen freien Logos das Begehren selber und versucht, alle Urteilsvermögen der gesellschaftlichen Kontrollinstanz im Ich wegzulassen. Der Roman „Passion nach G. H.“ ist ein erkenntnistheoretischer philosophischer Roman, in dem der experimentelle Erkenntnisweg einer Frau in seiner gesamten Komplexität exemplarisch nachgezeichnet wird.

Dabei geht Lispector davon aus, daß sie ein System beschreibt, weil sie die Erkenntniserfahrung als Leben in einem konstruierten System auffaßt. *Ich kann nicht in Worte fassen, wie das System, in dem ich lebte, beschaffen war, aber ich lebte in einem System* (1979, S. 173).

Es scheint so zu sein, als ob, während Clarice Lispector ihren Roman schrieb, ihr angelerntes Wissen immer unwesentlicher wurde. Die verleiblichende Sprache ermöglichte es ihr, sich immer mehr auf die konkrete leibliche Situation mit der Kakerlake einzulassen und sich so immer stärker als archaisches Lebewesen zu vergegenwärtigen. Was im Anfang noch ekelhaft weit entfernt durch einen großen Zivilisationsgraben auseinanderliegt, nähert sich durch ihre selbsterkennende Aktivität allmählich an. Auch der Leseprozeß kann in diese Initiation der Leiberkenntnis hineinziehen.

Aber es geht Lispector hier nicht nur um den Abbau des ästhetischen Vorurteils in diesem Stufengang zur Tierwerdung, sondern sie legt auch das ab, was Moral genannt wird, und greift jene hehre „Menschlichkeit“ an, auf die wir seit der antiken Vernunftentdeckung der Philosophen so großen Wert legen. Denn indem die Frau das Tier erkennen und sich nicht mehr dagegen abgrenzen will, will sie etwas Unmenschliches erkennen. Diesen Wunsch kann sie sich nur über die Methode der Identifikation erfüllen. Dazu will sie auch das Unmenschliche im Menschen selber wieder anerkennen. Im denkenden und schreibenden Prozeß wird Denken zur Ursünde, zur Versündigung an sich selber, zum Apfel, den Eva vom verbotenen Baum der Erkenntnis pflückt.

Ich will das Unmenschliche im Menschen; nein, es ist nicht gefährlich, denn wie der Mensch auch beschaffen sei, er ist doch immer menschlich, dafür braucht man nicht zu kämpfen: menschlich sein zu wollen, klingt mir zu schön.

*Ich will den Stoff, aus dem die Dinge gemacht sind. Die Menschheit erschöpft sich darin, sich zu vermenschlichen, als wäre es eine Notwendigkeit, und diese falsche Vermenschlichung verhindert den Menschen und verhindert auch seine Menschlichkeit. Es gibt etwas, das umfassender ist, dumpfer, tiefer, weniger gut, weniger verwerflich, weniger schön.*

*Obwohl auch dieses Etwas Gefahr läuft, sich in unseren groben Händen in „Reinheit" zu verwandeln, in unseren Händen, die grob und voller Worte sind* (1979, 170 f.).

Welterkenntnis war für Lispector gerade auf jene Dinge gerichtet, die den Menschen selbstverständlich gegeben scheinen, auf die Gegenstände, auf den Stoff, auf die Materie, so wie sie da ist. Dieses Dasein, diese Wirklichkeit so zu erfassen, daß die Erkennende an sich selbst dieser Dinghaftigkeit gewahr wird, daß ist das Ziel des dargestellten Erkenntnisprozesses. Erst dann, wenn die Vernunftkontrolle sich willkürlich lösen läßt, kann eine bewußte Stufe des Lebendigseins erfahren werden.

*Lebendig zu sein, ist eine sehr hohe Stufe, die ich erst jetzt erreicht habe* (1979, S. 185).

Nicht Sterben, nicht Tod, nicht das Sein jenseits der Dinge oder Körper sei das „Höchste", sondern das, was in der „Menschlichkeit" bisher als „am niedrigsten" verschrien wurde. Die bewußte Verleiblichung, die bejahende Inkarnation in die Dinge sei eine sehr viel höhere Stufe der Seinserfahrung als diejenige, die wir ohne diesen Identifikationskampf erreichen. Für Lispector wird die sogenannte „geistige Welt", die Welt der Gedanken, Vorstellungen, Ideen, Vorurteile und Distanzierungen von dem, was berührt werden kann, zum niedrigeren Bewußtseinsstand. Darum interpretiert sie die Berührung zum höchsten Sein um. *Sein heißt, jenseits des Menschlichen zu existieren. Ein Mensch zu sein, geht nicht in Erfüllung. Menschsein ist stets etwas Erzwungenes gewesen* (1979, S. 186).

Lispector stellt das sogenannte Wesen des Menschlichen, das, was antike Philosophen „Vernunft" oder „Geist" nannten, als „Besitzgier" bloß. Angesichts der nichtswollenden Materie, der sich selbst seienden Welt der Dinge ist das Menschliche jenes, was dieses gierig verschlinge und es mit seinem Wollen besetze. Denken sei dasselbe wie begehren, erkennen dasselbe wie sich sehnen. Denken ist für Lispector kein neutrale, objektive Beobachtungstätigkeit in der Welt, sondern ein begieriges Habenwollen. Erst wenn diese denkende Selbstreflexion geleistet wird, kann die Person ihres menschlichen Keimes als eigenleiblicher Spürtätigkeit gewahr werden:

*Ach, die gewalttätige und sanfte Unbewußtheit dessen, was existiert, überschreitet die Möglichkeiten meines Bewußtseins. ich habe Angst vor soviel Materie - die Materie vibriert vor soviel Aufmerksamkeit, vibriert vor steter Bewegung, vibriert vor innerer Unmittelbarkeit. Ich, eine Person, bin ein Keim. Der Keim ist empfindsam, dies ist seine einzige und einmalige Eigenheit. Der Keim schmerzt. Der Keim ist gierig und schlau. Meine Gier ist mein ursprünglichster Hunger: Ich bin rein, weil ich gierig bin (1979, S. 150).*

Und zusammenfassend stellt sie am Ende fest:

*Meine Not kam daher, daß ich die nichtmenschliche Seite verloren hatte - als ich menschlich wurde, bin ich aus dem Paradies vertrieben worden. Und das stumme, nichtmenschliche Oratorium ist das wahre Gebet* (1979, S.174).

Das Schweigen wurde wie bei Ludwig Wittgenstein, Gustav Landauer und

Fritz Mauthner für Lispector zum philosophischen Mittel, mit der Welt verbunden zu sein und sich als Weltempfindende zu erfahren.

Clarice Lispector gilt als Mystikerin auch aus diesem Grunde, weil sie das Schweigen propagierte. Hier befand sie sich in einem Kreis tiefer blickender Philosophen, die ebenfalls das Schweigen als „mystisches Erkennen" dem akademischen und naturwissenschaftlichen Denken gegenübergestellt haben. Philosophen wie Fritz Mauthner und Ludwig Wittgenstein gehören in diesen Kreis. Das „Unsagbare" solle schweigend erkannt werden, was bei Mauthner zu dem Konzept einer „gottlosen Mystik" führte und in Wittgensteins erster philosophischer Veröffentlichung zum mystischen Schweigen über unsere Lebensprobleme. In Brasilien gab es in den vierziger Jahren eine literarische Richtung der Mystik und Sprachzauberei. Zu dieser soll Lispector Kontakt gehabt haben, aber es ist die Frage, ob es der besagten literarischen Richtung um die Beschreibung einer vernunftkritischen Erkenntnisart ging, die Clarice Lispector an manchen Stellen auch als „weiblich" auffaßte und der männlichen Begriffswelt entgegenstellte. Lispector hat keine ihrer Romanheldinnen als Mystikerin bezeichnet oder als Zauberin mit Worten. Eher stammt ihr geheimnisvoller Sprachgebrauch aus dem frommen Christentum. Sie ist gar nicht als eine „abergläubische Brasilianerin" in ihren Romanen erkennbar. Die herkömmlichen Interpreten sind scheinbar einfach nur unfähig, diese selberdenkende geniale Frau mit ihrem schöpferischen Ausdruck einzuordnen.

Lispector wußte sehr genau um die Schwierigkeiten der Sprache des befangenen Logos. In einer Zivilisation, in der durch Sprache und Schrift alle gesellschaftlichen Bezüge geregelt werden, muß nach Lispector die „Anstrengung der Stimme" erfolgen. Noch sei nicht die Zeit dafür, stumm sein zu dürfen und sich trotzdem zu verstehen.

*Die Sprache ist meine menschliche Anstrengung; ich komme mit dem Unsagbaren zurü*ck (1982, S. 144).

Das Unsagbare ist wie bei Wittgenstein - die erlebte Erfahrung, die sich bei Lispector gleichsam in den Leib als „Wissen" einrichtet. Erfahrung ist das Leben selber als dinglich lebendige, gedankenlose, sprachlose durch Identifikation oder Nachahmung verspürbare Wirklichkeit.

Clarice Lispector wußte, daß die normalen System- und Vernunftdenker und auch Vernunftdenkerinnen sie nun der Irrationalität bezichtigen würden und daß die Bezeichnung „Mystikerin" noch ein Zugeständnis war, um ihr nicht völlige Abwegigkeit nachzusagen. Aber ähnlich wie der Maler Picasso stand sie zu ihrer studierten „klassischen" Denktradition und auch dementsprechender Ausbildung. Was für Picasso die abstrahierende Form war, war für Lispector die verleiblichende Form der Sprache. Picasso malte seinen Stier in verschiedenen Stufen, von gegenständlich bis abstrakt, um seinen Kritikern zu beweisen, daß er durchaus „klassisch“ malen könne, und zwar sehr gut, aber er zeigte dann, daß er mit Absicht das Abstraktere suchte, um etwas Bestimmtes zum Ausdruck zu bringen, was er als Maler in unserer Wirklichkeit vorfand. Seine einfach aussehenden Striche waren nicht aus Hilflosigkeit gesetzt, sondern aus dem Können heraus. Genauso sah Lispector ihre Stufungen vom menschlichen Denken zu tierischerem oder dinglicherem Denken. Diese Dimension geht durch die Vernunft hindurch. Sie würde eine viel größere Freiheit des Logos bezeugen, als in der bisherigen Vernunfttradition üblich war. Lispector besteht darauf, daß diese weiblichere Erkenntnisweise nur erhält, wer *die Macht des Konstruierens* erfahren hat, und wer auch den Rausch kennt, den Worte bewirken können. Die verleiblichende Erkenntnisart ist erreichbar als Verzicht auf diese Macht des Konstruierens mit Worten. Aber dieser Verzicht muß freiwillig sein im Wissen darum, auf was verzichtet wird.

*Verzichten ist der wahre menschliche Augenblick. Und das ist die Herrlichkeit, die meiner Art eigen ist. Der Verzicht ist eine Offenbarung* (1979, S. 191).

Dieses Verzichten beschreibt sie auch als „heilige Wahl im Leben“. Ihre Frage lautet: Können wir willentlich und situativ auf vernunftmäßiges Denken verzichten, wenn wir erkennen, daß es uns von der „Materie des Lebens“ wegtreibt und uns der Lösung einer Aufgabe entgegensteht? Lispector sieht unsere Situation als einen „Kreuzweg“ zwischen Materie und Konstruktion (oder Geist) an. Das heißt: Wir sind inzwischen auf diesem Kreuzweg angelangt. Durch den Kreuzungspunkt hindurch müßten wir gehen. Dieser Kreuzungspunkt zwischen Materie und Konstruktion der Worte sei der einzige Durchgang zur Erkenntnis des lebendigen Existierens. Dieser Durchgang nach den letzten Tausenden von Jahren schmerzhaften Vernunfttrainings müßte auch deshalb unternommen werden, um unsere Gattung zu retten.

Jedes Tier kämpft um seine Arterhaltung, und warum soll sich hier das Menschsein anders verstehen und auf Artauslöschung und Sterben aus sein?

Am Ende dieses großen erkenntnistheoretischen Werkes hat eine Art Reinigung stattgefunden, die aber nur kurz ist wie ein plötzliches Schlußlicht. Es ist der tierische Biß der Frau in die lebendige Kakerlake, der Biß eines tierischen Wesens im hoch bewußten Reflexionszustand. Der Biß ist die absolute Berührung.

Nachträglich resümiert die Romanerzählerin:

*Durch den Zusammenbruch meiner Zivilisation und meiner Menschlichkeit ... durch diesen Verlust der Menschlichkeit gelang es mir ... in der ... Identität der Dinge zu sein. Die Freude, darin zu sein, bildete den anderen Pol zum Mittelpunkt der christlich-humanen Gefühlswelt. Zum ersten Mal und nur vage begriff ich, daß es einen anderen Pol wirklich gab* (1979, S. 110).

Clarice Lispector führte sozusagen eine „Dekontamination“ von Geistsein durch, die entseuchte von dem, was „geistige Substanz" genannt wird. Diesem Dekontaminationsgang zu folgen, mag vielen noch schwer fallen.

Lispector reflektiert auch die Situation der erkennenden Frau, die Wesentliches begreift und dennoch ohnmächtig bleiben muß, weil sie keine Definitionsmacht hat in der Männergesellschaft.

*Ich sah: Eine ganze Zivilisation, die sich emporgearbeitet hat und die die Sicherheit bietet, eine ganze Zivilisation, die die eigene Rettung zu ihrer Grundlage erhebt - auf ihren Trümmern stand ich nun ... Über diese Zivilisation kann sich nur erheben, dessen Funktion ihn dazu befähigt. Ein Wissenschaftler erhält die Genehmigung, ein Geistlicher bekommt die Erlaubnis. Aber keine Frau, die nicht wenigstens die Garantie eines Titels vorzuweisen hat. Und ich floh, ich floh voller Übelkeit* (1979, S. 67).

Clarice Lispector hat versucht, eine bisher ausgegrenzte Erkenntnisart darzustellen, eine Erkenntnisart, die sie in Frauengestalten einkleidete und Männern gegenüberstellte. Sie stellte die Frau als neues erkennendes Mysterium in den Mittelpunkt ihrer Arbeit, obwohl sie auch Männerfiguren in der literarischen Ich-Form entwickelte. Nie aber schrieb sie, was eine Frau „sei", oder definierte „ Frausein" in Charaktermerkmalen. Sie wußte, was sie tat. Sie wollte nur eine neue Dimension des Erkennens eröffnen, uns Zeit zum Forschen lassen und keine neuen Wahrheiten festklopfen.

Clarice Lispector lebte nach der Trennung von ihrem Mann zum Ende ihres Lebens hin in Armut und litt unter finanzieller Not. Sie schrieb für wenig Geld Glossen, Chroniken und Anekdoten für Zeitungen. Sechs Jahre vor ihrem Tod schrieb sie in einer dieser Zeitungen:

*Ich lebe viele Leben. Ich will nicht aufzählen, wie viele Leben anderer ich lebe. Aber ich fühle sie alle, atme sie alle. Ich stehe im Herzen des Geheimnisses. Das Natürliche ist schon ein Mysterium* (1971).

Inzwischen ist Clarice Lispector zum Geheimtip unter Literaturexperten aufgestiegen. Sie wird wieder verlegt. Clarice Lispector ist bis heute die größte philosophische Schriftstellerin seit Sappho.

## Noch eine Frage

**Ich muß Ihnen ehrlich sagen, ich bin ziemlich durcheinander von Ihren vielen gedankenverbindungen. Was ist der wichtigste Bogen, den Sie spannen? Was sind Ihre Shclüsselbegriffe?**

Ich möchte zwei philosophische Schwerpunkte miteinander verbinden, die bisher nicht zusammen gedacht wurden: einerseits das Philosophieren um eine europäische Weisheitstradition herum und dann das Philosophieren am Leitfaden des Leibes. Diese beiden Bereiche wurden bisher in der Philosophiegeschichte nicht zusammenhängend wahrgenommen, weil die Vernunftkritik nicht patriarchatskritisch genug war.

Dafür habe ich eine philosophische und mythische Tradition um die Sophia herum aufgezeigt, denn es gibt sie von Parmenides an gefangen bis heute, auch wenn diese bisher nicht als solche innerhalb der europäischen Philosophiegeschichte dargestellt wurde. Dann habe ich auch eine leibphilosophische Traditionslinie gezogen, die sich manchmal mit der Sophia-Linie kreuzt, wie bei Parmenides und Sappho oder Solovjev und Bruno.

Zur Vertiefung der leiblicheren Denkform habe ich die Geschichte mit den Bilderverboten dargestellt, um wieder einen neuen selbstbewußten Zugang zum bildlichen Denken zu eröffnen.

Zur Vertiefung des weisheitlichen Mythenwissens habe ich Metis, Athene, Isis, Schechina und Sophia vorgestellt und diese in fiktive Begegnungen mit mir verwickelt.

Es sind zwei wichtige Bögen, die ich gespannt habe, um bei Ihrem Bild zu bleiben: die Philosophie um Sophia und die Philosophie des Leibes zur Entwicklung der Vorstellung für einen Leibsinn.

Schlüsselbegriffe sind: Sophia oder Weisheit, Leibsinn, Bilderdenken, befreiter Logos, Patriarchatskritik.

Ich kann mir vorstellen, daß das vielleicht etwas schwierig zu lesen ist. Für mich war es auch nicht einfach beim Schreiben. Ich nehme noch einmal das Bild von den beiden Bögen. Es beschreibt meine Methode. Es sind zwei Bögen, die sich aber manchmal kreuzen. Was wird aus zwei Bögen, die sich mehrere Male kreuzen? Die werden zu zwei

Spiralen, die ineinander verschränkt sind. Nun zeichnen Sie mal eine Doppelspirale mit einem geraden Lineal. Unsere Sprache ist nämlich wie eine Gerade. Was gleichzeitig erlebbar ist, muß sprachlich schön! hintereinander erzählt werden. Das ist die Schwierigkeit für mich beim Schreiben. Zumindest habe ich soviel vereinfacht, daß ich möglichst alltagssprachlich formuliere.

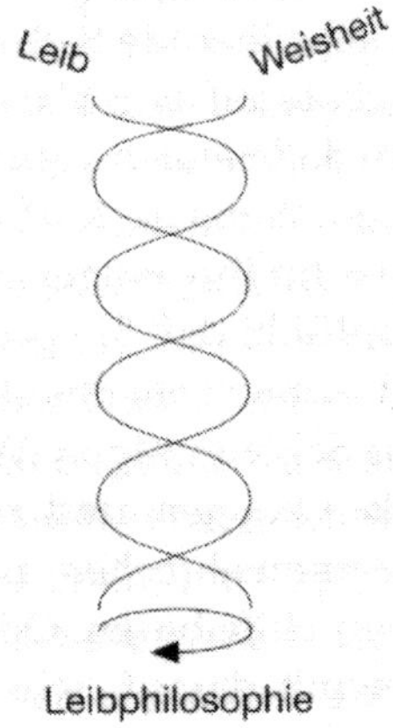


*Abb. 12 Leibphilosophie*

## Literatur

Adorno,Theodor W. u. Max Horkheimer (1978): Dialektik der Aufklärung, Frankfurt.
Adorno, Theodor W. (1973): Negative Dialektik. Frankfurt.
Adorno, Theodor W. (1971): Philosophie und Lehrer. In: Eingriffe. Neun kritische Modelle, Frankfurt.
Aichylos (1979): Die Orestie. Übersetzt von Ernst Buschor. In: Griechische Tragödien. Bd. 1. Zürich.
Allegro, John M. (1970): The Scared Mushroom and the Cross. London. Amenope (1979): Zitiert von Jan Assmann. In: Weisheit, Loyalismus und Frömmigkeit. In: Erik Hornung u. Otmar Keel (Hrsg.): Studien zu altägyptischen Lebenslehren. Göttingen.
Anaxagoras: In: Diels: Fragmente.
Andreas-Grisebach, Manon (1991): Eine Ethik für die Natur.
Apokryphon des Johannes (1962): In: Martin Krause und Pahor Labib (Hrsg.): Im koptischen Museum Alt-Kairo. Wiesbaden.
Apokryphon des Johannes (1972): In: Walter Till (Hrsg): Die gnostischen Schriften des Papyrus Berlineusis 8502. Bearbeitung H.-M. Schencke. Berlin.
Apuleius von Madaura (1923): Der goldene Esel. Übersetzt von August Rode. Berlin.
Apuleius von Madaura (1975): Der goldene Esel oder Metamorphoses. Frankfurt.
Aram, Kurt (1983): Magie und Mystik in Vergangenheit und Gegenwart. Berlin. Arendt, Hannah (1985): Das Urteilen. Texte zu Kants politischer Philosophie. München.
Areopagita, Dionysius (1982): Das Eine. In: Kurt Flasch (Hrsg.): Geschichte der Philosophie in Text und Darstellung. Mittelalter. Stuttgart.
Arnold, Paul (1982): Das Totenbuch der Maya. München.
Aristoteles: Nikomachische Ethik, 1.6; Politik, 1.2; 1.5; Metaphysik. Versch. Ausgaben.
Barker Woolger, Jennifer u. Roger J. Woolger (1994): Göttinnen. Urbilder für eine Psychologie der Frau. Berlin.
Baxmann, Inge (1987): Weiblichkeitssymbole auf den Festen der Französischen Revolution. Die Kontrolle der Imagination durch die Vernunft. In: Gina Capepa u. Inke Phaf (Hrsg.): Frauen und Literatur aus vier Kontinenten. Lateinamerika Institut FU. Berlin.
Beauvoir, Simone de (1981): Das andere Geschlecht. Sitte und Sexus der Frau. Reinbeck.
Beck, Hans -Georg (1987): Herbert und Horst Bredekamp: Bilderkult und Bildersturm. In: W. Busch: Kunst. Die Geschichte ihrer Funktionen. Weinheim.
Belenky, Mary, Blythe Mc Vicker Clinchy, Nancy Rule Goldberger,Jill Mattuck Tarule (1989): Das andere Denken. Persönlichkeit, Moral und Intellekt der Frau. Frankfurt.
Belting, Hans (1993): Bild und Kult. Eine Geschichte des Bildes vor dem Zeitalter der Kunst. München.
Benz, Ernst (1966): Ist der Geist männlich? Logos - Sophia - Heiliger Geist. In: Mircia Eliade u. Ernst Jünger (Hrsg.): Antaios. Bd. VII. Stuttgart. Benz, Ernst (1971): Geist und Leben der Ostkirche. München.
Bergson, Henri (1991): Materie und Gedächtnis. Eine Abhandlung über die Beziehung zwischen Körper und Geist. Hamburg.
Bingen, Hildegard von (1991): Ursachen und Heilungen, § 43. In: Schriften der Hildegard von Bingen.Hrg.Johannes Bühler. Hildesheim u.a.
Bingen, Hildegard von (1919a): Hildegards Brief an Mönch Wilbert von Gembloux über ihre Visionen im Jahre 1171. In: Schriften der Hildegard von Bingen. Hrg.Johannes Bühler. Hildesheim u.a.
Bingen, Hildegard von (1919b): Das Buch Scivias. §14. In: Schriften der Hildegard von Bingen. Hrg.Johannes Bühler. Hildesheim u.a.

Bingen, Hildegard von (1919c): Das Buch von den göttlichen Werken. In: Schriften der Hildegard von Bingen. Hrg.Johannes Bühler. Hildesheim u.a.
Blersch, Konrad (1937): Wesen und Entstehung des Sexus im Denken der Antike In: Tübinger Beiträge zur Altertumswissenschaft 29.
Boethius (1971): Trost der Philosophie. Stuttgart.
Böhme, Gernot (1989): Klassiker der Naturphilosophie. München.
Böhme, Gernot u. B. Hartmut (1989): Das Andere der Vernunft. Frankfurt.
Böhme, Gernot (1988): Der Typ Sokrates. Frankfurt.
Böhme, Gernot (1994): Weltweisheit. Lebensform. Wissenschaft. Eine Einführung in die Philosophie. Frankfurt.
Böhme, Jacob (1976): Geistige Schau und Christuserkenntnis. (Hrsg.): G. Wehr, Schaffhausen.
Böhme, Jacob: Von wahrer Buße. Gesamtwerke, Bd. 1., col., o. J.
Böhme, Robert (1986): Die verkannte Muse. Dichtersprache und geistige Tradition des Parmenides. Bern.
Bornemann, Ernest (1979): Vom Ursprung des Patriarchats. Frankfurt.
Bourdieu, Pierre (1997): Die männliche Herrschaft. In: Irene Dölling, Beate Krais (Hrsg.): Ein alltägliches Spiel. Geschlechterkonstruktion in der sozialen Praxis, Frankfurt.
Braun, Christina von (1985): Nicht ich - ich nicht. Logik - Lüge - Libido. Frankfurt.
Brock, Bazon (1973): zitiert in Martin Warnke (Hrsg.): Der byzantinische Bildersturm.
Bruno, Giordano (1957): Heroische Leidenschaften.
Bruno, Giordano (1906): Von der Ursache. Vierter Dialog. Bd. IV.
Bruno, Giordano (1957): Vertreibung der triumphierenden Bestie.
Bultmann, R. (1923): Der religionsgeschichtliche Hintergrund des Prologs zum Johannes-Evangelium. In: Eucharisterion, Fest. H. Gunkel II, FRLANT 36, 2. Göttingen.
Butler, Samuel (1967): The Authoress of the Odyssey. Chicago.
Cavarero, Adriana (1992): Platon zum Trotz. Weibliche Gestalten der antiken Philosophie. Berlin.
Chang, Stephen T. (1995): Das Tao der Sexualität. Von der tieferen Weisheit des Liebens. München.
Chattopadhyaya, Lokayata D. (1973): A Study in Ancient lndian Materialism. New Delhi.
Chia, Mantak (1991): Tao Yoga des Heilens. Interlaken.
Cicero (1976): Über die Gesetze. Zweites Buch. Stuttgart.
Cross, Donna W. (1996): Die Päpstin. Berlin.
Diels, Hermann (1910): Die Anfänge der Philologie bei den Griechen. Neue Jahrbücher für das klassische Altertum, 13.
Diels, Hermann (1957): Die Fragmente der Vorsokratiker. Hamburg. Dietze, Gabriele (1979): Die Überwindung der Sprachlosigkeit. Texte aus der neuen Frauenbewegung. Darmstadt.
Dihle, Albrecht (1967): Griechische Literaturgeschichte. Stuttgart. Eberz, Otfried (1973): Vom Aufgang und Niedergang des männlichen Weltalters - Gedanken über das Zweigeschlechterwesen. München.
Eberz, Otfried (1976): Sophia und Logos - oder Die Philosophie der Wiederherstellung. Freiburg/Br.
Empedokles: In: Diels. Fragmente.
Eliade, M. (1975): Schamanismus und archaische Ekstasetechnik. Frankfurt.
Elias, Norbert (1981): Über den Prozeß der Zivilisation. Soziogenetische und phylogenetische Untersuchungen. 2 Bd. Frankfurt.
Epiphanius (1977) zitiert in: Rudolph Kurt. Die Gnosis. Wesen und Geschichte einer spätantiken Religion. Göttingen.
Eriugena, Johannes (1982): Negative Theologie. In: Kurt Flasch (Hrsg.): Geschichte der Philosophie in Text und Darstellung. Mittelalter. Stuttgart.
Evangelium der Maria (1972): In: Walter Till (Hrsg.): Die gnostischen Schriften des koptischen Papyrus Berolinensis 8502. Berlin.
Feuerbach, Ludwig (1983): Grundsätze der Philosophie der Zukunft. Frankfurt.

Feuerbach, Ludwig (1983 a): Das Wesen der Religion. Heidelberg.
Feuerbach, Ludwig (1975): Werke Bd. IV. In: Martin Sass (Hrsg.) Frankfurt.
Foerster, Werner (1975): Das Wesen der Gnosis. In: Kurt Rudolph (Hrsg.): Gnosis und Gnostizismus. Darmstadt.
Fourier, Charles (1956): Der Frühsozialismus. Quellentexte. In: Thilo Ramm (Hrsg.): Stuttgart.
Frank, Manfred (1989): Kaltes Herz. Unendliche Fahrt. Neue Mythologie. Frankfurt. Frankfurter Allgemeine Zeitung, 25. Februar 1993: „Unter Vettern".
Gaarder, Jostein (1993): Sofies Welt. Roman über die Geschichte der Philosophie. München.
Gardner, Howard (1989): Dem Denken auf der Spur. Teil III: Auf dem Weg zu einer integrierten Kognitionswissenschaft. Stuttgart.
Gaube, Karin u. Alexander Pechmann (1986): Magie, Matriarchat und Marienkult. Hamburg.
Gendlin, T. Eugene (1994): Körperbezogenes Philosophieren. Gespräche über die Philosophie von Veränderungsprozessen. Würzburg.
Georigi, Dieter (1980): Die Weisheit des Salomon. Jüdische Schriften aus hellenistisch-römischer Zeit 111/4. Gütersloh.
Gergen, Kennth J.(1996): Das übersättigte Selbst. ldentitätsprobleme im heutigen Leben. Heidelberg.
Geyer, Hans F. (1985): Physiologie der Kultur. Frankfurt.
Gilligan, Carol (1984): Die andere Stimme. Lebenskonflikte und Moral der Frau. München.
Gimbutas, Marija (1995): Die Sprache der Göttin. Das verschüttete Symbolsystem der westlichen Welt. Frankfurt.
Goldberg, Oskar (1923): Die Wirklichkeit der Hebräer. Berlin.
Goleman, Daniel (1996): E Q, Emotionale Intelligenz. München/Wien.
Göttner-Abendroth, Heide (1980): Die Göttin und ihr Heros. München.
Gournay, Marie de Jars (1984): Erklärung der Rechte der Frau. In: Elisabeth Gössmann (Hrsg.): Das wohlgelahrte Frauenzimmer. Bd. 1. München.
Habermas, Jürgen (1968): Erkenntnis und Interesse. Frankfurt.
Haken, Hermann u. Maria Haken-Krell (1992): Erfolgsgeheimnisse der Wahrnehmung, Synergetik als Schlüssel zum Gehirn. Stuttgart.
Hegel, G. W. F. (1975): Vorlesungen über die Geschichte der Philosophie. Werke, Bd. 18, 1. Frankfurt.
Hegel, G. W. F. (1980): Phänomenologie des Geistes. 35 - 37, verschiedene Ausgaben.
Heinimann, Felix (1980): Nomos und Physis. Herkunft und Bedeutung einer Antithese im griechischen Denken des 5. Jahrhunderts. Darmstadt.
Heinrich, Klaus (1992): Parmenides und Jona. Frankfurt.
Heinrich, Klaus: Zur Geistlosigkeit der Universität heute. In: TAZ, 30. 6. 1987.
Heinsohn, Gunnar u. Otto Steiger (1985): Die Vernichtung der weisen Frauen. Herbstein.
Heise, Hildegard (1997): Die Urbeweglichkeit des Menschen. Wo sich Gesellschaftstheorie, Gehirnforschung und Geschlechtertheorie berühren. Bielefeld.
Heisenberg, Werner (1969): Der Teil und das Ganze. Gespräche im Umkreis der Atomphysik. München.
Heraklit: In: Diels, Fragmente.
Herder, Johann Gottfried (1881): Verstand und Erfahrung. Eine Metakritik zur Kritik der reinen Vernunft. Erster Teil, sämtl. Werke XXI. Hrsg. v. Bernhard Suphan. Hildesheim, Nachdruck.
Herder, Johann Gottfried (1778): Vom Erkennen und Empfinden der menschlichen Seele. In: Sämtliche Werke, VIII. Hrsg. von Bernhard Suphan. Hildesheim, Nachdruck von 1892.
Herodot (1971): Historien. Stuttgart.
Hesiod (1985): Theogonie. Übersetzt von Karl Albert. St. Augustin.
Hormon Arthur, Rose (1984): The Wisdom Goddess. Feminine Motifs in Eigth Nag Hammadi Document. Boston.
Horster, Detlev (1994): Das Sokratische Gespräch in Theorie und Praxis. Opladen.
Irigaray, Luce (1980): Speculum, Spiegel des anderen Geschlechts. Frankfurt.

James, William (1994): Der Pragmatismus. Hamburg.
Jaynes, Julian (1997): Der Ursprung des Bewußtseins. Reinbeck.
Jeü (1971): Das Buch des Jeü. In: W. Forster (Hrsg): Gnosis, Bd. II. Stuttgart.
Jonas, Hans (1964): Gnosis und spätantiker Geist. Die mythologische Gnosis. Göttingen.
Jonas, Hans (1994): Das Prinzip Leben. Ansätze zu einer philosophischen Biologie. Frankfurt.
Kamper, Dietmar (1981): Zur Geschichte der Einbildungskraft. München.
Kant, Immanuel (Ausgabe von 1781): Kritik der reinen theoretischen Vernunft. Köln o. J.
Kant, Immanuel (1956): Kritik der reinen Vernunft. Hamburg.
Kerenyi, Karl (1946): Prometheus und Mythologie der Griechen, 1. München.
Kerenyi, Karl (1977): Die Mythologie der Griechen, Bd. 1. München.
König, Marie E. P. u. a. (1983): Die Frau in der Eiszeit. In: Weib und Macht. Frankfurt.
Koyré Alexandre (1969): Von der geschlossenen Welt zum unendlichen Universum. Frankfurt.
Kratky, Karl W. (1991): Systemische Perspektiven. Zur Theorie und Praxis systemischen Denkens. Heidelberg.
Langer, Susanne K. (1984): Philosophie auf neuem Wege. Das Symbol im Denken im Ritus und in der Kunst. Frankfurt.
Lee Mack, Burton (1973): Logos und Sophia. Untersuchungen zur Weisheitstheologie im hellenistischen Judentum. Göttingen.
Leeuwen-Turnovcovä, Jirina van (1990): Rechts und Links in Europa. Ein Beitrag zur Semantik und Symbolik der Geschlechterpolarität. Dissertation Freie Universität Berlin.
Leland G. Charless; Aradia (1988): Die Lehren der Hexen, Mythen, Zaubersprüche, Weisheiten, Bilder. München.
Lincoln, Henry, Michael Baigent u. Richard Leigh (1992): Der heilige Gral und seine Erben - Ursprung und Gegenwart eines geheimen Ordens. Sein Wissen und seine Macht. Bergisch Gladbach.
Lispector, Clarice (1982): Lehre oder Das Buch der Lüste. Berlin Lispector, Clarice: Journal do Brasil, 19. Juni 1971.
Lispector, Clarice (1979): Passion nach G. H. Berlin.
Mabry, Hannelore (1971):Unkraut ins Parlament. München.
Marcuse, Herbert (1977): Gespräche zwischen Herbert Marcuse, Silvia Bovenschen, Marianne Schuller. Berlin.
Marinella, Lucretia (1985): Über Adel und Vorzüglichkeiten der Frauen und Fehler und Mängel der Männer. In: E. Gössmann (Hrsg.): Eva, Gottes Meisterwerk. Bd. 2. München.
Matthews, Caitlin (1993): Sophia - Göttin der Weisheit. Düsseldorf.
Meier, Christian (1983): Die Entstehung des Politischen bei den Griechen. Frankfurt.
Meier-Seetaler, Carola (1988): Ursprünge und Befreiungen. Kulturtheorie. Zürich.
Mies, Maria (1984): Methodische Postulate zur Frauenforschung. Beiträge zur feministischen Theorie und Praxis. 11.
Mies, Maria (1984): Tantra-Magie oder Spiritualität. Beiträge zur feministischen Theorie und Praxis 12.
Moltmann-Wendel, Elisabeth (1994): Mein Körper bin ich. Neue Wege zur Leiblichkeit. Gütersloh.
Moltmann-Wendel, Elisabeth (1989): Wenn Gott und Körper sich begegnen. Feministische Perspektiven zur Leiblichkeit. Gütersloh.
Mulack, Christa (1983): Die Weiblichkeit Gottes. Matriarchale Voraussetzungen des Gottesbildes. Stuttgart/Berlin.
Muraro, Lisa (1987): Vilemina und Mayfreda. Geschichte einer feministischen Häresie. Freiburg/Br.
Neumann, Erich (1953): Psychologie des Weiblichen. Zürich.
Neumann, Erich (1985): Die große Mutter. Zürich.
Neusüß, Christel (1985): Die Kopfgeburten der Arbeiterbewegung - oder: Die Genossin Luxemburg bringt alles durcheinander. Hamburg.
Nibelungenlied (1970): übers. von Helmut Brackert. Frankfurt.

Nietzsche, Friedrich (1952): Die fröhliche Wissenschaft, Werke, Bd. II. Salzburg.
Nietzsche, Friedrich (1895 - 1901): Gesamtausgabe in Großoktav. Bd. 1 - 15. Hrsg. von C.G. Naumann. Leipzig.
Nietzsche, Friedrich (1920 - 1929): Musarionausgabe. Bände 1 - 23. München. Nietzsche, Friedrich (1954 - 1956): Werke in drei Bänden. Hrsg. von Karl Schlechta. München.
Nölleke, Brigitte (1985): In alle Richtungen zugleich. Denkstrukturen von Frauen. München.
Norretranders, Tor (1997): Spüre die Welt. Die Wissenschaft des Bewußtseins. Reinbek.
Nossis: In: Anthologia Platina 7. o.O. o.J.
Novalis (1933): Schriften. Die Werke Friedrich von Hardenbergs. Hrsg. v. Paul Kluckholm u. Richard Samuel. Stuttgart.
Novalis (1978): Werke. Tagebücher und Briefe Friedrich von Hardenberg. Hrsg. v. Hans-Joachim Mähl u. Richard Samuel. München.
Ornstein, Robert u. Richard F. Thompson (1993): Unser Gehirn: das lebendige Labyrinth. Reinbeck.
Orpheus (1977): Orphicorum Fragmenta, 21a, zitiert in: Karl Kerenyi. Die Mythologie der Griechen.
Orpheus (1982): Altgriechische Mysterien. Übertragen und erläutert von J. 0. Plassmann. Köln.
Pagels, E. (1987): Versuchung durch Erkenntnis. Die gnostischen Evangelien. Frankfurt.
Paracelsus siehe unter Hohenheim, Theophrast
Parmenides (1986): Vom Wesen des Seienden. Übers. von Uvo Hölsche. Frankfurt am Main.
Patai, Raphael (1967): The Hebrew Goddess. New York.
Patzer, Andreas (1987): Der historische Sokrates. Darmstadt. Petzold, Hilarion (Hrsg.) (1985): Leiblichkeit. Philosophische, gesellschaftliche und therapeutische Perspektiven. Paderborn.
Philippus-Evangelium (1969): Codex II, S. 51. In: Die Gnosis 1. Übers. und Hrsg. Martin Krause, Zürich.
Philolaos aus Kroton: In: Diels. Fragmente.
Pico della Mirandola, Giovanni (1940): Über die Würde des Menschen. Übers. v. H. W. Rüssel. Amsterdam.
Pistis Sophia - ein gnostisches Originalwerk. In: Carl Schmidt (Hrsg.) (1925). Leipzig.
Plank, Robert u. Julis Robert Mayer (1942): Zum hundertjährigen Bestehen des Gesetzes der Erhaltung der Energie. Die Naturwissenschaft 20/21.
Platon: Alkibiades (1), Apologie (2). Euthyphron (3). Menexenos (3).Menon (4). Phaidon (5). Phaidros (6). Symposion (8). versch. Ausgaben.
Plotin: Enneade. II 9. 14.
Plutarch (1936): De Iside et Osiride. In: Moralia, Bd. V, Kap IX. Übers. nach F. C. Babbitt. Cambrige und London.
Plutarch (1941): Perilsidos kai Osiridos. 372 e - f. 382 c. Übersetzt von T. Hoepfer. Prag.
Pomeroy, Sarah B. (1985): Frauenleben im klassischen Altertum. Stuttgart.
Popper, Karl R. u. John Chr. Eccles (1977): Das Ich und sein Gehirn. München.
Quispel, Gilles (1967): Makarius. Das Thomas-Evangelium und das Lied von der Perle. Leiden.
Quispel, Gilles (1951): Gnosis als Weltreligion. Zürich. Ranke-Graves, Robert (1984): Die weiße Göttin. Berlin. Reinhardt, Karl (1916): Parmenides und die Geschichte der griechischen Philosophie. Bonn.
Reinwald, Heinz (1991): Mythos und Methode. Zum Verhältnis von Wissenschaft, Kultur und Erkenntnis. München.
Roth, Gerhard (1997): Das Gehirn und seine Wirklichkeit. Kognitive Neurobiologie und ihre philosophischen Konsequenzen. Frankfurt.
Rudolph, Kurt (1975): Die Gnosis. Darmstadt.
Rullmann, Marit u.a. (1993): Philosophinnen. Von der Antike bis zur Aufklärung. Köln.
Ruyer, Raymond (1977): Homüre Au Feminin. Paris.
Sappho (1954): übers. von Max Treu, Griechisch/Deutsch. München.
Sappho: übersetzt von Joachim Schickel. Frankfurt.

Sartre, Jean Paul (1980): Das Sein und das Nichts. Hamburg.
Scheler, Max (1955): Vom Umsturz der Werte. Bd. III. Bern.
Schipperges, Heinrich (1975): Am Leitfaden des Leibes. Zur Anthropologik und Therapeutik Friedrich Nietzsches. Stuttgart.
Schipperges, Heinrich (1981): Kosmos Anthropos. Entwürfe zu einer Philosophie des Leibes. Stuttgart.
Schmidt, Carl (1925): Einleitung in Pistis Sophia - ein gnostisches Originalwerk. Leipzig.
Schmitz, Hermann (1982): System der Philosophie. Zweiter Band. Erster Teil. Der Leib. Bonn.
Schmitz, Hermann (1989): Leib und Gefühl. Materialien zu einer philosophischen Therapeutik. Hrsg. v. Hermann Gansebeck und Gerhard Risch. Paderborn.
Scholem, Gershom (1967): Die jüdische Mystik. Frankfurt.
Scholem, Gershom (1977): Von der mystischen Gestalt der Gottheit. Frankfurt.
Scholem, Gershom (1973): Zur Kabbala und ihrer Symbolik. Frankfurt.
Schotthoff, Luise; (1991): Stichwort Gnosis. In: Elisabeth Gössmann (Hrsg.): Wörterbuch der feministischen Theologie. Bonn.
Schotthoff, Luise; (1991): Wanderprophetinnen. Evangelische Theologie 51(4).
Schreyer, Josefine (1986): Göttinnen. Berlin.
Schulz von Thun, Friedemann (2001): Miteinander reden 3. Das „innere Team" und situationsgerechte Kommunikation.
Schwarzlose, Karl (1970): Der Bilderstreit, ein Kampf der griechischen Kirche um ihre Eigenart und ihre Freiheit. Amsterdam.
Sennett, Richard (1999): Verfall und Ende des öffentlichen Lebens. Die Tyrannei der Intimität.Frankfurt am Main.
Shusterman, Richard (1994): Kunst Leben. Die Ästhetik des Pragmatismus. Frankfurt.
Shuttle, Penelope u. Peter Redgrove (1982): Die weise Wunde Menstruation. Frankfurt.
Smith, Richard (1988): Sex Education in Gnostic Schools. In: Karen L. King (ed): Images of the Feminisme in Gnosticism. Philadelphia.
Snell, Bruno (1993): Die Entdeckung des Geistes. Studien zur Entstehung des europäischen Denkens bei den Griechen. Göttingen.
Solovjev, Vladimir (1977): Gesammelte Werke. Ergänzungsband. Übers. von Ludolf Müller u. a. München.
Spitzer, Manfred (1996): Geist im Netz. Modelle für Lernen, Denken und Handeln. Heidelberg.
Stein, Werner (1968): Kulturfahrplan - Von Anbeginn bis 1963. Frankfurt.
Steinmetz, Rudolf (1986): Das Erbe des Sokrates. Wissenschaftler im Dialog über die Befriedung der Welt. München.
Stokes, Gordon u. Daniel Whiteside (1990): One Brain. Korrektur legasthenischer Lernstörungen und Gehirnintegration. Freiburg.
Stopczyk, Annegret (1980): Muse-Mutter-Megäre. Was Philosophen über Frauen denken. München 2. Aufl. und Berlin 1997.
Stopczyk, Annegret (1982): Wittgenstein: Die deutschsprachige Tradition der Sprachkritik in Gegensatz zu Immanuel Kant. In: Sprache und Ontologie. Akten des 6. Internationalen Wittgenstein-Symposiums. Wien.
Stopczyk, Annegret (1982): Zum Begriff Mensch. In: Manon Maren-Grisebach (Hrsg.): Philosophinnen-Jahrbuch 1. Mainz.
Stopczyk, Annegret (1986): Die theoretische Rebellion der Sinne gegen den patriarchal geprägten abendländischen Vernunftmenschen - Versuch einer philosophischen Interpretation späterer Werke von Clarice Lispector. In: Frauenliteratur in Lateinamerika. Lateinamerikanisches Institut der FU Berlin und gesendet im brasilianischen Rundfunk, Rio de Janeiro, September.
Stopczyk, Annegret (1987): Im Anfang war die Vulva. Leibphilosophie und Pornographie. In: Halina Bendkowski: Die alltägliche Wut. Berlin.

Stopczyk, Annegret (1988): Welche Bewegung macht das Leben? Die Tageszeitung, 30. Juli.
Stopczyk, Annegret (1996 und 2000): Nein danke, ich denke selber - Philosophieren aus weiblicher Sicht. Berlin.
Stopczyk-Pfundstein, Annegret (2002): Philosophin der Liebe. Helene Stöcker. Die „Neue Ethik" um 1900 in Deutschland und ihr philosophisches Umfeld bis heute. Stuttgart.
Struwe, Marcel (1973): Nationalsozialistischer Bildersturm. Funktion eines Begriffes. In: Martin Wamke (Hrsg.): Der byzantinische Bildersturm. München.
Sullerot, Evelyne (1979): Die Wirklichkeit der Frau. München. Theophrast von Hohenheim gen. Paracelsus (1922 - 1 933): Medizinische, naturwissenschaftliche und philosophische Schriften. Hrsg. von Karl Sudhoff. München.
Thomas-Evangelium: 51. 19 - 26. NHL.
Thompson, William Irwin (1987): Der Fall in die Zeit. Mythologie, Sexualität und Ursprung der Kultur. Reinbeck.
Till, Walter C. (1972): Einleitung. In: Die gnostischen Schriften des koptischen Papyrus Berlinensis 8502. Berlin.
Trincker, Dietrich (1966): Aufnahme, Speicherung und Verarbeitung von Information durch den Menschen (Veröffentlichung der Schleswig-Holsteinischen Universitätsgesellschaft), Neue Folge, Nr. 44.
Tschernyschevski, N. G. (1979): Was tun? Berlin.
Valentinus (1991): Das Evangelium der Pistis Sophia. Bad Teinach-Zavelstein.
Vorländer, Karl (1965): Philosophie der Renaissance. Hamburg.
Voss, Jutta (1988): Das Schwarzmondtabu. Die kulturelle Bedeutung des weiblichen Zyklus. Stuttgart.
Walker, Barbara G. (1993): Das geheime Wissen der Frauen. Frankfurt.
Weiler, G. (1989): Das Matriarchat im Alten Israel. Köln.
Weiler, Gerda (1991): Der enteignete Mythos - Eine feministische Revision der Archetypenlehre C. G.Jungs und Erich Neumanns. Frankfurt.
Werlhof, Claudia von (1996): Mutter Los. Frauen im Patriarchat zwischen Angleichung und Dissidenz. Berlin.
Weiser Cornell, A. (1997): Focusing - Der Stimme des Körpers folgen. Anleitungen und Übungen zur Selbsterfahrung. Reinbek.
Wieland, Christoph (1913): Geschichte der Abderiten. Berlin. Wisselinck, Erika (1985): Frauen denken anders. Straßlach. Witelson, Sandra F. (1979): Geschlechtsspezifische Unterschiede in der Neurologie der kognitiven Funktionen und ihre psychologischen, sozialen, edukativen und klinischen Implikationen. In: Evelyn Sullerot. Die Wirklichkeit der Frau. München.
Wittgenstein, Ludwig (1977): Philosophische Untersuchungen. Frankfurt. Wittgenstein, Ludwig (1975): Tractatus Logico-philosophicus, Logisch-philosophische Abhandlung. Frankfurt.
Wodtke-Werner, Verena (1995): Heiliger Geist oder heilige Geistin im Trinitätsfresko von Urschalling. In: E. Moltmann-Wendel (Hrsg.) Die Weiblichkeit des Heiligen Geistes. Studien zur feministischen Theologie. Gütersloh.
Wohlgenannt, Rudolf (1977): Der Philosophiebegriff - Seine Entwicklung von den Anfängen bis zur Gegenwart. Wien / New York.
Woolf, Virginia (1978): Orlando. Frankfurt.
Woolf, Virginia (1978 b): Ein Zimmer für sich allein. Berlin.
Woolf, Virginia (1979): Die Wellen. Frankfurt.
Woolf, Virginia (1985): Nacht und Tag. Frankfurt.
Xenophanes: In: Fragmente, Diels.
Zeller, Eduard (1892): Die Philosophie der Griechen in ihrer geschichtlichen Entwicklung. Leipzig.

**Ausstellung:** Diese kleine aber feine Ausstellung mit Kunstobjekten von Birgit Cauer und Gisela Kurkhaus-Müller eignet sich für Rathäuser, Empfangshallen, Bibliotheken, ganz besondere Geschäftsräume Geschäftsräume, Galerien, Bildungszentren etc.

Sie wandert schon seit März 2000 erfolgreich durch deutschsprachige Städte und erntet nachhaltige Resonanz bei weiblichen wie männlichen Besuchern.

Leihgebühr/ Vorträge /Seminare / philosophische Rahmenprogramme / Informationen dazu: www.stopczyk-philosophie.de

## **Bücher** von Annegret Stopczyk-Pfundstein

### Nein danke, ich denke selber - philosophieren aus weiblicher Sicht.

Aufbau-Verlag Berlin 1996 / 2000

Annegret Stopczyk-Pfundstein ist die erste deutsche Philosophin, der es gelingt, abseits akademischer Institutionen eine eigene Philosophie zu entwickeln, die Denken, Fühlen und Erleben verbindet. Damit widerspricht sie der jahrtausendealten männlichen Tradition leibferner Denkanstrengung und begibt sich mit ihrem Philosophieren mitten ins konkrete Alltagsleben der Gegenwart. Diese weibliche Art des Selberdenkens, das die Konfrontation mit dem erlebten Leben nicht scheut, kann Frauen wie Männer gleichermaßen bereichern.

*„ Ein mitreißendes, bewußt subjektives und genüßlich anstößiges Buch."* *Die Woche*

### Philosophin der Liebe. Helene Stöcker - Die „Neue Ethik" um 1900 in Deutschland und ihr philosophisches Umfeld bis heute.

Um 1900 gab es in Deutschland einen großen Aufbruch in der Philosophie. 1914 zerbrach dieses uns kaum bekannte freiheitliche Denken an den Schrecken des Krieges. Die erste promovierte Philosophin Deutschlands, Helene Stöcker, befand sich in der Mitte eines pulsierenden Geisteslebens in Berlin und entwickelte inspiriert durch Friedrich Nietzsche ihre „Neue Ethik" für die Sexualreformbewegung. Ihre Vorstellungen von der neuen Freiheit zwischen Mann und Frau fanden in vielen Ländern ein starkes Echo. Noch heute überschreiten Ihre Ideen unsere Wirklichkeiten. An sie anzuknüpfen heißt, an eine freiheitliche Denktradition in Deutschland anzuknüpfen, die es für kurze Zeit schon damals gab.
Dieses Buch legt einen Zugang frei zu freiheitlich gesinnter Identität in der Moderne und gibt Orientierung. Ein Buch über eine große Philosophin mit einem umfangreichen Werk, die mit den bekannten Philosophen ihrer Zeit befreundet war. Erstmalig werden ihre Ideen zusammen gefasst und anschaulich dargestellt.

### Was Philosophen über Frauen denken

Überarbeitete Neuauflage S&L Stuttgart spätestens Frühjahr 2003

Dieses seit 1980 aufgelegte Standardwerk über Aussagen von über 70 Philosophen über Frau- und Mannsein der Philosophiestudentin Annegret Stopczyk-Pfundstein liegt nun aktualisiert vor. Es ist ein Zeugnis nur sehr allmählicher Denkfreiheiten in der Philosophie, wenn es um das konkrete Alltagsleben geht.

*„Frau erfährt bei der Lektüre darüber, was durch Männerköpfe rumpelt.. Nettes Nachschlagewerk.."* *Badische Neueste Nachrichten*

## Was ist Sophia & Logos ( S&L ) ?

S&L ist eine lose Assoziation von Autorinnen und Autoren, die den Dialog zwischen Frauen und Männern mit ihren Arbeiten fördern wollen. Sie tauschen sich inhaltlich aus, bewerben sich gegenseitig in und mit ihren Büchern und lassen ihre neu- oder wiederaufgelegten Bücher unter diesem Kennzeichen von book on demand drucken und durch Libris vertreiben. Die Rechte am Buch bleiben bei den AutorInnen und alle verlegen sich selbst. Dadurch wird die inhaltliche Qualität und der Freiheitsgrad des Veröffentlichens gesteigert. Es sind dabei: Gernot Böhme, Klaus Neubeck, Gudrun Nositschka, Marit Rullmann, Werner Schlegel, Annegret Stopczyk-Pfundstein, Marie-Luise Schwarz-Schilling.

**In den nächsten zwei Jahren sind mindestens folgende Veröffentlichungen geplant.**

Klaus Neubeck: Glückliche Gefühle. Eine Atemtheorie des Glücks. Neuauflage

Gudrun Nositschka: Die Farben des Lebens- Weiß Rot Schwarz und ihre Bedeutung in alten Kulturen und ihr Weiterleben im Märchen.

Marie Luise Schwarz-Schilling: Löst Liebe die Ehe auf? Wandlungsprozesse der Ehe zwischen gestern und morgen. Neuauflage

Annegret Stopczyk-Pfundstein: Die Seherin im Internet . Ein philosophischer Roman. Neuauflage

Annegret Stopczyk-Pfundstein: Die gefragtesten Aufsätze und Rundfunkmanuskripte zur Leibphilosophie von 1987 - 2002. Wiederauflage

Annegret Stopczyk-Pfundstein: Was Philosophen über Frauen denken. Überarbeitete Wiederauflage.

Annegret Stopczyk-Pfundstein. Du wunderbare Frau ab siebzig. Ein Geschenk des Lebens. Neuauflage

Informationen über die 1999 gegründete

**Helene Stöcker Gesellschaft e.V.**
**Bund für ethische und philosophische Allgemeinbildung**
und Texte von Helene Stöcker finden Sie auf der Website

**www.Helene-Stoecker.de**

**Aus der Satzung der Helene Stöcker Gesellschaft e.V.**
**§2 Aufgaben und Ziele**

Der Zweck des Vereins orientiert sich in seinen Aufgaben am Werk von Helene Stöcker (1869-1943). Sie war parteilose Philosophin, Sexualreformerin, Frauenrechtlerin und Friedensethikerin und mußte 1933 vor den Nazis ins Exil fliehen.
Ihre thematischen Schwerpunkte sind: Eine „Neue Ethik“, Mütterpolitik, Kulturphilosophie, Geschlechterethik, Friedensarbeit, die Zusammenarbeit zwischen Männern und Frauen in allen Berufs- und Lebensbereichen.
Die Ziele unserer Vereinsaufgaben betreffen
- philosophische und ethische Allgemeinbildung
- Verbreitung der Gedanken von philosophierenden Frauen
- Erforschung von Leben und Werk Helene Stöckers

Dafür veranstalten wir selber verschiedene Bildungsangebote, wie Tagungen, Seminare und Ausstellungen, und veröffentlichen Texte zu unseren Themen, im Internet und den Printmedien.

## Aufruf zur Reflektion über Muttersein und Mutterwerden

In der ersten Auflage dieses Buches habe ich dazu aufgerufen, mir Berichte und Reflektionen über Muttersein und den Prozeß des Gebärens zu schicken.
Es sind leider nur wenige Reflektionen geschickt worden, wofür ich mich sehr bedanke.
Mir geht es dabei darum, herauszufinden, inwieweit das Gebären eigenes Denken und Fühlen verändert; ob es besondere innere Zustände dabei gab, die wesentlich wurden für das weitere Leben und ob es vorher Wissen gab über das Gebären und spezielle Dasein als Mutter.
Das Muttersein als neue Lebenserfahrung im Unterschied zu vorher ist dabei das Thema.

Ich möchte irgendwann, wenn ich genügend Material habe, das Mutterwerden und das Muttersein zu einer philosophischen Grundlage für eine neue Weltsicht verarbeiten.
In meinem Buch "Nein danke ich denke selber" habe ich meinen Gebärprozeß beschrieben und stelle die Frage, ob es anderen wohl ähnlich ergangen ist oder ganz anders, aber wie?

Ich würde mich sehr darüber freuen, wenn ich dazu mehr in Erfahrung bringen könnte.

Bitte schicken Sie Ihre Gedanken an umseitige Adresse.

Annegret Stopczyk-Pfundstein entwickelt eine neue Philosophie,
die **„Leibphilosophie“**
aus der sich verschiedene effektive Methoden des Philosophierens für die philosophische Praxis ergeben. Für Seminare, Vorträge, Trainings und Beratung auch im Bereich der Führungsethik: